인도,
100년을
돌아
보다

Published with the financial support National Book Trust India Financial Assistance
Programme for Translation
이 책은 인도출판진흥기구National Book Trust India의 지원으로 번역 · 출판되었습니다.

인도, 100년을 돌아보다

인도연구원총서 01

초판 1쇄 인쇄 2015년 2월 10일 \ **초판 1쇄 발행** 2015년 2월 15일
기획 사단법인 인도연구원 \ **엮은이** N. N. 보라, 사뱌사찌 바따짜랴 \ **옮긴이** 백좌흠, 신진영, 김영진
펴낸이 이영선 \ **편집 이사** 강영선 \ **주간** 김선정 \ **편집장** 김문정
편집 임경훈 김종훈 김경란 하선정 \ **디자인** 김회량 정경아
마케팅 김일신 이호석 김연수 \ **관리** 박정래 손미경 김양천

펴낸곳 서해문집 \ **출판등록** 1989년 3월 16일(제406-2005-000047호)
주소 경기도 파주시 광인사길 217(파주출판도시) \ **전화** (031)955-7470 \ **팩스** (031)955-7469
홈페이지 www.booksea.co.kr \ **이메일** shmj21@hanmail.net

ISBN 978-89-7483-708-2 03300
값 20,000원

이 도서의 국립중앙도서관 출판시도서목록(CIP)은 e-CIP 홈페이지(http://www.nl.go.kr/ecip)에서
이용하실 수 있습니다.(CIP제어번호: CIP2015002383)

이 책은 (주)비티엔의 도움을 받아 출간되었습니다.
www.gate4india.com / www.인도무역.kr

인도, 100년을 돌아보다

INDIA
100

사단법인 인도연구원 기획
N. N. 보라, 사뱌사찌 바따짜랴 엮음
백좌흠, 신진영, 김영진 옮김

서해문집

1 다양한 언어로 발행되는 인도 신문들 ⓒ 김영진
2 풍요로운 시장경제를 누리는 현대 인도인들 ⓒ 김웅기

1 인도 곳곳에 세워진 간디 동상 ⓒ 김웅기
2 뭄바이 도비가트, 집단 빨래터

1 극우힌두민족주의 단체 회원
2 인도 민주주의를 잘 보여주는 선거참여운동
3 인도의 사법정의를 부르짖는 사람들 ⓒ 반규만

1 2
3

1 타지마할 ⓒ 이야호
2 인도 대륙의 대표 이슬람 유적, 꾸뚭미나르 ⓒ 박도영
3 인도인과 소 ⓒ 김응기

　　21세기 경제 강대국으로 부상한 인도를 심층적으로 연구하고 한국과 인도의 관계 증진을 위해 민간차원에서 부단한 노력을 하고 있는 사단법인 인도연구원에서는 인도 출판물의 보급을 관장하는 국립기관인 인도출판진흥기구National Book Trust, India와 한국어 번역출판에 대한 독점 협약을 맺고 필요한 인도도서를 번역 소개하는 "인도연구원총서" 시리즈를 발간하게 되었습니다.

　　《인도, 100년을 돌아보다》는 "인도연구원총서" 시리즈의 첫 책으로 인도 유수의 석학들이 20세기 인도의 정치, 경제, 사회, 문화 등 각 분야를 깊이 회고하며 정리한 기록을 모은 것입니다. 21세기 동시대의 급변하고 있는 인도를 보다 근본적으로 이해하고 대응 방안을 강화하기 위한 필수조건은 20세기 인도의 통찰력 있는 이해와 분석이기에 인도의 지난 한 세기를 요약정리하고 있는 이 책의 국내 첫 출간은 매우 의미 있는 작업이라고 할 수 있습니다.

　　한국과 인도는 1973년 공식 수교를 이룬 뒤 지난 2013년 수교 40

주년을 맞기까지 두드러진 갈등 없이 관계를 유지해 왔습니다. 그리고 미국과 유럽 등 어느 나라보다 앞서서 2009년에 한국과 인도 간에 CEPA(자유무역협정인 포괄적 경제동반자협정)를 체결해 양국 교역 증대가 크게 기대되었습니다. 그러나 21세기 달라진 인도의 위상에 걸맞은 인도에 대한 우리나라의 전반적 인식이나 한국에 대한 인도의 이해 부족으로 지금의 현황은 기대에 미치지 못한 것 또한 현실입니다.

이러한 상황에서 21세기 강대국으로 도약이 준비되던 시기인 20세기 인도의 역사적 흐름을 정치, 경제, 사회, 문화 등 종합적 시각으로 집약한 이 책의 출간이 한국에서의 인도 이해를 확산시킴으로써 양국 관계 증진에 기여할 것으로 기대하고 있습니다. 이 책의 한국어 출간을 위해 적극 협력해준 인도출판진흥재단에 감사드리며 아울러 출간 기금을 기부해준 ㈜비티엔에도 감사의 뜻을 전합니다.

사단법인 인도연구원

일러두기
이 책에 실린 인도 인명과 지명은 다음과 같은 원칙에 따라 표기했다.

1   된소리 표기를 기본으로 함.
      예) 사띠sati / 빤디뜨pandit / 따밀나두Tamil Nadu / 우따르쁘라데슈Uttar Pradeshu

2   'sh'는 다음과 같이 표기함.
      예) sh, shu : '슈' / shi : '쉬' / sha : '샤'

3   'th'는 'ㅌ'로 표기함.
      예) 꼬타리Kothari

4   'kh'는 'ㅋ'로 표기함.
      예) 칸Khan

5   일부 지명은 원문에서 변경 이전의 지명을 사용한 경우에는 원문을 따름.
      예) 봄베이, 캘커타

6   영어식 발음으로 이미 널리 사용되고 있는
    단어들은 혼돈을 줄이기 위해서 영어식 표기를 일부 적용.
      예) 타고르Tagore / 타타Tata / 카슈미르Kashmir

| 차 례 |

20세기에서 21세기로 넘어가는 중요한 시점에 지난 세기의 인도를 회고할 수 있는 글을 모아 이 책을 만들었다. 이 책의 저자들은 역사적인 경험을 평가하여 우리 앞에 다가온 21세기의 전망에 반영했다. 그들은 인도의 독립 이후 수십 년 동안 인도가 발전하는 과정에 직접 참여한 자신들의 경험을 토대로 하여 사실적으로 설명한다. 이들 가운데 일부는 인도의 유명한 사회학자로, 학문적 시각에서 인도의 발전 과정을 분석했다.

이 책에 참여한 저명한 인물들은 인도의 발전 과정에서 중요한 시기를 살았던 이들이다. 따라서 이 책은 과거의 역사적 사실을 재구성하여 보여주는 동시에, 그들의 시대로부터 혜안을 얻고 그들의 삶을 회고하여 그 기억을 기록으로 남기는 것을 목적으로 한다.

먼저 1934년에 공무원이 된 B. K. 네루의 글을 통해 인도공무원제의 발전을 살펴보고, 그다음으로 L. M. 싱비 박사와 쁘란 쪼쁘라의 글을 통해 인도 제헌의회의 논의를 지켜볼 것이다. 그리고 야슈 빨 교수와 까삘라 바드샤얀 박사는 과학과 문화 분야의 정책 수립 과정에서 지대한 역할을 했던 자신들의 경험을 서술한다. A. K. 다모다란은 인도의 대외관계를 회고한다. 히란메이 까를레까르와 구르짜란 다스는 미디어와 인도 기업 전반에 대한 경험을 서술한다.

　기업 실무자들과 학문 연구자들 사이에는 어떤 시각 차이가 있는가? 학계에서는 먼저 정치학의 대가인 라즈니 꼬따리 교수가 네루 시대와 그 이후의 정치 체계에 대해 분석한다. 그리고 역사학자인 P. S. 굽따 교수, 루드랑슈 지정카스트 박사, 사뱌사찌 바따쨔랴 교수가 20세기의 가장 거대한 주제인 국가 건설 과업의 다양한 측면을 다룬다. 저명한 사회학자인 T. K. 오멘 교수는 지난 세기에 있었던 사회 변화의 전체적인 흐름을 조망한다. 학자인 동시에 사회활동가인 우마 짜끄라바르띠 박사와 아닐 아가르왈 박사는 인도의 젠더 문제와 최근의 환경문제에 대해 각각 자신들의 통찰력을 보여준다.

　이 책은 포럼을 통해 각계 최고 인사들 간의 만남과 의견 교환을 주선하기 위해 창립된 인도국제센터India International Center에서 '20세기 인도의 회고'라는 제목으로 수개월간 진행된 강연 시리즈를 모은 것이다. 그리고 이 시리즈는 각각의 주제와 초청 강연자들을 잘 파악하고 이를 자료화하는 데 깊은 애정을 가진 저명한 역사학자 사뱌사찌 바따쨔랴 교수 덕분에 출판될 수 있었다.

　각 글의 저자들은 인도에서 잘 알려진 유명인사들이기 때문에 이 책의 출판은 기성 출판사에 넘겨주는 것이 훨씬 더 쉬웠을지 모른다. 그러나 책 가격이 저렴하지 않다면 대중화에 한계가 있을 것이라고 생각한 우리는 내셔널 북 트러스트National Book Trust에 의뢰하게 되었다. 매력적인 가격에 이 책을 출판하는 데 동의해준 재단 회장 시따깐뜨 마하빠뜨라 박사와 편집장이자 전무인 바르샤 다스 박사에게 감사를 드린다.

N. N. 보라, 사뱌사찌 바따쨔랴

| 감사의 말 |

    우리 편집자들은 강연집《인도, 100년을 돌아보다Looking Back: India in the Twentieth Century》가 세상에 나올 수 있도록 도움을 주신 모든 분께 고마움을 표현하고자 한다.

    의장단 : 까삘라 바뜨샤얀Kapila Vatsyayan 박사, 팔리 나리만Fali S. Nariman 님, 두아H. K. Dua 님, 비제이 껠까르Vijay Kelkar 박사, 딜리쁘 라오Dileep Rao 님, 까란 싱Karan Singh 박사, 작고한 라빈데르 꾸마르Ravinder Kumar 교수, 짠짤 사르까르Chanchal Sarkar 님, 짜뚜르베디T. N. Chaturvedi 님, 쭈그K. L. Chugh 님, 꿈꿈 산가리Kumkum Sangari 박사, 깜라 쪼우드리Kamla Chowdhry 박사, 아쇽 빠르타사라티Ashok Parthasarathi 님, 라가바 메논Raghava Menon 교수 그리고 빠르타 무케르지Partha Mukherji 교수.

    토론자 : 난다B. R. Nanda 님, 수바슈 까샤쁘Subash C. Kashyap 박사, 세반띠 니난Sevanti Ninan 여사, 조쉬P. C. Joshi 교수, 우데이 바스까르C. Uday Bhaskar 님, 조야 하산Zoya Hasan 교수, 수미뜨 사르까르Sumit Sarkar 박사, 보라N. N. Vohra 님, 산제야 바루Sanjaya Baru 박사, 라디까 쪼쁘라

Radhika Chopra 박사 그리고 마헤슈 란가라잔Mahesh Rangarajan 박사.

그리고 행정적 업무에 도움을 주신 인도국제센터의 전 사무장 라마 짠드란N. H. Ramachandran 님, 내셔널 북 트러스트의 감독 니르말 깐띠 바따짜르지Nirmal Kanti Bhattacharjee 님, 편집 보조 드위젠드라 꾸마르 Dwijendra Kumar 님 그리고 인도국제센터의 부편집장 벨라 부딸리아Bela Butalia 님 등에게 특별한 고마움을 전한다. 이들의 도움이 없었다면 이 책의 출판은 결코 현실화될 수 없었을 것이다.

서문

사뱌사찌 바따짜랴
Sabyasachi Bhattacharya

샨티니께딴에 위치한 비스바-바라띠 대학Visva-Bharati University의 부총장을 지냈다. 현재는 뉴델리 네루 대학의 교수다. 그는 최근 간디와 타고르 사이에서 오고간 서신을 실은 《마하트마와 시인The Mahatma and the Poet: 1915~1941》을 출간했다.

이 책은 역사적인 것과 동시대적인 것, 공공 분야의 주요 실무자나 활동가 또는 정책결정자와 이러한 실무 분야와는 거리가 먼 학자나 작가 들이 자신들이 속한 분야에 따라 다양한 범주의 경계를 넘나들며 작성한 글을 모아놓은 것이다. 그러므로 다양한 시각과 관점을 즐길 수 있는 동시에, 한편으로는 영역별 경계가 모호하고 논지가 흐려질 우려가 있다. 이에 대해 이 책이 인도국제센터에서 강연한 뛰어난 학자들의 글이며 청중 역시 그들의 강연에 매우 만족했다는 식의 변론은 충분하지 못할 것이다. 오히려 나는 이 책이 각 분야를 넘나들며 상호 보완적으로 구성되었다는 점을 말하고 싶다.

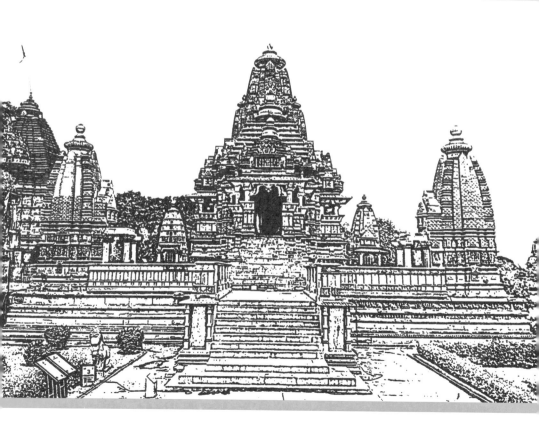

———

　이 책은 역사적인 것과 동시대적인 것, 공공 분야의 주요 실무자나 활동가 또는 정책결정자와 이러한 실무 분야와는 거리가 먼 학자나 작가 들이 자신들이 속한 분야에 따라 다양한 범주의 경계를 넘나들며 작성한 글을 모아놓은 것이다. 그러므로 다양한 시각과 관점을 즐길 수 있는 동시에, 한편으로는 영역별 경계가 모호하고 논지가 흐려질 우려가 있다. 이에 대해 이 책이 인도국제센터에서 강연한 뛰어난 학자들의 글이며 청중 역시 그들의 강연에 매우 만족했다는 식의 변론은 충분하지 못할 것이다. 오히려 나는 이 책이 각 분야를 넘나들며 상호 보완적으로 구성되었다는 점을 말하고 싶다. 그래서 서론을 통해 변론을 하는 동시에, 이 책을 읽으며 갖게 될 의문, 즉 '이 책이 새 천년을 맞이하여 회고적인 내용으로 구성된 유사한 다른 책들과는 어떤 차이가 있는가?' 혹은 '이 책은 무엇에 대한 것인가?'에 대한 답을 하려고 한다.

　이 책을 우연히 접한 독자라도 아마 쉽게 이 책의 특징을 알 수 있을 것이다. 말하자면 이 책에서는 서로 다른 두 영역(또는 그 영역의 교차점에 있는 하위 영역)에 속한 인물들이 한 공간에서 만나도록 다리를 놓았다. 한편으로는 전직 또는 현직 공무원, 정책결정자, 법조인, 언론인, 기업인 등과 같은 실무자를 모셨는데, 그들은 실용적인 경험이 풍부한 안목을 보여주고 또한 그들의 글은 개인적인 경험을 바탕으로 쓰였기 때문에 생동감이 있다. 다른 한편으로는 실무 영역이 아니라 각 분야의 연구소에서 흔히 서로 다른 시각으로 사고하고 사고하기를 유발하는 학자나 사회과학자의 글을 실었다. 그리고 나는 이 책을 엮기 전에 각 저자가 자신의 글을 발표하고 토론하면서 서로 다른 경험과 인식 그리고 학계의 이론을 주고받는 아주 보람 있는 시간을 마련했다. 이 토론을 거치자 저자들은 평소 익숙했던 '시각의 중심에서 벗어나는' 경향을 보였다. 말하자면 직업 문화에서 굳어진 사고방식이나 일상의 업무에서 단련된 생각이 토론 현장에서 만나 논쟁을 불러일으키고 새로운 시각의 차이를 인식하는 계기가 되었던 것이다.

이 책의 두 번째 주요 특징은 역사와 기억의 상호작용이 만들어낸 산물이라는 점이다. 다수의 저자들은 인도 현대사의 산 증인이며, 때로는 그들이 회고하는 인도 역사의 중요한 과정을 직접 기획하고 움직였던 인물들이다. 따라서 그들이 인식하는 기억은 1947년 이후 전개된 그들의 역사 속으로 그대로 들어간다. 자크 르 고프Jacques Le Goff는 그의 책 《역사와 기억History and Memory》에서 "서술 형식의 구체적이고 객관화된 기억은 '기억'에서 '역사'를 개념적으로 분리하게 되는 기초가 된다"라는 재미있는 지적을 했다.[1] 이러한 분리는 몇몇 서유럽 국가에서 먼저 나타났고, 나중에 다른 곳에서도 나타났는데, 그 과정은 똑같다. 나는 구전 전통이 강한 인도 문명 내의 문화에서도 이것은 매우 중요한 점이라고 생각한다. 이 점에 대해서는 나중에 더 논의할 것이다.

지금은 단지 다음과 같이 언급해두려 한다. 기억의 인식론적 지위에 관한 문제는 인도의 전통 철학 학파 가운데 하나인 니아야Nyaya 학파에서 많은 논쟁이 있었다. 철학자 지뗀드라 나트 모한티Jitendra Nath

Mohanty는 니아야 문헌에서 '기억은 쁘라마나pramana(직접 관찰하여 얻은 지식―옮긴이)와 동일하지 않다'는 일반적으로 인정된 견해를 지지한다. 그러나 그는 '쁘라마나가 기억의 후보로서의 지위를 갖는다'는 것에는 호의적이라고 주장하면서, 기억을 아이띠야aitihya(역사, 전통, 권위자로부터 인정된 증거―옮긴이) 형식의 지식의 원천으로 생각하는 학파가 있다는 사실을 강조한다.[2] 어쨌든 간에 여기서 강조하고 싶은 것은 이 책에 실린 많은 글은 '저자들이 회고하는 역사를 생생하게 해주는 개인적 기억을 엮은 것'이라는 점이다.

이 책의 저자들 대부분은 동시대 역사의 현장, 바로 그 자리에 있었다. 따라서 많은 역사가들이 제기하는 동시대 역사의 지위, 가치, 객관성에 대한 문제들이 전면에 대두된다. 다음 장에서 나는 정통 역사학자들 사이의 이러한 회의주의는 근거가 없다는 반론을 펼 것이다. 지금은 이 문제의 다른 면을 강조하고 싶다. 나는 동시대의 중요하고도 필수적인 주제를 다루는 이 책과 같은 저작물이 절실하게 필요하다고 생각한다.

과거의 파괴 또는 오히려 자신이 겪은 당대의 경험을 이전 세대들의 경험과 연결하는 사회적 기제의 파괴는 20세기 후반에 나타난 가장 특징적이면서도 괴상한 현상 중 하나다. 20세기 후반을 살아가는 대부분의 젊은이는 자신들이 살고 있는 시대의 공적인 과거와 아무런 유기적 연결이 없는 일종의 영원한 현재에서 성장하고 있다. 이러한 이유로 과거 그 어느 때보다도 이 두 번째 천년의 말에야말로 다른 사람들이 잊어버린 것을 모두 기억하는 것을 직업으로 하는 역사학자들이 간절히 필요해 보인다.[3]

따라서 에릭 홉스봄Eric J. Hobsbawm은 7년 전에 이미 세계 역사 시리즈의 마지막 책으로 자신이 겪은 20세기의 이야기를 썼다. 나는 또 다른 역사학자 고든 라이트Gordon Wright의 재미있는 이야기를 들려주고 싶다. 그는 미국의 한 대학 캠퍼스에서 조사를 했는데, 한 10대 여학생에게 "언제부터를 현대라고 생각합니까?"라는 질문을 했다. 그 여학생은 "비틀스부터를 현대라고 생각합니다"라고 대답했다. 그러자 그는 그 여학생의 부모에게 "언제 현대가 시작되었습니까?"라고 질문했다. 그들은 "그들에게는 아직 현대가 시작되지 않았습니다"라고 응답했다.[4] 물론 시대 구분의 개념과 과거에 대한 관심은 세대마다, 국가마다 다를 수 있다. 그러나 홉스봄이 최근 동시대 역사의 사회적 기능을 강조한 것은 논쟁할 여지가 없다고 본다. 이러한 생각을 하면서 인도의 역사가들이 외면하는 경향이 있는 동시대의 역사를 집중적으로 조명해보기 위해 이 책이 기획되었다고도 할 수 있다.

마지막으로 의도하지 않은 하나의 성과가 있었는데, 이는 편집자들이 자랑할 거리는 아니다. 14개월에 걸쳐 때때로 이루어진 강연의 원고 형식으로 이 책이 모양을 갖추면서 드러난 사실이다. 사실 저자들의 출신 배경이나 관심 분야 그리고 물론 이 책의 기획 의도 아래 그들이 언급한 주제는 매우 다양하다. 그런데도 그들의 관심사에 하나의 공통점이 나타났다. 그들의 생각이 일정한 주제들로 수렴되는 것처럼 보인 것이다. 그 주제들이 책 전체에서 구심점을 확보하고 있다. 여기서 나는 몇몇 구심이 되는 사고의 틀을 개괄하고자 한다.

이 책의 기획과 기고자 초청은 내가 했는데, 보다시피 이 책의 기고자들의 면면은 매우 다양하다. 1934년에 공무원이 된 네루B. K. Nehru에게는 인도공무원제the civil services의 발전 과정을 살펴보도록 부탁했다. 인도 최고의 헌법 전문 법조인 싱비L. M. Singvi 박사에게는 인도공화국의 헌법 제정 과정을 회고하는 글을 부탁했고, 그는 인도의 헌법 제정자들, 예컨대 '자신의 스승이자 상사'인 문쉬K. M. Munshi 박사와 다른 여러 헌법 초안 위원들의 제헌 정신에 대한 흥미로운 이야기를 들려주었다. 쁘란 쪼쁘라Pran Chopra는 헌법 제정이라는 동일한 사건과 그 이후 어떤 일이 일어났는지를 썼다. 당시 젊은 기자였던 그는 제헌 의회의 기자단으로 활동했던 인물이다. 유명한 과학자인 야슈 빨Yash Pal 박사는 독립 이후부터 인도의 과학 정책에 통찰력을 갖고 개괄적인 내용을 설명했다. 특히 그는 설립과 운영에 직접 참여했던 타타 기초연구소Tata Institute of Fundamental Research에 대해 많은 부분을 할애했다. 타타 기초연구소는 1945년에 호미 바바Homi Bhabha가 봄베이(현 뭄바이, 1995년에 개칭함—옮긴이)에 있는 그의 어머니 집 한 작은 귀퉁이에서 시작했다. 학자로뿐만 아니라 무용가로도 명성이 높은 까삘라 바뜨샤얀Kapila Vatsyayan 박사는 지난 수십 년 동안 전통 예술, 공예, 지식을 고수해온 전통 전수자에 대한 기억을 통해 인도 문화의 정체성을 분석했다. 1953년 외교부에 입사하여 실제 외교 업무를 수행한 다모다란A. K. Damodaran은 내부자의 시각에서 바라보는 인도와 20세기 세계에 대한 글을 썼다. 아르준 센굽따Arjun K. Sengupta 박사는 자신과 같은 경제 전문가이자 정책 입안자와 정치적 권력자 사이의 상호작용에 대한 자신의 경험을 서술했다. 수십 년간 인도의 미디어업계를 대표했던 히란메이 까를레까르Hiranmay Karlekar와 세계를 누비며 경영 전문가로 활약해온 구르짜란 다스Gurcharan Das는 각자의 개인적인 경험에서 나온 지식들을 풀어놓았다.

동시에 정치학 대가인 라즈니 꼬타리Rajni Kothari 교수의 글도 실었다. 그는 네루 통치 시기의 인도 정치 체제에 대한 그와 그의 동료들의 초기 평가를 검토하고 이와 관련된 통찰력 있는 질문을 제시한다. 1999년 8월 세상을 떠나기 바로 전에 쓴 글에서 굽따P. S. Gupta 교수는 자신의 경험과 역사학자로서 학문적 시각을 바탕으로 파키스탄의 분리 과정 그리고 1971년 방글라데시의 탄생 과정을 분석하고, 이를 통해 20세기 국가 탄생 과정에서의 한계와 모호함에 대한 비판적인 시각을 제공한다. 루드랑슈 무케르지Rudrangshu Mukherjee 박사는 스포츠 분야에서 어떻게 인도 민족주의자의 감성이 상징적으로 고취되었는지에 대해 썼다. 오멘T. K. Oommen 교수는 역사적인 시각에서 20세기 인도 사회의 큰 흐름이나 경향에 대해 짚어주는 글을 썼다. 우마 짜끄라바르띠Uma Chakravarti 박사는 대다수의 기고자들이 놀라울 정도로 침묵하는 인도의 여성과 양성 평등 문제를 다룬다. 그녀는 남아시아의 여성운동에 대한 종합적인 연구를 바탕으로 이 주제를 풀어낸다. 현 시기에서 중요한 문제로 여겨지는 두 가지 문제, 즉 환경문제와 자원 관리에 대한 지역 중심적 접근이라는 주제는 이 학문 분야의 선구자인 아닐 아가르왈Anil Agarwal 박사가 다루었다.

기억, 역사 그리고 동시대성

이 책은 역사가가 잘 다루지 않는 동시대의 역사와 문제를 다룬다. 비록 한때 전문적인 역사 연구와 저작들에 동시대 역사의 유효성에 대한 회의주의가 존재했고 그러한 편견이 오늘날까지 약간은 남아 있지만, 우리는 아주 단순한 이유로 항상 동시대 역사에 관심을 갖는다. 우리에게 역사에서 당장 중요한 것은 결국 '우리는 지금 여기에 어떻게 왔는가?'라는 의문에 대한 해답이다.

길 위에 서 있는 사람이라면 현재 그가 있는 시간과 방향, 즉 동시대 역사에 관심을 갖겠지만, 역사가는 여전히 동시대 역사에 회의적이다. 인도의 역사가는 특히 그렇다. 이들은 동시대 역사를 공격하면서 다음과 같은 의문을 제기한다. '동시대 역사의 연대기적 한계는 어디까지인가?' '연대기적 관점에서 동시대 역사는 어떻게 '사실성'을 확보할 것인가?' '동시대 역사는 역사학자가 객관성을 인정받을 수 있게 하는 데 필요한 시간적 거리에 대한 시각을 갖고 있는가?' 이러한 문제는 이미 30여 년 전부터 있어온 것으로, 제프리 바라클러프Geoffrey Barraclough의 명저 《동시대 역사 입문An Introduction to Contemporary History》에서도 논의되었다. 그가 다룬 문제 중 하나는 '동시대란 무엇인가?'였다.

'동시대'란 말은 (다른 세대의) 다른 사람들에게는 명백히 다른 것을 의미한다. 그리고 동시대 역사가 현재 살고 있는 세대의 역사라고 말하는 것은 세대는 중첩되기 때문에 불만족스러운 정의다. 우리는 경계와 내용이 끊임없이 변화하는 항상 유동적인 상태에 있는 주제로서의 동시대에 내버려져 있는 것이다.[5]

흥미롭게도 제프리 바라클러프는 '역사'라고 부르는 것은 똑같은 이의 제기에 직면하고 있다는 사실을 간과했다. 왜냐하면 시간이 흐름에 따라 역사의 경계가 확대되기 때문에 과거에 동시대였던 것은 결국 역사 교과서의 일부가 되기 때문이다. 그렇다면 무엇이 다른가? 역사 교과서로 읽은 수많은 책, 예컨대 《펠로폰네소스 전쟁사》를 쓴 투키디데스Thucydides나 바다오니Badaoni, 아불 파즐Abul Fazl 등 유명한 역사가는 대부분 자신들의 시대에 대해 쓴 동시대 역사물의 저자라는 사실을 잊지 말아야 한다. 사실 동시대 역사를 변호한 제프리 바라클러프의 책을 보면 그는 동시대 역사가 갖는 연대기적 한계를 문제로 여길 필요가 없다고 생각한다는 것을 알 수 있다. '동시대 역사는 어느 시점에서 시작하는가'라는 연대기적인 한계는 우리가 찾고자 하는 주제나 의문에 따라 결정되는 것이다. 때로는 동시대의 역사가가 확인하는 연속성은 그로 하여금 먼 과거로 돌아가 발자취를 찾게 만들 수도 있다. 제프리 바라클러프가 약점이라고 생각한 유동성은 사실 강점이 되는 것이다.

예컨대 이 책에서 헌법의 제정과 발전에 대한 글은 20세기 후반에 한계를 둔다. 반면에 문화적 정체성 혹은 종교공동체적 정체성이란 주제에 대해 설명하는 저자들은 주제의 연속성이 필요하다는 판단에 따라 훨씬 더 먼 과거로 자연스럽게 나아간다. 이것은 제프리 바라클러프의 입장과 매우 비슷한 것이다. 그는 "전형적인 역사는 과거에 부여된 시점에서 시작된다. 동시대의 역사는 오늘날 세계에 실제로 존재하는 문제들이 처음으로 모습을 드러냈을 때 시작된다"라고 결론짓는다.[6]

인도에서는 '근대 인도 역사'가 1947년에 끝난다고 하는 것이 하나의 관례처럼 여겨지며, 따라서 동시대 역사는 그 이후부터 시작된다고 보는 것이 대부분이다. 이는 인도 독립이라는 분명한 전환적인 사건이 있었기 때문이다. 1947년 이후 시기를 역사 편찬에서 제외하는 또 다른 이유는 우리가 아직 역사적 거리와 시각을 갖고 있지 않기 때문이다. 이러한 입장에 약간의 본질적인 중요성이 있을지도 모른다. 그러나 50년, 80년, 100년이라는 시간의 차이가 만들어내는 여러 시각 사이에 어떤 질적인 차이가 반드시 있을까? 마오쩌둥은 1798년에 일어난 프랑스 혁명의 영향에 대한 질문을 받고는 (내가 잘못 생각하지 않는다면 아마도 앙드레 말로에게) 이렇게 말한 적이 있다. "그것을 판단하기에는 너무 이르다!" 이 말은 그와 같은 정치가에게서 기대할 수 있는 일종의 철학적 농담이었다. 그러나 이 말이 장기적인 관점에 기초하여 진실한 판단을 무기한 연기해도 좋다고 권하는 것은 아니라는 의문을 제기할 수도 있다. 언뜻 상관없어 보이는 하나의 유추를 사용해도 좋다면, 사후에 갖게 되는 통찰력이 역사가의 자산이라면 그것은 시간이 지남에 따라 성장할 것이나 그동안에 그 자본을 유통시켜 투자해도 또한 성장할 것이다.

"모든 역사는 동시대 역사다"라는 베네데토 크로체Benedetto Croce의 유명한 격언은 역사를 읽는 독자와 역사를 쓰는 사람 모두 알고 있는 중요한 사실, 즉 역사가는 그들이 살고 있는 동시대의 관심사와 문제로부터 자신을 분리할 수 없다는 사실을 강조한다. 때때로 공공영역에 속하는 문제들 중에는 과거와의 연관 속에서 논의된 문제의 대용물이 있는 경우가 있다. 오늘날 이런 종류의 예는 풍부하다. 고대 인도의 이른바 '아리안 문제', 중세와 근대 종교공동체 사이의 관계 또는 인도 아대륙의 식민지 역사에 미친 세계 자본주의의 영향 같은 문제다. 그러한 대체代替 관계는, 만약 내가 이것을 그렇게 명명할 수 있다면, 우리의 시간적 거리, 즉 역사가가 말하는 특수한 '역사적인' 것으로부터 '동시대의' 것 사이의 거리에 상관없이 일어난다. 따라서 역사적 담론에서 그러한 대체 관계가 자주 그리고 강하게 나타나는 것을 볼 때 동시대 역사는 과거에 대한 역사가의 판단보다 훨씬 더 주관적인 판단 아래 놓여 있다는 우려는 근거가 없어 보인다.

나는 예전에 우리가 동시대 역사라고 부르는 것의 경계가 경직되어 있기보다는 유동적이기 때문에 얻는 점이 더 많다고 주장했다. 약간 다른 시각에서 까뻴라 바뜨샤얀 박사는 이 문제를 매우 통찰력 있게 제기한다. 그녀는 우리가 "어느 시점에서…… 회고를 시작해야 하는가? 우리는 이 특별한 현재가 자신의 회고에 정보를 제공하고 결정력을 행사하는 모든 복잡성을 내포하고 있다는 사실에 입각해서 이러한 현재를 고정된 범주로 생각할 수 있는가?"라고 묻는다. 그것은 그녀의 연구 주제인 문화적 유산과 정체성에 관한 것이며, 우리는 나중에 그것에 대해 다시 논의할 것이다. 지금 바로 주의를 요하는 문제는 동시대 역사에 또 다른 문제가 있다는 점이다. 관례상 동시대의 경계를 어디에 두는가에 상관없이(인도의 역사 교과서에서는 1947년을, 《영국 현대역사 저널》에 따르면 20

세기의 시작을, 그리고 에릭 홉스봄에 따르면 1890년을 동시대의 시작으로 본다), 이 문제는 동시대에 관해 기술할 때의 기억과 역사의 상호작용에 관한 것이다. 이 책에는 몇몇 저자가 참여 관찰자로 활동한 부분에 관해 회고하는 글이 실려 있다. 그들은, 홉스봄이 말한 것과 같이, '이 짧은 20세기의 전부 또는 대부분을 살아온 내 나이 또래집단의 글에 자서전적인 일면이 담기는 불가피하다'고 말했을지도 모른다.[7]

1992년에 자크 르 고프는 최근의 역사 편찬에서 기억과 역사의 관계는 관심을 끄는 중심적 지위를 차지하게 되었다고 지적했다.[8] 물론 과거의 진술이라는 면에서 기억이 매우 중요하다는 것은 오랫동안 인정되어왔다. 과거가 어떻게 기억 속에 인식되고, 기록되며, 구두로 전달되는가 하는 것은 동시대 사람들의 기억 속에 기록되는 내용, 즉 역사적 사건 그 자체만큼이나 중요하다. 따라서 정신 상태 연구는 사람들의 기억 속에 있는 과거의 구성에 크게 의존한다. 또한 이것은 우리가 오래된 과거의 생각 범주를 이해하는 데 도움을 준다. 호이징가Johan Huizinga의 중세 쇠퇴에 대한 연구는 이러한 연구를 기대케 한다.[9] 동시에 기억과 '전통' 형식으로서 그것의 축적에 대한 의문은 다른 방향의 사고에 대한 길을 열었다. 테런스 레인저Terence Ranger의 '전통의 창조'라는 유명한 문구는 기억과 전통의 비판에 대한 창조적인 의제, 정치적 의도로 전통을 조작할 가능성을 연계하는 작업에 대한 조사와 사후에 만들어진 전통에 대한 위조된 권위의 훼손 등을 압축해서 보여준다.[10] 요컨대 기억은 그 자체로 오늘날 연구의 대상이며, 이는 하나의 국민 또는 세대, 더 넓은 의미에서 우리가 '역사'라고 칭하는 것에 응집력을 부여하는 상상력을 문화적으로 이해하는 하나의 차원이다.

기억은 지금까지 주로 '일어난 일'에 대한 지식의 원천으로 생각되었지만, 오늘날 그것은 매우 다른 종류의 지식, 즉 '과거를 어떻게 형성하고 해석하는가?'를 인식하는 지식 또는 과거의 다른 변형으로서의 지식의 원천으로 중요성을 새롭게 획득했다. 흥미로운 한 가지 질문은 '기억이 어떻게 (특히 수세기 동안 아이띠야 또는 전통의 축적으로서의 기억이 그렇게 중요했던 인도와 같은 나라들에서) 역사에 의해서 주변부로 밀려났는가?' 하는 것이다. 이것은 단지 전문화의 결과인가?

르 고프의 분석은 보다 넓은 범위의 다른 해석을 시사한다. 기억과 역사 사이에 만들어진 대칭관계 그리고 문명의 한 단계에서는 밀접하게 결합되어 있던 이들 사이의 거리가 멀어진 것은 사회 내부의 집단적 또는 개인적 기억에 대한 경시 경향 및 국가나 공적 기관이 만들어낸 외부로 드러난 형식적인 문건에 대한 의존이 증가하면서 발전된 경시 경향의 증가와 함께 나타났다. 이러한 기억과 역사 사이의 분리는 물론 기술 변화, 특히 인쇄술에 의해 증진되었다. 이 논제를 확장한다면, 아마도 기억의 주변부화는 '국가와 강자들의 후원 아래 지식 생산이 집중되는 과정의 일부'라고도 말할 수 있을 것이다.

특히 이 과정은 피지배자들의 기억을 위태롭게 했다. 어떤 의미에서 이것은 압제자와 피지배자를 '역사 없는' 존재로 만들었다. 피터 버크 Peter Burke는 재미있는 얘기를 들려준다. 푸시킨이 농민반란 지도자 푸가초프의 역사를 기록 중이라는 얘기를 들은 러시아의 황제는 조용히 이렇게 말했다고 한다. "그런 사람에겐 역사가 없어." 이 얘기에 대해 여기서 자세히 말할 필요는 없겠다. 그러나 기억의 회복은 오늘날 인민의 역사를 다시 생각해보게 만들어주는 중요한 부분이다. 두말할 필요도 없이 그것이 이 책이 말하고자 하는 의제는 아니다. 이 책에 수록된 많은 글은 우리가 기억과 역사의 대칭관계를 끝내고 기억을 역사로 되돌리는 문제의 중요성을 인식하는 데 도움을 줄 수 있을 것으로 보인다.

정체성의 문제

이 글 모음집을 만들면서 우리는 하나의 주제에 초점을 맞추도록 의도했다. 인도의 정체성이 이 책 전체의 주요 주제다. 마지막 글의 저자인 까삘라 바뜨샤얀 박사는 이 일련의 '회고' 강연을 마무리하는 그녀의 강연문에서 다음과 같이 말한다.

"논문들의 전체적인 흐름은 바따짜랴 교수가 구성했다. 20세기의 직선적 시간에서, 즉 1947년부터(정치적 독립의 순간) 현재에 이르기까지 우리는 '문화유산'과 '문화적 정체성'이라는 말을 어떻게 정의해왔는가? 이 말들은 범주의 정의와 진화에 대해서 문제를 제기한다. 이것은 기본적이며 중요한 현안이다." 바뜨샤얀 박사는 정체성을 당연하게 받아들이는 습성을 비판하면서 그러한 고정관념에 따른 시각에서 벗어나, '복잡하고 다층화한' 문화적 정체성을 정립할 필요성을 강조한다. 그녀는 우리가 역사에 대한 회고와 자신을 돌아보는 과정 속에서 인도의 딜레마를 깊이 반추하기를 원한다. "인도인은 개인적이지만 집단적인 문화유산을 갖고 있으며, 유동적이며 복합적인 정체성 집합체 속에서 살아간다." 이 글은 검토가 필요한 근본적이고 중요한 문제를 제기하고 있다.

이 책의 다양한 저자들은 각자의 글에서 서로 다른 시각으로 이 문제를 다룬다. 첫 번째 글의 저자 굽따 교수는 국가 건설 과정에서 정비되어야 했던 '언어와 문화적 다양성'에 대한 문제를 풀어낸다. 사실 이는 1947년까지 완결되지 못했던 사안이다. 이와 유사하게, 두 번째 싱비 박사의 글은 '인구학적 다양성과 문화적 다원주의'에 대해 말한다. 그는 굽따 교수와 유사한 관점인 고전적인 패러다임으로 민족주의 틀 내에서 정체성의 다양성이 조화를 이루어야 함을 강조했다. 이러한 고전적 패러다임은 라다꾸무드 무케르지Radhakumud Mookerji의《인도의 근본적 통일Fundamental Unity of India》(1914)에서 그리고 네루의《인도의 발견Discovery of India》에서 잘 나타난다.[11]

1971년 방글라데시의 탄생에 관한 글은 바로 정체성이란 무엇인가를 주제로 하며, 당연히 벵골-무슬림의 정체성과 벵골-힌두 헤게모니 사이의 복잡한 관계에 초점을 맞추었다. 특히 '무슬림 벵골어Mussalmani Bangla'가 무슬림 벵골인의 정체성을 구성하는 상징적인 문제로서 특별한 역할을 했다는 것을 중심으로 기록했다. 오멘의 글은 '하나의 인도 시민권 형성이라는 과제와 이와 대립되는 지역의 다양성, 민족적·종족적 정체성 사이의 긴장 혹은 갈등'을 폭넓게 다루었다. 여기서 다양한 정체성은 국가주의자들의 헤게모니로는 해결할 수 없었던 것을 분명하게 했다. 다른 저자들의 사례도 인용할 수 있겠지만, 여기서 말하고 싶은 것은 이 책에서 주로 다룬 내용이 20세기의 국가 건설 과정에서 나타난 정체성에 초점을 맞추었다는 것이다. 바뜨샤얀 박사는 오랜 세월에 걸쳐 인도에 뿌리 깊이 문명화된 정체성, 정체성의 유동성과 복수성 그리고 정체성 위계가 뒤집어질 수 있는 여지가 있다는 점에 대해 얘기하고자 한다.

우리는 그녀의 접근 방법과 단순한 공동체주의 관점으로 접근하는 사람들의 시각차에 대해서도 인식해야 한다. 공동체주의 관점은 사회의 '파편적 존재들'의 특별한 정체성을 피상적인 동일화를 통해 건설한 민족국가에 대한 비판에서 시작되었다.[12] 이 접근 방법은 '민족국가'라는 복잡한 문제의 중심 영역에 남아 있지만, 민족국가의 개념과 구상의 옹호자들 정반대편에 포진하고 있다.[13] 그러면 바뜨샤얀의 주장을 살펴보자. "문화적 유산과 정체성은 정체되어 있거나 고정되어 있는 것이 아니라, 유동적인 것이다. 여기서 주장하고 싶은 것은, 인도는 다문화 국가일 뿐 아니라 다양한 정체성을 갖고 있는 국가라는 것이다. 초기 인도 사회의 역동성은 이러한 정체성을 창의적으로 표현할 수 있도록 했다. 물론 초기에 위계성과 억압은 있었지만, 동시에 사회적인 호혜성과 평등한 역할 전환도 있었다. 그러나 점점 이러한 상호작용을 할 수 있는 공간이 줄어들고 있다." 이러한 주장을 하면서 바뜨샤얀 박사는 정체성의 문제를 인도의 창의성과 연결한다. 그녀가 말하는 인도의 창의성이란 문명화된 독립체를 말하며, 그 예로 인도의 다양한 영역에서 창의적인 전통 작품과 실천자들이 있었다는 사실을 든다. 정체성에 관해 글을 쓴 대부분의 저자는 근대 초기 서구 사회의 부르주아 민족국가의 탄생에서 기원하는 담론의 범위 내에 머물러 있는 반면에, 바뜨샤얀 박사는 정체성의 기원을 인도의 근대 이전 문화에서 찾는다.

우리가 정체성과 창의성을 연결하여 이야기할 때, 사실 우리 모두는 색다른 영역으로 들어가는 것이다. 문화적 유산에 대한 이 글과 야슈 빨 교수의 과학과 기술에 대한 이야기 사이에 흥미로운 평행선을 볼 수 있다. 그는 창조적 기술을 전달하는 전통에 기초한 '지하 체계 subterranean system'에 대해서 말한다. "인도의 예술가와 공예가, 도예가와 직조가, 의상 디자이너와 보석공예 장인, 음악가와 무용가, 민속 미술가와 신화 작가는 모두 이러한 시스템에 기초하여 탄생했다." 따라서 '지역적이고 친밀한' 전통 지식이 창조의 원천이 되는 것으로, 이는 '세계적이고 보편적인' 것을 가르치는 공적인 교육체계와는 다른 것이다.[14] 더 나아가 그는 다음과 같이 말한다. "친밀함이 우리를 인간답게 만든다. 민족 집단이나 인종 내에서의 친족관계의 동질성에 부가하여 문화, 종교, 음악, 춤, 언어, 유머, 전통, 의식, 식습관, 의복, 인간관계 등 이 모든 것은 친밀한 인간관계의 산물이다. 이것들은 반드시 필요한 것으로, 인간의 공통적인 과거의 소중한 유산이다." 여기서 사용된 친밀함의 개념은 특수한 문화적 정체성에서 창의성이 발현된다는 점을 강조하는 데 쓰이고 있다. 그리고 이 특별함은 복합적인 정체성과 다양한 유산을 인정하는 사회에서만 보존될 수 있다. 거기서부터 '우리 자신의 현대성을 향해 나아가야' 하는 것이다. 바뜨샤얀 박사 혹은 야슈빨 교수가 제시한 '정체성은 창조성의 표현'이라는 것은 정체성 문제에 대한 새로운 차원을 보여준다.

국민과 세대

이 책에서 다루는 또 다른 중요한 주제는 사고방식과 중심 가치의 세대별 변화에 관한 내용이다. 우마 짜끄라바르띠 박사가 제시한 제자와의 대화에 대한 의미 있는 일화가 이를 잘 대변해준다. 젊은 여제자는 베테랑 교수에게 '급진적 페미니스트'냐고 질문한다. 여기서 짜끄라바르띠 교수는 '제자가 지나가는 말로 했던 아이러니한 코멘트'에 주목했다. "나는 내가 선택한 길을 가기 위해 어찌 보면 투쟁에 가깝도록 노력해야 했다. 내 세대와 내 바로 다음 세대는 여성의 권리나 선택을 위해 투쟁해야 했다. 우리의 투쟁 결과로 내 제자나 그 세대는 선택권을 갖게 되었고, 자주적인 삶을 살게 되었다. 그런데 내 제자는 우리의 투쟁과는 별개의 삶을 살고 있을 뿐 아니라 이러한 투쟁을 매우 하찮은 편향적인 시각으로 취급하는 것이다."

20세기 후반에 그들의 일생 또는 대부분을 바쳐 일한 다른 저자들의 글에서도 역시 짜끄라바르띠가 표현한 '부끄럽지 않은 당당함'은 나타난다. 그들은 그들 세대에게 중요한 가치를 당당히 주장했고, 그것을 얻기 위해 투쟁했으며, 최소한 도덕적으로 지지를 보냈다. 그들은 최근에 주목할 만한 변화가 있었다고 인식한다. 사회학자 T. K. 오멘은 이렇게 주장한다. "1930년대 인도 젊은이들의 주도로 자치swaraji 운동이 일어났다면, 1950~1980년대 젊은이들은 '국가 건설'을 위해 정치와 산업계 그리고 행정에 참여함으로써 독립된 인도를 이끌었다고 할 수 있다. 또 세계화와 경제자유화 시작 시점의 젊은이들에게 '국가 건설'은 부를 창출하는 것으로 인식되었다. 따라서 세대별로 청년기에 지향했던 가치가 다를 수밖에 없었고, 이는 1990년대까지 그들의 삶에 그대로 반영되었다. 이러한 변화는 세대 간에 가치 지향성 차이를 공유한 것이 아니기 때문에, 이것이 세대 간 갈등의 원인이 된 것이다."

오멘 교수가 말하는 나이 많은 세대의 몇몇 구성원들은 가치 지향성을 민족주의적 정신의 고갈 또는 포기로 인식한다. 반면 다른 이들은 이를 좀 더 일반적인 윤리 개념으로 받아들인다. 일례로, 20세기 전반부 동안의 인도 대중매체의 역사적 발전 과정을 살펴본 히란메이 까를레까르는 당시 신문사 소유주와 편집장들은 '독립운동에 적극적이었던 절도 있는 사람들'이었다고 말한다. 이후 신문사를 이어받은 세대에 대해서는 이렇게 말한다. "그러나 지난 10여 년 동안 책임을 맡고 있는 일부 젊은 소유주들은 매우 다르다. 그들 중 몇몇은 신문을 단지 상품으로 생각하고 포장과 마케팅이 결정적인 요소라고 여긴다. 그들의 생산품을 오락 중심의 사소한 것이라고 생각하는 것이다." 그가 판단하기에, 이러한 최근의 경향은 좀 더 광범위한 차원의 변화를 반영하는 것이다. "오늘날 지배층은 사납게 '쥐 경주'를 하면서 위쪽으로 향하려는 경향이 있고, 이윤 최대화를 강조하는 소비자 문화와 기업윤리에 빠져 있다." 일부는 특정 사례를 증폭하여 태도의 변화에 대해 비판적으로 말하는 경향이 있는데, 오멘 교수 또한 이를 넌지시 말한다.

세대 간의 태도 변화에 대해서 기성세대와 신세대 간의 대립은 때때로 조금은 과장될 수 있으며 그리고 그들이 고수하는 '옛날의 가치'에 관해서는 당연히 다를 수 있다. 그러나 그러한 변화하는 인식에서 공통된 요소는 민족주의적 시각이 중심에 있다는 것이다. 이들은 자부심을 가지고 '독립투쟁'과 독립 직후 수십 년간 국가 건설 과정에서 헌신적인 노력을 해왔음을 회고한다.

물론 이러한 인식을 간디나 네루 또는 누군가에 의한 대중 조작의 산물이거나 일부였다고 간단히 매도해버리는 것은 매우 어리석은 일이다. 사실 이 책에서 우리에게 보여주는 예들은 반드시 정치적인 헌신이 아니라 '정치'에 대한 적극적인 참여가 없는 관념화된 수준의 도덕성 헌신이다. 우리는 주요 공공영역에 민족주의 정신이 담겨 있는 것을 아주 쉽게 발견할 수 있다. 운동 경기 팀에서부터 영국 치하 인도의 공무원제도에 이르기까지 이와 관련된 다양한 모습이 있었다. 루드랑슈 무케르지는 1911년 국제축구연맹 시합에서 처음으로 벵골 축구팀이 영국 팀을 이긴 것이 어떻게 민족 자긍심을 고취시킨 중요한 사건이었는지를 말해준다. B. K. 네루는 인도 공무원시험 인터뷰에서 저명한 정치 가문의 아들로서 인도 공무원이 되기를 원하느냐는 질문을 받았다. "그것은 내가 인도 공무원으로 있는 것이 내 사람들에게 도움이 될 것인지를 스스로의 힘으로 알고자 하기 때문이었다. 만약에 내가 도움이 되지 않는다고 생각하면 나는 사직할 것이었다." 그의 인터뷰는 매우 높이 평가받았고, 결국 그는 인도 공무원으로 임명되었다. 다시 야슈 빨 교수의 증언을 들어보자. 그는 1940년대에 과학도로서 "라만, 사하, 보스, 호미 바바 같은 훌륭한 인도의 과학자뿐만 아니라, 무엇보다도 과학 발전을 국가의 의제로 삼은 자와하를랄 네루를 우러러보았다." B. K. 네루는 자신의 이후 세대인 인도 행정공무원 관료들의 국가에 대한 헌신에 대해 회의적이었다. 한편 야슈 빨 교수는 인도의 대중은 대체로 과학과 기술의 독창적 발전에 대한 가치를 인식하지 못했으며, 따라서 초기에 국가의 자급자족을 강조하던 규범이 기술과 노하우를 정기적으로 수입하는 것으로 대체되게 되었다고 말한다.

L. M. 싱비 박사, 쁘란 쪼쁘라 그리고 A. K. 다모다란의 회고도 이와 유사하다. 그들은 제헌의회의 성립 과정과 정치적 과정, 정책 결정 과정에서 '독립투쟁의 비전'으로부터 유래한 영감을 보았다. 쁘란 쪼쁘라에 따르면 '당시의 전체 정치 계급'은 최근의 지배 계급과는 확연히 달랐다.

사람들은 가치 체계나 태도, 세계관에 대한 세대 간 변화를 반영하는 이러한 판단에서 특정 사례를 확대하여 받아들일 수 있었다. 특히 그들의 초기 시절을 회상하는 많은 저자들은 1947년 직후의 특징이었던 민족주의 정신의 고양에 대한 상실감을 이야기한다.

여기서 나는 인식perceptions을 연구하는 역사가로서 하나의 단서를 추가하고자 한다. '실제로' 어떤 일이 일어났는가 하는 문제와 내가 인용한 저명한 개인들이 이상으로 지지했던 가치가 어느 정도 실천의 기초가 되었고, 국가 수준에서 어느 정도 성과를 거두었는지는 별개의 문제다. 인식은, 만약에 그것이 한 세대의 생활이나 당시 가졌던 생각을 만들어낸 것을 반영하는 한, 그 자체로 가치가 있는 것이다. 여기서 또한 분명히 해야 할 것은 이들 개인들은 높은 이상 위에 정립된 의제의 성과와 그 결과에 대한 한계를 완전히 알고 있다는 것이다. 이들의 일반적인 경향은 자족과는 거리가 멀며, 오히려 자기비판에 가깝다. 이것이 내가 지금부터 살펴보려는 것이다.

국가를 뛰어넘어 바라보기

　우리는 독립 직후 수십 년 동안 일생의 주요 부분을 국가에 헌신한 세대들의 정서에 담긴 고유한 긍정적인 가치를 강조해왔다. 이 책의 저자들 중 많은 이들이 이 세대에 속한다. 그러나 우리는 또한 그들이 가차 없이 스스로를 비판한다는 점에도 주목해야 한다. 결정적 시기에 이루어낸 성과와 실패한 부분에 대한 그들의 비판은 매우 의미심장하다. 왜냐하면 이러한 비판이 바로 자신들이 참여했던 분야의 내부에서 그리고 때때로 자신들이 회고하는 그 일을 직접 기획했기 때문이다. B. K. 네루는 매우 이례적으로 그가 인도 공무원 체제의 일원이었던 첫 번째 경력 기간(1934~1947) 이후 시작된 공무원에 대한 정치적 개입에 대해 솔직하게 이야기한다. 그는 또한 자와하를랄 네루가 1년간 알라하바드 지방의회 의장이었던 것을 제외하면 행정 경험이 없고 정치가의 압력으로부터 공무원제도를 보호할 필요의 중요성을 인식하지 못했다고 지적한다. 민주주의를 포함하여 인도헌법이 구현한 많은 기본적인 아이디어가 인도인의 전통에 낯선 것이었다는 그의 지적에 동의하는 이도 있을 것이고 동의하지 않는 이도 있을 것이다. 그러나 정치인의 간섭이 법률에 따라 독립적으로 행정 처리를 하는 데 방해가 되었다는 그의 지적에 반대하는 이는 거의 없을 것이다. 선출된 통치자(중앙의회 의원 및 지방의회 의원)는 오늘날 점점 법 위에 존재하는 이들로 인식되고 있다.(77쪽) 그리고 B. K. 네루가 속했던 공무원의 일부는 "정치가와 함께 부패의 관행에 참여했다"라고 기술한다.

　B. K. 네루보다 훨씬 젊은 경제 전문가의 견해를 살펴보자. 아르준 센굽따 박사는 권력층이 경제 전문가를 도구화했음을 비판적으로 기록한다. 권력에 의해 경제정책은 옳은 방향으로도 진행되지만, 때로는 잘

못된 방향으로 진행되기도 했다. "경제 보좌관이나 경제정책 입안자는 자신들의 상관에 맞춰 경제정책을 수립하려고 했다." 편견 없이 공정한 센굽따는 선출된 지도자의 우위적 지위에 대한 정당한 중요성은 인정하면서 네루 혹은 인디라 간디 총리하의 정치적 결정의 중요성과 함의를 이례적으로 명확하게 설명한다. 동시에 거기에는 내재된 중요한 문제가 있다. 즉 한편으로는 가난한 사람을 위한다는 이미지를 확보하기 위한 대중추수주의와 통치자로서의 정치적 추동력 그리고 다른 한편으로는 합리적 경제 전문가들의 독립적인 경제정책 도입 사이에는 어떤 관계가 있는가 하는 문제다. 이 글의 중요성은 '경제가 정치보다 중요하다는 오래된 틀'이 현실에서는 거부된다고 지적하는 것이다. 하지만 과학 혹은 기술 연구와 교육에서는 이 같은 정부에 의한 도구화는 일어나지 않았다고 기술한다.

그러나 야슈 빨 교수는 다른 측면의 실패에 대해 비판한다. 그는 보통 사람에게 과학문화를 주입하는 데는 실패했다고 말한다. 이는 물론 초등교육과 읽고 쓰는 능력의 중요성을 편향되게 무시하고 강조하지 않은 결과다. 기술 분야에서 "그의 세대 과학자들 사이에 자신감이 사라지기 시작했다. 왜냐하면 인도의 혁신적인 연구가 기계류와 기술 수입에 의존하는 산업 생산과의 연계에 실패했기 때문이다". 그래서 "보통 사람뿐 아니라 심지어 존경받는 정치가조차" 그에게 만약 돈이 과학에 사용되면 가치 있는 결과를 생산하는지를 묻는다. 다른 사례로 구르짜란 다스는 반세기 동안 인도의 산업을 지배해왔음에도 발전의 기회를 활용하는 데 실패한 '낡은 인도 기업'을 통렬하게 비판한다. 아마도 이 책에서 가장 중요한 비판은 라즈니 꼬타리 교수의 자기비판적 글일 것이다. 그는 초기 인도의 정치체계에 대한 분석에서 독립 이후 수십 년간 행해온 인도 정부의 전환에 대한 평가가 너무 정부 중심적으로 진행되었다고 비판했다.

1947년 이후 수십 년간에 대한 이러저러한 평가가 반드시 비판적인 것은 아니지만, 확실한 사실적 관점에서 비판적이고 여러 가지 방식에서 자기비판적인 평가를 하는 것은 매우 주목할 만하다. 무엇이 잘못되었고, 어떻게 그들이 처한 어려움을 헤쳐 나왔는지 질문하는 사람들은 다양한 수준에서 하나의 접근 방법에 견해를 같이한다. 이 접근 방법의 본질을 단순화해 말하면 바람직한 방향은 우리가 국가를 뛰어넘어 바라봐야 한다는 것이다. 그것은 바로 시민사회의 제도를 신뢰하는 새로운 접근을 의미한다.

이는 매우 중요한 경향으로, 이 책에는 같은 맥락에서 기록한 여러 글이 있어 이를 중심으로 시민사회에 대한 접근을 살펴보도록 하자. 야슈 빨 교수는 연구소나 대학 출신 과학자가 교육, 보건, 환경 및 과학 교육과 같은 프로그램의 연구와 운영을 관장하는 비정부기구NGO에 참여하는 인민과학운동에 대해 매우 낙관적인 시각으로 바라본다. '그들은 사람들이 자신들의 문제를 스스로 해결할 수 있도록 동기를 부여했고', '사람들의 생활과 환경에 맞춘' 과학을 추구했으며, 또한 '무식한 촌놈이라고 무시하던' 사람들로부터 전통적인 지식을 얻기도 했다. 헌법주의자 싱비는 그가 1959년에 하원 의원이 된 이래 자신의 가장 큰 업적은 자신이 인도헌법에 '빤짜야뜨(마을공동체) 통치에 대한 청사진'을 도입하고 이를 25년 만에 성취했다는 것으로 본다. 모든 사람이 알고 있듯이, 제헌의회는 이러한 조항을 거부했고, 네루는 싱비에게 "이는 너무 이르다"라고 말했다. 그래서 강제력 없는 지침으로서 헌법 지도 원칙에 모호하게 규정되었다. 심지어 싱비의 노력으로 법 조항이 수정된 이후에도 "불행히도 인도에서 지방자치는 실행이 유보된 상태로 남아 있다". 그는 이것이 중산층의 사고방식에서 비롯된 것이라고 다른 곳에서 언급한다. 헌법 제정에 대한 그랜빌 오스틴Granville Austin의 연구에 따르면, 간디의 이데올로기와 연결된 촌락 자치정부에 대한 의견은 몇몇 제헌의회 의원이 지지했지만, "제헌의회 지도자들이 헌법에서 빤짜야뜨에 대한 언급을 모두 삭제하려고 했던 것으로 보인다."[15] 싱비는 빤짜야뜨 통치의 중요성을 강조한 반면에, 아닐 아가르왈은 환경 문제에 대한 그의 글에서 '공동체에 기초한 천연자원 관리'라는 새로운 패러다임에 대한 확고한 신념을 보여준다. 그는 인도 정부가 채택한 친환경 개발과 환경관리 개념을 정면으로 거부한다. 왜냐하면 이 개념은 환경을 보존하기 위해 사람들을 그들이 살고 있는 환경에서 분리하려는 경향이 있기 때문이다. 인간 중심의 친환경 개발을 위한 기구는 조직적으로 시민사회와 관련된 비정부기구 형태의 단체여야 한다고 사람들은 생각한다.

사회학자 오멘은 최근 몇몇 예를 들어 "정부의 실책이 있을 때에는 시민사회가 개입하여 필요한 교정책을 제시했다"라고 말한다. 그가 인용한 사례 중 주목할 만한 것은 1984년에 나타난 다음과 같은 사태의 진전이다. "사회 전반에 민주주의 정신이 고취되었으며, 민주주의를 위한 시민Citizens for Democracy, 시민자유인민연대People's Union for Civil Liberties, 민주권리인민연대Peoples Union for Democratic Rights 등의 주목할 만한 단체를 포함하여 많은 시민사회 단체와 운동의 형식으로 민주주의 정신이 고양되었다."

라즈니 꼬타리의 오늘날 접근은 국가 중심의 관점에 대한 거부라고 할 수 있다. 그는 분권화를 향한 변화의 노력과 가능한 한 '직접 민주주의' 관행을 추구한다. 그는 지금 생각해보면 정치학 분야에서 매우 영향력이 있었던 그의 초기 저작들은 정치 과정과 정당 및 국가에 지나치게 초점을 맞춘 것이었다고 말한다. "대다수 국민에 대한 무시와 가난

이라는 큰 문제 그리고 내가 이후에 '사회적 문제'라고 인정한 것과 진
보적이라고 생각한 국가의 압제적인 면은 대체로 내 초기 작업 범위에
서는 제외되어 있었다. 나는 정치의 중심적 역할에 훨씬 더 매료되어
있었다."

시민사회의 재발견

나는 1947년 이후 발전에 대한 비판적 사고에서 확인된 하나의 공통
된 경향은 국가를 뛰어넘어 시민사회의 제도와 시민운동으로 나아가
야 하는 것이라고 주장했다. 이것은 마치 시민사회가 한동안 잊혔다가
다시 조명되는 것과 같은 것이다. 왜 그럴까? 이것은 나에게 동시대 역
사의 하나의 중요한 의문으로 생각된다. 사람들은 현재에 대한 잠정적
인 가정만을 시도할 수 있다. 국가가 중심이 되고 그 결과 시민사회 제
도와 네트워크 그리고 그 잠재력이 주변부로 밀려난 것은 단순히 1947
년 이후 사회과학자나 정치인의 잘못된 인식에 기인한 것이라는 해석
은 적절하지 않다. 분명히 다른 이유가 있는 것이다. 아마도 우리가 바
라보는 역사적 국면을 살펴볼 필요가 있을 것이다.

과거 식민지시대로부터 인도가 물려받은 하나의 유산은 과도하게 발
전된 국가였다. 식민지 국가는 영국 본국으로부터 인도에 맞게 수정
된 거대한 행정기구와 법적, 제도적 형식을 할부로 조금씩 계속 도입했
다. 이같이 과도하게 발전된 국가에 비해 시민사회는 발전하지 않았고
주변부화되어갔다. 1947년의 웨스트민스터 법(영국연방 소속 국가들의 정
치적 자율성을 보장한 법—옮긴이)은 정확하게 권력 이양이라고 인식되는 것
을 가져왔다. 그러나 그것이 그 자체로 당연히 국가-시민사회 관계의

변혁을 보장해줄 수는 없었고, 새로운 인도 국가의 제헌의회도 스스로의 신념에 찬 행동으로 그러한 변혁을 현실로 구현해내지 못했다. 따라서 1947년 이후에도 정부 관행은 대체로 영국 치하 인도에서 물려받은 법적 뼈대와 헌법에 의해 정립된 기준을 따라갈 수밖에 없었고, 국가에 대한 시민사회의 제도화를 증진시키는 보다 적극적인 역할은 결코 하지 않았다. 몇몇 예외는 경제 분야의 이익단체들이 협회 형식으로 성립되었다는 것이다. 사회개혁을 추구하는 단체, 자발적 기구나 자선단체 등은 1858년 영국 정부가 인도에 대한 사회적 간섭을 하지 않는 정책을 실시한 이래 방치되었다. 시민사회기관은 아마도 더 구속을 받았고 이전보다 주변부화되었다. 왜냐하면 1950년부터 1980년 사이에 국가가 적극적으로 개입하는 의제가 계속 늘어났고 행정기구가 확장되었기 때문이다. 식민국가의 유산 상속인으로서의 1947년 이후의 독립 인도 정부는 시민사회제도가 발전할 공간을 거의 남겨두지 않았다.

몇 년 전에 나는 강제가 식민지 인도에서 국가의 궁극적인 기초이긴 하지만(다른 수단에 의해 지배가 확보될 수 있었기 때문에 비록 1858년에서 1942년 사이에는 공개적인 방식으로 강제를 자주 사용하지 않았다 할지라도) 안토니오 그람시 Antonio Gramsci가 주장하는 시민사회와 국가의 관계에 대한 서구 유럽식 패러다임은 식민지 인도에서는 부적절할 뿐만 아니라 오히려 식민지 인도에서 볼 수 있는 것의 정반대 패러다임이라고 주장했다.[16] (나의 이 글은 그람시가 《옥중수고Prison Notebooks》에서 시민사회의 회복을 언급했을 때 쓴 것이다. 다시 말하자면, 그람시는 시민사회의 개념을 다시 전면에 회복시켜놓았는데, 이는 위르겐 하버마스Jurgen Habermas가 언급한 대로 '헤겔이 시민사회의 공적 영역이라는 아이디어를 무력하게 만든 이후'였다.)[17] 시민사회에 대한 식민지 국가의 **형식주의 externality**와 국가의 **강제/지배coercion/domination** 기구의 확립은 내가 강조했던 식민주의를 구성하는 두 가지 핵심 요소였다. 당시 내가 생각하지 못했던 것은 그것들이 갖는 부수적인 함의였는데, 즉 식민지 인도에서 시민사회는 결국 국가와의 관계에서 주변적이고 약한 지위에 놓여 있었다는 것이다. 물론 19세기 후반 이후 내내 인도에서는 사회개혁 프로그램과 함께 다양한 자발적 협회, 다양한 취향의 문화단체, 민간 교육기관, 공공도서관, 저급 정치협회 등에서부터 상공회의소, 공장소유주협회, 노동조합 등의 이익단체와 로비 그룹에 이르기까지 많은 시민사회기관의 성장이 있었다. 그러나 마지막 25년간의 인도 식민지 기간 동안 영국 정부의 막강한 힘과 비교했을 때 이들 단체의 힘은 어땠을까? 식민지 국가의 힘에 압도되어 시민사회기관이 자리할 공간은 거의 없었고 힘을 기를 시간도 거의 없었다. 따라서 식민지 인도 내 시민단체의 역량은 하버마스가 유럽의 공공영역에 대한 사회·역사적인 평가에서 통찰력을 가지고 기술한 것과 같은, 유럽에서 성장한 시민사회기관과는 비교할 수 없이 미약한 수준이었다. 요약하면 식민 지배를 받았던 인도의 역사적인 한계로 인해 인도의 시민사회기관은 발전이 더뎠고, 그래서 아직 갈 길이 멀다. 이 점에 유념하면서 우리의 희망은 바로 이러한 방향에 있다는 이 책의 많은 저자들의 견해를 전적으로 지지할 필요가 있다. 단, 과도한 낙관은 주의를 요한다. 시민사회에 대한 접근은 과거에 대한 보다 깊이 있는 역사적 분석을 필요로 한다. 이와 동시에 국가 중심적인 시각에서 탈피해야 한다.

내가 라빈드라나트 타고르Rabindranath Tagore의 삶에 대한 일화로 끝을 맺는다고 하여 지방색을 드러낸다고 생각하지 않기를 바란다(이 서문을 쓴 필자는 타고르가 세운 산티니케탄에 있는 대학의 부총장을 지낸 사람으로, 타고르와 개인적 관계가 있음을 말하고 있다―옮긴이). 나는 한 세기도 더 전에 공공영역의 개념에 대해 쓴 글을 인용하고자 한다. 아마도 이 글은 인도의 지성인이 이 주제에 대해 최초로 명시적인 설명을 시도한 글 중의 하나일 것이다. 1894년 반낌 짜떼르지Bankim Chandra Chatterjee(1838~1894. 인도의 작가. 그의 소설 속에 나오는 〈반데 마따람(어머니, 안녕하세요)〉라는 노래가 인도의 독립투쟁 당시 그들의 슬로건이 되었다―옮긴이)가 죽은 후 어느 누구보다도 타고르는 공식적인 추도 모임을 가지려고 했다. 그러나 이에 대해 논쟁이 있었다. 왜냐하면 죽은 사람에 대한 공식적인 추도 모임은 인도의 사회적 관습이나 문화적 전통과 맞지 않는다는 이유로 각계각층에서 많은 반대가 있었기 때문이다. 당시 30대 초반이었던 타고르는 실망과 분노로 가득 차 인도의 공중公衆(Public)에 대한 글을 썼다. 그가 겨냥한 것은 공중 영역에서 활동할 잠재력이 있는 벵골의 중산층이었으며, '인민'은 아니었다. 타고르는 전통적으로 가족과 친족 관계를 중심으로 하는 인도 사회에서 최근 새로운 현상이 발견되고 있다고 주장했다. "이것은 공중이라고 불린다. (……) 이는 새로운 현상이며, 이 말은 우리에게 아직 낯선 것이다. 이것을 벵골어로 번역하는 것은 불가능하다. 그래서 현재 벵골에서 '공중'이라는 용어와 그것의 반의어인 사인私人(Private)이라는 말이 그대로 유통되고 있다. 비록 이 두 단어는 고급 문학 담론에서는 받아들여지지 않지만……. 유럽에서는 사교 방식이 발전함에 따라 뛰어난 인물은 눈에 띄게 된다. (……) 그들은 대중의 전면적인 관심을 받는다."[18] 타고르는 유럽과 인도의 공중 영역 활동에서의 '밀도 부족'을 대조하여 말했고, 인도인은 일반적으로 가족이나 친족 집단 바깥 영역으로는 잘 나가지 않는다고 지적했다. 타고르는 인도의 공중은 공중에게 맡겨진 의무에 유의하지 않으며, 그것을 확립하는 사람들의 역할을 아직 인식하지 못한다고 썼다. 그는 '우리의 공공은 아직 청소년기에 있다'라고 결론 내린다. 이것이 1894년에 내놓은 타고르의 의견이었다. 그가 당시 지적했던 이 문제는 현재에도 아무런 타당성이 없는가?

우리가 시민사회기관을 낙관적으로 바라본다면 그 영역에 대해 철두철미하게 연구할 필요가 있고, 이미 앞서 말한 것처럼 역사적으로도 심도 있게 살펴봐야 한다. 유럽과 같은 문화권에서 시민사회기관은 수세기에 걸쳐 발전해온 역사를 가지고 있다. 반면 타고르가 낙심한 글을 쓴 이후 몇십 년 동안 인도에서 급속히 시민사회가 발전했다 하더라도, 인도의 시민사회기관은 비교적 최근에 나타난 것이다. 영국은 일부 식민 지배에 필요한 것만을 남겨두고, 식민시대 이전에 있었던 많은 시민사회의 팔과 다리를 잘라버렸다. 19세기 중반부터 강력한 식민지 국가의 영향하에서 새롭게 발전한 시민사회기관은 보다 엄청난 영국 정부의 권력에 압도되었다. 이러한 미성숙한 기관은 독립 이후 인도공화국에서도 선도적으로 활동하면서 발전할 수 있는 공간을 허락받지 못했다. 그들이 움직일 수 있는 것은 예외적인 상황에서일 뿐이다. 실제로 정당의 대리인이거나, 국가권력 보유자가 의석의 과반수를 확보하지 못했거나, 1984년 당시처럼 대중운동 등의 이유로 일시적으로 힘이 약해졌을 때뿐이었다. 시민사회기관은 더 이상 '청소년기'에 있지 않다. 그러나 그들의 갈 길은 멀어 보인다. 그들은 여러 면에서 시민의 기대에 부응하지 못하는 국가를 우회하여, 공동체적 조직에 시민의 참여를 이끌어내는 이상적인 역할을 수행해야 한다. 아직 이렇게 미성숙하지만 메시지는 우렁차고 분명해 보인다. 국가를 뛰어넘어 시민사회가 갖고 있는 잠재적인 자원을 바라보자는 것이다.

이것이 역사학도로서, 또 다양한 분야와 삶 그리고 많은 발전 담론에 참여하고 들을 수 있는 좋은 기회를 가졌던 한 사람으로서 내가 내릴 수 있는 결론이며 반응이다. 이러한 이유로 이 글 모음집의 편집장 일을 맡은 것은 더없이 보람 있는 경험이었다.

민족주의의
행진

빠르타 굽따
Partha Sarathi Gupta

옥스퍼드 대학에서 박사 과정을 밟았으며, 영국 노동자의 역사에 대해서 박사 논문을 썼다. 델리 대학에서
영국과 유럽 역사를 가르쳤다. 저서로는《제국주의와 영국의 노동운동 1914~1964 Imperialism and the British
Labour Movement, 1914~1964》(1975)《라디오와 라즈 1921~1947 Radio and the Raj 1921~1947》(1995)《자유를 향
해서 1943~1944 Towards Freedom 1943~1944》(1997) 등이 있다.

우선 이 글의 제목은 내가 선택한 것이 아님을 밝혀둔다. 이 제목은 겁 없이 전 시대를 망라하는 것처럼 들린다. 하지만 이 글은 1918년부터 1940년 사이의 한정된 기간만을 다루고 있음을 분명히 하려 한다. 이때 '인도'는 남아시아의 대영제국에 속했고, 여기에는 오늘날의 파키스탄, 방글라데시, 미얀마 등도 포함되어 있었다. 우리가 민족주의를 영국 지배에 분노할 이유를 가지고 있었던 인도아대륙의 대부분의 인민을 하나로 결합하는 동인動因으로 정의한다면, 이는 영토, 언어, 종교 등에서 다양하게 나타나고 있던 집단과 공동체 사이의 복잡한 관계를 무시하는 것으로 들릴 수 있다. 여기서는 이러한 문제 속으로 깊이 들어가지 않을 것이다.

OI

우선 이 글의 제목은 내가 선택한 것이 아님을 밝혀둔다. 이 제목은 겁 없이 전 시대를 망라하는 것처럼 들린다. 하지만 이 글은 1918년부터 1940년 사이의 한정된 기간만을 다루고 있음을 분명히 하려 한다. 이때 '인도'는 남아시아의 대영제국에 속했고, 여기에는 오늘날의 파키스탄, 방글라데시, 미얀마 등도 포함되어 있었다. 우리가 민족주의를 영국 지배에 분노할 이유를 가지고 있었던 인도아대륙의 대부분의 인민을 하나로 결합하는 동인動因으로 정의한다면, 이는 영토, 언어, 종교 등에서 다양하게 나타나고 있던 집단과 공동체 사이의 복잡한 관계를 무시하는 것으로 들릴 수 있다. 여기서는 이러한 문제 속으로 깊이 들어가지 않을 것이다. 이 글은 20세기 초에 정치적으로 각성한 인도 엘리트층의 마음속에 하나의 범인도정치구성체에 대한 명확한 갈망이 있었다는 가정에서 시작할 것이다.

이 시점에서 하나의 단서가 필요하다. 나는 '엘리트'라는 용어를 사용하지만, 우리는 모두 몇몇 역사가가 이미 지적했듯이, 민초들이 외국인 또는 토착 세력의 압제에 대한 저항의 원천이었음을 알고 있다. 나 역시 민초의 헌신에 대한 진가를 부인하지 않는다. 다만 이 글의 초점을 엘리트에 맞추고자 할 뿐이다. 왜냐하면 이 글의 목적이 1947년, 즉 델리와 카라치에서 제국주의 정부가 주권을 갖는 정부로 교체되었던 때의 상황을 설명하는 것에 있기 때문이다. 그러나 나는 '민족주의의 행진'을 인도국민회의Indian National Congress와 동일시하는 함정에 빠지는 것을 원하지는 않는다. 나는 국민자유연맹National Liberal Federations의 지도자들(1918년에 새로운 외관을 갖추었으나 결국은 왕년에 인도국민회의의 온건파일 뿐인 사람들), 즉 인도국민회의 기구의 통제하에 있는 지도자뿐만 아니라 국민회의 내에 남아 있기는 하지만 자신들의 단체를 가지고 있었던 다양한 좌익 집단을 구별하고 싶지 않다. 그들은 모두 반제국주의적 동원을 위한 광범위한 기반으로 여겨졌다. 그들의 계급 기반과 정치 스타일은 달랐으나, 1928년 사이먼위원회Simon Commission를 보이콧하는 데서 보여준 통일성을 통해 알 수 있듯이, 영국 지배의 종식을 재촉하는 것이 근본적으로 바람직하다는 견해를 갖고 있었다.

모라르지 데사이Morarji Desai는 1985년에 비빤 짠드라Bipan Chandra 교수에게 "우리는 어떤 운동에서도 승리하지 않았지만, 1947년에 영국인이 철수했다"라고 말했다.[1] 비빤 짠드라는 이 말을 점차 확대된 대중운동의 증거로 사용했지만, 실상 영국 지배의 종식은 인도의 민족주의 운동이 강해서라기보다 1945년경 영국의 힘이 심각하게 쇠약해졌기 때문이라는 함의를 갖고 있다. 영국의 힘이 언젠가는 쇠약해질 것이라는 사실은 예견할 수 있었다. 맥스 벨로프Max Beloff 교수는 그의 책《제국주의의 황혼Imperial Sunset》제1권에서 다음과 같이 썼다.

유럽 북서 해안에 자리한 한 무리 안개 자욱한 섬들이 무슨 이유로 (……) 세계제국의 중심일 뿐만 아니라 유럽 경쟁국들의 조정자로 기능하는 것이 가능했는가를 의아하게 생각하지 않게 하는 것은 전지전능한 신에 대한 심오한 믿음을 필요로 할 것이다 (……) 그 우월성은 하도 인공적이어서 그것이 이어받은 패권만큼이나 덧없는 것이라는 점이 입증될 것이 확실해 보인다.[2]

1918년 이후 영국의 세계 추축국으로서의 지위가 점점 약화된 것은 남아시아에서의 정통성이 점진적으로 침식되어가는 데 필수 전제 조건이 되었다. 문제는 '전 인도 차원에서의 민족 정체성에 대한 인식이 정치적으로 각성한 인도인에게 압도적인 우선권이 되었느냐?' 하는 점이다. 이에 답하기 위해서는 인도 '민족주의'의 성격을 살펴볼 필요가 있다.

수렌드라나트 바네르지Surendranath Banerjea가 정치적 성격의 자서전을 썼을 때 그는 그것을 《형성 중에 있는 민족A Nation in the Making》이라고 명명했다. 윈스턴 처칠이 1918년에 《세계 위기The World Crisis》라는 책을 썼을 때 한 동료는 다소 퉁명스럽게 "윈스턴은 자신에 관한 책을 한 권 쓰고는 그것을 '세계 위기'라고 불렀다"라고 말했다. 수렌드라나트의 책을 읽었을 때 나의 첫 반응도 그와 비슷했으나, 나중에야 그 책의 제목이 품고 있는 지혜를 깨달았다. 처칠은 한없이 다양한 인도아대륙에서 일종의 기성품으로서의 민족은 발견할 수 없다는 점을 알고 있었다. 그것은 새롭게 만들어져야 하며, 제국주의 지배를 확립하는 것이 민족정부가 살아남을 수 있는 기반으로서의 합의를 만들어내는 것보다 더 쉽다고 여겼다. 간디Gandhiji는 1907년 《인도의 자치Hind Swaraj》를 썼을 때 이런 사실을 알고 있었다. "시간이 지나면서 민족은 만들어진다. 민족은 하루아침에 형성되지 않는다. 그것이 형성되는 데는 오랜 시간이 필요하다."[3]

사람들은 공식적인 정책과 인도인 자신들에 의해 유발되는 민족 정체성 확립을 가로막는 많은 어려움에 직면하지 않을 수 없었다. 1909년 이후 취해진 입헌 조치는 어느 것이나 분열적 특징을 내포하고 있었다. 1909년에 도입된 종교공동체적 선거구는 인도 유권자들이 1952년 이전에 치러진 선거에서는 공동 선거인 명부의 일원이 되는 경험을 갖지 못했다는 것을 의미했다. 또 다른 분열적 특징은 1919년 이후 지방의 주들에서 있었던 책임의 양두정치적兩頭政治的 분할이었다. 1919년의 몬트퍼드 헌법Montford Constitution은 인도국민회의의 비난을 받아 거부되었고, 국민회의는 이에 항의하여 비협조운동을 개시했지만 이 운동은 실패하고 말았다. 그러나 이 헌법이 창출한 제도들은 남았고, 그것들 중 몇몇 제도는 교육받은 중간계급이 스스로를 위해서 그리고 확고한 영국인의 특권에 저항하여 부상하는 인도의 자본가를 위해서 양보를 이끌어내는 장場을 마련해주었다. 매우 제한된 선거권에 의해 선출된 것으로 인정된 중앙입법회의Central Legislative Assembly는 제한된 권한을 이용하여 태동하는 인도의 산업에 적절한 보호를 보장해주기 위해 재정법안Finance Bill을 통과시켰다. 그것은 쉬운 일이 아니었지만 철강, 종이 및 성냥 분야에서 그리고 비품 구매 정책에서 인도의 공장주들에게 우선권을 주는 성과를 거두었다. 중앙입법회의는 또한 정부로 하여금 인도 육군 장교단이 인도인에게 문호를 개방하고 그들을 훈련하는 시설을 인도 내에 창설한다는 원칙을 승인하도록 했다. 이것은 힌두와 무슬림 지도자들 공동의 노력으로 이루어졌고, 여기에 모띨랄 네루Motilal Nehru와 진나Jinnah가 긴밀하게 같이 작업했다. 영국 내각은 이 권고안을 거부했지만, 이것은 1930~1932년의 원탁회의Round Table Conference 기간에 이 문제를 다시 논의하는 기초로 남겨졌고, 이 회의에서 인도군 사관학교 창설이 승인되었다.[4] 중앙입법회의는 사기업들이 1920년대 말 방송放送 산업 운영을 포기하고 대공황으로 현금

부족에 시달린 영국 정부가 열성적이지 않을 때 전자 미디어의 존속을 보장한 점에 대한 공로를 또한 인정받을 수 있었다. 오직 중앙입법회의의 압력에 의해서 인도 방송사의 캘커타(꼴까따)와 봄베이 지국이 정부에 의해 유지되었다.[5] 이 모든 점을 고려해볼 때, 첫 번째 원탁회의에서 완고한 영국 보수당원들이 다 같이 입법회의 폐지를 얘기하고 더 이상의 헌법 개정은 지방의 주들로 제한하자고 한 것은 그리 놀랄 만한 일이 아니다.[6]

몬트퍼드 헌법은 지방의 주들에서 '책임의 양두정치적 분할'과 교육, 건강 및 지역 자치 부서들과 같이 '이전된' 부서들의 '재정 고갈'로 인하여, 정치적 거래와 수용 과정을 통해 분파주의적이고 종교공동체적인 요구를 해결할 수 있는 적절한 제도적 틀을 제공하지 못했다. 그 대신 지방 주들의 업무에서 정부 부서들 내의 일자리에 대한 '할당'과 지정을 둘러싼 청구와 반청구가 증가했다. 그러나 이 시점은 경제발전과 농업개혁을 통해 새로운 일자리를 만들어낼 수 있는 희망이 거의 없는 시기였다.

중앙입법부의 장 바깥에서 1920년대는 종교공동체적 소요, 성공하지 못한 전체 정당 통일회의 소집의 시도 및 전-인도 힌두 대의회All-India Hindu Mahasabha의 정치적 대두와 같은 특징을 보이고 있었다. 껠까르N. C. Kelkar와 문제B. S. Moonje 같은 이전의 띨락Tilak 추종자들은 주로 힌두 민족주의Hindutva의 견지에서 인도 민족 집단을 정의했다. 그들과 지역 차원, 특히 중앙의 주들과 봄베이에서의 국민회의 사이에, 데이비드 베이커가 보여주는 바와 같이[7] 의견 차이가 커져갔다. 유사한 긴장 상태가 통합 주들의 지역 정부와 정치에서도 마단 모한 말비야Madan Mohan Malviya의 추종자와 모띨랄 네루의 추종자 사이에 눈에 띄게 나타났다.[8]

노동당 정부가 집권 중이던 1930년의 원탁회의는 중앙입법회의를 폐지하지 않았으나, 그 뒤 1932년부터 계속해서 영국 보수당원들은 지방자치라는 수단을 통해 인도의 정치적 에너지를 중앙에서 분산시키기를 희망했다. 이는 인도에 대한 한 내각위원회에서 새뮤얼 호어Samuel Hoare가 "헌법의 일반적 개념은 무게중심이 이제부터는 중앙에서 지방으로 이전되어야 한다는 점이다"라고 언급한 것에서 엿볼 수 있다.[9] 즉 영국을 어렵게 만드는 중앙입법회의에서의 강력하고 통일된 인도 대표단을 갖는 것 대신에 행동의 중심을 지방의 주들로 이전하기를 희망했는데, 이 지방의 주들에서는 인도인의 무경험과 상호 분란으로 인해 영국 총독이 실제적인 권력을 행사하곤 했다.

이러한 '지방화'는 범인도민족주의를 발전시키는 데 두 가지 장애물을 만들어냈다. 첫째, 식민 지배자는 부족민이 거주하는 지역을 '배제된 지역'이라고 부르면서 정치적 변화를 차단했다. 둘째, 인도인은 지역 경계 수정이라는 해묵은 게임을 하기 시작했다. 영국은 1874년에 벵골어를 말하는 실헤뜨Sylhet와 카차르Cachar 군郡을 새 아쌈Assam 주에 이전시켰을 때와 1912년에 다른 벵골어 사용 군을 새로운 비하르Bihar 주와 오리싸Orissa 주에 주어버렸던 때와 같이, 재정과 군사적 필요를 위해서 주 경계를 변화시켰었다.[10] 1920년에 무슬림 지도자들은 신드Sind를 봄베이 관구에서 분리하라고 요구했고, 이후 1935년에 이를 달성했다. 이로써 뻔잡Punjab에서 무슬림 의석수의 법정 과반을 확보했다. 한편 남인도에서는 뻬리야르Periyar가 창당한 드라비다 진보연맹Dravida Munnetra Khazagam이 드라비다인의 나라Dravidsthan를 상상하면서 그들의 정당이 마드라스 관구에서 과반수를 얻으려면 선거제도를 어떻게 수정해야 할 것인가를 숙고하기 시작했다.[11]

거의 망각된 것으로 생각되었던 1930년대의 입헌적 제안 중의 하나는 토후주들princely states과 영국 직할 인도 지역들British Indian provinces로 구성된 하나의 전_全인도연방All-India Federation을 구성하는 것이었다. 이러한 연방을 위한 움직임은 사쁘루Sapru, 스리니바스 사스뜨리Srinivas Sastri와 그의 동료들, 제후들의 장관 중에 그들의 친구인 미르자 이스마엘Mirza Ismael, 하끄사르K. N. Haksar, 사르다르 빠니까르Sardar Panikkar 같은 이들의 공동 노력 덕분이었다. 토후주들에서는 전통적인 지역 충성심이 유지되었다. 토후들은 (1928년에 하커트 버틀러Harcourt Butler 위원회에 그들을 대표하여 제기했던 소송에서 보듯이) 영국 지배자에 대해서 점차 자신들의 권리와 특권을 주장하기 시작했다.[12]

이러한 토후들의 배타주의는 그것이 가지고 있는 보수적 함의와 함께 1927년에 시작된 주인민운동State People's Movement의 도전을 받았고, 제안된 연방의 맥락에서 10년 후에 힘을 얻었다. 이 운동은 인도의 주들을 민주적 방향으로 변혁하고 그들의 투쟁을 영국 지배하 인도에서의 반_反식민투쟁과 연결하는 것을 목적으로 했다. 인도국민회의는 1935년에 인도정부법이 시행되고 많은 주에서 정부를 구성한 후에야 이 운동에 적극적인 관심을 가졌다.

전_全인도정치연합은 '1935년 법'이 인도 통치의 헌법적 기초가 된 후에 약간의 변화를 경험했다. 확대된 선거권으로 인해 국민회의 이외의 정당들이 국민회의의 몫을 잠식하고 총독이 중재와 조정 역할을 할 것이라는 영국 관리들의 기대를 뒤엎고 1937년 선거에서 국민회의는 비무슬림이 다수인 모든 주에서 권력에 복귀했다. 앤서니 로Anthony Low와 에릭 스토크스Eric Stokes는 국민회의의 승리를 대공황의 여파가 있었는데도 과도한 조세 부담을 안고 있던 중농과 부농의 영국 통치로부터의 소외에서 기인하는 것으로 보았다.[13] 심지어 국민회의가 전통적으로 강세였던 봄베이와 우따르쁘라데슈Uttar Pradesh 두 주에서의 실패도 무슬림 연맹의 승리는 아니었다. 벵골에서는 토지개혁 강령을 내걸고 선거운동을 전개했던 끄리샥 쁘라자당Krishak Praja Party이 무슬림 의석의 과반수를 획득했으며, 뻔잡에서 권좌에 오른 것은 무슬림과 힌두 지주와 시크 상층계급의 혼합 종교공동체 연합인 통일주의자당Unionist Party이었다. 힌두 대의회도, 무슬림 연맹도 그들이 각각의 공동체의 유일한 대표라고 주장할 수 있는 곳은 어디에도 없었다. 국민회의 역시 무슬림이 다수인 북서 개척 주North West Frontier Province에서 정부를 구성했는데, 여기에는 칸 압둘 가파르 칸Khan Abdul Ghaffar Khan이 국민회의에 대한 지지 기반을 구축하고 있었다.[14]

선거 승리로 인해 국민회의는 다양한 계층 사람들에게 행동의 기반을 제공하는 하나의 운동에서, 표를 모으는 것에 관심을 가지는 정당으로 변모했다. 운동으로부터 정당으로의 협소화 문제에 대해서 우따르 쁘라데슈에서는 기야넨드라 빤데이Gyanendra Pandey가, 비하르에서는 바니타 다모다란Vanita Damodaran이 분석했다.[15] 운동은 융통성을 갖고 대중투쟁의 열기에 따라 성장할 수 있다. 반면에 정당은 표를 획득하고 의원들 사이에 규율을 유지할 필요가 있어 경직적이다. 역사가들은 국민회의 최고 지도부의 지역 단위에 대한 규율 통제의 증대와 지역 지도자가 그들의 지역에서 상당한 비중을 가지고 등장하는 비非국민회의 정당에 대한 전략을 구축할 자유의 상대적인 결핍에 대해서 언급한다. 델리의 쉴라 센Shila Sen과 방글라데시의 에나예뚜르 라힘Enayetur Rahim은 벵골에서는 파즐룰 하크Fazlul Haq의 제안을 거부함으로써 그리고 우따르쁘라데슈에서는 칼리쿠짜만Khaliquzzaman을 소외함으로써, 국민회의가 어떻게 연합정부를 구성할 기회를 상실했는지를 보여준다.[16] 다언어 주인 중앙 주와 베라르Berar에서 국민회의 최고 지도부는 마라티Marathi 주 총리 카레N. V. Khare를 힌디 벨트 출신의 라비 샹까르 슈끌라Ravi Shankar Shukla로 교체했다. 라니 산까르다스Rani Shankardas는 봄베이에서 당의 마하라슈트라 지부와 구자라뜨 지부 사이의 유사한 경쟁 관계를 감지했다. 그러나 여기서 최고 지도부는 주지사가 주총리로 요청할 가능성이 있는 지도자를 선출하는 데 순전히 중개적인 역할만을 했다.[17]

중앙정부에서도 국민회의는 비무슬림 의석의 과반수를 차지했다. 중앙정부는 여전히 고위 관리들이 정부를 대변하는 예전의 몬트퍼드 헌법에 의해 통치되고 있었고, 중앙을 책임지는 정부는 연방에 참여하기로 동의한 다수 토후주에 의존하고 있었다. 역사의 '가정' 가운데 하나는 연방이 전쟁 발발 전에 형성될 수 있었을까 하는 것이다. 이언 코플랜드Ian Copland는 연방 구성의 협정 수락 조건에 대한 합의가 전쟁 발발 무렵에 거의 이루어졌는데 전쟁 발발로 묻혔다고 주장한다.[18]

영국의 통치자는 토후들이 지명한 대표자가 영국이 직접 통치하는 인도 출신 의원을 견제하는 헌법적 제도로써 연방을 구상하고 있었다. 보수적인 상층계급을 고객으로 하는 사쁘루나 자야까르 같은 자유주의 성향의 변호사들은 이에 반대하지 않았다. 그들에게 연방을 기반으로 한 인도아대륙의 통일은 하나의 간절한 바람이었다. 비빤 짠드라가 보여주는 바와 같이, 힌두 대의회는 많은 힌두 토후의 의회 참가를 환영했기 때문에 토후주의 대표 지명 원칙에 반대하지 않았다.[19] 단지 1938년 하리뿌라Haripura 회기에서 수바스 보스Subhas Bose가 주도하는 국민회의는 주인민회의States People's Conference로 하여금 그들 주의 정치 개혁을 찬성하는 운동을 전개하도록 고무했다. 간디는 주 대표들이 선거에 의해 선출되기만 하면 연방을 지지할 것이란 점을 분명히 했다. 1939년 당시 인도아대륙에서는 하나의 연방으로 경제적, 정치적 발전 정도가 크게 달랐던 지역들이 통일을 이룰 가능성이 있었다. 그러나 인도의 지도자, 특히 국민회의 지도자는 단일 연방정부가 가지는 상대적 장점에 대해서 혼란스러워했다.

11년 전 사이먼 위원회에 대한 회신에서 모틸랄 네루가 이끈 전全정당회의는 고도의 단일 모델 헌법을 초안했다. 그것의 주된 장점은 보통선거권과 함께 공통 선거인 명부였으며, 반면에 단점은 단일 체제와 종교공동체적 선거구를 포기하는 데 대한 보상으로 중앙의회 의석의 3분의 1을 무슬림에게 보장하는 것을 거부한 것이었다. '연방'은 국민회의 지도자들에게 내키지 않는 용어가 되었는데, '제국주의적' 헌법을 연상시키기 때문이었다. 그것은 비국민회의 주들의 총리들에게 감지되었다. 1939년 7월 시깐데르 칸Sikander Hayat Khan은 일곱 개 지방 구획에 기초한 전인도연방을 제안했다. 띠르미지Tirmizi 교수의 문서철에는 시깐데르 경의 이 제안에 대한 마하트마 간디의 서신과 함께 이 사실을 확인하는 문건이 담겨 있다.[20]

인도의 현재 국경은 국민회의가 1937년에 승리한 영국 통치하 인도의 주들과 동시에 국민회의가 패배한 지역(벵골, 아쌈, 뻔잡)을 포함한다. 파키스탄은 이 선거 지도에서 이미 그 조짐이 나타났는가? 반드시 그렇지는 않다. 그러나 1937년에서 1946년까지 10년 동안 중요한 문제 중의 하나는 어떻게 무슬림 연맹의 선거 운이 벵골과 뻔잡에서 가까스로 개선되었느냐 하는 점이다. 또 다른 문제는 연맹이 1940년에 왜 다음 헌법 개정은 동쪽에서 두 개의 자치주인 아쌈과 벵골 그리고 서쪽에서 뻔잡, 신드, 발루치스탄 및 북서 개척 주를 창설하는 것이어야 한다고 요구했느냐 하는 것이다. 이 점은 모든 비무슬림 원로 지도자들의 지지를 받았는데, 그들은 1937년에서 1939년 사이에 국민회의가 지배하는 주들에서 무슬림이 불이익을 받았다는 주장에 대한 '해답'으로 이를 이해했기 때문이다. 이 결정은 그전 2월에 "힌두와 무슬림의 반목은 인도에서 영국 통치의 방어벽이었다"라고 분명하게 말했던 처칠을 기쁘게 했을 것이다.[21] 처칠 내각의 인도에 대한 첫 번째 결정 중의 하나는, 무슬림 연맹은 비토권을 가질 것이라는 1940년 8월의 선언이었다. "대영제국은 현재 인도의 평화와 복지에 대한 책임을 지고 있으며, 인도의 민족적 생존을 위협하는 어떤 정부 체제에도 그 책임의 이양을 고려할 수 없다는 것은 두말할 필요도 없다."[22] 이 선언은 연맹으로 하여금 처칠이 총리로 재직하는 한 이 점을 무시하는 어떤 정치적 해결책도 없을 것이라고 믿도록 고무했다.

1940년 8월 제안의 원칙은 1942년에도 경신되었다. 크립스Cripps의 제안들은 전후 제헌의회에 몇몇 주들이 참가하지 않을 가능성을 열어두는 '주의 선택'에 관한 조항을 담고 있었다. 국민회의 지도자들은 1942년 8월부터 제2차 세계대전 종식 때까지 감옥에 있었다. 그러나 힌두 대의회, 무슬림 연맹, 공산주의자와 같은 다른 정당 지도자들은 감옥에 가지 않았는데, 그들은 제국주의 정부의 최우선 관심사였던 전쟁 지원에 협조했기 때문이다. 인도에서 무력이 크게 팽창하고 장교단의 인도화가 강제로 가속된 것은 식민지 이후 주권국이 자위 능력을 가질 전제 조건을 창출했다.

인도의 정치 지도는 1946년 선거 결과가 드러낸 바와 같이 변화했다. 두 집단의 주들이 등장했는데 각각 한 정당, 즉 국민회의는 그것의 이전 주들을 장악했고, 무슬림 연맹은 뻰잡을 제외하고 모든 무슬림 다수주를 석권했다. 그리고 뻰잡에서도 무슬림 연맹은 통일주의자당의 무슬림 장악에 중대한 파열구를 냈다.

영국 지배 주들과 토후주들의 연방 결합 가능성은 멀어진 듯 보였다. 1946년 5월 16일 내각위원회의 제안들은 세 가지 모순된 생각, 즉 영연방 방위에 일익을 담당하는 통일 인도에 대한 영국의 생각, 동과 서에 B와 C 그룹으로서 두 개의 지역을 갖는 파키스탄의 생각 그리고 제헌의회에 대한 국민회의의 생각을 조정하려는 시도였다. 정부의 집중화와 탈집중화에 대한 압력을 둘러싼 쟁투가 대두했다. 범인도민족주의는 단지 국민회의가 지배하는 주에서 우세했다.

두 개의 민주주의 국가가 1947년 8월에 탄생했다. 두 국가는 모두 많은 언어와 문화적 다양성을 내포하고 있었지만, 각각 한 정당에 의해 지배되었다. 그 후 양국의 과제는 민족 형성 과정을 강화할 수 있는 방안과 수단을 계속해서 찾아내는 것이었다.

헌법 만들기

락스미 싱비
Laxmi Mall Singhvi

인도 상원 의원과 인도 대법원 변호사로 일했다. 현재는 인디라 간디 예술센터의 회장이다. 저서로는《재판의 자유Freedom on Trial》《세 도시 이야기A Tale of Three Cities》등이 있다.

인도헌법은 지속 가능한 제도들의 집합체이며, 독립투쟁의 장엄한 기념비이며, 독립에 대한 열망의 견인차였다. 인도헌법은 그 자체로 인도를 보여주는 거울이다.

베네갈 라우Benegal Narasing Rau 경이 초안 만드는 것을 도왔던 두 개의 헌법, 즉 인도헌법과 버마 헌법이 어떻게 진개되어 나갔는지를 보면 헌법의 생명을 결정하는 것은 헌법의 지구力(가 아니라 헌법이 국민 생활에서 누리는 생명의 자양분과 문화라는 사실을 잘 알려준다. 버마 헌법이 어떻게 되었는지는 잘 알려져 있으며, 인도헌법이 수많은 어려운 상황에서도 덕적으로 잘 견뎌왔다는 점에는 의문의 여지가 없다.

I

인도헌법은 지속 가능한 제도들의 집합체이며, 독립투쟁의 장엄한 기념비이며, 독립에 대한 열망의 견인차였다. 인도헌법은 그 자체로 인도를 보여주는 거울이다.

베네갈 라우Benegal Narasing Rau 경이 초안 만드는 것을 도왔던 두 개의 헌법, 즉 인도헌법과 버마 헌법이 어떻게 전개되어 나갔는지를 보면 헌법의 생명을 결정하는 것은 헌법의 자구字句가 아니라 헌법이 국민생활에서 누리는 생명의 자양분과 문화라는 사실을 잘 알려준다. 버마 헌법이 어떻게 되었는지는 잘 알려져 있으며, 인도헌법이 수많은 어려운 상황에서도 탄력적으로 잘 견뎌왔다는 점에는 의문의 여지가 없다.

사실 인도헌법이 변호사에 의해, 변호사를 위해서 초안되었고, 결국 변호사의 낙원이 되었다는 얘기는 흔하게 여러 번 되풀이되어 회자된다. 비판자에 따르면, 바로 이 점이 변호사가 소송을 통해 큰 이득을 취하는 문제를 예상하지 못한 이유다. 내 생각에 그것은 터무니없는 결론이고 부당한 암시다. 인도헌법의 기초자 가운데 많은 사람이 변호사였던 것은 사실이지만, 그들은 진짜 애국자였다. 그들은 거대하고 복잡한 나라의 헌법을 만들었다. 그들은 헌법이 법적이고 정치적이며 문화적인 문서라는 점을 알고 있었다. 그들은 또한 인도인은 소송을 좋아하고 논쟁적이므로 모든 가능한 경우에 대비하여 세세한 규정을 만들어야 한다는 점도 알고 있었다. 그들은 합의를 기초로 했으며, 협소한 기득권을 토대로 헌법을 만들지 않았다.

인도의 독립투쟁 기간 중에 발전된 헌법적 개념에 대한 사전 경험과 식민 지배 기간 동안 인도의 지도자들이 갖게 된 의회제도의 경험은 인도헌법을 만드는 데 확실한 기본 자산이 되었다. 이전 인도헌법사의 경험은 헌법 제정자들에게 조금도 일실되지 않고 고스란히 나타났다. 1895년 로끄만야 띨락Lokmanya Bal Gangadhar Tilak의 영감하에 초안된 헌법, 즉 1895년의 자치법안Swaraj Bill과 영국 지배 체제하에서 초안된 수많은 헌법 또는 반半헌법 문서들이 제헌의회의 역사적 캔버스에 나타났다. 몰리-민토 개혁안Morley-Minto Reforms, 몬터규-쳄스퍼드 개혁안Montague-Chemsford Reforms과 1935년 법이 그 캔버스에 선명하게 그려졌다. 이러한 발전 단계는 완전 자치의 비전과 세계의 다른 헌법의 절충적인 지혜와 통합되어 1946년 11월 26일에 등장한 최종 헌법 문서에 반영되었다. 이 문서는 인도의 역사, 전망, 정신, 관심사를 구체화했고 헌법으로 내면화했다. 그것은 살아 있는 문서이며, 잘 기능하도록 능력 있는 엘리트에 의해 준비되었다. 헌법은 '우리 인도 국민'의 이름으로 만들어졌고, '우리 인도 국민'은 민주주의와 법치주의 담론의 문화적 동력과 변증법을 이해하고 발전시킬 지혜와 성숙함을 가지고 있었다. 버마 헌법은 단명했는데, 그 주된 이유는 그것이 버마 사회의 것이 되지 못했고 버마 사회의 어떤 부분도 헌법을 소유하거나 지지할 준비가 되어 있지 않았기 때문이다. 인도는 19세기 초 이래 줄곧 부활을 위한 지속적인 운동의 유산을 갖고 있었다. 즉 인도는 독립투쟁의 온전한 역사와 헌법을 수호하는 보루로서 독립투쟁의 자산을 가지고 있었다고 말할 수 있다. 또한 많은 헌법적 문서, 즉 1895년의 자치법안뿐 아니라 애니 베전트Annie Besant와 떼즈 사쁘루Tej Bahadur Sapru의 영감 하에 1920년대에 준비된 인도연방법안과 1929~1930년에 모띨랄 네 루가 준비한 초안도 가지고 있었다. 이러한 문서는 헌법 제정의 토대를 제공했고 인도인의 헌법적 열망을 유기적으로 통합하는 데 도움이 되었다.

1935년의 인도정부법은 기념비적인 초안 기술과 헌법적 통찰력을 보여준다. 이것은 복잡한 원탁회의의 논의와 헌법적 발전의 여러 가지 획기적인 사건들로부터 출현했다. 인도연방법원의 첫 번째 대법원장인 모리스 그위어Maurice Gwyer 경이 가장 중요한 초안자였다. 인도헌법 발전을 위해 그가 필요하다고 생각한 요소들이 전부 영향을 미쳤다. 1935년 법에서 인도헌법 구조의 기초를 찾아낼 수 있다. 인도가 독립을 쟁취했을 때 우리는 이미 그 법에 익숙해 있었다. 1935년 법은 이미 우리에게 잘 알려져 있었다. 우리는 이미 상당한 의회주의 생활을 경험했다. 중앙의회에서 수차례 헌법적 사상이 논의되었다. 미래 인도헌법의 모습은 공적 담론의 일부였다. 그런데 헌법 제정 논의가 막 시작되려는 시기에 충격적인 인도와 파키스탄의 분리가 일어났다. 제헌의회는 1946년 10월 9일 첫 번째 회합을 가졌으나, 거의 7개월 동안 무슬림 연맹으로부터는 아무런 반응도 참여도 없었다. 전체 인도를 아우르는 헌법을 만들리라는 희망은 산산조각이 났다.

1946년 헌법을 만들기 위해 처음으로 의원 292명이 회합했는데, 이는 무슬림 연맹이 참여하지 않았기 때문이다. 물론 더 많은 의원이 나중에 영입되었다. 토후주에서는 약 89명이 참여했다. 국민회의는 인도의 다문화, 다종교 구성원을 망라하는 208명의 의원을 보유하고 있었다. 무슬림 연맹에 73명의 의원이 소속될 예정이었으나 무슬림 연맹은 나라를 분리하여 별도의 무슬림 국가를 세우길 원했기 때문에 참여하지 않았다. 참여한 무슬림 의원들은 주목할 만한 기여를 했다. 논의의 가장 중요한 특징은 인도헌법이라는 태피스트리를 짜기 위해 날실과 씨실을 어떻게 엮느냐 하는 것, 즉 합의를 정직하게 모색하는 정신이었다.

제헌의회에서 논의를 마무리하기 위한 표결이 없었다는 것은 사실이 아님을 꼭 지적하고자 한다. 많은 논쟁이 없었다는 것도 사실이 아니다. 나는 개인적으로 헌법 제정의 황금기를 믿지 않는다. 항상 문제는 있었고, 커다란 견해차와 논쟁도 있었으며, 커다란 설전도 있었다. 그러나 견해차는 조금도 우의와 체면을 손상하지 않고 해결되었다.

우리는 마침내 분리되고 잘려서 축소된 인도의 헌법을 초안했다. 그것은 실로 거대한 문제를 창출했다. 초안된 헌법이 주저 없이 세속적 자유주의 헌법을 선택하고 독립투쟁의 비전을 손상하지 않게 된 것은 우리의 용기 있고 신념에 찬 행동 덕분이었다. 세속적이라는 말은 종교적 제도의 일정 측면에 대한 헌법의 운영 조항에만 사용되었으나, 세속주의와 복수주의 그리고 자유주의는 인도헌법의 살아 숨 쉬는 이념이자 영감이었다. 그것은 다른 신념에 대한 동등한 존중, 소수자에 대한 존중, 기본적 인권으로서 기본권과 법치주의를 수호하는 헌법이었다. 또한 1948년 10월 10일 세계인권선언이 공포되었고, 이는 인도헌법에 충분히 반영되었다. 한편 헌법은 인도-파키스탄 분리가 야기한 도전에 직면했으나, 그것을 해결하기 위한 논의와 접근 방법에서 국민회의가 지도한 독립운동의 자유주의적 유산을 포기하지 않았다.

제헌의회의 기초자들은 굳건히 위기에 대처했다. 그들은 한편으로는 가치를, 다른 한편으로는 구조적인 체제와 규범의 비전을 제공했다. 그것이 인도헌법이 중요하게 여기는 모든 것이다. '우리 국민'의 이름으로 선포된 헌법이 모든 인도 국민을 포함하지 않는다는 것은 사실이다. 제헌의회 의원은 제한선거에 의해 선출되었고, 인도공화국의 토대라고 공포한 성인의 보통선거에 의하지 않았다. 그러나 헌법 조항은 충분히 '우리 국민'의 이름으로 이루어진 공포를 정당화한다.

'우리 국민'이란 문구는 사실 미국헌법의 창립 선언에서 사용된 문구다. 그러나 미국에서 헌법이 제정될 당시 여성이나 흑인은 필라델피아의 헌법회의장에 대표를 보내지 못했다. 그들은 최초의 미국헌법하에서 어떠한 권한도 선거권도 부여받지 못했다. 헌법회의장에 참석한 몇몇 대의원과 많은 주요 제헌 발의자는 노예 소유주였다. 미국헌법 200주년 기념식에 참석했을 때 나는 헌법 제정 당시 미합중국에서 '우리 국민'에 여성은 명백히 포함되지 않았으며, 흑인 역시 포함되지 않았음을 목격하지 않을 수 없었다. 물론 황인종인 원주민 인디언도 포함되지 않았다. 그러나 '우리 국민'이라는 개념은 그들 모두를 포함하도록 민주주의를 끊임없이 확장해왔다. 헌법에 대한 포괄적인 견해는 다른 사람도 그 문을 통해 들어오도록 공간을 제공했다.

하지만 인도헌법은 시작부터 그들 모두를 포함했다. 이는 질적 차이를 보여주는데, 즉 미국에서 치러진 전투를 인도에서는 피할 수 있었다. 인도에서 우리는 보다 명확한 비전을 가지고 사회 현실을 좀 더 명확하게 이해할 수 있다. 우리는 지정카스트와 지정부족민이 전체적으로 이 체제 내에 실제로 충분히 제 위치를 차지하고 있지 않다는 것을 알고 있었다. 우리는 또한 많은 국민이 문맹임을 알고 있고, '우리 국민'의 이름으로 헌법을 공포한 바로 그 제헌의회 의원이 성인 보통선거로 선출되지 않았기 때문에 전체 국민을 대표하지 못한다는 것을 알고 있다. 인도의 제헌의회 의원은 제한선거로 차례차례 뽑힌 임시 의회 의원에 의해서만 선출된다. 헌법 제정자들이 정의, 평등, 박애에 기초한 포괄적인 사회민주주의를 확립한 것은 찬사받을 만한 일이다. 그것은 지속적인 인도의 부활운동 기간 동안 스스로를 드러낸, 인도의 비전을 유지하는 신념에 찬 행동이었다.

분리 이후에 헌법 제정자들은 자신들이 두 민족 이론과 분리의 충격 혹은 비극에 직면했음을 알게 되었다. 그러나 그들은 인도헌법을 만드는 데 신정국가 또는 어떤 종교의 지배나 다른 것에 대한 추종에 기초한 국가라는 반反계몽주의적이고 분열적인 판단을 단호히 거부했다. 헌법은 단순히 국민의 대다수가 아니라 전 국민을 위한 것이어야 한다는 점은 헌법 제정자들이 가졌던 뜻 깊은 이념적 입장이었다. 한편으로 다수결원칙에 기초한 민주주의 확립과, 인도-파키스탄 분리라는 이념적·종교공동체적 학살이 있었는데도 헌법 제정자들이 우리 공화주의 헌법의 토대로써 자유, 평등, 세속주의, 법의 지배, 사법 심사와 기본권을 실시하는 유기적인 사회조직을 만들어냈다는 사실은 다수 공동체와 제헌의회의 인도 엘리트에게 찬사를 보낼 만한 일이었다.

II

'그 헌법을 만든 사람들은 누구였는가?' 이것은 행동심리학자나 사회학자가 묻는 질문이다. 미국헌법에 대한 찰스 비어드Charles Beard의 흥미로운 연구가 있다. 그는 마르크스주의자도 아니면서 거의 마르크스주의자의 오류에 빠져 미국헌법을 기초하고 지지한 개인들의 한 가지 면, 즉 그들의 경제적 배경과 자산 보유만을 검토했다. 찰스 비어드는 미국헌법을 만든 사람들은 유산계급에 속하고 일정한 배경을 가진 이들이었다고 보았다. 1946년부터 1949년 사이에 인도의 많은 제헌의회 의원들은 독립투쟁의 경험을 갖고 있었다. 그중 두드러진 역할을 했던 많은 이들이 변호사였다. 그들은 서로 다른 카스트, 경제적 계급과 직업에 속했지만, 중간계급의 사고방식을 대변했다. 그들 중 많은 이들이 부유했고, 또 다른 많은 이들은 부유하지 않았다. 나는 인도헌법을 만들고 첫 10년의 헌법 역사 동안 그것을 지지한 것은 바로 이 중간계급의 사고방식이라고 생각한다. 중간계급의 정신이 인도에서 퇴조한 것은 좀 더 최근의 일일 뿐이다.

헌법을 만든 사람들이 헌법을 제정할 때 널리 다양한 직업을 가진 사람들의 경험을 참조한 것은 주목할 만한 흥미로운 일이다. 그들 가운데 많은 이가 독립투사였으며, 1937년 '1935년 인도정부법'이 발효했을 당시 고위 공직자였다. 그들 중 몇몇은 더 이전에 중앙입법회의 의원이었다. 그들 중 많은 사람이 각자의 생활에서 성공한 개인이었다. 제헌의회 의원들의 매우 많은 수가 변호사 계급에 속했다. 그러나 수가 문제가 아니라 그들이 탁월한 역할을 수행했다는 점이 중요하다. 변호사들은 당시 인도 민족의 생활 국면에서 공론을 지배했으나, 협잡꾼이 아니라 제도 수립자로서 활약했다. 그들은 헌신적이었고 제도에 대한 깊은 이해를 가지고 있었다. 사실 나 역시 변호사지만, 변호사 계급에 불만이 있는 비판자들이 뭐라고 말하든 간에 이 계급으로부터 도망갈 길은 없다. 당신이 헌법에 관해 얘기를 한다면 그것은 당신이 법, 권리와 의무, 사회구조 및 견제와 균형에 대해서 얘기하는 것이다. 제헌의회의 몇몇 변호사는 헌법이라는 한 건물의 비전뿐만 아니라 세세한 작동 부분에 대한 이해도 겸비하고 있었다. 그들은 많은 것을 읽어 박식했고, 경험이 풍부했으며, 설득력이 있었다. 그들은 제헌의회 안에서뿐만 아니라 바깥에서도 그들의 수를 능가하는 영향력을 행사했다. 나는 인도헌법 제정에서 변호사 의원들의 역할과 공헌을 훼손하려는 사람들과는 대립각을 세울 것이다.

나는 제헌의회의 변호사 의원들이 인도헌법에 기본권과 사법심사에 관한 명확한 규정을 두는 일에 중요한 역할을 했다는 것을 상기시키고자 한다. 초기에 인도공무원ICS의 일원이자 전직 고등법원 판사인 베네갈 라우 경은 세계의 다른 부분들과 협의하도록 해외에 파견되었다. 그는 여러 나라 가운데서 미국을 방문해 판사, 변호사, 법학자, 정치가, 기타 여러 사람을 만나 협의를 했다. 그는 특히 미국 대법원의 유명한 판사였던 펠릭스 프랑크푸르터Felix Frankfurter 대법관을 만났다. 펠릭스 프랑크푸르터는 이전에 하버드 대학 교수였고 학식이 높은 사람이었다. 놀랍게도 그는 라우에게 인도헌법에는 정당한 법의 절차due process에 대한 규정을 넣지 말라고 조언했다. 우리가 미국에서 받은 조언이 사법심사를 가볍게 다루고 축소하라는 것이었다는 사실을 알게 된다면 여러분은 충격을 받을 것이다. 내 스승이자 상급자였던 문쉬 박사는 초안위원회의 한 사람이었는데, 그에게는 초안위원회의 다른 변호사 의원들과 함께 기본권을 강제하기 위한 강력한 수단으로서 사법심사를 인도헌법에 포함한 책임이 있다. 그들은 미국에 좋은 것은 모두 인도헌법에 포함할 것을 고려할 만한 가치가 있다고 생각했다.

대체로 인도의 반응은 펠릭스 프랑크푸르터 대법관의 조언에 의문을 제기하는 것이었다. 알라디 아예르Alladi Krishnaswamy Iyer 선생은 문쉬 박사와 의견을 같이했고, 암베드까르 박사도 마찬가지였다. 그들은 모두 사법심사의 역동성을 이해했고, 경건한 선언은 상투어에 불과할 수 있다는 점을 알고 있었다. 그들은 말뿐인 선언은 정치적 편의의 제단에 희생되어 정치권력에 의해 흉하게 더럽혀질 것을 알았고, 바로 그 때문에 정당한 법 절차의 디딤돌이 되고 결국에는 정당한 법 절차와 마찬가지 기능을 하는 조항을 규정했다. 그들이 사법심사 그 자체를 기본권으로 확립한 것은 중요한 의미를 갖는다. 이 사실은 사법심사의 영국 모델이 행정행위의 사법심사에만 국한되고 헌법을 유효성을 판단하는 시금석으로 하여 입법심사에까지 확장하지 않는 것과 대비된다. 영국 법원은 행정행위만을 월권으로 판결할 수 있으며, 의회의 제정법을 월권으로 판결할 수는 없다. 초안위원회의 저명한 변호사 의원들과 그들의 기본권에 대한 확고한 믿음 덕분에 사법심사와 사법부의 독립이 인도 헌법의 보증서가 되었고, 이로써 헌법의 품격이 격상되었다. 인도헌법 제13조, 제32조, 제226조는 사법심사의 강력한 틀을 마련했고, 이는 자유의 보루가 되었다. 헌법의 씨가 비옥한 토지에 뿌려졌다. 인도의 법과 생활의 문화는 그러한 씨를 꽃피게 했다.

협조적 연방주의와 연방제적 조정 체제에 대한 규정은 인도헌법이 갖는 또 하나의 초석이다. 인도는 거대한 다양성을 가진 나라지만 일정한 통일적 특징을 겸비한 체제를 가질 필요가 있었다. 그러한 특징은 암베드까르 박사와 문쉬 박사뿐만 아니라 역사가인 자와하를랄 네루Jawaharlal Nehru와 위대한 행정가였던 사르다르 발라바이 빠뗄Sardar Vallabhai Patel 역시 필수적이라고 생각했다. 그들은 인도가 하나의 국가로서 살아남아 발전하려면 강력한 응집력이 필요하다고 생각했다. 이렇게 체제는 중앙권력과 권위를 강조하면서 시작했으나, 해를 거듭하면서 더 많은 연방제적 요구가 제기되었다. 암베드까르 박사와 문쉬 박사는 인도 역사에서 교훈을 얻어 헌법의 중앙집권적 특징을 살려 나갔지만, 지역적·언어적 유인책과 압력도 똑같이 필요하다고 요구되었다. 뽀뚜 스리라물루Pottu Sriramulu가 안드라쁘라데슈Andhra Pradesh 주를 창설하라는 자신의 요구를 관철하기 위해 스스로를 희생한 직후, 이에 반대했던 빤디뜨 자와하를랄 네루는 결국 굴복하지 않을 수 없었다. 그후에는 언어에 따른 주의 구분이라는 생각은 움직일 수 없는 저항 불가의 일이 되었다. 인도 연방주의의 내부 지도는 1950년 이래로 심대한 변화를 경험했다.

언어에 따른 주를 창설하려는 결정에 대해 많은 사람이 비판했다. 전前 대법원장 마하잔Mahajan은, 그것은 인도의 통일성 원칙에서 가장 크게 벗어나는 것이라고 말했다. 다른 사람들은 그 외에 다른 방법이 없다고 느꼈다. 인도헌법은 주를 형성하는 언어에 따른 원칙에 대해 여유를 부릴 수 있을 만큼 탄력적이었다. 새로운 주를 창설하는 것은 의회의 공식 권한 내의 일이었지만, 강력한 힘을 발휘하는 것은 정치적, 문화적, 지역적, 언어적 요소다. 우리는 결국 공개된 사회이고, 상호작용하는 사회이며, 공개성과 다양성의 변증법을 통하여 탄력성을 고양하는 사회다.

헌법을 만들 때 우리가 확신한 많은 방법과 가치는 간디식이라기보다는 네루식이며 서양 중심적이었다. 우리는 네루와 사르다르 빠뗄의 헌법적 비전이 영국에서 풍미하는 제도와 더 잘 조화된다는 사실을 인정해야 한다. 마하트마 간디는 독립운동에 영감을 부여했으나 헌법 제정에 들어가자 그 영감은 보다 더 네루 방식을 따랐고 헌법적으로는 절충적이었다. 간디의 헌법적 사고는 의심의 여지 없이 독창적이고 창조적이었지만, 네루와 빠뗄의 사고는 보다 더 현실적 경험에 근거하고 있었다. 종국에는 간디의 빤짜야뜨(마을 자치조직을 말함. 마을회의 또는 향촌공동체라고도 할 수 있음―옮긴이)에 대한 생각은 눈에 잘 띄지 않는 구석에 하나의 지도 원칙으로만 자리를 잡았다. 권리에 대한 서양식 강조는 헌법의 최후 의지처가 되었으나, 의무와 책임은 우리 헌법 제정자들을 비켜간 것 같다. 왜 그렇게 되었는가? 아마도 우리에겐 서양의 법제도하에서 훈련받은 지도자가 많았기 때문일 것이다.

몇 년 전에 나는 쌍방향위원회Inter-Action Council라고 불리는 한 독특한 단체에 초대받아 서양의 원로 정치가들과 생각을 나누게 되었는데, 이 단체 소속의 여러 전직 정부수반은 국제연합UN의 세계인권선언이 인간의 책임에 관한 언급을 포함하고 있지 않다고 비난했다. 그들은 간디를 언급했고, 그를 널리 인용했으며, 유엔이 마하트마 간디의 도덕적 비전을 담은 메시지를 빠뜨리고 말하지 않았다고 명료하게 말했다. 그들은 지금 유엔 총회에 회부된 주목할 만한 보고서를 냈다. 나는 그 보고서의 서명자들 중 한 사람이다. 그들은 세계로 하여금 권리와 책임 사이의 더 나은 통합에 도달하기 위해서는 마하트마 간디의 생애가 비추는 지표와 동양에서 도덕적, 정신적 빛을 찾으라는 그의 메시지를 경청하게 했다.

우리는 기본적 의무에 관한 장을 우리 헌법에 삽입했으나 이는 모든 헌법 개정이 의심을 받았던 불행한 비상사태 기간 중에 행해졌다. 바로 이 특별한 개정은 비상사태의 결점을 벌충하는 장점이었다. 비상사태 이후 자유와 기본권을 축소한 많은 개정은 원상 복구되었으나 기본적 의무의 개념은 그 뒤의 정부들에 의해 계속 수용되었다는 사실을 기억하는 일은 중요하다. 마찬가지로 빤짜야뜨에 의한 통치도 헌법에서 구체화되었다. 헌법의 이 두 장의 기본적인 규정을 라지브 간디Rajiv Gandhi가 임명했던 빤짜야뜨 통치부활위원회의 의장으로서 초안하게 된 것은 내 행운이었다.

제헌의회가 직면한 가장 어려운 문제 중의 하나는 공식적인 국가와 지역의 언어 문제였는데, 이 문제는 해결이 불가능할 것으로 생각되었다. 다양한 해결책이 제안되었다. 한 무슬림 의원이 나서서 산스크리트어가 국어가 되어야 한다고 말했다. 몇몇은 영어의 지속적 사용을 지지했다. 네루와 많은 다른 사람은 힌두스따니Hindustani를 원했으나, 네루는 결국 인도연방의 공식 언어로 힌디Hindi를 채택하자는 주장을 아주 명확하게 표명했다. 다수가 인도연방의 공식 언어로 힌디를 원했다. 힌디나 힌두스따니를 원하는 사람과 그중 어느 것도 원하지 않는 사람 사이에 날카로운 견해차가 있었다. 의견의 분열은 주로 채택할 언어의 수 때문이었다. 힌디에 관해서는 그렇게 많은 의견 차이가 있었던 것은 아니다. 이 모든 문제는 결국 광범위한 의견 일치로 결정되었다. 제헌의회의 논의에서 어떻게 해결책이 찾아졌는지는 분명하지 않다. 의견 일치에 도달하는 과정에 고된 작업과 협상이 있었음은 분명하다. 많은 것이 막후 접촉으로 이루어졌다. 문쉬 박사와 고빨라스와미 아이엥가르 Gopalaswamy Iyengar, 그 외 많은 사람의 노력 덕분에 타협이 이루어졌다. 타협과 의견 일치를 모아가는 바로 그 습관은 헌법주의 문화를 강화하기 위해 재환기해야 할 필요가 있는 것이다. 헌법 제정자들이 만든 인도헌법은 의견 일치의 시대를 대변한다. 그들은 합의 없이는 어떠한 구제책도 없다고 생각했다. 모든 사람을 수용하고 모든 재능을 흡수하며 장점을 존중하는 포괄적인 정신도 있었다.

암베드까르 박사는 인도 분리 당시에 동뱅골을 대표하는 의원이었기 때문에 인도 분리의 결과 그가 의회 의석을 상실한 것은 사실이다. 뱅골 분리 후 그는 의석을 잃었다. 자와하를랄 네루가 암베드까르를 내각에 포함시키자는 문제로 간디를 찾아간 것은 고故 빠띨 S. K. Patil과 사르다르 발라바이 빠뗄의 제안에 따른 것이었고, 이에 간디는 네루에게 "물론 당신은 그를 내각에 포함시키기 위해 모든 노력을 다해야 하고 그에게 중요한 직책을 주어야 한다"라고 말했다. 이렇게 하여 암베드까르는 네루 내각의 법무부장관이 되었고 헌법 초안위원회의 의장이 되었다. 사실 간디와 암베드까르는 여러 가지로 견해를 달리했다. 그러나 간디는 법에 대한 깊은 학문적 배경을 갖고 있는 암베드까르 박사의 견해를 헌법을 초안하고 운용하는 데 이용하도록 제안했다. 요점은 다양한 사람들에게서 최고를 이끌어내 취하는 것이었고, 그것이 합의가 작동하는 이유였다. 합의는 사람들이 주고받는다는 사고방식을 가질 때에만 작동한다. 인도헌법 제정의 정치적 문화가 존중받고 찬양받을 만하다는 것은 바로 이러한 관점에서다.

예컨대 나는 제헌의회가 직면했던 가장 큰 문제 가운데 몇몇은, 그것은 오늘날에도 어려운 문제일 수 있는데, 사람들이 이 나라를 위해 최선을 다한다는 정신으로 해결한 문제였다는 점을 지적하지 않을 수 없다. 그러한 규정 중 몇몇은, 예컨대 비상사태에 대한 조항처럼 남용되었을 수도 있다. 그러나 그것들은 국가 이익을 위해서 헌법에 필요한 것이었다. 헌법의 규정은 신의성실의 원칙에 따라 만들어졌고, 대부분의 어려운 문제에 대한 합의가 도출되었다. 왜냐하면 애국심이 항상 당파심보다 우세했기 때문이다. 미국헌법은 절대적 권리를 천명하지만, 우리는 보다 현명한 대안, 즉 헌법적 권리에 의해 제한되는 정치권력 그리고 합리적 제한에 기초해 명시한 헌법적 한계에 의해 조정되는 헌법적 권리순으로 번갈아 문제를 해결했다.

의원내각제라는 정부 형태의 문제는 쉽게 해결되었는데, 이는 부분적으로 우리가 의회주의 통치에 익숙해 있었기 때문이다. 대통령제 정부 형태에 대한 진정한 주창자는 아무도 없었다. 해가 지남에 따라 집단적 책임제와 내각의 중심적 역할은 쇠퇴했고 총리직은 더욱 대통령직처럼 되었다. 우리의 의회제는 더 이상 고전적인 웨스트민스터 모델의 복사물이 아니다. 의회제는 영국에서도 로버트 월폴Robert Walpole이 총리가 되었을 때와 같지 않다. 영국에서 총리는 정부의 수반일 뿐만 아니라 유효한 정당의 당수다. 클레먼트 애틀리Clement Atlee는 노동당의장이었던 해럴드 래스키Harold Laski의 주장에 반대하여 그와 같은 총리의 헌법적, 정치적 우선권을 확립했다. 애틀리 정부의 부총리였던 허버트 모리슨Herbert Morrison은 나에게 해럴드 래스키는 정당과 총리는 동격이라는 공식적인 학문적 견해를 가지고 있었고 불평등한 전투에서 졌다고 말했다.

우리 제도에서 대통령은 연방의회의 양원에서 선출된 의원과 인도주의회의 모든 의원에 의해 선출된다. 이러한 광범위한 선거인단의 권한 위임에도 헌법은 대통령에게 실질적인 정치적 권한을 주지 않는다. 대통령이 형식적인 결재자라거나 단지 의식상의 수반이라는 사실을 잠시 무시하면, 우리는 대통령직에 대영제국 국왕의 이미지가 드리워져 있고 동시에 정치적 역동성에 따라 때로는 이러한 헌법적 개념이 도전받을 수 있는 정치적인 직책이라는 점을 기억해야 한다. 명백히 인도의 대통령은 단지 헌법상의 수반을 의미했다. 이 문제에 대해서는 헌법이 제정될 때는 조금도 의심의 여지가 없었다. 그러나 이후에 그러한 헌법상의 지위를 희석하려는 시도가 있었고, 하지만 대법원은 판결을 통해 그것을 분명하게 해결했다.

흔히 헌법 제정의 기반이 된 바로 그 명제에 충실하지 않을 때 문제가 생긴다. 헌법은 유기적인 통일체다. 어떤 한 문제는 다른 것에 영향을 미치고 그 영향은 제도 내에서 부풀려진다. 그렇기 때문에 헌법 제도의 미묘한 균형을 유지하는 것에 세심한 주의를 기울여야 한다. 다른 한편으로 헌법의 변화나 개혁 또는 개정의 필요를 멀리할 이유가 없다. 왜냐하면 세상에서 어떤 것도 인간의 손이 창조한 것을 인간의 손이 다시 만지도록 허락하지 않을 만큼 신성한 것은 없기 때문이다. 몇십 년 동안, 거의 40년 동안 나는 제도를 개혁할 목적으로 헌법과 의회의 업적 평가를 옹호해왔다. 헌법 개정 과정의 정치화는 매우 후회할 만한 일이다. 국민적 합의는 헌법 개정을 하고 나서 그 시행이 실패나 좌절로 귀결되지 않으려면 고려해야 할 첫 번째 일이다. 나는 최근에 임명된 헌법심사위원회Constitution Review Commission의 불확실한 운명에 대해 우려하고 있다.

인도헌법은 공무원을 지나치게 보호하면서 능력 감사를 기초로 부패하고 무능한 공무원을 잘라내는 원칙을 완전히 불구로 만들어 기능하지 못하게 했다. 아마도 헌법 제311조와 관련 조항은 공무원의 사기를 강화하려는 의도였을 것이다. 헌법 제311조는 공무원 중에서 부패하고 무능한 자를 처리하는 행정부의 권한을 묶어버렸다. 대체로 임기의 보장은 운영 지침을 의미했을 것인데, 제311조와 사법부의 해석은 죽은 나무를 잘라내는 것을 가로막고 있다.

실적 원칙을 보호하기 위한 공무원위원회와 자유롭고 공정한 선거를 보장하기 위한 선거관리위원회는 괄목할 만한 제도다. 인도의 총선과 인도에서 선거를 치르는 기구는 존경과 부러움의 대상이다. 민주주의의 진수는 신뢰할 수 있는 자유롭고 공정한 선거이며, 인도에는 선거 과정에서 고도의 신뢰를 보장할 수 있도록 해주는 제도가 있다. 그런데 많은 결함 역시 있다. 선거비용이 하늘 높은 줄 모르게 치솟고 정당이나 많은 후보자의 행동방식이 우리를 충격에 빠뜨린다. 모든 정당이 후원금을 모집하는 방식은 실망스럽다. 사람들은 선거비용과 정치 후원금을 모집하는 현상이 부패의 근본 요인이라고 생각한다. 더 나쁜 것은 실적 원칙 또한 민주정치의 왜곡과 그 원칙이 제도상에 만들어내는 눈꼴사나운 인기 영합적인 요구들 때문에 커다란 후퇴를 경험하고 있다는 사실이다.

연방주의의 문제는 제헌의회에서 본문의 의미를 맥락에서 도출하는 방식으로 다루어졌다. 윌리엄 제닝스William Ivor Jenning 경은 인도헌법이 갖는 연방제의 경직성에 관해 주로 비판했다. 그러나 비판은 오류임이 입증되었다. 우리 제도에서 헌법 제정자들은 헌법을 원칙으로 구체화된 다양성의 강력한 대세를 이해했다. 연방제는 물론 몇 가지 변화를 겪었으나, 나는 만들어진 제도는 지속되게 되어 있다고 생각한다. 연방주의는 항상 일정 정도의 법률주의를 내포하고 있다. 19세기에 다이시 A. V. Dicey는 연방주의와 법률주의는 서로 협조하며 나아간다고 명확히 언급했다. 우리가 우리 헌법제도에서 권한 분배에 관해서 행한 바와 같이 각기 다른 권한 범위가 정해졌을 때 융통성이 있는 정교한 법률주의 조치는 불가피하며, 그것은 바로 인도헌법이 갖는 특징이다. 의회가 주州 간의 영토 경계를 다시 획정할 수 있는 권한을 갖고 있다는 사실은 연방제가 갖는 융통성의 한 면이다. 언어에 따른 주와 몇몇 소규모 주를 창설한 것은 융통성의 좋은 예다. 재정위원회에 대한 구상은 또한 매우 상상력이 풍부한 결정이다.

우리는 처음에 지방자치 정부에 대한 현실적이고 효과적인 헌법 규정을 제정하지 않았다. 그래서 나는, 우리는 간디의 자치정부에 대한 견해의 가장 근본적인 측면을 잊어버렸거나 무시하도록 강요당했다고 주장한다. 간디의 자치정부에 대한 견해는 사회적 맥락에서의 개인, 시민의 책임, 인간의 존엄, 촌락 정부에 기초하고 있었다. 우리는 헌법 제정 시에 간디의 견해에 내포된 심오한 원리를 간과했다. 암베드까르 박사는 다소 경멸적이고 도전적으로 언급했는데, 그는 "촌락공화국은 인도를 파멸시켰고, 인도는 황폐화되었다"라고 말했다. 그는 촌락공화국은 외국의 침략에 저항할 수 없었고, 외국의 침략에 저항할 민족적 의지도 결코 없었다고 말했다. 그는 또한 촌락공화국은 자치정부의 위대한 산실이기는커녕 부패와 무기력과 편견의 소굴이었다고 덧붙였다. 그것은 그의 사고방식이었다. 그는 지방자치 정부의 보다 긍정적인 면을 간과했다. 그는 과거의 실패와 왜곡을 들여다보았을 뿐, 본래의 개념이나 미래는 고려하지 않았다.

1959년부터 줄곧 그러고 나서 내가 1962년에 무소속 의원으로 인도연방정부 하원Lok Sabha에 들어갔을 때, 나는 간디의 지방자치 정부에 대한 비전을 구체화하는 하나의 장章으로 빤짜야뜨 통치를 헌법에 도입하자는 청사진을 부각하려고 노력해왔다. 나는 마침내 사반세기 후에 라지브 간디 집권 동안에 헌법의 두 개의 장의 기초가 되는 법초안을 내놓는 데 성공했다. 1962~1963년 초 내가 자이 쁘라까슈Jai Prakash에게 갔을 때 그는 바로 "그래요, 그 참 좋은 생각이네요"라고 말한 유일한 사람이었다. 네루는 "시기상조다. 우리는 지금 막 빤짜야뜨를 도입했다. 좀 더 경험을 쌓자"라고 말했는데 말이다. 이후 인디라 간디Indira Gandhi에게 갔을 때 그녀는 "촌락에서 보통 사람들을 더 힘 있는 사람들로부터 보호하기 위하여 당신은 무엇을 할 것입니까?"라고 물었는데, 나는 그녀가 아주 중요한 점을 지적했다고 생각한다. 나는 그녀에게 사회 정의 대對 마츠야 니아야Matsya Nyaya(작은 물고기를 잡아먹는 큰 물고기)에 관한 내 논문 중 하나를 보여주었다. 그녀는 "마츠야 니아야는 촌락에서 생겨날 수 있다. 큰 물고기는 작은 물고기를 잡아 먹을 것이다. 당신은 그것을 어떻게 막을 것인가?"라고 다시 물었다. 나는 그것은 인간의 재간을 뛰어넘는 문제이며, 우리는 단지 여성을 비롯한 불리한 처지에 놓인 다양한 사람을 보호하기 위한 제도를 제공할 수 있다고 말했다. 그것이 여성에게 권한을 부여한 헌법적 시행의 시작이었다.

헌법을 만들고 있을 때 마하트마 간디에게 그 초안을 가져갔다고 한다. 나는 민족의 아버지인 간디가 그때 무슨 말을 했는지 모른다. 첫 번째 초안에서 빤짜야뜨와 지방자치 정부에 대해서는 아무런 언급이 없었다. 고故 스리만 나라얀Sriman Narayan은 나중에 '헌법에 간디의 생각이 반영되지 않았음'을 지적해야 했다. 마침내 타협안으로 제헌의회는 헌법 조문 중 눈에 잘 띄지 않는 귀퉁이에 빠짜야뜨라는 빛나지 않는 조항을 기껏해야 강제력 없는 국가 정책의 지도 원칙으로 삽입하는 것으로 해결했다. 이 중대한 태만을 보충하고 교정하게 된 것은 내 행운이었다. 나는 돌아가신 라지브 간디 총리에게 통치 구조의 세 번째 단계의 정부를 규정하는 보다 자세한 조항의 필요성에 대해서 역설했고, 그는 내 요청을 받아들였다. 나는 그에게 당신은 총리로서 제도를 만들 수 있는 선택권을 가졌다고 말했다. 그가 내게 한 첫 번째 질문은 그의 어머니 인디라 간디가 왜 내 요청을 받아들이지 않았는지에 관해서였다. 그는 이해가 매우 빨랐으며, 곧 이 구상에 열성적인 지지를 보내고 옹호하는 사람이 되었다. 나를 초안 작성자로 임명하는 문제는 내부 음모로 터무니없이 지연되었지만, 나는 기록적인 시간 내에 그에게 보고서를 제출했다. 그는 의회에서 법안이 통과되도록 최선을 다했으나 상원에서 한 표 차이로 부결되었다. 결국 1990년 중반에야 채택되어 헌법에 규정되었다. 불행하게도 인도의 지방자치 정부는 오늘날까지도 심히 불안정한 상태에 있으며, 위대한 민주적 약속과 가능성을 실현하지 못하고 있다. 소수의 주정부를 제외하고 이에 관한 헌법 규정은 대부분의 주에서 이행되지 않고 있다. 불행하게도 주정부들은 일반적으로 권력을 나누려 하지 않는다. 참여적 계획 모델은 요원하다.

헌법 개정에 대한 규정은 매우 간단하다. 규정 제정 시에는 골락나트I. C. Golaknath와 께샤브난드 바르띠Keshavnand Bharti 사건들(독립 후 인도 정부의 숙원이었던 토지개혁과 관련하여 헌법상 기본권으로서의 소유권에 대한 규정과 토지개혁법을 제정하고 시행하려는 법률의 충돌에 대한 사법부의 법률심사권을 둘러싼 대표적인 사건들—옮긴이)에 대한 청문회에서 국민의 관심을 사로잡는 어떠한 이슈도 헌법 제정자들의 마음속에 존재하지 않았다. 우리의 많은 법은 결국 판결에 의해 만들어진다. 그리고 그 법은 수시로 일어나는 도전에 대응하기 마련이다. 헌법은 개정이 불가능할 정도로 엄격하게 제정되지는 않는다. 그러나 당시에는 하도 자주 개정되어서, 만약 서점에 가서 헌법 책을 한 권 달라고 한다면 서점 주인이 '우리는 정기간행물을 취급하지 않는다'고 얘기할지도 모른다는 것이 헌법을 빈정거리는 말일 정도였다.

그 많은 개정은 정당화되었다. 그러나 그중 몇몇은 너무 나아갔다(예컨대 많은 법을 무차별적으로 사법심사에서 제외하기 위해 이들 법률을 제9번 일람표에 포함하는 개정이나, 비상사태 시의 법 개정처럼). 인도대법원은 1967년 2월 27일 단호히 반대 입장을 표명했으나 헌법적, 정치적 동요는 계속되었다. 골락나트 사건에 대한 장문의 판결에서 대법원은 '기본권은 초자연적이며, 변경하거나 개정할 수 없는 것'이라고 언명했다. 그것은 한편으로는 행정부와 입법부, 다른 한편으로는 사법부 사이에 거대한 헌법 논쟁을 불러일으켰다. 이 논쟁은 께샤브난드 바르띠 사건과 미네르바 밀스Minerva Mills 사건에서 헌법의 기본적이고 필수적인 특징에 대한 전체적 원리의 등장과 확인을 통해 결말을 보게 되었다.

III

우리는 헌법은 일단 창조되면 그 자신의 인격을 갖는다는 것을 기억해야 한다. 즉 헌법은 그 자신의 힘을 갖게 된다. 더 이상 원문에 쓰인 문구에 얽매이지 않는다. 세계의 다양한 헌법 역사를 통해, 우리는 헌법이 자신의 힘과 자양분을 권력의 지렛대를 돌리고 통치제도와 헌법을 작동하는 사람들의 지혜로부터 얻고 있음을 알 수 있다. 헌법의 균형은 세대마다 새롭게 조절되어야 한다. 우리가 항상 즉각적인 균형을 이루어낼 수 있는 것은 아니다. 때로는 한쪽으로 기울어지기도 하고, 때로는 균형이 파괴되기도 하고, 때로는 입법 기능뿐만 아니라 행정 기능을 인수한 듯 보이는 대법원의 결정도 있고, 때로는 행정부나 입법부 또는 사법부가 너무 지나치게 나갔다는 느낌이 들 때도 있다. 사법부를 교정할 방법이 좀 적은 것 같다. 각 제도의 입장에서 좀 더 깊은 성찰과 자제가 있어야 할 것이다.

사전事前 행동에 호소하는 인도의 사법부는 행정부와 입법부의 부작위와 작위에서 흔히 자신의 정당성을 찾는다. 입법부가 자신에게 주어진 권한과 기능을 행사하지 못할 때 그리고 입법부가 자신의 관할권을 초과하거나 자신에게 맡겨진 권한을 행사하지 못할 때, 사법부는 그 공백에 끼어들 수밖에 없다. 대체로 그것은 간극을 보충하고 채우기만 하지만, 때때로 그 한계를 넘을 수도 있다. 입법을 하는 것은 입법부뿐이라는 신화는 지금은 깨졌다. 나아가 대량의 입법을 하는 것은 관료라는 점, 즉 부수적 입법이 주요한 모법보다 더 우리 생활을 규제한다는 것은 오늘날 잘 확립된 관행이다. 사법부가 해석을 통해 입법을 한다는 것 또한 사실이다.

내가 헌법 제정과 헌법 비전의 표명에 대해 말할 때 인도헌법에서 가장 주목할 점은 우리의 헌법 해석 제도와 그 역동성이다. 우리는 헌법의 비전으로 돌아가기를 좋아하지만, 그 비전은 비록 과거에 뿌리를 두고 있으나 현재의 도전에 대응해야 하고 미래를 창조적으로 예견해야 한다. 우리가 사회와 인간의 가치에 대한 비전을 갖는 한, 우리는 정의의 비전을 가질 것이다. 우리가 정의의 비전을 갖는 한, 우리는 사회에서 정의를 최적화하고 노력할 용기를 가질 것이다. 그것이 모든 헌법이 추구하는 것이다. 정의의 사명은 약한 자를 강하게 하고 강한 자를 정의롭게 하는 것이다. 헌법의 과제는 정의의 사명을 강화하고 우리 헌법적 가치를 고양하며 자유와 책임 사이의 불균형을 결코 허용하지 않는 것이다.

　나는 인도헌법의 제정은 우리에게 모든 점에서 어려웠던, 그러나 헌법이 만들어진 토대를 제공한 합의에 대해 긍지를 느끼게 하는 시기의 인도 역사에 대한 통찰력을 제공한다고 생각한다. 그것은 우리로 하여금 다양성 속의 통일성의 승인에 기초한 통합된 공동체, 자유와 박애와 정의와 평등과 인간의 존엄과 민족 통일의 가치를 신성시하고 헌신하는 사회를 창조하려는 헌법 제정자들이 보여준 확고한 결단에 대해 자부심을 느끼게 한다. 헌법의 모든 장에서 그러한 가치의 흔적을 발견할 수 있다. 그러한 가치를 생각하자. 그렇게 하지 않는 한 우리는 진정으로 헌법을 기능하게 할 수 없다. 스와미 비베까난다Swami Vivekananda는 한때 "우리는 생명의 원천에서 사는 법을 배워야 한다"라고 말했다. 나는 '우리는 우리의 도덕적 비전과 헌법적 가치의 원천에서 사는 법을 배워야 한다'고 생각한다. 만약 우리가 그러한 도덕적이고 헌법적인 가치의 원천에서 사는 법을 배우려 한다면, 많은 문제가 해결될 것이고, 많은 분열과 모순이 사라질 것이며, 권리와 책임은 더 조화로운 균형에서 통합될 것이고, 연방제적 수용과 협조는 강화될 것이다. 그것이 인도헌법이 운명적으로 만날 약속을 달성할 방법이며, 인도가 끝내지 못한 의제를 수행할 수 있는 길이다.

헌법
50년사

쁘란 쪼쁘라
Pran Chopra

뉴델리 정책연구센터의 방문 교수이며, 〈시기에 맞는 책들Timely Books〉의 편집자다. 저서로는《원칙들, 권력 그리고 정치Principles, Power and Politics》《50년 동안의 자치Fifty Years of Swaraj》등이 있다.

헌법이 탄생하던 그 먼 옛날 제헌의회 기자단의 한 사람으로 일했던 나는 헌법 제정자들의 웅변과 박식함에 놀랐던 것을 기억한다. 그러나 지금 회고해보면 나는 그들의 선견지명에 더욱 더 놀란다. 왜냐하면 지난 50년에 걸쳐 나는 그들이 얼마나 훌륭하게 헌법과 사회 그리고 민주적 절차가 각각 다른 두 분야와 건설적 상호작용을 통해 서로의 모습을 다듬어가도록 공간을 제공했는지 보아왔기 때문이다. 이러한 선견지명 덕분에 헌법은 반세기를 지내오는 동안 대부분의 다른 제도보다 (그것이 의회든, 사법부든, 언론이든, 교회든, 대학이든, 정당이든 간에) 더 나은 모습을 유지해왔다.

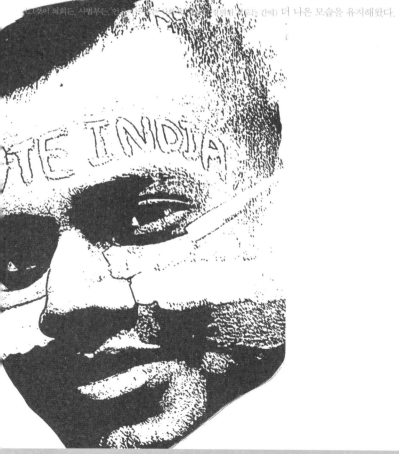

03

헌법이 탄생하던 그 먼 옛날 제헌의회 기자단의 한 사람으로 일했던 나는 헌법 제정자들의 웅변과 박식함에 놀랐던 것을 기억한다. 그러나 지금 회고해보면 나는 그들의 선견지명에 더욱 더 놀란다. 왜냐하면 지난 50년에 걸쳐 나는 그들이 얼마나 훌륭하게 헌법과 사회 그리고 민주적 절차가 각각 다른 두 분야와 건설적 상호작용을 통해 서로의 모습을 다듬어가도록 공간을 제공했는지 보아왔기 때문이다. 이러한 선견지명 덕분에 헌법은 반세기를 지내오는 동안 대부분의 다른 제도보다(그것이 의회든, 사법부든, 언론이든 또는 사회적·경제적 정의의 제도든 간에) 더 나은 모습을 유지해왔다.

이러한 경험은 저명한 법학자인 싱비 박사가 최근 헌법에 대해서 말한 것을 입증한다. 그는 그것을 '신념에 찬 행동'이라고 명명했다. 인도-파키스탄 분리라는 충격의 와중에서 그들은 비록 인도를 하나의 연합으로 부르긴 했지만, 단일 체제가 아닌 연방으로 선택한 것은 헌법의 골격을 만든 사람들의 입장에서는 **신념에 찬 행동**이었다. 비록 그들 자신은 국민의 단지 12퍼센트가 투표권을 가졌을 때 선출되었지만, 그들이 인도가 성인 보통선거권을 그것도 단 한 번에 가질 것이라고 결정한 것은 **신념에 찬 행동이었다.** 인도에서 가장 귀중한 존재인 간디의 생명을 앗아간 당시의 광적인 분파주의 경향에도 그들이 세속주의 정신에 기초하여 헌법을 체계화한 것은 **신념에 찬 행동이었다.** 비록 제헌의회 또한 또 다른 모습의 의회였지만 그들은 의회에 우위를 두지 않고 헌법에 우위를 두었으며 그리고 의회가 아닌 대법원을 사법심사권을 통해 헌법의 수호자로 만든 것은 **신념에 찬 행동이었다.** 그런데 사법심사권은 점차 '기본 구조'의 개념하에 헌법은 대법원이 말하는 바와 같다는 것을 의미하게 되었다. 그들은 가장 길고 가장 세밀하게 규정한 헌법 중의 하나를 만들었지만, 예컨대 정부를 구성할 첫 번째 인물로 누구를 택할 것인가를 결정하는 대통령의 권리와 같은 일정한 핵심 기제를 양심과 협약의 힘에 맡겨두었던 것은 **신념에 찬 행동이었다.** 인구의 대다수가 후진적이었지만, 그들이 숙달하기 어려운 기술인 민주주의를 선택했을 뿐만 아니라 그것의 가장 어려운 형식, 즉 대통령제가 아닌 의회제 민주주의를 선택한 것은 **신념에 찬 행동이었다.**

이러한 신념에 대한 공적功績은 헌법 제정자들의 몫이다. 대규모의 제헌의회와 길고 복잡한 문서가 되었지만, 거의 모든 헌법 조항은 타협과 합의를 통해 채택되었고, 헌법 제정을 둘러싼 논쟁을 보도하는 전체 몇 개월 동안 나는 어떤 조항을 놓고도 의회가 의견이 나뉘어 표결하는 것을 보지 못했다. 이러한 배경 때문에 나는 항상 헌법을 세계 민주주의의 정치적 견인차로 생각하지, 단순한 법적 문서로 보지 않는다. 그리고 바로 이러한 시각에서 나는 헌법에 관해 얘기하기를 원한다. 그러나 먼저 두 가지 점을 분명히 해두어야겠다.

첫째, 나는 모든 것이 잘못되어 있고 이 나라는 파멸하고 있다고 생각하는 저 목청 높은 염세적이고 통찰력 없는 사람들의 일원이 아니다. 인도는 이미 괄목할 만한 성과를 이루었고 그 분야는 계속 늘어나고 있다. 둘째, 나의 초점은 헌법에서 무엇이 옳고 무엇이 그른가에 맞춰져 있다. 그것은 나라 전체에서, 심지어 정치 전반에서, 또는 경제나 우리 사회 전반에서 무엇이 옳고 잘못되었는가에 관한 것이 아니다. 나는 헌법 외의 문제에 대해서는 그 문제의 원인이나 결과가 헌법과 어떤 관계가 있었거나, 앞으로 헌법에 영향을 미칠 수 있는 범위에서만 언급할 것이다. 예컨대 나는 '왜 우리는 이렇게 정당이 많은가?' '그것은 정치적 안정에 어떤 영향을 미치는가?' 그리고 '그것에 대해 무엇을 할 수 있고 무엇을 해야 하는가?' 등에 관해서 얘기할 것이다. 그러나 지나가듯 하는 경우를 제외하고는, 나는 왜 이렇게 많은 정치인이 부패한지 또는 부패했다고 생각되는지에 대해서는 말하지 않을 것이다. 나는 우리가 왜 민주주의 국가가 되었고, 왜 우리는 헌법이 모양을 갖추려 할 즈음 전개되기 시작한 냉전에서 어느 편에도 가담하지 않았는가에 대해서는 얘기할 것이다.

헌법 제정자들은 왜 먼저 민주주의, 그것도 의회주의 의원내각제 민주주의 그리고 재산권과 교육 조건에 의한 제한선거권이 아닌 성인의 보통선거권을 제안했는가? 피상적인 논평들에 따르면 제헌의회의 가장 중심인물인 네루 때문이다. 그가 흔히 의회제 민주주의의 요람이라고 간주되는 영국에서 감수성이 예민한 시절을 보냈기 때문이라고 말이다. 그러나 그렇지 않다. 인도의 당시 모든 정치적 계급, 특히 민족주의 지도자는 사회의 전 부문을 흔들었던 가장 큰 대중적 정치운동이었던 독립운동의 이상주의와 열정의 산물이었다. 그러한 지도자를 가진 사회는 민주주의를 할 수밖에 없다.

민주적 지도자는 또한 민주주의의 가장 민주적인 형식, 즉 의회제 민주주의를 선택했다. 왜냐하면 의회와 같은 대규모 모임이어야만 한 나라의 완전한 모습을 정치적 피라미드의 정점에서 볼 수 있기 때문이다.

행정부의 대통령으로서 최종 권력을 휘두르는 한 개인은 그러한 모습을 볼 수 없다. 거대한 다양성과 복잡한 요소를 가진 인도 사회에서는 더더구나 그럴 수 없다는 것이 확실하다.

헌법이 발효된 이후 우리 정치는 거대하고 복잡한 선거인단, 더욱 거대하고 복잡한 사회 및 연방의회제 사이의 왕성한 상호작용에 의해 형성되어왔다. 이러한 상호작용은 정치에 광범위한 토대를 제공했고, 그리고 어느 나라에서보다도 인도의 민주주의에 훨씬 더 많은 실질적이고 현실적인 영향을 미쳤다.

바로 이러한 상호작용 덕분에 우리는 토후주들의 통합을 이룰 수 있었다. 쁘라자 빠리샤드Praza Parishads(국민회의)가 불러일으킨 민주적 운동은 대부분의 토후에게 그들의 국민은 인도와의 통합을 원하고 이는 부인할 수 없는 사실임을 보여주었다. 민주주의가 통합을 추동한 반면, 연방제는 주들에 그들이 연방 내에서 존중받을 수 있는 위치를 협상할 수 있도록 보장했다. 이는 이미 어떤 경우에도 민족적 통합 과정에서 일원이 될 수밖에 없었던 많은 토후의 자발적 애국심을 강화했다.

바로 이러한 민주주의와 연방제 덕분에 우리는 캐나다와 같은 많은 나라를 괴롭혔던 언어 문제를 독특하게 성공적으로 해결할 수 있었다. 주요 언어는 각각 최소한 한 주에서 공식 언어의 지위를 획득했고, 각 주는 인도연방 내에서 정치적 공간을 획득했다. 민주주의와 연방제 때문에 정치권력은 더 이상 뉴델리에 배타적으로 집중되지 않았고 국민과 연방의 주정부 또한 중요한 역할을 담당했다.

헌법에 보장된 자유에 따라 어떤 사회 집단이나 지역 집단도 필요하다면 자신들의 정당을 구성할 수 있었고, 단일 정당의 비민주적 헤게모니는 왕성한 다당제에 의해 교체되었으며, 이는 더 많은 유권자가 선거에 참여하는 보다 참여적인 민주주의를 만들어냈다. 이러한 참여적 연방정치 아래 더 많은 다수당의 수평적, 수직적 연결망이 그 어느 때보다도 연방과 주 사이에서 발전했다.

성인 보통선거권 때문에 정치적 권한 부여가 사회경제적 피라미드의 가장 낮은 부분에까지 도달했고, 그 덕에 아직 불완전하지만 대부분의 인도인이 민주적 틀 바깥이 아니라 안에서 자신들의 희망이 충족되기를 추구한다.

정당 결성의 자유가 완전히 보장되기 때문에 분열생식하듯 정당이 생겨나지는 않는다. 따라서 비록 수십 개의 정당이 존재하지만 투표의 약 3분의 2는 단지 여섯 개 정도의 정당이 획득하고, 거의 모든 선거전은 대개 정치의 중간 지점에서 치러진다. 그러므로 늘 주변부에 있는 정당들은 온건한 중간노선을 지향하지 않을 수 없고, 심지어 카스트 정치도 지나친 측면은 버린다. 많은 인도인이 그 어느 때보다도 이러한 중도 노선의 더 많은 문제와 싸우고 있으며, 민주적으로 그렇게 하고 있다.

이렇게 많은 투쟁이 중간노선에서 일어나기 때문에 우리는 양당제로 나아가고 있진 않지만 천천히 양대 집단 체제를 발전시키고 있다. 이러한 양대 집단 체제 때문에 오늘날 정부는 1984년 이후 선출된 어느 정부보다도 전체 유권자의 보다 큰 몫 그리고 하원 의석에 대한 보다 큰 국민의 위임을 반영하고 있다.

이번 하원에 와서야 비로소 이전에 오랫동안 주장했으나 결코 따른 적이 없는 하원 의장과 부의장은 만장일치로 선출되어야 한다는 협약이 존중되었다. 헌법이 존중되는 국가에서 헌법은 사회경제적 불안으로부터 나라를 지키는 가장 훌륭한 수호자다. 그러나 헌법이 기만되는 국가에서는 국민의 삶이 대체로 악화되었다.

정치판에서는 모든 것이 옳다는 것을 말하고자 하는 것이 아니다. 결코 그렇지 않다. 잘못된 것도 아주 많다. 그러나 나는 잘못된 것의 몇 가지 원인과 그 해결책을 말하기 전에 그것이 초래하는 범위를 명확히 밝히기 위해 다음의 다섯 가지를 강조하고자 한다.

첫째, 정치에서 잘못된 것의 대부분은 헌법의 잘못이 아니라 정치계급이 정치를 하는 방법의 잘못, 예컨대 낮은 수준의 정치적 도덕심 같은 것이다.

둘째, 몇몇 잘못된 것으로 보이는 것은 단지 헌법의 성공적인 사례들로부터의 하나의 탈선, 예컨대 정당의 과도한 확산 같은 것이다.

셋째, 대부분의 더 심각한 잘못, 예컨대 정부의 불안정은 헌법의 변화를 요하는 것이 아니고 법률, 협약, 절차의 변화를 필요로 한다.

넷째, 헌법 내에서 이용 가능한 건설적인 방안을 좀 더 충실하게 이용했다면, 우리 정치에 끼어들어온 많은 결함, 예컨대 주간위원회Inter-State Council, 구역별 위원회 같은 방안이나 정당의 승인과 등록에 관한 법률은 막을 수 있었을 것이다.

다섯째, 헌법에서 요구되는 변화의 대부분은 현재의 헌법 규정에 의거해 해결할 수 있다. 이는 요청되는 두 가지 주요 변화, 즉 선거제도와 의회 절차의 일정한 변화를 포함한다. 이러한 변화는 정치의 주된 걱정거리, 즉 잦은 정부의 붕괴와 선거 실시를 방지하는 데 도움이 될 것이다. 또한 이는 헌법의 기본 구조와 일치하지 않을지도 모르는 헌법적 변화를 요구하는 것도 아니고, 엄격한 법적 검토 과정에서 살아남을 수 없는, 예컨대 의원내각제에서 대통령제로의 변화와 같은 것을 요구하는 것도 아니다.

현재 가장 심각한 걱정거리는 정부의 불안정인데, 이는 흔히 정부가 입법부에서 매우 협소한 지지 기반을 갖고 있고 그 기반이 더 확장되지 않고 자주 변동된다는 사실에서 주로 기인한다. 주요 해결책은 연립정치의 기술과 과학을 배우는 것이다. 앞에서 기술한 정치의 변화 때문에 연립정부는 앞으로도 여러 해 동안 존재할 것이며, 그리고 정당들은 연정 유지를 보다 쉽게 할 수 있는 방법을 배워야 한다. 예컨대 연정은 선거 후보다 선거 전에 선언해야 하고, 연정은 일반적인 것에 국한하지 않고 동의된 강령의 실질을 포함하는 공통 의제의 기초 위에 형성되어야 하며, 연정의 분열이 일어나거나 분열을 초래할 새로운 상황을 다룰 조정위원회를 두어야 한다.

그러나 그보다 더 필요한 것은 헌법과 의회의 관행을 통해 입법부로부터 충분한 지지를 받아야만 정부를 구성할 수 있도록 하는 일이다. 그런 후에야 안정된 정부가 존재할 수 있으며, 임기 중간에 선거를 다시 치를 필요가 없게 된다. 그러기 위해서는 다음의 두 가지 조치가 필요하며, 둘 다 헌법 개정을 필요로 하지는 않는다.

우선, 새로 선출된 입법부 의원들이 의장을 선출하고, 의장은 자신의 첫 번째 임무로 참석한 의원의 과반수 찬성을 얻어 원내대표를 선출하면 된다. 이 선거의 첫 번째 라운드는 누구나 출마할 수 있게 공개해야 한다. 그러나 만약 아무도 첫 라운드에서 절대 과반수를 확보하지 못하면 두 번째 라운드는 단지 첫 라운드에서 1등과 2등을 한 사람에게만 출마할 수 있게 하고 표결은 강제적이어야 한다. 대통령이나 주지사는 이렇게 선출된 사람들만 중앙정부나 주정부를 구성하도록 승인해주면 된다.

둘째, 현 정부에 대한 불신임 투표는 의회 의석수의 절대 과반수를 갖고 있지 못한 때에만 채택되어야 하고, 후임 원내대표를 절대 과반수로 선출한다. 필요하다면 앞에서 언급한 두 라운드의 절차에 따르면 된다. 대통령이나 주지사는 이렇게 선출된 사람만을 다음 정부를 구성하도록 승인해야 한다. 이러한 방식으로 새로운 정부가 구성되지 않는

한, 현 정부는 계속 집권한다.

그런 방식으로 의회와 헌법을 운영하면 의회가 과반수로 신임을 표시하는 재직 정부가 항상 존재할 것이다. 불안정한 소수 정부가 존재하지 않을 것이고 임기 중간 선거는 필요 없을 것이다. 이것은 새로 선출된 하원에 정해진 임기를 주는 헌법 개정보다 훨씬 바람직할 것이다.

그러나 보다 심층적인 문제가 있다. 그것은 많은 의원이 소수의 투표자에 의해 선출되므로 입법부 자체는 단지 선거인단의 소수만을 대표할 뿐이라는 점이다. 이는 입법부가 단지 선거인단 소수의 지지를 받고 있을 뿐이며, 따라서 그렇게 선출된 정부도 (비록 의회에서는 다수를 차지한다고 할지라도) 단지 선거인단 소수의 지지를 받고 있다는 것을 의미한다. 즉 이는 정부가 선거인단의 절반 이상 지지를 확보하지 못했다는 것을 말한다. 이것이 정부의 불안정, 무능 그리고 현 정부에 대해 국민이 갖는 불평의 원인이며, 이 모든 것이 흔히 사회적 불안을 야기한다. 이러한 이유로 두 번째 개혁이 시급하다. 후보자는 자신의 선거구에서 행한 투표의 과반수를 얻어야만 선출된 것으로 선언할 수 있게 하고, 첫 번째 라운드에서 과반수를 얻지 못하면 두 번째 라운드가 실시되어야 한다. 두 번째 라운드는 최소한 등록된 유권자의 절반이 투표권을 행사해야만 유효한 것으로 선언할 수 있다.

선거인단 과반수의 지지를 얻은 입법부의 과반수 의원이 지지해 선택된 정부는 선거인단 소수의 승인만을 받은 입법부의 소수만이 지지해 선택된 정부보다 훨씬 안정적이고 좀 더 민의를 대변하며, 따라서 보다 민주적일 것으로 기대된다.

수적으로 안정성을 확보하는 것은 가치가 있으나, 그것만으로는 충분하지 않다. 여기에 부가적으로 선거인단이 입법부를 뽑고, 입법부가 다시 정부를 선출하도록 하는 것이 필요하다. 이는 선거에 의해 피선거권자가 분열되는 현상을 줄여줄 것이다.

후보자는 전체 중에서 충분히 큰 부분에 호소해야 선거에서 이길 수 있다는 것을 알기 때문에 흔히 그 부분의 이해에만 관심을 집중함으로써 선거구의 나머지 부분에는 아랑곳하지 않을 수 있다. 이러한 행동을 의원선거에서도, 그리고 입법부에 의한 정부의 선출에서도 할 수 있다. 그러나 만약 후보자가 유권자 과반수의 지지를 얻어야만 궁극적으로 승리할 수 있다는 것을 안다면, 첫 번째 라운드에서도 마지막 결정적인 라운드에서 과반수의 지지를 몰아오는 데 영향을 미칠 수 있는 그러한 분열적인 방식으로 관심을 보이지 않도록 유의하면서 조심할 것이다. 그러면 선거는 부분이 아닌 다수를 공고하게 하는 경향을 보일 것이다.

이러한 두 가지 조치에 덧붙여서 세 번째 조치 역시 시급한데, 그것은 정당에 관한 것이다. 정당은 민주적 동원을 위한 주요 동력으로 생각되나, 그것들이 구성되고 기금을 조달하는 방식 때문에 흔히 그렇지 못한 경우가 많다. 이 세 번째 조치도 헌법의 변화를 필요로 하는 것은 아니며, 단지 이러한 목적을 위해 이미 존재하는 법의 보다 효과적인 집행이 요구될 뿐이다. 그 법이나 부수적인 법과 규칙의 변경이 약간 필요할 수도 있으나, 중요한 헌법이나 입법 조치가 필요하지는 않다.

현존하는 법도 각 정당의 (기금 원천과 운영 상태를 보여주는) 회계 감사 계정의 유지를 요구하고 있고, 각 정당 또한 정당 조직 내 각 단계의 기능과 권한을 정의하는 당규를 반드시 유지하도록 요구한다. 그러나 최근에 좀 나아지기는 했지만 이 법들의 집행은 미약하다. 그 결과 정당의 기금 모집에 검은 돈이 여전히 흘러들어오고 있다. 이는 정당에 자금을 제공하는 회사나 기업이 그들 주주의 투명한 승인을 받아야 한다는 유사한 요구를 무산시킨다.

마찬가지로 당규나 적절하게 공표된 문건이 없는 경우 정당 내의 권한이 소수의 사람이나 파당의 손에 집중되며, 그러한 정당이 민주주의 혹은 민주적 동원의 훌륭한 수호자가 되기를 기대할 수는 없다. 그것은 국민을 위한 정치에 부적합한 몇몇 사람의 정치를 위한 독재적 기반이 된다. 물론 그러한 정당은 점차 국민의 지지를 잃고 그 병폐는 고칠 수 없게 된다. 그러나 그러는 동안 정치적 건강을 잃어버리는 무서운 희생을 겪게 될 것이다. 건강을 해치는 병을 기다리는 대신 건강을 지키기 위해 예방조치를 하는 것이 훨씬 더 낫다.

이러한 세 가지에 덧붙여 다른 개혁들도 필요하다. 예컨대 헌법 규정이나 법률을 집행하지 않은 것에 대하여 헌법상 벌칙을 강제하는 것 등이다. 나는 특히 주에 할당된 자원과 의무에 관련된 조항에 개혁이 필요하다고 생각한다. 그것들 사이에 심각한 불일치가 있기 때문이다. 나는 또한 의회의 위원회, 로끄 빨Lok Pal(문자 그대로 해석하면 '민치民治'라고 할 수 있으나 '반反부정부패기구' 또는 '인도판 옴부즈맨'으로 명명할 수 있음—옮긴이), 지방자치 통치와 인권 관련 개혁도 생각하고 있다.

그러나 제도적 결함을 내가 제안한 방식으로 다루면 건강한 제도 스스로 다른 결함을 압도할 수 있다. 이러한 자기 치유의 희망은 최근 헌법 제356조(주정부가 헌법에 따라 기능하지 못할 때 이 주는 중앙정부의 직접통치하에 두어 집행권을 주지사가 대신 행사할 수 있게 규정한 헌법조항—옮긴이)에서 발생한 사태에서 널리 입증되었다. 헌법, 사회, 정치, 사법부 사이의 상호작용으로 이 조항의 악성 종양이 치유되었다. 그 치유가 얼마나 완벽했는지, 2년 전 주간州間위원회의 한 회의에서 이 조항의 주된 희생자들(인도 연방의 주들)은 그것을 철폐하자는 제안에 반대표를 던졌는데, 그 후 그들은 이 조항이 헌법에 선의로 포함되었고 그것을 철폐하는 것은 현명하지 않다는 것을 인식했다. 그들은 그것의 남용을 막아야 한다고 바르게 주장했다. 그들은 아무런 헌법적 안전장치를 요구하지 않았다. 왜냐하면 정치제도가 발전하는 방식, 특히 연방과 주 사이의 세력균형, 바로 그것이 충분한 안전장치가 되었기 때문이다.

제도의 똑같은 자기 치유는 앞에서 언급한 몇몇 헌법의 다른 조항들이 효과적으로 이용되면 생겨날 수 있다. 그렇지 않으면 우리 정치는 다음과 같은 격언처럼 될 수도 있다. '소금이 그 맛을 잃으면 어디에서 우리는 소금을 맛볼 것인가?'

네루식 정치제도와 그 영향

라즈니 꼬타리
Rajni Kothari

스위스에 있는 개발대안국제재단IFDA 의장이다. 사회과학연구 인도위원회ICSSR 회장을 지냈다. 저서로는 《인도의 정치Politics in India》(1970) 《개발을 다시 생각한다Rethinking Development》(1988) 《인도 정치의 종교공동체주의Communalism in Indian Politics》(1998) 등이 있다.

'네루식 정치제도와 그 영향'이라는 제목은 만약 보다 덜 어려운 상황에서 다루어졌다면 좀 적절했을지도 모른다. 물론 몇 몇 사람은 우리가 어떤 방식으로든 살아가는 현실은 그 '영향'하에 있기보다는 네루와 독립 후 초기에 그와 함께 일했던 사 람들이 그들의 지도력과 제도의 조화를 통해 구성하고 꿈꾸며 고안해낸 제도의 작동이라고 생각할지도 모른다.

04

'네루식 정치제도와 그 영향'이라는 제목은 만약 보다 덜 어려운 상황에서 다루어졌다면 좀 적절했을지도 모른다. 물론 몇몇 사람은 우리가 어떤 방식으로든 살아가는 현실은 그 '영향'하에 있기보다는 네루와 독립 후 초기에 그와 함께 일했던 사람들이 그들의 지도력과 제도의 조화를 통해 구상하고 꿈꾸며 고안해낸 제도의 작동이라고 생각할지도 모른다.

나는 다른 곳에서 네루의 비전이 갖는 기본적인 가설과 그에 대한 비평을 조명한 적이 있다. 국가, 정치 및 시민사회의 현재 발전 국면에서 우리는 네루의 유산에 대한 다양한 반응에 직면한다. 그가 다양한 제도적 기제, 그중 가장 중요한 것으로 회의당Congress Party을 통해 고안하고 보완하려 했던 전반적인 모델은 다양한 대중운동과 대안운동을 전개하는 사람들에 의해 의문이 제기되었다. 우리는 네루를 지도했던 비전으로 돌아갈 필요가 있다고 다시 한 번 느끼고 있다. 즉 그가 전통의 최악의 흔적을 제거하기 위해 구상했던 성장과 '발전'의 길을 다시 시작할 필요가 있다. 이는 근본적으로 축적과 분배의 두 가지 목적을 조화시킬 수 있는 경제발전의 길로 나아가는 것이었다. 그러기 위해서는 물론 정교하고 많은 점에서 고도로 중앙집권적인 국가 기구가 필요했으나, 가난, 불균형과 위계질서, 압제와 반反계몽주의를 제거하기 위한 민주적 제도의 작동이 크게 강조되었고, 이러한 제도 모두에 많은 대중의 참여가 예정되어 있었다.

　오늘날, 특히 농촌 지역에서 빈곤과 대량 기근이 크게 증가하고 또한 인구가 많이 늘어남에 따라 '현대 인도의 사원'을 건설하려는 네루의 구상 그리고 미국의 테네시 계곡 개발청을 방문한 이후 그가 가졌던 거대한 댐과 발전소의 필요성에 대한 경험적 인식을 포함하여 산업화된 국가를 갖기 원했던 그의 구상으로 돌아갈 필요를 다시 한 번 느낀다. 네루의 구상은 본질적으로 경제발전과 민주적 절차의 조화를 통해 그가 '국가 건설'이라고 불렀던 사업을 대대적으로 진행하려는 시도였다. 이 과정을 담당한 사람들은 계몽된 엘리트였는데, 그들은 계획위원회Planning Commission로부터 빤짜야뜨, 협동조합, 공동체 개발을 위한 하위 구조에 이르기까지 모든 과정에서 정비된 다양한 제도를 통해 이두 가지 차원의 일에 국민 대중을 참여시키려고 했다. 목표는 정치적민주주의 달성과 외국 지배로부터의 독립을 자급자족, 수입 대체 산업, 그 밖의 국민주권 강화 조치와 같은 수단을 통해서 사회경제적 민주주의로 전환시키는 것이었다. 한편 대외적으로는 냉전 세력을 제외한 세계의 나머지 국가, 특히 제3세계가 유엔을 강화하고 양대 블록에 대한 비동맹과 평화로운 비무장 세계질서의 창조를 강조하는 데 연합전선을 펴도록 보장하려는 것이었다. 오늘날 네루식 정치질서에 대한 비판이 증가하고 있으나, 우리는 식민 지배를 벗어나 자유로워진 인도 국가의 바로 그 출발 시점부터 인도를 지도해온 비전과 시각이 어떤 것이었는지 명심할 필요가 있다.

　이 글에서는 네루의 비전에 대한 이러한 이중적 인식을 자세히 설명하려 한다. 독립 이후 오랫동안 다소 긍정적인 개념으로 경제성장에 기초한 발전 모델과 인도가 몰입해야 할 위대한 민주적 '실험'의 이러한 조화에 대한 기대가 있었다. 이것은 네루식 엘리트에 의한 의식적인 선택으로 채택된 다양한 선거인단의 의회제 민주주의였다. 즉 당시의 대중을 교육하고 그들을 '제도' 속으로 유도하는, 말하자면 주변부에서 중심의 비전 속으로 몰입시키는 수단이 되도록 추구되었다. 이를 위해 계획, 공동체 개발, 조금 뒤에는 민주적 탈집중화와 같은 다른 수단도 도입되었다. 제도의 모든 장치는 이러한 목적을 위해 고안되었다. 농촌 개발과 건강, 교육, 여성 조직, 아동복지와 같은 중앙-주변 모델의 복지주의 또한 개입되었는데, 도시로부터 농촌으로 자원이 정말로 이전되는 결과를 가져왔다.

이 모든 목적을 달성하기 위하여 회의당 정치인은 마을과 군 단위의 영향력 있는 토착 엘리트를 이용했다. 관료도 물론 이용되었다. 회의당 기구가 권력 과정을 장악하도록 했으나, 정치가들이 교육받지 못했고 비전문적이어서 실제 권력은 식민지 스타일의 관료 손에 계속 남아 있었다. 회의당에 등장한 중간 엘리트도 지배적인 카스트가 좌지우지하는 것으로 드러난 마을, 면, 군 단위의 전반적인 지배 구조에 동조하는 것으로 나타났다. 협동조합, 군협동조합위원회, 군협동조합은행, 토지저당은행, 신용분배 서비스 협동조합과 같은 제도와 기타 대부기관이 설립되었는데, 일정 정도 토착 대부업자를 강화하면서도 동시에 다소 자치적인 성격으로 남아 있기도 했다. 요컨대 전반적으로 새로운 시민 행정의 골격이 개발되었으나, 근원적으로는 지배적인 영향력과 권력 구조에 의존했다. 이 모든 것은 후원자-고객 관계에 기초한 엘리트 구조의 작동으로 보였으나, 친親민중적 입장의 지도부에게는 복합적인 사회계층의 밑바닥과 내부에 이익을 주는 것으로 인식되었다. 이것은 거대한 이질적인 아대륙의 통합을 가져올 독특한 혼합물을 제공할 예정이었다. 지금까지 억압받은 공동체에 권한을 부여하는 것을 의미하는 약간의 토지개혁, 진보적 노동입법과 보상적 차별 정책이 입법되었는데, 그것들 중 몇몇은 헌법 규정을 통해 이루어졌다. 이와 함께 5개년 경제계획과 개발행정의 틀이 수립되었는데, 이 둘 모두를 통해 빈곤 경감과 관련 프로그램이 시행될 예정이었다.

이 모든 것은 네루의 지배적인 역할로 지탱되었다. 그는 여하튼 한편으로 회의당 기구와 다른 한편으로 행정기구를 같이 이용하여 전 국민을 이 '국가 건설' 사업에 참여시킬 수 있다고 생각했으며, 자신은 최고 지도자로서 그리고 이 모든 것의 구상자로서 존재했다. 그가 주총리에게 보낸 독려 서한, 다양한 영역에서 제도를 건설하려는 시도, 의회제도에 대한 각별한 관심과 그 일환으로 핵심 야당 지도자를 관용하고 부분적으로 육성한 점, 보수적인 사법부에 대항하여 '진보적' 의제를 웅변적으로 추구한 점 등이 이러한 그의 지배적인 역할을 강화했다.

이처럼 각 단계에서의 모든 것에 대한 거의 전폭적인 나의 지지는, 내가 쓴 책 《인도 정치》에서 전개한 바와 같이, 하나의 개념 틀을 만들어냈다. 내 이론은 다양한 '이해집단'을 포진시키고 '지배계급'을 견제하며, 대신에 지도자와 제도의 정치적이고 정치화된 구조를 창조하는 적극적이고 '자치적인' 국가를 가정했다. 이것은 네루가 지배적인 위치에 있긴 해도 내부적으로는 민주적이고, 동시에 국가와 시민사회 사이의 복수적 성격에 의존하는 인도 정당제도의 독특한 성격을 그려내려는 나의 노력과 함께, 내가 '인도의 회의당 체제'라고 명명했던 '제도'의 기본 필수 사항을 파악하는 개념 틀을 제공했다.

시간이 지나면서 천천히 이 전반적인 사업에 대한 비판이 나타났다. 예를 들면 이 모델은 부르주아 민주주의적이며, 중앙 집중적이고, 지배

계급에 그 이익이 한정된다. 좋은 의도지만 이러한 이익은 대체로 가난한 하위층으로 침투하여 내려가지 않는다. 왜냐하면 계획의 이행 방식과 선거에서의 지지 확보를 위한 것이라는 기본 구조로 인해 이 모델은 제한적이고 독점적이며 왜곡된 민주주의와 경제발전 모델로 전락했기 때문이라는 것이다.

많은 '제도'가 본질적으로 계획과 발전을 둘러싸고 개발되었고, '체제'를 효율적이고 전문적인 프로그램 투입에 기초하도록 하고 체제의 과학과 기술 측면을 강화하기 위해 여러 부서에 전문적, 행정적, 학문적 지원을 제공했다. 그러나 민주적 정치의 기본 제도에 관한 한 점차 지배적인 인물에 의존하는 경향이 증가했고, 시간이 지남에 따라 책임감을 보장하는 자치적 기능과 능력을 잃게 되었다. 네루 자신에게 이러한 과정을 시작한 책임이 있고, 인디라 간디가 한층 더 이 과정을 진전시켰다. 인디라 간디의 통치하에서는 정치화된 중요 통치수단인 정당 그 자체의 역할이 점차 침식되었고, 정부가 정당보다 더 지배적이 되었다. 회의당 체제 자체 내에서도 장관진이 조직을 압도했는데, 이는 독립운동이 추구했던 것과는 정반대 현상이었다.

이런 현상은 시간이 지남에 따라 일어났다. 그러나 실상은 네루가 권력을 떠맡은 직후 특히 선거, 의회, 행정 과정이 회의당의 보다 하부 조직을 압도하게 된 후에 시작되었다. 이는 점차 회의당 체제의 약화를 가져왔으며, 행정명령이 당내 파당 간의 상호작용과 반대 집단과 반대 요소 사이의 창조적인 상호작용을 저하시켰다. 대신에 후원과 아첨이 중요해졌고, 심지어 학자, 예술가, 지식인, 과학자 같은 시민사회의 요소도 네루 가계의 식객이 되었다.

좀 더 후에, 체제의 운영은 민주적 통치제도에 의해서는 점점 덜 그리고 개인적 충성과 조작에 의해서는 점점 더 좌지우지되고, 당내의 반대뿐만 아니라 야당과 다른 반대 세력의 반대에 대해서는 가혹하고 냉소적인 태도를 취함에 따라 '초헌법적인' 개인과 집단이 등장하면서 국가기구나 각급 단계에서의 정부 단체와 공무원의 유효성에 점차 쇠퇴가 일어났다. 그다음의 논리적 단계는 자유화와 사유화의 증가에 따라 경제가 점점 덜 각료나 의회제를 통해 운영되기 시작했다. 연이어 설명 의무에 대한 쇠퇴, 회사의 투기적 재무 고려의 증가와 통치의 탈정치화로 귀결되었다. 의회제도와 연방제적 틀이 좌절감과 소요의 표출이 증가함에 따라 번갈아 취약해지면서 당의 정체성은 개인적인 기회주의에 자리를 내주게 되었다. 이것은 정부 부패의 증가와 정치의 범죄 마피아에 대한 의존이 증가하는 결과를 낳았다. 이 모든 것과 함께 제도적 공백이 증가했다. 한편 초기에 시민사회의 자발적 단체와 자치적 센터에 부여되었던 중요성이 '국가'와 '시장' 양자에 의해 뒤집어지고, 이러한 단체는 스스로 정부 후원과 국제적 연계에 의해 흡수되고 부패되었으며, 비정부기구 부문의 점차적인 붕괴로 이어졌다. 그와 함께 여전히 존속하고 있던 소수 시민사회 기관은 주변화되었다.

이렇게 탈제도화되는 과정의 한 가지 무서운 결과는 많은 국민 대중의 소외 증가, 빈곤과 실업의 증대였으며, 의회제 민주주의의 제도적 틀 내에서나 이 틀 외부의 공간 또는 이른바 민중과 비정당정치 과정에서도 점점 더 이것들에 대한 대변인이 소수가 되어갔다는 것이다. 대다수 국민이 모든 지도자에 대한 믿음을 잃어버렸고, 지도자 자신은 점점 더 시장주의자가 되었으며 국민의 문제에 주의를 기울이는 국가의 역할을 허물어뜨리는 신자유주의 이념에 세뇌되었다. 네루가 형태를 부여했던 다양한 분야의 최고위급, 중간급의 준기관도 신자유주의적 도그마에 굴복하여 자율성과 탄력성을 잃어가기 시작했다.

더 깊은 실패도 있었다. 네루가 처음에 가졌던 소명召命이자 또한 간디가 주장한 자치의 기본 개념인 정치적 독립을 사회경제적 독립으로 전환시키고자 모든 시도와 계획을 시행했으나 네루의 인도는 불평등, 실업, 가난, 무지와 질병 그리고 기회의 불평등을 제거하는 데 실패했다. 그와 그의 후계자들의 회의당 정부가 비참하게 실패한 것은 분명히 바로 이러한 차원에서였다. 1947년 8월 14일 바로 독립 전날 네루는 전 국민에게 '앞으로의 과제는 빈곤의 종식을 포함한다'는 것을 상기시켰다.

　대부분의 인도인이 하루 3아나annas로 생활한다는 로히아Lohia의 고전적인 고발에 따라 지속되는 빈곤 현상을 조사하기 위한 고위급 위원회가 결성되었다. 대량 빈곤을 제거할 의도로 경제계획을 수립했고, 여성과 아동 복지를 증진시키기 위해 공동체를 개발했으며, 탈중앙 집중화된 발전 모델을 제시하기 위한 빤짜야뜨 통치가 실시되었지만, 도대체 어떻게 빈곤이 이처럼 지속되고 실제로는 더 악화되었는가? 로히아는 이것이 진정한 실상, 바로 인도 경제의 기본적인 계급적 성격을 드러낸 것이라는 놀람과 충격을 어느 정도 반영하고 있었다. 그런데 이것으로 인해 새로운 일련의 외국인 전문가들이 삐땀바르 빤뜨Pitambar Pant와 함께 전 과정을 검색하도록 초청되었다. 니컬러스 칼도어Nicholas Kaldor는 일련의 혁신적인 세제 개선을 제안했고, 애플비Appleby는 일련의 기본적인 행정 개혁을 제안했다. 반면에 군나르 뮈르달Gunnar Myrdal은 자신의 책《아시아 드라마》에서 부자에게는 엄격할 수 없는 '부드러운 정부'라는 개념을 도출해 기본적인 분석을 했다.

　이후에도 '사회주의적 사회'를 도입하려는 약속을 이행하기 위하여 국가가 통제하는 기관들에 자원을 집중하려는 의도로 취해진 은행 국유화와 같은 조치는 결국 부자, 주로 최고 기업과 수출업자에게 이익을 주는 것으로 귀결되었다. 수입 대체 산업에 기초한 자립도 마찬가지였다. 외국 원조와 미국 공법 480은 인플레이션을 통제하는 데는 편리했으나 농토의 비참함을 제거하는 데는 아무런 역할을 하지 못했다. 심지어 회의당에 약간의 급진적 요소(인도공산당 형식의 마르크스주의자를 포함하여)를 도입한 것은 단지 정부와 회의당에 보다 더 파당을 증가시키는 데 기여했으나(실제로는 지식인 겸 학자적 마피아를 양산했다) 정치에 영향을 미치는 기본적인 해악을 제거하는 데는 아무런 소용이 없다는 것이 입증되었다. 문맹자, 건강이 나쁜 자, 가난한 자들의 주거 문제를 해결하기 위해 크게 홍보를 펼쳤던 운동의 경우도 마찬가지였다.

오랫동안 나의 지적 성향은 민주적 국가 건설, 정치화의 전 과정과 이를 통한 각 단계에 국민의 참여, 인도라는 국가의 성격과 시민사회 기득권층의 이해로부터 국가의 자율 그리고 진정한 연방제이며 탈중앙집권적이고 복수주의적인 민주주의의 수단으로서의 국가의 진보적 지향에 관한 것에 있었다. 민주주의는 나의 주된 초점 분야였고, 정치적 과정은 나의 주된 관심 분야였으며, 독특한 정당 체제는 나의 핵심 이론을 구성하는 주제였다. 그러나 대다수 국민에 대한 무시와 가난이라는 큰 문제, 내가 이후 '사회적 문제'라고 본 것 그리고 진보적이라고 생각한 국가의 압제적 측면은 대체로 나의 초기 작업 범위에서는 제외되어 있었다. 나는 정치의 중심적 역할에 훨씬 더 매료되어 있었다. 인도의 체제가 갖는 독특한 성격이 나의 지적 에너지를 소모시켰다.

네루 모델에 대해 지적으로 다시 생각하게 된 과정과 대안 모색이 시작된 것은 네루 모델의 이러한 제도적 특징의 '영향'과 이 모델의 단계적인 '탈제도화' 그리고 체제의 이념적 지배가 아닌 개인적 지배의 증대가 시작된 이후였다. 이것은 사실 네루의 생애 마지막 몇 년 동안에 정부와 회의당에 대한 그의 개인적 지배를 재확립하려는 깜라즈 계획 Kamraj Plan과 함께 시작된 그 무엇이었다. 그런데 그것은 인디라(그리고 그녀의 둘째 아들 산자이) 간디 그리고 이후 라지브 간디에게로 곧바로 이어졌고, 그리고 우리 중 몇몇이 본능적으로 감지한 구자라뜨에서 비하르로 그리고 뉴델리의 람릴라 광장으로 확산된 JP운동(비하르 운동이라고도 불리는데, 간디주의 운동가Jayaprakash Narayan가 주도했기 때문에 그의 이름을 따서 JP운동이라고 한다. 1974년 비하르에서 일어난 반부패학생운동으로, 나중에 인디라 간디 정권에 대항한 운동으로 발전한다―옮긴이)에 제공된 것과 같은 지지와 함께였다. 불행히도 내가 최근에 주장한 바와 같이 민중운동이 비정부기구처럼 되고 세계은행World Bank이나 국제통화기금IMF과 같은 기구들이 민중운동에 자금을 제공하고 정통성을 부여함에 따라 민중운동의 전체 지평이 제3세계 거의 전역에 대한 신자유주의의 공격과 점증하는 세계화의 물결에 저항하는 것이 어렵다는 것을 알게 되었다. 여기에는 국내적, 지역적, 세계적 차원에서 지배적인 질서에 대한 대안을 모색하는 몇몇 공개적으로 이념적 지향을 가진 '운동'이 포함되어 있다는 점을 유감스럽지만 말하지 않을 수 없다.

네루는 혼자서 우리가 네루식 정치 체제라 부르는 것을 이룬 것이 아니다. 사실 그 체제의 많은 차원에서 그의 사고와 시각은 덜 적절한 것으로 입증되었다. 네루는 인간 정신의 계몽을 믿었다. 그는 여러 면에서 유럽의 계몽주의를 숭배했지만, 마울라나 아자드Maulana Azad나 아짜랴 데브Acharya Narendra Dev와 같은 학식이 깊은 사람은 아니었다. 그는 문예부흥의 신봉자였으나 인도판 문예부흥을 이루어낼 문화혁명을 탄생시키는 것은 그의 지적 능력의 범위를 넘어서는 일 같았다. 로이M. N. Roy가 그 역할에 더 적합했다. 그는 민주적 방식에 큰 믿음을 가진 사람이었으며, 그 자신의 방식으로 식민주의에 대한 투쟁의 대의에 충실한 운동가였다. 그러나 어떤 특별한 대의에 국민 대중을 동원하는 그의 능력은 그가 깊은 오지를 포함해서 인도의 거대한 지역을 끊임없이 여행했음에도 한계가 있었다. 이런 점에서 네루는 인도의 정치적, 사회적, 경제적, 정신적 현실에서 자양분을 이끌어내는 고도의 독창적인 정신을 소유했던 간디에 훨씬 못 미쳤다. 네루는 꿈꾸는 이상주의자였으나 민주적 비전에 기초한 시민사회를 건설하는 구체적 전략을 개발하는 데는 실패했다. 그는 국가기구를 통해 그의 사회민주주의적 의제의 수행을 꿈꾼, 내심으로는 국가통제주의자이자 페이비언 사회주의자였다. 무엇보다도 그는 사려 깊은 제도의 창설자였으며, 회의당을 만들어 융통성을 부여하고 내부 구조를 정비했다. 그러나 그에게 만약 충분히 오래 살았더라면 당에 기능적으로 작동하는 위계와 당 간부를 임명했을 빠뗄과 같은 조직적 인내력은 부족했다. 네루는 '양면성과 의도하지 않은 거짓말을 잘하는 사람으로서 연구 대상'이라고 불린다. 오늘날 나는 그것을 의도적인 양면성이라고 부르고 싶다. 네루 시대에 성취된 많은 것이 그에 의해 이루어진 것은 아나나 민족운동, 간디, 빠뗄 그리고 독립 후 많은 지역의 수많은 작은 간디, 네루, 빠뗄에 의해서 그에게 그 공적功績이 돌려진 것이다. 게다가 네루는 그를 후계자로 만든 간디로부터 그를 위대한 대중 지도자로 언급한 빠뗄에 이르기까지 모든 지평에서 두드러지게 드러난다. 그것은 모두 네루에게로 귀결되었다. 사실은 네루가 세상을 하직하기 전에 그에 대한 인식의 손상은 시작되었다. 그러한 손상은 네루가 죽은 이후 네루식 모델이 거의 남아 있지 않은 오늘에 이르기까지 늘 새롭게 반복되었다.

동시에 네루 자신이 상당한 심혈을 기울였던 네루식 모델의 외부적인 면도 역시 손상을 입었다. 소련과 사회주의적 존재 근거가 붕괴되었고, 제3세계와 비동맹 국가로부터 G-77, 국제연합에서의 신경제 질서에 대한 청원 그리고 보다 최근에 무산된 G-15에 이르기까지 다양한 존재 근거 또한 모두 붕괴되었다. 이제 그것들의 자리는 새로운 연식의 핵무기 경쟁이 차지하게 되었고, 여기에는 인도 역시 참여하고 있으며, 이와 함께 네루식 꿈의 세계는 용두사미로 마감되었다. 네루가 호미 바바 박사(1909~1966, 인도 핵개발 프로그램의 아버지로 불리는 핵물리학자. 네루의 사적인 친구이기도 함—옮긴이)와 관련자들을 격려하기는 했을지 모르나, 이것은 '현대 인도의 새로운 사원'에 대한 그의 비전과 과학 및 기술에 대한 그의 신념의 일부로 생각될 수 있으며, 인도가 핵무기 보유국임을 선언하고 스스로 이러한 치명적인 무기를 생산하는 서곡으로는 생각될 수 없었다.

또한 동시에 (여기서 나는 내 글의 처음으로 돌아가서 얘기를 전개하려 한다) 네루 체제의 틀에 대한 여러 가지 평가에서 전반적인 모순을 제기하는 세계 정치의 보다 큰 동력과 그 사회적, 경제적, 기술적 저류가 모습을 드러냈다. 한편으로 그것들은 그 틀을 수비하는 입장을 취한 반면, 동시에 다시 한 번 그것이 적절한 것이었음을 지적했다. 여하튼 다시 한 번 거시적 비전과 시각에 대한 필요성이 느껴졌다. 왜냐하면 미시적인 운동은 그것이 아무리 많아도 체제를 변화시킬 수 없으며, 거시적 수준의 구상과 제도 모두에 대한 필요가 긴급하기 때문이다. 여전히 고도의 기술을 가진 고위 지도부에 토대를 둔 초기 단계의 경제개발 모델에 그 틀을 기초할 것인가, 아니면 간디식의 탈중앙 집중화된 경제를 강조하는 새로운 무언가에 기초를 둘 것인가는 빨리 결정할 필요가 있는 문제다. 탈중앙 집중화된 경제에서는 고용이 핵심적인 자극을 주고 소규모 가내공업의 역할이 보다 커지며, 이러한 소규모 가내공업은 또한 보다 많은 고용 창출을 위한 추진력을 강화한다(우리 중 몇몇은 우리가 잠시 계획위원회에 있는 동안에 이 문제를 해결하려고 애썼다).

나는 우리 역사에서 아마도 가장 중요한 형성기에 대한 이 장광설의 분석을 우리가 새로운 세기일 뿐만 아니라 새로운 천년으로 들어가는 문턱에 있음을 상기시키면서 마무리하려 한다. 이것은 새로운 반성과 성찰을 요구하는 순간이다. 앞으로의 시기는 간디의 '완전 자치'를 성취하기 위해 우리가 독립을 이룬 이래 헤쳐지나온 수십 년 세월보다 더 많은 문제를 안고 있을 것이다. 우리와 다가오는 세대에게 가장 결정적인 도전을 제기하는 것은 바로 이 엄혹한 현실이다. 문제는 그러한 도전에 맞설 각성의 조짐이 있는가 하는 것이다.

새로운 시작에 발을 내딛을 인도는 어느 정도의 크기와 잠재력을 가진 나라인가? 이 질문에 대한 대답은 정치, 경제, 사회 변화의 인습적인 행보에 의존할 수 없다. 우리는 우리 자신의 '독립 후 50년'을 포함하여 20세기, 특히 20세기 후반기의 개념과 범주가 부과하는 한계를 초월할 필요가 있다. 왜냐하면 우리는 이렇게 극심한 가난과 불평등 속에 살아가면서도 민주제적 틀을 유지할 수 있을 것인가 하는 점과 이렇게 극심한 가난과 실업으로부터 사람들을 해방할 수 없는 민주주의는 아무런 가치가 없다는 이 엄연한 사실 사이의 끊임없는 모순에 계속 직면할 것이기 때문이다. 이는 우리가 하나의 민족으로서, 하나의 국가로서 세계화라는 족쇄에 사로잡혀 있다는 점을 기정사실로 할 때 특히 중요해진다. 이러한 공격은 '신자유주의 이념과 국가 또는 전국적 규모의 대의제/선거제 민주주의'에서 '마을 의회가 의사 결정의 핵심적인 제도가 되어야 한다는 마을 단위 자치 개념'에 이르기까지 과감하게 움직이는 아래로부터 그리고 다양한 사회 진영(부족민, 불가촉민, 그 외 사람들)으로부터의 압력에 근거한다. 이러한 운동은 우리가 여태까지 제공해왔던 것보다 훨씬 더 큰 규모의 탈중앙 집중화와 정보의 자유를 향유하는('우리 마을, 우리 통치'라는 슬로건으로 요약되는) 일정 정도의 직접 민주주의를 추구한다.

우리가 직면한 두 가지 족쇄, 즉 세계화의 신자유주의적 공격도 밑으로부터의 대중의 민주적 공격도 네루식의 비전이 예상하지 못한 것이었다. 사실 네루는 그 어느 것도 편하지 않았다. 그는 위로부터의 제국주의적 공격도 몹시 싫어했지만, 어떤 점에서는 똑같이 밑으로부터 그리고 지역과 인종의 수평적 공간으로부터의 압력에도 불편해했다. 우리는 네루가 주의 재편성이나 가장 역점을 두었던 국가의 통일성을 방해하는 것으로 보였던 어떤 종류의 것에 대해서도 엄중한 유보적 태도를 보였다는 것을 기억해야 한다(그가 인도가 직면한 도전에 대해 생각한 방식 그리고 국가 제도의 통일성 개념과 이것이 항상 위험에 처해 있다는 그의 인식을 전제로 할 때). 우리는 오늘날 다른 입장에 처해 있다. 네루식의 비전 뒤로 흘러가버린 중요한 생각은 충분히 인정하지만, 바로 그 비전을 넘어 바라보고 국민 대다수가 기본적인 힘을 그 비전에 부여할 새로운 형성적 투입을 해야 하는 시기가 왔다. 네루의 개인적 비전은 이것이 이루어지기를 희망했지만, 여러 가지 이유로 네루식의 정치 체제와 그것의 발전적 확장은 이를 실현하지 못했다.

나는 네루가 항상 지침으로 삼았던 영감을 요약하고 그리고 말년에 그가 그렇게 살지 못했음을 알고 그것을 솔직하게 깊이 반성하면서 인정했던, 이미 잘 알려진 세 가지 비판적 인용문을 언급하고자 한다.

첫 번째는 그가 '세계는 모두 잠들어 있고 인도가 자유를 위해 깨어날 때' 총리직을 시작하면서 자유롭고 열정적인 한 인간으로서 비전을 그려 나갈 그의 '운명과의 만남 약속'이었다.

두 번째는 네루의 전 생애를 통해 그의 내면적인 자아를 어느 정도 인도했던, 그 유명한 '간디의 부적符籍'이다.

> 너는 의문이 들 때마다, 또는 자아가 지나치게 비대해졌을 때 다음과 같은 시험을 해보아라.

네가 본 적 있는 가장 가난하고 가장 약한 사람의 얼굴을 떠올려보고, 네가 생각하는 조치가 그에게 어떤 소용이 있을 것인지를 자문해보아라. 그가 무슨 득을 볼 것인가? 그것이 그에게 그 자신의 생과 운명에 대한 통제를 회복시킬 것인가? 다시 말해 그것이 배고프고 정신적으로 굶주린 수백만의 사람들을 자치로 이끌 것인가?

그러면 너는 너의 의문을 발견하고, 너의 자아가 녹아 없어지는 것을 알게 될 것이다.

그리고 마지막으로 네루가 죽었을 때 함께했던 사람들을 찬양했던 영국의 소설가 포스터E. M. Forster가 한 말이 있다.

> 그 숲은 사랑스럽고 어둡고 그리고 깊다
> 나는 지켜야 할 약속이 있다
> 내가 잠들기 전에 가야 할 수 마일의 길
> 내가 잠들기 전에 가야 할 수 마일의 길

오늘날 미래를 바라보며 우리가 기대하는 대로 살려 할 때 우리는 모두 앞으로 '가야 할 수 마일의 길', 심지어 네루가 마음속에 가지고 있던 것보다 더 긴 길이 있음을 명심해야 한다. 이는 모두가 직면한, 우리를 움찔하게 만드는 과업이다. 그리고 우리가 네루가 남긴 도전과 딜레마에 충실하게 살려고 한다면, 우리는 더 잘 시도하고 더 잘 그에 따라 살아야 할 것이다. 왜냐하면 네루와 그의 비전이, 그것의 모든 모순과 함께 그 위에 이 모든 것을 간디의 '부적'이 주는 가르침에 따라 우리로 하여금 그렇게 하도록 의무를 부과하기 때문이다.

전환기의
공무원

네루
B. K. Nehru

제2차 세계대전 후 배상금 협상에서 인도 측 대표로 일했다. 후에 미국 주재 인도 대사가 되었으며, 아쌈, 카슈미르, 구자라뜨의 주지사를 지냈다. 저서로는《현재 우리의 불만족에 대한 고찰Thoughts on Our Present Discontent》(1986)《친절한 남자들이 두 번째를 끝냈다Nice Guys Finish Second》(1997) 등이 있다.

독재, 군주제 또는 민주주의 가운데 어떤 정부도 통치자의 질서 수행을 보장하기 위한 많은 수의 국가 공무원 없이는 운영이 불가능하다. 본질적으로 비교적 새로운 통치 형태인 민주주의가 등장하기 전만 해도 통치자(왕)는 그의 궁궐 내 사람들, 친척이나 좋아하는 사람을 신하로 임명했다. 그들은 통치자에게 책임을 졌고 통치자의 즐거움을 위해 자신들에게 맡겨진 직책을 수행했다.

05

독재, 군주제 또는 민주주의 가운데 어떤 정부도 통치자의 질서 수행을 보장하기 위한 많은 수의 국가 공무원 없이는 운영이 불가능하다. 본질적으로 비교적 새로운 통치 형태인 민주주의가 등장하기 전만 해도 통치자(왕)는 그의 궁궐 내 사람들, 친척이나 좋아하는 사람을 신하로 임명했다. 그들은 통치자에게 책임을 졌고 통치자의 즐거움을 위해 자신들에게 맡겨진 직책을 수행했다.

근대의 공무원제는 구성원의 자격, 채용 방식, 수행할 직무와 급여에 관한 권리, 복무의 안정 등 세부 사항을 명시한 잘 정비된 규정과 함께 민주주의와 민주주의의 가장 중요한 특징인 법치주의와 관련되어 있다. 그러나 공무원제 확립의 첫걸음은 프랑스의 부르봉 왕조와 함께 시작되었다. 이 구상은 지방청장(우리의 지방행정관 또는 수세관收稅官 겸 지방 장관에 해당하는) 제도를 공식화하고 공무원의 기능을 더 확장하며 그들에게 사회의 고위직을 제공한 세 개의 '대군단'을 창출한 나폴레옹에 의해 더욱 개선되었다. 프랑스의 공무원이 가장 잘 조직되고 훈련되었다고 할 수 있는데, 여러 조직 가운데 공무원이 가장 존경받는 것은 아마도 바로 이러한 조상 덕분일 것이다. 프랑스 제5공화국의 다섯 대통령

중 두 사람이 직업 공무원 출신이라는 점은 우연이 아니다.

인도공무원제의 역사는 동인도회사와 함께 시작한다. 일찍이 1880년에 웰즐리Wellesley 경은 영국 제국의 행정가들에게 고도의 교육과 전문성 그리고 특성이 필요하다는 것을 인식하고 포트윌리엄 대학을 설립하여 동인도회사의 모든 직원을 옥스퍼드와 케임브리지 대학 수준과 맞먹는 3년 기간의 교육과정에 보내게 했다. 포트윌리엄 대학에서 가르치는 과목에는 윤리, 국제법, 인도 역사, 동양의 언어가 포함되어 있었다. 그러나 동인도회사의 이사들은 이 제안을 받아들이면서도 대학은 영국에 있어야 한다고 결정했다. 이 때문에 전체 50여 년 동안 모든 공무원은 헤일리버리에 있는 동인도대학에서 교육과 특수훈련을 받았다. 채용 방식은 경쟁시험에 의거했지만 임용 방식은 이사들의 지명에 따랐다. 1853년에 경쟁은 공채로 바뀌었으며, 이는 영국의 공무원제에서보다 17년이나 앞선 것이었다.

인도공무원제의 시험이 런던에서 치러지고 응시자의 당락이 결정되는 과목을 보면 인도인은 부유해서 영국의 학교에서 공부하지 않는 한 성공적으로 경쟁을 할 가능성이 거의 없는 정도였다. 1885년에 탄생한 이래 인도국민회의가 항상 제기한 요구는 인도공무원제에서 인도인의 수를 늘려달라는 것이었다. 따라서 처음으로 과목은 확장되었고, 그리고 나서 1892년에 똑같은 시험이 인도에서도 실시되기 시작했다. 그리하여 영국이 인도에 권력을 이양할 때는 인도공무원제하의 절반이 인도인이었다.

인도공무원제가 발전되어온 오랜 기간 동안 채용 방식과 훈련 방식, 의무, 책임의 분담과 급여는 모두 아주 잘 고안되어 표준화되었다. 채용 방식과 훈련 방식이 50년 전에 어떠했는가는 나 자신의 얘기를 하면 가장 잘 설명될 수 있을 것이다. 알라하바드 대학을 졸업한 나는 인도공무원제에 응시할 목적으로 경제학, 정치학, 법학 공부를 하기 위해 영국으로 갔다. 영국에 있는 인도 학생의 4분의 3은 같은 목적을 가지고 있었고 4분의 1 이하는 그 목적을 달성했다.

경쟁시험은 외무, 내무, 인도나 식민지 근무를 위한 연합 시험이었다. 나이 제한은 21세에서 24세 사이였으며, 각자 세 번의 기회가 주어졌다. 시험의 전체 점수는 1900점이었다. 이 중에서 500점은 글쓰기, 영어와 여러 가지 과학을 포함하는 일반 상식에 대한 응시자의 지식과 능력을 평가하는 필수 과목에 배당되었다. 300점은 면접시험에 배당되었고, 나머지 1100점은 천문학에서 동물학에 이르기까지 지구상의 모든 과목을 선택할 수 있었다. 이것은 결과적으로 두 개의 대학 학위와 동등한 자격을 의미했다.

면접시험은 인성, 도덕적 가치 그리고 세계에서 일어나는 일에 대한 인식, 문제와 상황에 대한 반응 등을 시험하기 위한 의도였다. 나에게 제기된 질문은 명확했는데, 내 가족의 절반이 감옥에 있는 점을 고려할 때 내가 도대체 왜 영국 정부를 위해 봉사하기를 원하는가 하는 것이었다. 나는 내가 인도 공무원이 되는 것이 내 사람들에게 도움이 될 것인지를 스스로의 힘으로 알고자 하기 때문이라고 대답했다. 만약에 내가 도움이 되지 않는다고 생각하면 나는 사직할 생각이었다. 이렇게 해서 나는 277점이라는 높은 점수를 받았다. 왜냐하면 인도공무원제 간부에게 기대되는 것은 진실, 용기, 정직, 청렴함이지, 비굴한 위선이 아니었기 때문이다.

합격한 응시자는 그가 런던이나 인도에서 시험을 보았느냐에 따라서 영국에서 1년 또는 2년간의 수습 기간을 거쳐야 한다. 수습은 옥스퍼드, 케임브리지 또는 런던의 동양학 학교에서 보낸다. 학교의 커리큘럼은 주로 인도의 법과 법 절차, 주로 형법이나 증거법을 공부하고 조세제도에 대한 지식을 익히고, 인도 역사를 읽고 임지로 배정될 지방의 언어를 공부하는 것으로 구성되었다. 그 후 마지막 시험을 보는데, 무엇보다도 승마를 할 수 있느냐 하는 능력 시험이 포함된다!

진짜 훈련은 인도에 도착하면 시작된다. 신참은 지방 행정관이나 지방 장관의 책임하에 놓이게 된다. 이러한 훈련 교관들은 신참에게 공부할 것이 무엇인지를 가르치게 되는데, 맡고 있는 직무의 자랑스러운 전통을 신입에게 주입하고자 하는 관심과 능력을 가진 사람 중에서 특별히 선임된다. 신입은 그가 어떤 태도를 가져야 하는지, 어떻게 마을 사람들의 문화와 관습과 희망사항이나 어려움을 숙지해야 하는지, 세무 기록을 어떻게 작성하고 보존해야 하는지 그리고 형사사건이나 세무사건을 어떻게 제기하는지에 대한 가르침을 받았다.

훈련 교관은 새로운 부행정관을 초청해서 신입과 함께 지내도록 하는 것이 관습이었다(이것은 무상이 아니었다. 내가 1934년에 도착했을 때 부행정관에게 지불해야 하는 표준 요금은 모든 것을 다 포함해서 매달 150루피였다). 스승과 학생이 항상 동행하는 것은 그들의 관계를 스승−도제 관계처럼 만들었다. 독립 후에 이 관습이 사라진 것은 천만번 유감이다. 어떤 두 인도 사람도 같은 음식을 먹지 않는다! 나의 스승은 여행, 검열, 법원, 사냥(드문 일이었음), 테니스 클럽 그리고 초대받은 모든 모임에 나를 데리고 갔다. 그와 별도로 스승은 인도 공무원의 한 사람으로서 나의 재정적, 도덕적, 윤리적 청렴은 의심의 여지가 없어야 한다고 말했다. 나의 모든 행동은 따라서 공정하고, 정당하고, 도움이 되고 친절해야 한다. 나의 행동이나 결정에 어떠한 두려움이나 호의를 가져서는 안 되고 어떠한 인사 청탁에도 귀를 기울여서는 안 된다. 나는 단호해야 하나 항상 점잖고 예의바른 태도를 지녀야 했다. 나는 국민의 통치자가 아니고 그들의 이익을 위해서 일하는 그들의 하인임을 기억해야 했다. 나는 이

작은 읍내에서 나 스스로를 아무리 중요하지 않은 존재로 생각할지라도 한편 매우 중요한 사람이라는 점을 또한 인식해야 했다. 내가 하는 일이 무엇이든 해야 할 올바르고 정확한 일이라고 기대되었다. 따라서 나는 특별히 조심스러워야 했다.

그 후에 통상적인 훈련이 뒤따랐다. 쇠줄을 당겨 들판을 측량하는 노동자로 시작해서 점차 면서기 지위에까지 승진하는 기간 동안 나는 여름에는 고산지대에서 3개월간 재무 훈련을 받았고, 6개월간은 '정착 훈련'을 받았다. 이 기간 동안에는 본부로 돌아가는 것이 금지되었고, 마을 사람들과 함께 살면서 그들을 알기 위해 이 마을 저 마을 옮겨 다녀야 했다. 나는 6개월간 1급 경찰관으로서 그리고 6개월간 2급 하위 판사로서 '사법 훈련'을 받았다. 그리고 나서야 하위 지역 문관으로서 독립적인 임무를 부여받을 준비가 되었다.

오늘날의 인도행정공무원제Indian Administrative Service 수습생은 우리가 이전에 했던 것보다 훨씬 광범위하고 다양한 훈련을 받는다. 그들은 오늘날의 훨씬 더 복잡한 문제를 다룰 수 있도록 더 잘 준비되어 있다. 그러나 나는 내가 직무를 시작하고 첫 몇 달간에 가졌던 그러한 종류의 성격 형성 교육, 즉 나의 존재 자체를 정당화하는, 나는 국민에게 봉사하기 위해서 거기 있다는 교육이 오늘날에도 있는지 의심스럽다. 이것은 인간애와 헌신을 가지고 행동해야 하고, 그들에게 법 안의 정의를 실현해야 하며, 그들의 삶의 조건을 개선하기 위해 도울 수 있는 모든 일을 해야 하고, 그리고 이러한 모든 것을 하면서 조금이라도 청렴을 의심받는 행위를 범하지 말아야 했다.

시대는 변했으며, 이러한 변화와 함께 인도 공무원의 지위도 완전히 변했다. 이러한 변화가 어떻게 이렇게 완전히 그리고 철저하게 일어났는지는 다음의 네 가지 사건을 보면 잘 알 수 있을 것이다. 하나는 영국 통치 시대의 일이고, 두 번째는 법의 지배가 여전히 엄격하게 집행되던 자와하를랄 네루 재임 시기의 일이며, 나머지 두 사건은 비교적 최근의 일이다.

1930년대의 어느 날, 당시 재무장관이 그의 사무실용 새 카펫을 주문했다. 그 카펫의 가격은 규정보다 비쌌다. 그 초과분이 감사에서 적발되었고 회계원장이었던 강가 까울라Ganga Ram Kaula는 그 초과분을 장관의 급여에서 벌충하라고 명령했다. 재무장관은 두 손 들고 감사원장에게 "강가 람 까울라는 회계원장으로 적절하지 않다"라고 말하는 분노의 서한을 보냈다. 그러나 그것이 전부였다. 강가 람 까울라는 종국에 인도의 초대 감사원장으로 승진했을 뿐만 아니라 작위를 받는 명예까지 누렸다.

내가 직접 목격했던 두 번째 사건은 재무장관 끄리슈나마짜리T. T. Krishnamachari가 중앙예산국 의장인 아룬 로이Arun Roy에게 특정인의 소득세 신고서를 보여줄 것을 요구한 일이다. 아룬 로이는 그것이 기밀문서이기 때문에 미안하지만 그럴 수 없다고 말했다. 끄리슈나마짜리는 아주 다혈질적인 성격에 복수심이 강한 인도의 역대 가장 강력한 장관 중의 한 사람이었다. 그는 물었다.

"자네는 그 문서를 보지 않았는가?"

아룬은 보았다고 대답했다. 그러자 그다음 질문이 날아왔다.

"자네는 내 부하가 아닌가?"

"아니요, 맞습니다."

"그러면 도대체 자네가 본 문서를 왜 내가 볼 수 없는 것이지?"

아룬 로이는 예산국 의장은 소득세 부서의 구성원이지만 장관은 그렇지 않다고 대답했다. 장관은 매우 화가 났지만 결국 아무것도 할 수 없었다. 아룬 로이는 재무부의 경제국장으로 승진했고, 나중에 인도의 감사원장이 되었다.

이제 비교적 최근의 두 가지 사례를 보자. 한 젊은 인도의 행정공무원 간부가 담당 장관에게 자신의 전보 발령을 몇 개월 연기해줄 것을 요청하러 갔다. 장관은 그에게 '당신은 어떤 범주에 해당하느냐'고 물었다. 그 간부는 '범주'가 무슨 의미인지 이해하지 못했다. 장관은 간부 공무원은 A, B, C의 세 가지 범주로 나뉜다고 설명했다. A범주에는 '만약에', '그러나' 등의 토를 달지 않고 명령에 무조건 따르는 이들이 속한다. B범주에는 명령이 법에 저촉될 때는 이의를 제기하나 결국은 그 수행에 동의하는 이들이 속한다. C범주에는 이의를 고수하면서 장관이 원하는 것을 행하길 거부하는 이들이 속한다. A범주의 간부만이 도움이 된다. 가끔 B범주도 받아들일 만하나 C범주는 전혀 도움이 되지 않는다. "자, 그대는 어느 범주에 속하는가?" 명백히 C범주에 속하는 그 불쌍한 간부는 작별인사를 하고는 걸어 나갔다.

두 번째 사건은 한 내각 장관이 해외방문에서 돌아오면서 몇십만 루피의 사치품을 들여온 사건이다. 공항의 부행정관이 관세를 물어야 한다고 요구하자, 장관의 비서관이 이 물품들은 장관의 것이라고 말했다. 그 물품들에 면세를 해주어야 한다는 것이었다. 부행정관은 그러한 일을 받아들일 수 없었다. 관세는 지불되었으나 1주일이 지나지 않아 그 부행정관은 델리에서 첸나이로 전보되었다.

자, 지금부터 어떻게, 언제 그리고 왜 이러한 혁명적 변화가 일어났는지 설명해보려 한다. 이러한 변화에는 많은 이유가 있다. 역사적으로 먼저 인도국민회의는 인도의 공무원제와 경찰공무원제에 대해 고도의 편견을 가지고 있었다. 독립투쟁의 역사를 전제로 할 때 이는 그리 놀랄 만한 일은 아니다. 대부분의 독립투쟁가들은 그들에게 고통을 준 공무원의 직무가 법을 집행하는 의무의 이행이라는 점을 이해하지 못했다. 그 법은 공무원들이 만든 것이 아니었다. 그것은 영국 총독과 런던에 있는 인도의 장관이 만든 것이었다. 법을 만드는 것과 그것을 집행하는 것의 차이를 1923년에 마하트마 간디에게 6년간의 구금을 판결한 인도 공무원 브룸필드C. V. Broomfield 판사만큼 더 잘 말한 사람은 없다. 그의 재판의 마지막 문장은 "만약 인도에서의 사태의 추이가 정부로 하여금 형기를 단축하여 당신을 석방할 수 있다면 어느 누구보다도 내가 더 기쁠 것이다"라는 내용이었다.

때로 지도자들은 그 차이를 이해했으나 대중은 그렇지 않았다. 1942년에 내 어머니를 체포하러 온 경찰 간부는 다른 사람들처럼 "어머님"하고 공손하게 존칭을 쓰면서 지금 자신이 하고 있는 일을 용서해달라고 간청했다. 어머니는 그에게 그는 용서받을 일을 하고 있지 않다고 말했다. 그의 의무는 어머니가 법을 어겼기 때문에 체포하는 것이었고, 반면에 어머니의 의무는 법을 어기는 것이었다. 그들은 둘 다 각자의 다르마dharma(法, 올바른 삶의 원리―옮긴이)를 수행하고 있을 뿐이었다.

독립 후 장관이 된 지도자의 대부분은 행정 경험이 별로 없었으며 때로는 전혀 없었다. 네루 총리가 한 경험은 1년간 알라하바드 시 의장직을 수행한 것뿐이었다. 그들은 막 제정될 예정인 좋은 법들이 자동으로 집행되지는 않는다는 점을 이해하지 못했다. 좋은 통치는 그것을 이행할 유능하고 효율적이며 절제된 기구, 즉 공무원제를 필요로 한다.

전숲인도공무원제의 중요성과 필수불가결함을 이해한 유일한 지도자는 사르다르 빠델이었다. 1948년 4월 27일 총리에게 보낸 서한에서 그는 이렇게 말했다.

부지런하고 정직한 작업의 결과로서 그 전망이 보장된 효율적이고 절제된 만족스러운 공무원제는 전체주의 지배하에서보다도 오히려 민주주의 체제하에서 건전한 행정을 담보하기 위한 필수 사항임을 나는 강조할 필요가 거의 없다고 생각한다. 이 공무원제는 정당 위에 존재해야 하고, 신규 채용이나 규율 면에서의 정치적 고려는 만약에 모두 철폐할 수 없다면 최소한에 그쳐야 함을 반드시 보장해야 한다.

그는 또한 인도의 정치적 통일을 반복해서 훼손하는 지방분권적 세력에 대한 견제 장치로서 구성원의 충원, 훈련과 경력 관리에 상당한 영향력을 가지는 중앙정부에 기초를 둔 공무원제도를 조직하는 것이 중요하다고 생각했다. 이러한 제안은 주총리들의 강력한 반대에 부딪혔다. 그들은 자신들의 권위에 대한 간섭을 원치 않았고, 오늘날 그들이 하고 있는 것처럼 인도공무원제의 구성원들보다 더 쉽게 조종할 수 있는 나긋나긋한 공무원을 원했다. 1949년 10월 제헌의회에서 빠뗄은 "인도연방은 전진할 것이다. 만약에 독립적으로 충고할 수 있는 훌륭한 인도공무원제를 갖지 못한다면 통일된 인도를 가질 수 없을 것이다. 만약에 이러한 과정을 채택하지 못한다면 현재의 체제를 따라서는 안 되고 다른 어떤 것으로 대체해야 할 것이다"라고 연설했다. 빠뗄은 그의 제안을 못마땅하게 생각하는 제헌의회가 결국 그것을 받아들이도록 하는 데 성공했다. 공무원제의 독립과 안전을 보장하고, 그들에 대한 어떠한 정치적 간섭도 막아내도록 기획된 조항들이 헌법에 포함되게 된 것은 모두 사르다르 빠뗄 덕분이다. 총리는 실제로 어떻게 인도의 공무원제가 기능하는가에 대한 경험을 갖고 있었기 때문에 빠뗄의 견해를 전적으로 아주 빨리 수긍했다.

네루 총리의 오랜 재임 기간 동안, 어떠한 정치가도 감히 공무원제의 기능에 간섭하거나 그들을 윽박질러 법을 위반하도록 하지 못했다. 독립 이후 첫 4반세기 동안 인도공무원제는 이전처럼 계속 기능했다. 그러나 한 번의 변화가 있었다. 인도공무원제에 대한 불만 중 하나는 공무원이 '많은 급여'를 받는다는 것이었고, 우리는 그것을 낮출 것을 약속했다. 인도공무원제의 급여는 인도의 통치자뿐만 아니라 동인도회사 직원들 사이에 존재했던 부패의 분위기 속에서 인도 공무원의 부패를 막기 위해서 매우 높은 수준에 고정되어 있었다. 이 급여는 신입자의 경우 매달 450루피, 인도 정부의 장관과 고등법원 판사는 4000루피까지 올라갔다. 그 수준은 지난 90년 동안 물가가 상승했음에도 한 번도 수정되지 않아 많기는커녕 적은 편이었다. 그런데도 약속을 지키기 위해 신입자는 350루피 그리고 최고위직은 3500루피로 축소되었다. 이와 함께 계속 인플레이션이 진행되었고, 게다가 소득세율은 점차 터무니없이 높은 수준으로 상승했다.

이와 동시에 우리는 네루가 원한 것처럼 경제의 최고 지도부뿐만 아니라 중앙과 지방 정부의 장관들이 원하는 국유화 정책을 채택했다. 사인私人의 손에 남겨진 산업은 엄격하게 통제를 받아 사실상 정부의 재가 없이는 아무것도 할 수 없었다. 면허-할당-허가 통치가 시작되었고 연방정부의 고위 장관들이 탁자 너머로 이것들을 팔기 시작했을 때 부패는 일상생활이 되기 시작했다. 인도공무원제의 오랜 90년 전통에 대해서 말하자면, 매우 오랫동안 급여가 불충분했는데도 공무원은 부정직한 일을 하는 당사자가 되지는 않았다. 부패가 위에서 공무원에게로 내려와 그것이 정치권에 만연하게 될 때까지 공무원들은 결코 그렇지 않았다.

왜 정치가들은 처음부터 공무원제의 독립에 반대했고, 오늘날과 같이 부패하게 되었는가? 이 두 질문에 대한 답은 인도헌법에 있다. 인도헌법은 인도 국민의 대다수는 여전히 받아들일 수 없는, 서양식 교육을 받은 아주 소수의 사람들만이 받아들일 수 있는 사상에 기초하고 있다.

그러한 사상은 민주주의, 평등, 세속주의, 인권과 법치주의다. 이 모든 사상은 외국에 기원을 두고 있고 우리의 전통에는 반대된다.

수천 년 동안 통치체제에 관한 우리의 전통은 '왕과 국민'의 통치였다. 1947년 당시만 해도 이 같은 전통적인 통치는 토후국들에서 완전하게 시행되고 있었고, 국민에 의해 승인되었다. 왕의 권력은 절대적이었고, 왕의 소망과 갈망은 '국민'이 의문을 제기할 수 없이 복종해야 했던 법이었다. 그의 특권 중 결코 의문을 제기할 수 없었던 것 중의 하나가 그가 원하는 만큼의 세금을 얼마든지 부과하고 그리고 국가의 세입 중에서 그가 개인적 필요를 위해서 얼마든지 원하는 만큼 가져가는 것이었다. 왕이나 신하가 베푸는 호의에 대한 보답으로 선물이나 증여를 받고, 실제로는 요구하는 것이 이상한 일이 결코 아니었다. 왜냐하면 별로 오래지 않은 얼마 전까지 왕이나 황제가 통치하던 전 세계가 우리와 같은 전통을 갖고 있었기 때문이다. 왕의 절대권에 대한 통제는 영국에서 1215년에 대헌장Magna Carta과 함께 시작되었다. 이때 왕은 자신의 몇몇 권한을 소수의 귀족에게 강제로 넘겨주어야 했다. 왕이 국민에게 권력을 이양하는 운동은 영국에서 700년 이상이나 걸렸다. 이 700년 동안 내란, 혁명, 국왕 시해 등 많은 사건이 일어났다. 반면에 인도에서는 영국 총독의 절대적인 권력의 시대에서 모든 권력이 국민에게 이전되는 시대로 갑자기 넘어오게 되었다. 존 왕이 1215년에 국민에게 자신의 권력을 전부 넘겨주었다면 영국이 그 혼란에서 살아남을 수 있었을지 의심스럽다.

우리는 세계 최대의 민주주의 국가임을 계속 자랑스럽게 생각하지만, 사실은 우리가 정말로 이해하고 채택한 민주주의의 유일한 부분은 인도의 모든 시민이 투표권을 갖고 있다는 것이다. 그러나 민주주의 국가에서는 국민의 대표가 통과시킨 법을 반드시 모든 시민이 따라야 한다는 사실은 아직 인정되고 있지 않다. 일반인의 개념은 그들의 투표로 통치자가 선출되고 통치자는 전능하기 때문에 공공 세입의 일부를 자신의 호주머니로 이전하는 것을 포함해서 그가 원하는 것은 무엇이든지 할 수 있다는 것이다. 복종해야 하는 것은 그의 명령이지 관료의 명령이 아니라는 것이다. 중앙의회와 주의회에서 통과된 법은 선출된 국민의 대표, 그의 가족과 지지자에게는 강제되지 않도록 되어 있다는 것이다. 바로 이 때문에 대부분의 법은 의회에 출석하는 의결 정족수 없이도 통과된다.

이런 맥락에서 공무원은 어디에 소용이 될까? 그의 직능은 법을 집행하는 것이다. 이것을 고위급 정치가는 그의 권력에 대한 견제라고 생각하여 이 견제를 받아들일 수 없어 한다. 따라서 법치주의의 민주적 개념에 충실하고자 노력하는 공무원 사이에서는 전쟁이 끊이지 않는다. 장관에게 가치가 있는 것은 오로지 A범주의 공무원뿐이다. 그러나 이상적인 공무원은 C범주에 속할 것이다.

공무원을 장관의 뜻에 맞추도록 고분고분하게 하는 무기는 생활을 엉망으로 만드는 잦은 전출이며, 전출에 대한 위협은 많은 전출 대상자를 C범주에서 A범주로 변화시킨다. 일단 양심에서 한 번 일탈하고 난 이후에는 약탈물을 뺏는 일에 공범자가 되지 않으면 오히려 어리석은 사람이 될 것이라고 생각하게 된다. 불행하게도 부패 공무원 수가 증가하고 있다는 것은 부인할 수 없는 사실이다.

사르다르 빠뗄은 정치적 개입이 없는 공무원제도를 원했으나, 그는 공무원을 전출시킬 수 있는 주총리의 권한에 제한을 두는 규정을 깜빡 잊고 말았다. 발전된 민주주의 국가에는 그러한 제한이 있다. 영국에서 상위 공무원은 총리의 명령 없이 전출될 수 없고, 총리는 관례상 공무원 부서장의 조언에 의하지 않고는 명령을 내리지 않는다. 그러나 인도에서는 주정부에서뿐만 아니라 이제는 중앙정부에서도 정부가 바뀔 때마다 수십 명의 공무원이 전출되는 것이 관습이 되어버렸다.

공무원의 지위를 변화시킨 또 다른 요인은 전국에 걸쳐 모든 단계에 부패가 널리 퍼져 있다는 사실이다. 독립 후 오래지 않아 전국의 모든 인도인이 종교를 바꾼 것 같다. 신에 대한 숭배에서 부富에 대한 숭배로 말이다. 우리가 채택한 경제정책, 사기업에 대한 엄격한 통제, 전적으로 터무니없는 직접세율 때문에 거대한 권력이 정부의 손으로 넘어갔고, 이는 정치가와 관료 모두에게 돈을 벌 수 있는 기회를 제공했다.

선거비용이 계속 늘어나고 자유화의 결과 합동 자금의 규모가 계속 줄어들자 선거비용의 출처가 점점 불투명해졌다. 우리는 선거구가 매우 크기 때문에 선거 치를 돈을 마련하기가 힘들다. 최근의 추정에 따르면 총선을 치르는 한 후보자에게 필요한 돈은 1300만 루피다. 이 돈은 어떻게든 마련해야 하는데, 그것을 가능하게 하는 사람은 대개 지하세계의 구성원, 수상한 인물, 모든 종류의 범죄자다. 정치가, 범죄자, 부패한 사업가와 공무원 사이의 연계가 매년 점점 더 강력해지는 것은 불가피하다. 우리의 민주주의는 여전히 '국민의' 민주주의이기는 하나 '국민에 의한' 그리고 '국민을 위한' 민주주의는 더 이상 아니다.

약 20년 전까지만 해도 부정직하거나 부패한 인도의 행정공무원은 거의 없다고 확신을 가지고 얘기할 수 있었다. 하지만 오늘날에는 인도의 행정공무원의 반 이상이 정치가의 부패 관행에 관여하고 있다고 추정된다(그들은, 만약 그들이 원한다면 부패한 정치가는 보수적으로 어림잡아도 80퍼센트를 상회할 것이라는 점에 자족할지도 모른다). 그들이 그토록 오랫동안 저항한 사실은 막강한 행정공무원제의 전통에 대한 자랑거리다. 전통이 이렇게 파괴된 것에는 행정공무원의 약 절반만이 경쟁시험을 통한 업적을 기초로 임명된다는 점도 기여했다고 할 수 있다. 나머지 절반은 모든 종류의 특혜와 주공무원의 승진을 통해서 채워진다. 게다가 경쟁시험은 몇몇 계급의 구성원에 의해 서른 살이 넘어서까지 치를 수 있다. 그런데 이 나이쯤 되면 그들이 참여하는 공무원제의 빛나는 과거 전통에 의해 영향을 받을 가능성은 거의 없게 된다.

이 모든 것의 결과는 두 가지로 나타난다. 우선, 우리의 통치 체제는 더 이상 민주주의가 아니다. 국민은 여전히 중앙의회 의원과 주의회 의원을 선출하지만, 선출된 통치자는 이제 점점 더 법 위에 존재하는 것으로 여겨지고 국민의 복지보다는 자신들의 이해에 더 많은 관심을 보인다. 우리는 인도에서 500여 명의 제후들Maharajas을 제거했으나, 그 수의 거의 열 배에 가까운 왕을 만들어냈다!

사태는 다음과 같은 지경에 이르렀다. 바로 며칠 전 하리야나Hariyana 주에서 한 주의회 의원이 폭력단원을 고용해 그의 안전요원을 포함한 지지자들과 함께 한 지방행정관의 사무실로 쳐들어가 자신이 이런저런 일을 해야겠다고 요구를 한 것이다. 그 지방행정관은 선거위원회가 잠정적으로 금지한 일이므로 허가할 수 없다고 말했다. 그러자 몇 마디 고성이 오간 뒤에 그 불쌍한 지방행정관은 완력에 의해 밀쳐졌다. 어떤 민주주의 국가에서도 이 일에 개입된 모든 사람은 지방행정관의 명령에 따라 즉시 체포되어 모욕죄로 재판을 받고 징역을 선고받을 것이다. 하지만 이 불쌍한 지방행정관이 할 수 있었던 유일한 일은 주총리에게 도망가는 것이었고, 주총리는 그 주의회 의원을 기소하라고 명령했다고 한다. 이것이 이 사건에 대해 우리가 마지막으로 들은 것이다. 이 같은 상황에서 지방행정관이 어떻게 법을 집행할 수 있겠는가?

인도 경찰공무원의 지위는 심지어 더 나쁘다. 왜냐하면 그들은 법의 이행자, 집행자가 아니라, 주총리의 개인 군대의 일원으로 간주되기 때문이다. 명령에 질문 없이 복종해야 하는 것은 그 혼자만이 아니다. 주총리의 부인, 자식, 손자의 희망과 갈망에 대해서도 유의해야 한다. '왕가'의 구성원이 자행하는 범죄는 수없이 많다. 행해진 호의에 대한 뇌물이나 수수료를 받는 것 외에 몸값을 위한 납치, 강간, 살인에 이르기까지 다양하다. 범죄가 하도 공개적으로 행해져서 공공의 압력하에 어떤 조치가 취해져야 하면 증거가 조작되어 심지어 일견 명백한 사건도 무마되어 법원에 송치되지 않는다.

나아가 경찰의 주된 의무는 이제 일반인을 보호하는 것이 아니라 중요 인물을 보호하고 어떤 경우에도 그가 불편하지 않도록 보살피는 것으로 보인다. 중요 인물의 정의 또한 매우 광범위해졌다. 대부분의 중앙의회 의원과 주의회 의원은 공식적으로 그 범주에 포함되는 것 같다. 흔히 델리 경찰 6만 명 중 4만 명 이상이 중요 인물 보호에 배치된다고들 말한다. 이러한 상황을 전제로 할 때 경찰공무원이 행정공무원보다 범죄자와 결탁하는 비율이 더 높다는 점에 대해 어떤 의구심이 있겠는가?

반란, 무정부 상태, 혼란을 야기하는 불평불만에는 많은 이유가 있다. 그러나 가장 주된 이유는 국민에게 헌법이 부여하도록 의도된 자유, 정의, 평등을 제공하지 못하는 것이다. 우리가 통과시킨 좋은 법이 부족한 것이 아니라, 이러한 법을 이행할 수 있는 수단을 우리가 파괴해버렸다. 이 법을 이행할 기구를 재가동하기 위해서는 많은 근본적인 변혁이 있어야 하고, 현재의 상황을 변혁하고자 하는 정치적 의지만 있다면 별 어려움이 해낼 수 있다. 그러나 그 의지가 없다. 법치주의를 회복하는 데 도움이 될 건의 사항을 담은 중요한 세 보고서가 있다. 이는 이전 정부들이 임명한 위원회들이 만들어놓은 것이다. 첫째는 다름 아닌 모라르지 데사이가 주재했던 행정개혁위원회가 제안한 보고서다. 둘째는 사르까리아Sarkaria 대법관이 주재했던 또 다른 위원회가 제안한 것으로, 통치제도를 개선하는 데 크게 도움이 될 많은 귀중한 개혁

이 담겨 있다. 셋째는 경찰이 진정한 직능을 수행할 수 있는 규범을 제안한 다르마비라위원회Dharma Vira Commission의 보고서다. 그런데 아무런 조치도 취해지지 않은 채 이 보고서들에는 몇 년 동안 먼지만 가득 쌓여 있다.

인도 정부에는 대법원으로 하여금 1860년대에 제정되어 지금은 낡고 시대에 뒤떨어져 정의 구현에 장애가 되는 기본적인 법을 개정하도록 촉구하는 제안이 수년간 방치되어 있다. 그리고 선거관리위원회가 제기한 범죄자는 의회 의원이 될 수 없도록 하는 제안도 있다. 법률위원회로부터 모든 종류의 법을 개정하자는 제안도 있다. 몇몇 정부는 수년 동안에 걸쳐 로끄 빨 법안을 도입했다. 그러나 철회해야 했다.

만모한 싱 총리가 주재했던 1999년의 지난 정부는 용감하게 헌법 개정을 제안하는 위원회를 구성할 것이라고 발표했다. 매우 존경받는 전前 인도 대통령 벤까따라만R. Venkataraman이 의장으로 임명되었다. 그러고는 아무 일도 없었다. 왜 아무 일도 없었을까? 왜냐하면 그들 자신의 연합정부 중앙의회 의원들이 이 운동을 시작한 사람들에게 자신들은 그러한 견해를 지지하지 않을 것이라고 말했기 때문이다. 결국 그들은 국민이 선출한 대표들에게 모든 권력이 부여된 민주적인 통치체제를 가지고 있는 셈이었다. 그들의 정부가 왜 민주주의를 파괴하기를 원하겠는가? 그들의 무관심에 대한 설명은 단순하다. 우리 입법부에 있는 부패하고 범죄적인 간부회幹部會의 힘은 막강해서 그들이 현재 향유하는 무제한의 권력을 조금이라도 축소하는 어떠한 변혁도 봉쇄할 수 있는 것이다.

나에게는 우리의 미래에 대한 두 가지 커다란 두려움이 있다. 하나는 어느 날 약간의 대중적 지지를 받고 있는 한 범죄자가 주위를 돌아보면서 '이 검은 가운을 입은 월급쟁이 종복從僕은 국민이 선출한 의원들에게 판결을 내릴 권한이 없다'고 말하는 날이 올지도 모른다는 것이다. 민주주의 국가에서는 국민이 주권자다. 만약에 국민이 그를 선출하면서 그는 죄가 없다고 말했다면 이 급여를 받는 고용인은 그러한 결정에 대해 의문을 가질 권리가 없다. 만약 이런 사태가 일어난다면 혼란은 완벽할 것이다.

내가 가지고 있는 또 다른 두려움은 공무원제도를 파괴하는 데 성공한 이 절대권력 이론이 군대의 자율성을 침해하기 시작했다는 것이다. 지난번 끄리슈나 메논Krishna Menon에 의해 이러한 정치적 간섭이 시작되었을 때 이 나라는 매우 엄중한 대가를 치러야 했다. 한 번도 전쟁에서 패해본 적이 없는 인도군이 수치스러운 패배를 경험했을 뿐만 아니라, 그 결과는 더욱 심각했다. 우리는 그렇게 오랫동안 세계를 향해 주장해왔던 비동맹 정책에서 후퇴해야 했다. 외국의 도움을 간청해야 했을 뿐만 아니라, 최소한 일시적으로는 그들이 원하는 것을 해야 했다.

그 후 35년 동안 어떤 장관도 감히 국방부 요원의 임명, 보직, 진급에 간섭하지 않았다. 몇몇 장관이 시도했으나 장군들의 경고를 받고 물러났다. 지난 2년 동안 간섭에 대한 불안한 소문이 있었으며, 훨씬 더 불안한 소식은 참모총장들이 약해서 이런 일을 허용하고 있다는 것이다. 만약에 이런 소문들이 사실이라면, 국민에 의해 선출된 대표는 소수의 표를 더 얻을 수 있을지는 모르겠으나 국방력은 우리와 인도의 주권을 방위할 능력을 상실할 것이다.

인도와
20세기의
세계

다모다란
A. K. Damodaran

1953년부터 1980년까지 인도 외무부에서 일했으며, 구소련 및 이탈리아에서 인도 대사를 지냈다. 저서로는
《자와하르랄 네루: 소통과 민주주의의 지도자Jawaharlal Nehru – Communicative and Democratic Leader》,《자치를
넘어서: 인도 외교정책의 뿌리Beyond Autonomy : Roots of India′s foreign policy》등이 있다.

인도와 외부 세계의 관계는 20세기 동안 질적, 양적으로 많은 변화가 있었다. 천년 개념은 유대교와 기독교 세계의 관습이며 지난 1000년은 20세기였다. 그러나 역사는 그들을 근대 세계문명 탄생의 중심에 두었다. 이 흥미진진한 시기에 세계에서 인도의 위치를 추적할 때 우리는 민족적 자부심을 자제하고 다른 위대한 고대문명, 예컨대 일본이나 중국과 이집트에서의 유사한 변화를 항상 고려해야 한다.

06

I

인도와 외부 세계의 관계는 20세기 동안 질적, 양적으로 많은 변화가 있었다. 천년 개념은 유대교와 기독교 세계의 관습이며 지난 1000년은 20세기였다. 그러나 역사는 그들을 근대 세계문명 탄생의 중심에 두었다. 이 흥미진진한 시기에 세계에서 인도의 위치를 추적할 때 우리는 민족적 자부심을 자제하고 다른 위대한 고대문명, 예컨대 일본이나 중국과 이집트에서의 유사한 변화를 항상 고려해야 한다.

이 세기의 중간에 우리는 식민지 국가에서 독립하여 주권공화국으로서 자신을 재정립하게 되었다. 그러나 이러한 변화는 결코 완전하지 않았다. 수십 년 내내 변화의 연속선상에 있었다. 그보다 더 중요한 것은 알렉산드로스와 아소카 시대 이래로 2000년 이상 발전해온 세기와 대비하여 근대 인도의 이미지를 가질 필요성, 또한 이러한 발전의 기초로서 세계에서 가장 높은 산맥의 남쪽에 그리고 세계의 거대한 대륙을 연결하는 대양의 북쪽에 위치한 아대륙의 지리적 상황의 이미지를 가질 필요성이다. 19세기의 전환점으로부터 이 세기의 말에 주요 지역의 한 강대국으로서 그리고 중요한 세계의 대국으로서 인도의 변화를 추적할 때 이러한 역사적, 문화적, 지정학적 현실에 유의할 필요가 있다.

이 세기의 첫 번째 4분의 1의 기간 동안에 인도와 외부 세계의 관계는 전적으로 영국 제국주의의 연관 관계에 의해 지배되었다. 아덴에서 싱가포르까지, 아프가니스탄에서 버마까지 영국 치하의 인도는 당시 가장 강력한 국가의 세계 전략적 차원에서 중요한 요소였다. 이 기간은 또한 제국주의적 필요에 따른 엄격하게 통제된 조건하에서 근대 인도의 산업화가 허용된 시기였으며, 토착 상인계급과 집단이 나타나 서서히 유럽의 경제적 의제와 통합되어간 때였다. 미국, 일본, 중국은 그 권역 밖 멀리에 있었으나 유럽의 다른 제국주의 세력과 스칸디나비아 나라들과 같은 비제국주의적 국가들은 모두 이 나라의 이러한 산업화의 일부를 형성했다. 이는 잠쉐드뿌르Jamshedpur의 타타 철강공장에서 가장 극적으로 나타났다. 선박 건조와 섬유산업에서 많은 다른 예를 볼 수 있다. 이러한 목적을 위해서 영국 행정 당국은 토착경영대리제도를 고무했다. 이 모든 것은 수입과 수출에 불가피한 영향을 미쳤다. 또한 다양한 경제 부문에 의한 상충하는 요구를 하나하나 명확하게 할 필요성을 야기했다.

또 다른 하나의 요인은 인도의 경제적 관심이 동아프리카와 말레이시아에 집중된 것이었다. 제국주의 체제 내에 있는 모든 이용 가능한 로비와 압력집단을 통하여 새로운 인도의 중간계급은 의사 결정에 영향력을 행사하도록 시도했다. 이 모든 것은 인도가 불가피하게 세계의 상업적 관계 속으로 끌려들어갔음을 의미했다. 그러나 한 가지 중요한 특징을 구별해야 한다. 외부 세계와의 이러한 소통의 많은 부분이 해상 루트를 통해 이루어졌다는 사실이다. 몇몇 제한된 육로를 통한 중앙아시아, 이집트, 버마, 아프가니스탄과의 더 오래된 계속적인 접촉은 유지되었으나, 양적으로는 훨씬 소규모로 이루어졌다. 하지만 주목할 점은 그 시절 인도에는 고립주의가 없었을 뿐만 아니라 영국이나 유럽과도 경제적, 정치적, 문화적으로 접촉이 증가했다는 것이다. 아시아의 중심부와는 국민적 차원에서 중세의 종교적, 문화적, 언어적 연결을 통한 접촉이 계속되었다. 동시에 전략적으로 영국은 티베트와 중앙아시아에서의 제국주의적 가능성을 러시아에 대항하는 거대한 게임 차원에서 모색했다.

이 기간 동안 인도의 민족운동은 서서히 더 강력해지고 있었고, 거의 무의식중에 그 국제적 가능성을 인식하게 되었다. 여기서 우리는 실리Sealy의 유명한 표현대로 확실히 '일련의 부지불식간에' 영국의 통치가 행한 중요한 행동 중의 하나를 인식할 필요가 있다. 바로 노예무역을 대체하기 위해 19세기에 고안된 계약노역제도의 결과로 이루어진 근대 인도인의 해외 이주다. 새로운 세기의 시작 무렵에 태평양, 동아프리카, 남아프리카, 말레이시아, 카리브 연안 지역에 가난에 찌든, 착취당하고 무시당하나 여전히 미래에 대한 희망을 가지고 있는 인도인이 있었다. 이러한 현상은 간디가 남아프리카 인도 공동체의 지도자에서 인도의 가장 중요한 민족지도자로 변신함으로써 인도 민족주의의 중심이 되었다는 사실이 잘 말해준다. 간디는 혼자가 아니었다. 고칼레Gokhale는 해외 인도인 문제를 담당하는 그의 상위 파트너였고, 앤드루스C. F. Andrews는 이 두 사람의 행복한 영국인 동료였다. 이러한 옛날 공동체들은 모두 뻰잡에서 미국 서부와 캐나다에 이르기까지 인도 국민의 새로운 혁명적인 운동에 추가되었다. 이 세기의 초기 몇 년 동안에 이러한 공동체들은 또한 그들 정착지 나라 내에서 자존심을 찾는 데 중요한 역할을 하게 되었고 그리고 당연한 결과로 모국의 해방을 위해서도 중요한 역할을 하게 되었다. '인도로부터의 길'에 대한 이러한 많은 이야기는 인내와 생존의 무용담을 형성한다.

이 세기의 이러한 초기 몇십 년에 대해서 기억해야 할 중요한 일은 간디 자신, 라즈빠뜨라이Lajpatrai, 로이M. N. Roy, 비렌드라 짜또빠댜야Virendra Nath Chattopadhyaya, 하르 다얄Har Dayal과 같은 중요한 인도의 지도자들이 수행한 역할이다. 빠르게 변화하는 세계 체제에서 인도가 처한 딜레마를 직시한 것은 바로 이들이었다. 어떤 의미에서 간디의 《**인도의 자치**》는 인도의 대응을 요약하고 있으나 그보다 더 많은 것을 내포하고 있다. 이 문제는 영국에 가장 충성스럽고 협조적인 사람에서부터 혁명적이고 민족주의적이며 비협조적인 사람에 이르기까지 인도 사회의 모든 부문에서 논의되었다. 인도에서 조직된 거의 모든 정치적 행동은 영국 국민이 탈선적인 방식으로 개입하기 시작한 자신들의 의회제 내의 제국주의 권력에 대한 압박에 기초하고 있었다. 수라뜨Surat 문제를 앞에 둔 다다바이 나우로지Dadabhai Nauroji와 인도국민회의가 좋은 예다.

제1차 세계대전은 인도의 민족의식과 외부 세계 발전의 한 주요 단계라는 맥락에서 보아야 한다. 여기서 러시아 혁명은 결정적이다. 인도 자신의 사회주의 운동의 시작은 러시아 혁명보다 훨씬 초기의 기원으로 거슬러 올라간다. 그러나 1920년대 초 유럽에 있는 인도 마르크스주의자와 볼셰비키 사이에 상호작용이 있었다. 오늘날 그것은 슬픈 가정으로 남아 있으나, 근대 혁명적 반제국주의 철학을 대표하는 자와하를랄 네루, 보스, 자이 나라인이 함께한 인도 민족주의의 주류에게는 중요했다. 여기서 다시 해외 인도인의 존재는 특히 식민지 본국인 영국에서 중요했다. 1930년대는 인도연맹India League과 *끄리슈나 메논*의 시대였다(인도연맹은 영국에 기반을 둔 조직으로 1930년대에 인도의 완전 독립을 주장했던 단체이며, 메논은 이 조직을 실질적으로 만든 사람임—옮긴이). 행복하게도 우연히 독립 이전 20년 동안에 민족운동의 두 주요 지도자인 간디와 네루가 외국의 사상과 이념을 자신의 인성으로 받아들였다. 이로 인해 그들은 세계대전 이전 시기의 세계적인 '진보적' 운동에서 중심적 역할을 했다. 그것이 에티오피아 문제든, 에스파냐 내란이든, 체코슬로바키아 문제든 또는 일본의 중국 침략이든 이 모든 문제에 관해서 인도국민회의는 도울 역량은 제한되어 있었지만 민감하게 이해심을 가지고 대응했다. 제1차 세계대전 때는 플랑드르Flanders 전투에 참여함으로써 인도는 유럽 내전의 중심으로 뛰어들었다. 동일한 경험이 제2차 세계대전 때도 있었다. 국내에서 민족운동이 속도와 힘을 얻게 되면서 동시에 인도 군인들이 북아프리카와 유럽에서 전투에 참여했다. 위기의 시기에 외부 세계와의 이러한 계속적인 상호작용은 나중에 민족국가로서 인도의 활동에 필수적인 배경을 제공한다.

이 시기는 또한 영국의 점진적인 정치개혁의 의제가 1937년에 지방 정부들의 구성과 함께 확실히 거의 막바지에 도달한 때였음을 잊어서는 안 된다. 회고해보면 이는 1910년대의 몰리-민토 개혁에서 1930년대의 몬터규-쳄스퍼드 개혁 그리고 1930년대 중반에 더 대규모의 새로운 연방 구성(제국주의 권력은 그대로 둔 채) 계획에 이르기까지 계속적인 발전의 시기였음을 보여준다. 또한 인도국민회의가 영연방 자치령의 지위 대신에 완전한 독립을 선택했던 시기이기도 하다. 이러한 정치적 발전이 일어나고 있을 때 경제 분야에서 인도는 영국 제국주의 정책에서 작지만 유용한 역할을 수행하기 시작했다. 1931년 오타와에서 발생한 제국주의적 특혜를 둘러싼 투쟁은 인도가 제국 내에서 경제적 자급자족을 추구하는 정책을 발전시키는 데 단지 하나의 사건에 불과했다. 이 문제에 대한 1930년대의 공식적인 노력을 보충해준 것은 수바스 짠드라 보스의 의장 임기 시에 네루의 국가계획위원회의 활동이었다. 이는 1950년대에 국가계획 개념이 인도의 경제적 의제의 일부가 되었을 때 독립 인도의 경제적 의제를 만들어내는 데 결정적으로 중요하게 작용했다.

영국 통치 말기에 인도와 외부 세계의 연계는 인도가 국제노동기구ILO 및 국제연합과 관계를 맺음으로써 또한 영향을 받았다는 것을 기억하는 것이 중요하다. 인도의 지식인이 국제무대에서 편안하게 활동할 수 있었던 것은 공식적인 정치적 활동가 수준에서의 그리고 민중적 수준에서의 바로 이러한 세계적인 인식 덕분이다. 여기서 기록해둘 만한 아주 중요한 사실 하나는 1942년의 인도철수운동Quit India이라는 결의가 진행되는 동안 간디가 승인했던 네루의 초안 내용인데, 인도는 국가들의 세계적인 연합에 기꺼이 참여할 것이라고 언급했다는 것이다. 전쟁 기간 동안 두 번의 반제국주의 투쟁, 개인적인 비폭력 불복종주의 그리고 1942년의 '인도를 떠나라'는 운동은 고립주의에 기초한 것이 아니고 전 세계에 걸쳐 민주주의를 찬성하고 독재를 반대하는 투쟁에 관여하기를 바라는 간절한 열망에 기초한 것이었다. 심지어 수바스 짠드라 보스 지휘하의 인도민족군의 독립투쟁이라는 인도 바깥에서의 구체적 사건에서도 드러난 바와 같이, 인도의 미래상은 아시아와 세계에서 자유로운 독립국가 외에 어떤 다른 대안도 있을 수 없다는 것에는 의문의 여지가 없었다.

현 세기의 다섯 번째 10년간은 인도가 자유롭고 자치적인 실체로서의 일체성을 유지하면서 작지만 의미 있는 역할을 수행한 세계대전이 진행된 시기였다. 이 세기의 첫 번째 반의 마지막 단계인 1945년에서 1950년 사이의 중요한 5년 동안에 근대 인도가 탄생했다. 인도가 독립한 시기는 역사적인 견지에서 볼 때 더할 나위 없이 중요하다. 민족국가로서 인도의 출현과 함께 히로시마 원자폭탄 투하, 국제연합의 형성, 냉전과 영국연방의 보다 유연한 다인종 집단으로의 변화가 일어났다.

이러한 세계적인 사태의 진전은 20세기 세계 공동체의 활발한 구성원이 되고자 하는 근대 인도의 갈망에 대한 평가에 영향을 미치지 않을 수 없다. 그러나 회고해보면 훨씬 더 중요한 것은 영국령 인도제국 내에서 순전히 국내 문제로 시작되어 나중에는 불가피하게 압도적인 국제적 결과를 초래한 어떤 일이었다. 인도의 분리, 즉 이슬람 국가 파키스탄의 건국 그리고 다종교의 인도 사회가 세속적인 공화국 정부를 선택하기로 한 결정 등 이러한 모든 사건은 새로운 독립 인도의 지위, 강점과 약점, 행동의 범위와 한계를 결정하는 데 매우 중요했다. 이 세기의 전반기에 민족운동이 품었던 많은 낭만적인 꿈은 슬프게도 확실하게 포기해야 했다. 세계 공동체의 한 구성원으로서 인도가 수행해야 할 많은 나머지 이상적인 역할은 냉전, 국제연합, 핵 비무장, 세계적인 운동으로서의 반식민주의 그리고 이 모든 것의 중심에 있는 금세기 내내 진전된 분리된 사회로서의 고뇌를 감내하는 책임 등 이 모든 것을 배경으로 수행될 것이다.

II

자와하를랄 네루가 총리였던 독립 인도의 처음 몇 년 동안에는 독립 투쟁의 야망이 정치경제적으로 정의롭지 못했던 불평등한 세계를 변화시키는 동인動因으로 작동하는 것을 널리 감지할 수 있었다. 여기에는 아시아의 식민지 경험이 결정적인 도움이 되었다. 1947년에 열린 아시아 관계회의Asian Relations Conference는 이런 맥락에서 되돌아보아야 한다. 인도가 제2차 세계대전의 전승국들이 일본과 공동평화조약을 체결하고 패전국들로부터 배상금을 요구하는 것에 참여하기를 거부한 것도 이러한 맥락에서 보아야 한다. 이보다 훨씬 더 중요한 것은 인도가 신생 중화인민공화국을 지지하기로 결정하고 이 나라가 국제연합 안전보장이사회와 총회의 회원으로서 정당한 지위를 확보하도록 노력한 것이다. 한국과 인도차이나 반도에서 인도의 외교는 활발했고 주변부의 '방관자' 나라치고는 매우 효과적이었다.

1950년대는 비동맹과 온건한 형태의 새로운 아시아-아프리카 연대의 10년이었다. 1960년대는 마오쩌둥 지도하의 중국이 유럽식 사회주의와 인도의 온건한 반反식민주의에 대한 대안으로서 새로운 아시아, 아프리카, 라틴아메리카의 연대를 위해 적극적으로 활동하고자 시도한 시기였다. 인도차이나 문제를 해결하기 위한 제네바 회의와 반둥 회의에서 인도는 중요한 역할을 했다. 수에즈 위기에 대해서도 조금 기여를 했다. 헝가리 사태에 대해서는 우리는 불행했고 별로 기여하지 못했다. 인도의 정치 엘리트뿐만 아니라 네루 치하의 인도의 공식 조직은 점차 국내 정책과 외교정책 사이의 상호 관계에 대해 민감해졌다. 네루의 이념은 국내적으로는 혼합경제를 이끌었고 인도의 산업화에 자본주의 세계와 사회주의 국가의 모든 가능한 파트너가 관여하게 했다. 이 기간 동안 인도에 세워진 세 개의 철강공장이 하나의 사회주의 국가 소련과 두 개의 자본주의 민주국가 영국과 서독의 협조로 건설되었다는 사실은 인도의 산업 프로그램에 세계적인 전망이 나타나고 있었음을 입증한다.

이 시기는 또한 서서히 형태를 갖추어가기 시작한 비동맹운동과 별도로, 국제연합에서 인도가 신생독립국과 다양한 식민지 이후의 사회가 국제적 협조와 지원을 받아 이익을 얻도록 하기 위해 국제연합 체제의 범위 내에서 훨씬 더 큰 경제개혁 계획을 수립하도록 관심을 고취하기 시작했던 기간이었다. 그것은 생산적인 시기였다. 인도는 영국에 있는 파운드화의 잔고를 충분히 이용했고, 이것은 영국 경제에도 물론 이익이 되었다. 인도는 먼저 영국 그리고 나중에는 소련, 독일, 프랑스의 협조를 얻어 근대적인 방위 체제를 발전시키기 시작했다. 1950년대에는 또한 세계은행, 국제통화기금, 아시아개발은행, 콜롬보 계획도 활용했다. 단 한순간도 인도의 엘리트는 완전한 경제 자립 정책의 의제를 현실적인 대안으로 추구해본 적이 없다.

이 시기에 정치적, 전략적인 분야에서는 인도 외교의 가장 주요한 요소인 카슈미르 문제가 등장했다. 이제 인도는 파키스탄에 동정적인 앵글로색슨 세력에 대항하여, 세계기구에 참여해 인도의 대의를 위해 싸우는 일이 필요해졌다. 카슈미르 문제를 국제연합에 가져가기로 한 인도의 결정은 국제연맹과 달리 효과적인 조정자로서 새로운 세계기구의 선의를 신뢰했기 때문이다. 여기에는 네루의 1930년대에 대한 개인적 경험이 중요하게 작동했다. 1950년대 말경 카슈미르Kashmir 문제는 세계 외교의 뒷전으로 후퇴했으나 그다음 10년 동안에는 인도의 근린 외교에서 가장 결정적인 측면의 하나가 되었다. 또한 국경분쟁을 둘러싸고 1962년에 중국과 불행히도 충돌한 사건 역시 인도의 근린외교에서 가장 결정적인 측면의 하나가 되었다. 이때도 인도는 어려운 상황이었지만 합리적 일관성을 유지했다. 인도의 정책은 중국 내 티베트와의 관계는 계속 유지하는 반면, 달라이 라마가 1959년 인도에 망명을 요청하자 정치적 활동을 인정하지 않는 조건으로 그의 손을 잡아주는 것이었다. 우리는 1962년에 군사적으로 패배했으나 1961년 베오그라드에서 연린 비동맹회의에서 공식적으로 인정받은 우리의 비동맹 정책에 영향을 미치지는 않았다. 인도와 중국의 충돌은 우리의 국가 정책에 대해 의문을 제기하게 했으나, 그것이 동맹 및 군사 진영의 회원 자격 또는 극단적인 이념의 승인 등에 대한 어떠한 항구적인 변화도 초래하지는 않았다.

1960년대에는 인도가 단지 주변적인 역할만 할 수 있었던 주요한 세계적인 사태가 있었다. 베트남 전쟁, 아랍-이스라엘의 대결, 남아프리카에서의 반인종차별주의 투쟁 등이 네루 이후 시대에 일어난 사태였는데, 여기서 인도는 유용하기는 했으나 결코 결정적인 역할을 하지는 못했다. 이러한 유용성의 결여에 대해서 특히 불편해할 아무런 이유는 없다. 군사기구에 대한 이 모든 지극히 적극적인 지지에도 중국과 소련은 그러한 세 가지 주요한 충돌에 대한 종국적인 해결책을 가져오지 못했다. 종국적인 해결은 1970년대와 1980년대에 이 모든 나라와 서구 국가, 인도 그리고 국제연합의 다른 비동맹 국가들의 의도적인 활동을 통해 이루어졌다.

　　인도의 제한된 관점에서 회고해볼 때, 우리는 베트남과 캄보디아에 대한 우리의 자긍심에 일치하는 역할을 행한 것이라고 할 수 있다. 비록 그것이 강력한 서구 국가들 내에서 나쁜 평판을 자초하기는 했지만 말이다. 우리가 헝가리와 체코슬로바키아에서의 소련의 행동에 대해 지지하는 것을 주저했던 것으로 인해 다른 사회주의 국가와 우리 관계가 더 편안해진 것은 아니었다. 중국과는 이 기간 동안 최소한의 확실한 지속적인 안정 관계를 유지했으며, 간헐적으로 국경 충돌 사건이 있었다. 그러나 파키스탄에 대한 중국의 이해가 인도아대륙의 관계에서 가장 중요한 전략적 요소가 된 것은 바로 이 시기 동안이었다. 하지만 1965년에도 그리고 1971년에도(인도와 파키스탄 간의 제2차, 제3차 전쟁이 일어났던 시기였음—옮긴이) 중국과 파키스탄의 동반자 관계로 인해 중국이 실제로 적극적인 군사개입을 시도한 것은 아니라는 사실은 기억해야 할 중요한 점이다. 아마도 세계적 관점에서 볼 때 훨씬 더 중요한 것은 인도가 이 기간 동안 대부분의 이슬람 국가와 단지 정상적인 관계뿐만 아니라 우호적인 관계를 성공적으로 유지했다는 사실이다.

사우디아라비아, 말레이시아 또는 이란과 같은 나라와는 개별적인 사안에 대해서 많은 다른 점이 있었다. 그러나 대체로 네루-나세르-수카르노-티토의 동반자 관계에 기원을 둔 비동맹 연대가 지속되었고, 파키스탄은 인도와의 양자관계에서 자연스러운 이슬람 국가의 일원이라는 지위에 결코 의존할 수 없었다. 인도는 물론 이스라엘과의 관계에서처럼 필요할 때는 언제나 신중했다. 우리는 처음부터 이 유대인 나라와 외교 관계를 수립했으나 외교단을 교환하지는 않았다. 그러나 봄베이에는 이스라엘 영사관이 있었다. 1000년 내내 인도의 유대인에 대한 관대한 호의는 정상적인 관계가 회복된 오늘날 중요한 요소가 되었다.

1960년대의 인도와 파키스탄 간 전쟁으로 인해 (앞에서 언급한 대로 아마도 중국과의 관계를 제외하고) 인도아대륙 밖의 세계와 우리 관계가 크게 변하지는 않았다. 방글라데시의 건국은 인도 정책의 특별한 승리가 아니었다. 그것은 인도의 내부적인 세속주의의 입증이며, 파키스탄이 국가 통합에 전적으로 실패한 불가피한 결과였다. 방글라데시에서 인도의 정책은 반작용이었으며 선제 행동이 아니었다. 인도의 파키스탄에 대한 단순한 제로섬 게임이 있었던 것은 아니라 할지라도 방글라데시는 남아시아 지역 내에서 보다 큰 협조의 가능성을 가져왔다. 방글라데시는 계속 인도를 경계하고 있으며 문제는 남아 있으나 파키스탄의 '내켜하지 않는' 외교에도 인접한 남아시아 지역에서 인도의 노력의 결실이 늘어나는 것은 인도아대륙의 정치에서 방글라데시가 중요한 역할을 하면서 등장한 것에 기인한 것으로 볼 수 있다. 결국 남아시아 지역협력연합SAARC의 존재는 방글라데시의 주도적인 역할 덕분이다. 인도의 외부 세계와의 관계에 대한 이해에서 항상 기억해야 할 가장 결정적인 것은 인도와 파키스탄의 평형 상태와 관련이 있다는 점이다. 미국, 영국, 중국을 포함해 세계의 많은 나라는 인도-파키스탄 분리의 편안한 수혜자였다.

이 기간 동안 인도는 한 가지 실패를 기록했는데, 이는 1987년에 스리랑카에서 인종 분규가 일어났을 때 개입을 시도한 것이었다. 인도의 일부와 스리랑카의 일부 사이에 인종적 공통성이 있기 때문에 우리의 고유한 이해관계가 있다는 일정 정도의 정당화가 가능하나, 우리가 군사개입을 시도한 것은 어떤 의미에서도 주요한 오산이었다. 이것은 전 분야는 아니나 몇몇 분야에서 우리 외교정책의 진전에 수비적인 면을 불가피하게 초래했다. 전 세계를 대상으로 하는 외교에서, 비동맹 추구라는 점에서, 국제연합 내 민주주의를 위한 캠페인에서 우리가 맡은 지도적 역할에서, 신국제 경제 질서에 대한 관심의 고취에서 그리고 오늘날의 새로운 후기 산업 세계에서 진정한 국제적 형평과 정의의 필요를 강조하는 데는 인도와 파키스탄 사이의 대립 관계나 다른 약소 이웃 나라와의 사소한 불화는 상관관계가 없다. 이러한 대부분의 문제에서 우리는 모두 전선戰線의 같은 편에 있다.

이러한 한계 내에서 인도의 서유럽, 일본, 동남아 그리고 식민지시대 이후 아프리카와의 관계는 효과적이었다. 인도와 세 개의 주요 국가, 즉 미국, 소련, 중국과의 보다 중요한 관계에 대해 논의할 필요는 없다. 소련과는 괄목할 만한 경제협력과 위기 시에 결정적인 전략적 이해를 계속 같이해왔다. 회고해보면 인도와 소련 사이의 상호방위조약은 1950년대에 미국이 인도에 식량을 공급하기로 결정할 만큼 중요한 사건이었다. 국경무역에 기초한 소련과 인도의 경제 관계는 유엔무역개발회의UNCTAD 내외의 주요 서구 강대국의 세계정책에 대항하는 투쟁에서 인도에 아주 중요했다. 중국과 우리는 변화가 많은 불편한 관계를 유지해왔다. 그러나 그 불편한 관계가 결코 전반적이지는 않았다. 1962년 전쟁에서 인도가 입은 손실은 사상자 수나 실제 영토 점령의 견지에서 보면 실제적인 면보다는 심리적인 면이 더 컸다. 인도와 중국은 각각 계속 다른 편의 점령하에 있는 영토에 대한 권리를 주장하고 있다. 그러나 이것은 해결될 수 있는 문제다. 그리고 문제가 해결되지 않았던 시기에도, 지금도 인도와 중국은 계속 국제연합과 그 산하의 다양한 전문 기구에서 서로 협력하고 있다. 약소국의 연대는 여느 때와 같이 그러한 문제를 압도했다. 무역 관련 문제, 환경과 기타 문제에서 이러한 연대가 압도적이지 않은 지역은 라틴아메리카와 식민지시대 이후 아프리카인데, 이 지역에서는 미국과 유럽의 영향력이 계속 압도적이다.

III

독립 이후 나타난 또 하나의 주요한 사태는 전 세계에 걸쳐 새로운 해외 인도 공동체가 탄생한 것이다. 새로운 해외 이주 인도인은 영국과 독일에 눈에 띄게 존재하지만, 해외 이주민 대부분은 미국과 캐나다에 있다. 그들의 출국은 두뇌 유출의 일부를 말해준다. 그들은 1940년대에 영연방 국가들로 나가기 시작해서 1960년대에는 미국으로 많이 갔다. 오늘날 그들은 세계 도처에서 인도의 정치적, 기술적, 경제적 지위 향상에 중요한 역할을 하고 있다. 그러나 이는 현재 덩샤오핑 이후 국면에서뿐만 아니라 심지어 더 초기인 마오쩌둥의 성난 혁명기에도 중국의 경제발전 지원에 기여한 해외 중국 공동체의 훨씬 더 인상적인 기록에는 결코 비할 바가 못 된다. 이러한 해외 이주 인도인은 앞에서 언급한 바와 같이 19세기 제국주의 정책에 의해 서구 선진 세계에 이미 진출한 인도 공동체에 추가하여 이루어졌고, 게다가 영주권자가 될 것으로 기대된다.

또 다른 주요 해외 이주 인도인이 있다. 이들은 영주권자는 아니다. 그들은 이주 기술 노동자로 몇 년 또는 몇십 년 동안 해외에 거주하면서 저축금의 많은 부분을 인도의 가족에게 송금한다. 그들은 영국 치하에서 버마와 말라야에 있던 인도 '체재 이민자'의 전통을 이어주는 셈이다. 이 인도인 집단은 필리핀, 남아메리카, 카리브 해 연안, 남아시아의 모든 국가 노동자의 세계적인 인구 이동의 일부다. 그들은 앞으로 인도의 대내외 정책에 영향을 미치는 것은 아니지만 미묘한 차이를 두게 하는 데 점점 더 관여하게 될 것이다. 뻔잡과 께랄라 같은 주는 이들 새로운 해외 공동체로부터 특히 많은 이득을 얻고 있다. 인도는 세계의 많은 나라에 진출한 인도 출신 국민의 개별 구성원뿐만 아니라 공동체에 대해서도 대규모 정책 개발을 해야 한다. 특별시민권제도에 대한 몇몇 재미있는 새로운 입법이 생겨났다. 이에 대해서 우리는 이탈리아, 몰타, 에스파냐, 폴란드, 체코슬로바키아, 중국, 미국과 같은 몇몇 모범적인 사례를 참조할 수 있을 것이다.

네루 사후 25년 동안 인도와 외부 세계에는 많은 변화가 있었다. 우리는 국내에서 두 사람의 총리가 살해되는 비극을 경험했다. 또 다른 종류의 공동체적 성격의 대참사가 인디라 간디 살해 후 보빨Bhopal에서 발생했다(1984년 12월 3일 새벽 인도 마디아쁘라데슈 주 수도인 보빨에서 미국 유니언카바이드가 운영하던 농약 제조 회사로부터 유독 가스가 누출되어 2800여 명의 지역 주민이 숨졌고 20만 명 이상이 피해를 입었다. 공장의 저장 탱크가 인구가 밀집한 도시 빈민가 한가운데 있어 피해가 컸다—옮긴이). 심각한 후유증을 남긴 이 참사는 국내의 적절한 기반 시설과 이념적 지지를 받지 못한 세계화의 위험을 적나라하게 보여주었다. 방위기재 구매와 관련된 문제도 이때 떠오르기 시작했다. 인도는 여러 다른 나라들과 마찬가지로 전투기와 같은 고가의 필수 방위기재의 구매와 관련한 부패문제를 경험했다. 여기에는 간디와 네루가 죽은 후에도 결정적인 공헌을 해야 할 것이다.

소련의 해체와 냉전 종식 그리고 유일한 강대국으로서 미국의 등장 이래 20세기의 마지막 10년 동안 인도의 위치는 어떤 점에서는 좀 더 쉬워지고 어떤 점에서는 좀 더 어려워졌다. 세계의 많은 부분에서 인도는 강대국의 활동을 곁에 앉아 지켜볼 수 있을 뿐이다. 우리의 강점은 계속 국제연합과 유엔 총회 그리고 다양한 국제기구에 있다. 그중에서 세계무역기구와 국제연합 환경 프로그램이 가장 중요하다. 코소보 사태와 같은 문제에서 우리는 국가주권과 소수민족의 권리 사이에 예리한 구별을 해야 한다. 단순히 '흑백'의 입장을 취할 수는 없다. 우리는 문화와 종교의 확고한 혼합주의적 전통을 가지고 있다. 우리는 '문명 충돌'의 모범이 아니며, 어려우나 우아한 문명의 조정자를 대표한다. 오랜 기간 내내 우리는 유대인, 조로아스터교도, 시리아의 기독교인과 아랍의 이슬람교도 그리고 최근에는 티베트 불교도를 받아들였다. 우리는 우리를 보편적 문명을 달성한 나라로 봐야 하지, 미국과 같이 형성 중에 있는 보편적 문명이라고 생각해서는 안 된다. 그것이 우리가 세계에 진실할 수 있는 유일한 길이다.

이 낭만적인 그림을 통해 많은 우리 국민이 겪고 있는 끔찍하고 지속적인 고뇌와 수치를 잊어버리고 21세기로 가자는 것을 의미하는 것은 아니다. 하나의 국가로서 우리는 항상 반反고립주의적이고 반反이기적이었다. 우리는 우리 자신을 개선하기 위해 세계를 이용해야 하고 세계를 개선하기 위해 우리의 의심할 바 없는 자산을 이용해야 한다. 그것은 불가능한 의제가 아니다. 이것은 우리가 이미 우리의 위대한 지도자인 타고르, 간디, 네루에게서 배운 것이다. 더 이상 먼 외국인이 아니고 가까운 이웃이 되어버린 점점 축소되는 우주, 은하계, 태양계에서 우리는 '하나의 섬이 아니라'는 사실을 상기해야 한다. '섬'이라는 말에는 기술이 우리 모두를 서로 가까워지게 했다는 의미가 들어 있다. 변화는 매우 빠른 속도로 진행된다. 우리는 더 좋은 교육을 받고 우리의 모든 시민을 개선시켜야 한다. 그리고 그들에게 더 좋은 삶의 모델을 제공해야 한다. 똑같이 중요한 것은 세계 체제, 우리의 민족국가, 우리의 더 작은 지역, 우리의 마을 공동체 그리고 우리의 가정 내에 진정한 민주주의를 용인容認할 필요가 있다는 것이다. 이것은 21세기의 도전에 직면한 이 시점에서 인도를 인류공동체의 자랑스러운 구성원으로 만들어 줄 것이다.

방글라데시의 탄생 : 역사적 뿌리

사뱌사찌 바따짜랴
Sabyasachi Bhattacharya

샨티니께딴에 위치한 비스바-바라띠 대학Visva-Bharati University의 부총장을 지냈다. 현재는 뉴델리 네루 대학의 교수다. 간디와 타고르 사이에서 오고간 서신을 실은《마하트마와 시인The Mahatma and the Poet: 1915~1941》을 출간했다.

1971년 방글라데시의 탄생에 대한 이해는 단순한 하나의 사건으로 보아서는 안 된다. 이는 장기간 연속적인 과정의 결과로 나타난 것이다. 이를 사건으로 바라보는 훌륭한 책이 이미 방글라데시와 인도에서 많이 출간되었다. 언론, 공무원, 외교분야의 수많은 사람들이 연대기적 사실에 기초한 1차적인 지식을 전달하는 많은 기록을 남겼다. 물론 역사가는 이러한 자료의 소장 가치를 전혀 느끼지 못한다. 나는 1969년에서 1971년으로 끝나는 연속적인 역사적 특성과 경향을 파악하는 데 몰두해왔다. 이것이 이 글에 '역사적 뿌리'라고 부제를 단 이유다.

07

1971년 방글라데시의 탄생에 대한 이해는 단순한 하나의 사건으로 보아서는 안 된다. 이는 장기간 연속적인 과정의 결과로 나타난 것이다. 이를 사건으로 바라보는 훌륭한 책이 이미 방글라데시와 인도에서 많이 출간되었다. 언론, 공무원, 외교 분야의 수많은 사람들이 연대기적 사실에 기초한 1차적인 지식을 전달하는 많은 기록을 남겼다. 물론 역사가는 이러한 자료의 소장 가치를 전혀 느끼지 못한다. 나는 1969년에서 1971년으로 끝나는 연속적인 역사적 특성과 경향을 파악하는 데 몰두해왔다. 이것이 이 글에 '역사적 뿌리'라고 부제를 단 이유다.

방글라데시 발전연구소의 뛰어난 경제학자 레만 소반Rehman Sobhan은 1947년 이전부터 1971년까지 벵골-무슬림 의식의 발전에 대해 다음과 같이 기술했다.[1]

동벵골인의 상대적인 박탈감 (······) 동벵골의 후진성은 이 지역이 정치권력과 경제적 자원에서 소외된 것과 관계가 있다. 파키스탄에 대한 투쟁과 파키스탄 내에서의 권력에 대한 투쟁은 동벵골인의 의식 속에서 연속성을 갖고 있기 때문에 개별 역사적 사건으로 파악하기 힘든 것이다.

그러나 레만 소반은 역사적 관찰에 대한 상세한 기술은 꺼렸다. 어쨌거나 그의 통찰력은 방글라데시 탄생을 이해하기 위한 '연속성'이라는 단서를 제시했고, 이것을 시작으로 글을 풀어나가겠다.

방글라데시의 독립을 일회적 사건으로 다루는 것은 단기적인 것에 초점을 맞춘 것이다. 이것은 동벵골과 서벵골 사이에서 인디라 간디 인도 총리의 교묘한 외교적 대응, 서파키스탄 지도자들의 국어 지정 문제, 1954년 총선에서 동파키스탄 정당정치의 특수한 상황 등 일련의 사건에 초점을 맞춘 것으로, 물론 이것들은 방글라데시의 분리를 설명하는 요소가 될 수 있다. 그러나 일회적 사건만으로 방글라데시의 분리를 설명하려 할 때는 의문이 발생할 수 있다. '방글라데시의 분리는 피할 수 없는 과정이었는가?' '만약 서파키스탄 지도자들이 국어 지정 문제에 지독하게 완고하지 않았다면, 혹은 인디라 간디가 적극적으로 개입하지 않고 국경문제를 수동적인 자세에서 관조했다면, 1971년 방글라데시의 독립을 뒤집을 수 있었을까?' 여기서 나는 이러한 역사적 사실에 반하는 질문을 하겠다. 이는 역사가들이 좀 더 깊게 그리고 장기적인 경향을 살펴보기 위해 이를 얽혀 있는 것과 상대적으로 너무나 잘 보이는 표면적인 사실 그리고 즉각적으로 일어난 상황을 분리해서 보는 것이다.

1969년에서 1971년까지 독립전쟁의 표면적인 상황은 잘 알려져 있다. 대체로 다수의 역사가는 언어 문제를 둘러싼 문화 민족주의에 집중한다. 1952년 2월 21일 벵골어 운동 지도자들의 순교가 문제를 증폭시켰다. 동벵골인이 벵골어를 주 언어(동파키스탄의 언어)로 요구하면서 벵골어를 쓰는 동파키스탄과 우르두어Urdu語를 쓰는 서파키스탄의 역사적인 갈등과 대립이 시작되었다. 그리고 파키스탄에서 벵골을 분리하는 독립운동이 꾸준히 이어지게 되었다. 이것이 표면적으로 방글라데시 독립의 배경을 가장 잘 나타내주는 사건이다. 아니, 적어도 서벵골에서는 그렇다.

그러나 이와 동일한 비중으로, 어쩌면 이를 대체할 수 있는 배경은 동파키스탄과 서파키스탄 간의 경제적 불평등을 야기한 정치적 소외 문제였다. 서파키스탄의 엘리트들은 교묘하게 공공투자와 외환 부문에서 동파키스탄에 공정한 분배를 거부한 반면에, 동파키스탄의 각종 자원을 마치 식민지처럼 착취했다. 그리고 이것은 방글라데시 분리에 대한 해명과 정당성을 부여하는 요소였다. 이러한 이유 때문에 1954년 선거에서 연합전선The United Front은 무슬림연맹The Muslim League을 누르고 승리했다. 이 당시 연합전선이 내세운 21항의 강령 중에서 아홉 개 항목이 경제적 어려움을 호소하며 자율권을 주장하는 내용이었다. 또한 셰이크 라만Sheikh Mujibur Rahman이 1966년 라호르의 원탁회의에서 만든 여섯 항목 중 세 항목 이상이 경제적 어려움에 기초한 자율권 요구였다.

먼저 내가 '박탈증후군'이라고 명명한 것을 살펴보자. 나는 경제적 발전성과 공유에 대한 불만족 혹은 정치적 공략과 실행의 불일치에 대한 불만족을 박탈증후군이라고 명명한다. 발전의 지역적 불균형은 저개발국에서 나타나는 박탈증후군의 핵심 요소가 된다. 발전의 지역적 불균형에 대한 불만은 사회 전반적으로 확산되며, 이것은 또한 지역별 발전성과 공유 정도와 반비례하여 높아지게 된다. 그 결과 사회 전반적으로 발전의 불균형 문제에 집중하게 된다. 그리고 이것은 계급 중심적인 정치적 문제와 지역 중심의 정치 이슈가 된다.

방글라데시에는 독립 이전부터 몇 년간 정치적, 사회적 운동이 지속되고 있었고, 이들 운동은 동벵골 지역에 퍼져 있던 박탈 감정에 초점이 맞춰져 있었다. 그 배경은 무엇일까? 서파키스탄 경제학자들의 보고에 따르면, 파키스탄 독립 후 20년간 동파키스탄과 서파키스탄의 소득 격차는 매우 커졌다. 1949~1950년 동파키스탄의 1인당 국민소득은 288루피에서 1969~1970년에는 331루피로 50루피가 높아졌다. 같은 기간 서파키스탄은 1인당 국민소득이 351루피에서 533루피로 올랐다. 따라서 1949~1970년 사이 동파키스탄과 서파키스탄의 1인당 소득 인상은 각각 63루피와 202루피로 현격한 차이를 보였다.[2] 방글라데시의 1인당 국민소득은 독립 이후에도 낮은 상태였다는 것이 분명하지만, 핵심은 그것이 아니다. 핵심은 1950~1960년대 서파키스탄과 동파키스탄의 경제적 불평등이 동파키스탄의 자치를 향한 요구에 불을 지폈다는 것이다.

파키스탄의 경제정책의 공정성에 대해 퀘레시M. L. Qureshi와 마하부불 하크Mahabubul Haq 같은 서파키스탄의 경제학자들은 서파키스탄의 관점에서 이 문제를 다루었다. 이들은 발전에서 불균등은 피할 수 없다는 것을 전제로 생각했다. 파키스탄의 제2차 5개년 경제계획(1960~1965)에서는 "역사적으로 어떤 나라에서도 동시에 그리고 모든 지역이 동일한 수준으로 경제성장을 한 적은 없었다"라고 피력한다.[3] 이것이 계엄령 체제하에 만들어진 것이라는 사실 때문에 실제적으로 논쟁할 수 있는 가능성은 전혀 없었다. 경제정책에 대해 서파키스탄 정부가 내세우는 두 번째 관점은 지역 간 불균형이 커지는 것은 서파키스탄의 민간자본 때문이라는 것이다. 따라서 경제 불균형에 대해 국가를 비난할 수는 없다는 것이다. 특히 1947년 이전에 민간자본 투자 차이는 매우 컸다. 마하부불 하크에 따르면, 1949~1950년과 1954~1955년 동파키스탄에 투자된 민간자본은 7억 1000루피였던 것에 반해, 서파키스탄에 투자된 자본은 21억 3000루피였다. 따라서 동파키스탄과 서파키스탄의 경제적 불균형을 정치적 배경에서 찾고, 서파키스탄에 책임을 묻는 것은 문제가 있다고 지적했다.

　동파키스탄의 경제학자인 레만 소반, 누룰 이슬람Nurul Islam, 아니수르 라만Anisur Rahman은 이러한 의견에 반대한다. 이들은 파키스탄의 계획에 편향성이 있음을 지적하며, 이를 바탕으로 국가가 지역적 경제 불균등을 만들어가는 주요한 기구가 된다고 주장한다. 경제적 불평등은 너무나 명확한 논쟁거리이고, 이 논쟁의 핵심은 국가의 책임 문제다. 따라서 경제문제가 정치적 사안으로 바뀌게 되는 것이다. 역사적인 관점에서 볼 때, 동벵골 저개발의 근본 원인은 이 지역이 캘커타의 배후 지역이라는 것이었다. 따라서 1947년 이후 국가의 의무는 불균형을 바로잡는 것이었다. 레만 소반은 이렇게 적었다.

　　1947년까지 동벵골의 일반인과 벵골-무슬림은 벵골의 도시와 힌두 공동체를 향한 박탈감을 느끼고 있었다. (……) 1947년 이전까지 동벵골에서 벵골인과 벵골-무슬림은 그들의 경제적 삶을 스스로 통제하는 것이 아니라 다른 공동체에 의해 지배당하고 있다고 느꼈다.[4]

　벵골-무슬림과 동벵골 사람들은 벵골-힌두가 세금 징수와 섬유, 설탕 공장을 장악하고 마르와리Marwari(상인 가문들)가 환금 작물을 장악했으며, 영국이 차와 황마 시장, 증기선 수송을 장악한 집단이라고 인식했다. 이 시나리오에 따르면 1947년 이후 동파키스탄의 후진성은 두 가지로 명확히 설명된다. 첫째, 인도에서 이주해온 비즈니스 그룹이 서파키스탄의 지원으로 산업계의 균형을 흔드는 주요 원인이 되었다. 그들의 자본, 사업 수완, 첫 몇 해 동안에 외환 잉여를 이용한 수입 무역을 통한 엄청난 이윤 그리고 이렇게 얻은 이윤을 보호무역 체제하에서 재투자, 이 모든 요인이 서파키스탄에서 번성하는 비즈니스 계급의 등장을 가속화했다. 그러나 동파키스탄에서는 그렇지 않았다. 미국의 경제학자 파파넥Papanek[5]은 1959년에 파키스탄의 전체 산업자산 중 2.5 퍼센트만이 벵골-무슬림의 소유였다고 밝혔다.

동·서 파키스탄의 지역적 불균등을 만드는 두 번째 요인은 국가의 역할에 있다. 이는 방글라데시의 경제학자와 역사가의 주장이다. 파키스탄 정부는 민간자본 투자로 만들어진 불균형을 바로잡기보다 지역 불균형을 촉진하는 역할을 한 것이다. 지역적 예산 분할을 살펴보면, 1950~1970년 사이 동파키스탄에 지원된 예산은 23퍼센트에 불과했다. 제1차 경제개발 계획 시기인 1950~1955년에 동파키스탄에 지원된 예산은 25퍼센트였고, 1960~1965년에는 34퍼센트의 예산이 지원되었다. 무엇보다도 파키스탄의 투자기관, 산업금융과 투자기업, 산업발전은행 같은 국영 금융기관의 67퍼센트가 서파키스탄에 있었다.

이러한 관점들에 대해 더 이야기할 수 있지만, 이 글의 목적에 적합한 질문은 '어떻게 경제적 불균형이 정치적 쟁점이 되었는가?' 하는 것이다. 그러나 경제적 원인만으로 자치와 분리주의 운동을 설명하기에는 불충분하다. 왜냐하면 세계 어디서나 정치적인 원인 없이도 이와 유사한 경제적 고통이 나타나기 때문이다. 벵골-무슬림의 차별화된 정체성이 이 모든 것을 다르게 만들었다. 벵골-무슬림의 문화적 정체성은 1952년 이후 언어운동을 매개로 하여 처음으로 정치적 정체성으로 전환되었다. 이 운동은 형식상 문화적인 것이었지만 본질은 정치적인 것이었다. 라즈샤히Rajshahi 대학의 정치학과 교수 바드루띤 우마르Badruddin Umar는 '바샤 안돌란Bhasha Andolan' 혹은 '언어운동'이라 부르는 이 운동의 발전을 탁월하게 설명했다.[6] 이에 대한 서파키스탄의 반박은 지적으로 매우 빈약했다. 그러나 이것의 실체는 모함마드 진나Mohammad Ali Jinnah와 카와자 나지무띤Khawaja Nazimuddin 총리의 연

설에서 드러난다. 진나는 1948년 3월 21일 다카에서 다음과 같이 선언
했다.

> 파키스탄의 국어는 우르두어가 될 것이고, 다른 언어는 안 된다는 것을 분
> 명히 공포한다. 누군가 여러분을 잘못된 길로 인도하는 이가 있다면 그는
> 파키스탄의 적이다. 다른 나라의 역사를 살펴보라. 단일 언어 없이는 어떤
> 국가도 견고히 결속되지 못하며, 올바르게 기능하지도 못한다.[7]

리아쿠아뜨 칸Liaquat Ali Khan 암살 직후 총리가 된 카와자 나지무띤
은 1952년 다카를 방문해서 같은 메시지를 반복했다. 그 또한 지역주
의의 위험에 대해서 경고했다.

동파키스탄의 지식인들은 이에 반대하여 벵골어와 우르두어를 동등
한 위치에 놓도록 파키스탄 국회에 제안했고, 이후 제헌국회에 본 의제
를 제출했다. 초창기에는 반대 의견도 있었다. 일례로 1947년 카라치
에 있었던 교육 컨퍼런스에 온 동파키스탄의 장관들은 우르두어의 우
월함을 인정했다. 또한 힌두 서사시와 경전의 영향을 받은 벵골어를 수
용하는 것은 국가 정체성을 부정하는 것이라고 생각하는 이들도 있었
다. 그럼에도 동파키스탄에서 벵골어를 선호하는 목소리는 압도적이었
다. 그러나 여기에는 의심스러운 면이 있었다. 첫째, 벵골어 사용 주창
자들은 벵골 서쪽의 언어와 문화로부터 단절을 주장한다. 즉 서쪽 벵골
지역의 언어적 연결고리는 이 담론에서 전적으로 빠져 있다. 두 번째
주목할 내용은 언어운동은 1947년의 독립운동에서 이미 활발한 논의
가 된 사안이었다. 모함마드 샤히둘라Mohammad Shahidullah(1885~1969)
는 1947년 7월 벵골어를 국어로 사용하자고 제안했었다. 1947년 7월
좌익인민자유그룹People's Freedom Group은 벵골어를 동파키스탄의 국

어로 요구했다. 다카 대학 학생들은 따마뚠 마즐리슈Tamaddun Majlish를 결성해서 벵골어를 우르두어와 동격으로 대우하도록 요구했다. 이 목적을 위해 1947년 10월 국가언어실행위원회가 결성되었다. 1948년 5월에 동벵골 지역에서는 이 문제와 관련된 첫 번째 총파업이 있었다. 1948년 진나가 다카를 방문한 것은 이 파고를 저지하기 위한 목적도 있었다.

이미 완결된 사안이었던 언어운동이 어떻게 갑자기 등장했는가? 어떻게 벵골어가 동파키스탄인이 원하는 국어가 되었는가? 과연 이것이 벵골-무슬림의 '무슬림다움' 훼손 없이 가능한 것이며, 서벵골에서 벵골어를 사용하는 지역을 무시하는 두 국가 이론을 고려하지 않고 이러한 주장이 가능했던 것인가? (1941~1951년에 180만 명의 벵골-힌두가 인도 서벵골로 대거 이주했다. 1951~1961년에는 110만 명이 이주했다. 동파키스탄에서 힌두 인구는 1941년에 28퍼센트, 1951년에 22.4퍼센트, 1961년에 18.45퍼센트였다.)[8]

이 복잡한 문제에 대한 답은 오직 1947년 이전 몇십 년간에서 찾을 수 있다고 본다. 1920년대와 1930년대에 문제를 발생시킨 두 가지 사건이 있었다. 첫 번째는 '무슬림 벵골어'라 불리는 아주 풍부한 담론이었다. 이는 동벵골의 벵골어 방언 형태로 우르두어와 아랍어 단어가 포함되어 있었다. 두 번째는 1920년대와 1930년대에 힌두 상층계급Bhadralok 집단이 무슬림 벵골어에 대항하여 일으킨 지역주의 운동이 있었다. 대개 분파주의 폭동의 횟수를 세고 정치적 연설과 결의를 열거하느라 바쁜 역사가들은 언어 영역에서 일어난 이러한 사건에 대해서 거의 관심을 갖지 않았다. 그러나 나는 이를 바탕으로 글을 전개할 것이다.

1920년대에 무슬림 벵골어는 논쟁의 상징적 이슈가 되었다. 수니뜨 꾸마르 짜떼르지Sunit Kumar Chatterjee가 지적한 것처럼 18세기 벵골어에는 페르시아어 어휘가 아주 많았다. 이는 13세기 이후 페르시아어와 벵골어가 상호 교류한 결과다. 19세기 주요 어휘에서 페르시아어의 영향은 줄어들었지만 법, 행정, 재정 등의 분야에서 사용되는 페르시아어 용어는 남아 있었다. 19세기 중엽 동벵골의 중심지였던 캘커타의 구어 중 깔리쁘라산나 신하Kaliprasanna Sinha 지역의 나끄사Naksa에는 페르시아어 어휘가 약 7퍼센트나 포함되어 있었다. 1916년 표준 벵골어 사전에서 페르시아어 어휘는 총 2500단어로 벵골어의 3.7퍼센트를 차지했다.[9] 무슬림 성자들의 전설과 19세기의 로맨스 뿐티Punthi 전통 문학에서 특히 페르시아어와 우르두어의 비중이 높았고, 이들은 영국의 가두판매용 싸구려 책들처럼 값싼 소책자 형태로 된 출판물에서 많이 발견된다. 19세기의 뿐티 문학은 벵골, 힌두, 무슬림 상류층의 주목을 끌지 못했다. 20세기 초 학교 교육을 받은 무슬림 엘리트가 우르두어 어휘가 많이 섞인 벵골어를 쓰기 시작하자, 힌두-벵골 언어 모임은 적대적으로 반응했다. 반면에 힌두 상층계급 집단은 두 가지 서로 다른 반응을 보였다. 첫 번째는 새로운 무슬림 벵골어로 된 저널과 문헌에 대한 조롱이었다. 두 번째는 다른 언어와 차별화하기 위해서 벵골어를 산스크리트어화하는 것이었다. 분파주의 갈등 시 나타나는 현상과 유사하게 평등에 대한 주장과 저항 현상이 일어났던 것이다. 어떤 무슬림 저널은 무슬림 벵골어의 용어와 스타일을 받아들이고 사용했다.[10] 결론적으로 한편에서 무슬림 벵골어는 우르두어화 되어가는 경향이 있었고, 다른 한편에서는 산스크리트어화가 나타났다. 1920년대와 1930년대의 대표적인 힌두 지식인(예컨대 산자니 깐따 다스Sanjani Kanta Das 또는 모히뜰랄 마줌다르Mohitlal Majumdar)은 무슬림 문헌을 웃음거리로 만들었다. 이들은 우르두어와 산스크리트어를 혼합하여 우르도스끄리따Urdoskrita 라는 독창적인 풍자에서 혐오스러운 인종적인 농담까지 표현했는데,

벵골-힌두 독자들은 이를 즐겼다.[11]

반대로 무슬림 지식인은 페르시아어와 아랍어 사용을 '무슬림다움'으로 규정했다. 마울라나 칸Maulana Mohammad Akram Khan(1868~1968)은 1918년 세 번째 무슬림 지식인 회의 취임사에서 다음과 같이 말했다. "우리 종교의 특수한 정체성을 위해 무슬림에겐 이러한 단어들이 꼭 필요하다."[12] 그는 시대의 지성인으로 당시 영향력이 컸던 저널인 〈무함마디Muhammadi〉와 〈데일리 아자드Daily Azad〉의 편집장이었다. 그는 1935년에 국회의원이 되었고 1941~1951년에는 벵골-무슬림연맹Bengal-Muslim League의 의장으로 활동했다. 많은 지식인이 아끄람 칸의 관점에 호응했으며, 일부는 매우 열렬히 지지했다. 시인이자 〈무함마디〉의 부편집장인 셰이크 라만Sheikh Habibur Rahman(1890~1961)은 1921년에 "힌두 작가는 벵골 문헌에서 무슬림 단어를 추방하려고 한다. 나의 무슬림 형제들은 복수를 위해 힌디 단어의 추방을 원하는가?"[13]라고 했다. 그러나 그가 원하는 대답은 아니라는 것이었다. 이슬람 믿음에 직접 반하는 것만이 복수의 대상이 된다는 것이었다.

하지만 대부분의 무슬림 저널은 당시 유행했던 산스크리트어화된 벵골어를 거부했다. 이는 이미 '죽은 언어에서 뼈를 들어 올리는 것 같은' 의미 없는 행위라는 것이었다.[14] 또한 힌두 우상숭배에서 나온 어휘를 배격했다. 한 무슬림 저널은 예상 저자들에게 비이슬람 단어가 포함되어 있으면, 그 글은 발행할 수 없다는 지시 사항을 전달했다.[15] 1923년에 푸브나 지역 시라자간자타운의 셰드 시라지Syed Ismail Hussain Sirajee(1880~1931)는 이렇게 기록했다.

아랍어와 페르시아어는 용맹스러운 이들이 쓰는 언어다. 우리는 아랍어와 무슬림에서 남성스러움을 가져와서 벵골에 알려주어야 한다. 타고르를 따르는 이들이 벵골어를 달콤하게 만들려는 시도가 벵골어를 병약하게 만들었다. 이는 모범적인 무슬림에게는 맞지 않는 것이다.[16]

무함마드 샤히둘라Muhammad Shahidullah(1885~1969)는 분파주의 논쟁에서 벵골어를 벗어나게 하려고 노력했다. 그는 유명한 언어학자이자 벵골 언어와 사료에 관한 연구 서적의 저자였다. 1929년 샤히둘라는 벵골어가 산스끄리뜨주의 광신자나 아랍어-페르시아어-우르두어-벵골어 잡탕 발명자들로부터 벗어나 '살아 있는' 자유로운 언어가 되도록 촉구했다.[17] 그러나 샤히둘라보다 마울라나 아끄람 칸의 영향력이 훨씬 더 컸다.

일부 무슬림 작가는 언어에서 진실로 중요한 것은 무슬림 공동체에서 일상적으로 쓰는 언어라고 호소했다. 그러나 이와 동시에 이른바 '무슬림 단어'에 대한 논쟁과 더불어 방언에 대한 논쟁도 있었다. 구어는 '순수한' 전통 언어와는 거리가 멀고, 문어와도 거리가 있다는 것이었다. 쁘라마따 짜우두리Pramatah Chaudhuri와 그가 발간하는 저널 〈사부이 빠뜨라Sabui Patra〉는 캘커타나 캘커타 인근에서 쓰는 언어를 사용함으로써 주목을 받았다. 이에 대해 지식인, 특히 동벵골 출신 무슬림 작가들은 벵골 지역의 표준 언어로 캘커타 지역의 방언을 설정했다는 것을 비난했다.

1915년 〈알 이슬람Al Islam〉 저널은 "만약 표준어로 이러한 방언들이 사용되면 치타공 사람들은 이를 이해하지 못할 것이다. 캘커타인이 실헤뜨 방언을 따라가기는 불가능할 것이다"라고 적었다.[18] 1921년의 또 다른 저널은 '삐랄리 문학'(타고르 집단에 대한 언급)에 대해 수준이 낮은 언어이며, 캘커타 방언에는 특이한 동사 변형이 나타난다고 비난했다. 구어의 표준어화에 대한 공격은 캘커타 방언 사용 반대와 결합하여 강렬해졌다.[19] 반면에 1928년 셰드 알리Syed Wajid Ali(1890~1951)는 다음과 같은 글을 통해 다른 의견을 발표했다.

우리는 수많은 구어 중 하나를 표준어로 받아들여야 한다. 다른 길은 없다. 서벵골에서 쓰는 언어는 다른 지역의 방언에 비해 상대적으로 세련되고 귀로 듣기에 즐겁다. 이 때문에 서벵골에서 쓰는 구어가 벵골 지식인의 언어와 문어가 된 것은 자연스러운 것이다.[20]

와지드 알리는 서벵골, 정확하게는 후글리 지역에 속해 있었다. 그리고 그는 또 쁘라마따 짜우두리와 유사한 배경을 가지고 있었다. 케임브리지 대학을 졸업하고 영국 변호사 자격증을 땄으며, 캘커타 고등법원의 법정변호사가 되었다. 다른 면에서는 차이가 있더라도 엘리트 사이에서 공유되는 최소한 심미적인 문제와 같은 특정 문제에서는 유사한 면이 있다.

마지막으로 라빈드라나트 타고르의 최종 중재자 관점을 살펴보자. 그는 1926년의 문학 회의에서 무슬림 벵골어 문제에 관한 연설을 했다. 그는 아주 유창하게 힌두에 복수하기 위한 우르두어 이용을 비난했는데, 그는 이를 '형제에 대한 앙심으로 어머니를 던지는 것'에 비유했다. 동시에 그는 무슬림 벵골어를 조롱하는 힌두 당파의 정신 상태를 비난했다.[21] 그러나 그의 연설은 아무런 영향력이 없었던 것으로 보인다.

이른바 무슬림 벵골어에 대한 의견 충돌은 벵골 문화사를 무시한 것이다. 이는 힌두 헤게모니 장악에 대한 벵골인의 두려움 때문에 촉발된 것이었다. 여기서 힌두 헤게모니는 정확히 지역 단일 언어 문제였다. 따라서 접촉제 혹은 연결체로서 언어는 더 이상 의미가 없음을 보여준다. 이로써 언어 민족주의가 방글라데시 독립의 뿌리가 되었다는 주장에 반하는 근거가 제시되는 것이다. 1919년 이후 선거정치가 시작되면서 벵골-무슬림 대중과 지역주의 정치의 발전은 정치권의 정치적인 목적을 위해 지역 언어화와 동일선상에 있게 되었다는 사실을 주목해야한다.

그러면 정치의 지역 언어화란 무슨 말인가? 여기에는 벵골어로 된 정치적 담론의 크기가 증가한 것뿐만 아니라 다양한 요소가 관련되어있다. 선거정치 이후 정치 이외의 공적 영역에서 캘커타의 독점적 주도권은 점차 감소했다. 세대에 따라 지도 방식이 변했고, 기존의 수렌드라나트 반네르지 경Sir Surendranath Bannerjea의 방식은 폐기되었다. 교육과 토론이 확대되면서 번성한 소도시마다 지역 정치 지도력과 권력도 향상되었고, '영국에서 교육받은' 사람들이 점유한 의회나 사법계와는 다른 새로운 유형의 유권자 집단도 증가했다. 그리고 정치계에서는 벵골어 사용자에게 친숙한 어법, 상징, 이미지를 사용하는 새로운 언어와 수사법이 활용되었다. 이 모든 것이 정치의 지역 언어화를 만들어낸 요소였다.

다스C. R. Das는 19세기 말의 전환기에 필요한 사고와 정치 운용에서 명석한 이해와 대응을 보여주었다. 비록 그는 정치지도자로서의 경력은 짧았지만(벵골 지역 의회 의장으로 선출된 1917년부터 그가 사망한 1925년까지) 그가 정계에 몸담고 있는 동안에는 뛰어난 정치가였다. 그는 1917년 벵골 지역 의회 의장으로서 지역 의회 역사상 최초로 영어가 아닌 벵골어로 발언했다. 다스는 그의 표현대로 '처음부터 끝까지 벵골인'이라는 이미지를 발전시키고자 했다. 그는 연설문에서 에드먼드 버크나 글래드스턴, 존 스튜어트 밀 대신, 벵골 시인과 종교지도자를 인용했다. 그리고 벵골과 다른 인도 지역의 문화적 정체성을 고려하여 '문화연방federation of cultures'이라는 표현을 썼다. 이는 정치적 의미에서 '연방

국가'에 대응하는 표현으로, 인도 통합에도 적합한 표현이었다.[22] 다스는 선거구 연설에서 벵골 관용어를 사용했다.

이제 1910년대 캘커타Calcutta, 호와라Howrah, 다카Dacca 세 개의 주요 도시 이외에 지방 중소도시의 성장 현황을 살펴보자. 중소도시의 경우 인구학적 성장뿐 아니라 대도시의 지배력이 감소되었다는 측면에서 벵골 정치에 영향을 미쳤다. 지방민의 정치 참여로 이들의 영향력이 커졌다. 새로운 지도력(특히 무슬림 지도력)은 이러한 지방에 기반을 두고 있었다. 포터A. E. Porter의 1931년 인구조사 통계는 도시 성장을 이해하는 데 도움이 된다.[23] 1931년에 벵골 지역에는 인구 10만 명 이상의 도시가 세 개 있었다. 캘커타와 그 주변을 합쳐 125만 9000명이 있었다. 호와라는 22만 5000명, 다카는 13만 9000명이었다. 벵골 인구의 42퍼센트가 이들 3대 도시에 살았다. 그러나 이후부터 지방 도시들은 이들 3대 도시보다 더욱 빠르게 성장했다. 1921~1931년에 3대 도시의 인구성장률은 11.2퍼센트였다. 반면 제2도시(인구 5만~10만 명)의 인구성장률은 15.3퍼센트였고, 제3도시(인구 2만~3만 명)의 인구성장률은 19.2퍼센트였다. 인구성장률의 차이는 1920년 이전에도 동일하게 나타났다. 1911~1921년에 캘커타, 호와라, 다카 3개 대도시의 인구성장률은 3.3퍼센트였고, 1901~1911년에는 8.1퍼센트였다. 반면 1911~1921년에 제2도시의 인구성장률은 22.5퍼센트, 1901~1911년에는 78.4퍼센트였다. 제3도시의 경우 1911~1921년에 인구성장률은 6.3퍼센트, 1901~1911년에는 17.4퍼센트였다.

이를 종합하면 중소도시의 인구성장률이 3대 도시의 그것보다 훨씬 높았다. 그리고 1901~1931년에 다카의 인구성장률은 10년 단위로 21퍼센트, 10퍼센트, 16퍼센트였는데, 3대 도시 가운데 가장 높았다. 1920년대에 중소도시는 강력한 정치화를 경험했다. 1880년대 이후 납

세자가 선출한 지방정부와 지역자치구의 대표들은 단기적 선동정치와는 차별된 정치의식을 만들어갔다. 법정소송이 많아지면서 변호사도 많아졌고, 변호사 집단도 성장했다. 지주는 지방의회에서 힘을 길러갔고, 부농의 자녀는 교육을 받고 전문직으로 진출하게 되었다. 이들이 당시 중소도시에서 중산층을 대표하는 집단이었다. 그리고 중소도시의 중산층은 점차 공공영역으로 그 영향력을 확대해갔다. 이들의 공공영역 진출 유형은 선출직 위원회, 지방자치단체, 법조계, 교육기관, 사회봉사나 문화 활동 관련 자발적인 협의체, 정당의 지부와 카스트 협회 등이 있었다. 대도시와 달리 중소도시의 공공영역은 매우 역동적이었다.

이러한 정치적 배경을 가지고 등장한 많은 정치지도자 가운데 1943~1947년 벵골-무슬림 연맹의 총서기였던 아불 하쉼Abul Hashim에 대해 살펴보자. 그는 전임자인 수라와르디H. S. Suhrawardy와는 전형적으로 대조되는 인물이다.[24] 그는 1905년에 태어나 부르드완Burdwan 읍에서 성장했다. 그리고 캘커타의 프레지던시 칼리지에서 몇 달 동안 수학했지만 불만이 많았고, 그 후 부르드완 지역의 라자 칼리지에서 공부했다. 1928년에 학사를 마치고, 알리가르 무슬림 대학에 진학했으나, 몇 주 후 그만두고 부르드완으로 돌아갔다. 1928년에 부르드완 무슬림 청년협회를 조직하고, 1931년에 부르드완에서 변호사가 되었다. 1937년에 벵골 부르드완 지역 의원으로 선출되었다. 1938년 법조계를 떠나 부르드완 지회 무슬림 연맹 의장이 되었다. 그리고 1943년에는 벵골-무슬림 연맹의 총서기가 되었다. 물론 많은 중소도시 출신 중에 정치적 경력은 유사하지만 높은 직위까지 오른 중소도시인은 거의 없었다. 1943~1947년에 하쉼은 전국 지역 중소도시에 무슬림 연맹의 지부와 사무실을 설치했다. 그리고 1944년에는 중소도시에서 50만 명

이상의 회원이 등록되어 있었다. 하쉼은 각 지역 중소도시(부르드완, 무니르시다바드, 제소르, 꼬밀라, 쿤르나, 랑뿌르 등)에서 온 동료들과 함께 무슬림 연맹을 중소도시의 무슬림 중산층과 활발한 연계 활동을 펼치는 정당으로 바꿔놓았다. 또한 효율성은 떨어졌지만, 농촌 지역에서도 정치 활동을 꾸준히 전개했다. 지방 중소도시 출신의 정치 입문자들이 캘커타 상류층의 독점적 주도권에 영향을 준 것만큼 정치에 영향을 준 또 다른 사건이 있었다. 그것은 선거권의 확대였다.[25] 영국령 인도 사람들은 각 지역에서 선거를 통해 대표자를 뽑는 권리를 행사했다. 이것은 1919년의 몬터규-쳄스퍼드 정책에 따른 인도정부법의 결과였다(이는 또한 1935년 인도정부법이 된다).

그럼에도 선거권 확대의 결과는 제한적인 것으로(인구의 3퍼센트 미만으로 예측), 1919년 법령에 따라 재산을 인정받은 특정 부류에만 부여된 것이었다. 영어를 알지 못하는 사람들이 포함되었고, 따라서 벵골어로 된 신문이 발행되고 벵골어 회의가 필요했다. 부가적으로, 가능하다면 언제든지 벵골어를 쓰는 벵골인의 민족적 경향성도 추가되었다. 벵골에서 예술 이상으로 높이 평가받는 이상적인 웅변술은 더 이상 수렌드라나트 바네르지 경이 사용하는 영국식Gladstonian 웅변술이 아니라, 다스가 구사한 품위 있는 산스끄리뜨풍의 벵골어나 파즐룰 하크가 쓰는 일반인의 언어에 가까운 웅변술이었다. 의회에서는 영어가 여전히 사용되었지만, 선거 유세와 공적 모임, 정치 회의에서는 대개 모국어가 사용되었다.

이러한 경향은 무슬림 공동체에서 흥미로운 결과로 나타났다. '공적 영역에 적합한 언어가 벵골어냐, 우르두어냐?' 하는 논쟁이 시작된 것이다. 집에서 우르두어를 쓰는 사람은 극소수로, 다카와 무르쉬다바드Murshidabad의 이전 왕족인 집안이나 아불 아자드(1888~1958)의 가족 혹은 아부 아윱(1906~1982)의 가족 같은 최근에 이주해온 집안 정도였다. 즉 벵골어가 무슬림의 언어였던 것이다. 그럼에도 공적인 연설이나 문어에서는 우르두어를 사용해야만 하는가? 만약 벵골 지역의 공식 언어가 식민 지배국의 언어였던 영어에서 우르두어로 전환된다면 이는 역설적인 것이 된다. 1910~1920년대에 일부는 무슬림에 적합한 매개 언어로 우르두어를 지지한 사람이 있었다. 공산주의 지도자였던 무자파르 아메드(1889~1973)는 1917년에 이렇게 적었다. "캘커타에 정착한 소수의 비非벵골-무슬림이 벵골어를 대신해서 무슬림의 우르두어를 쓰도록 강요한다." 그러나 이들은 벵골이 캘커타보다 크다는 사실을 잊은 것이다.[26]

　1926년 아메드T. Ahmed는 이렇게 적었다. "샤리프, 즉 출생 신분이 좋은 무슬림은 오직 모국어가 무슬림의 종교성을 유지하는 데 수치가 될 때에만 모국어에 대해 불평할 수 있다. 그들은 벵골어를 사용하는 벵골 사람들에게 우르두어를 강요하고 있다." 1930년 압둘 마지드Abdul Majid는 이렇게 적었다. "20세기에조차도 자신들이 귀족인 것을 자랑하는 '위대한' 인물들이 있다. 그리고 이들은 벵골어가 그들의 고귀함을 해친다고 본다."[27] 이와 같이 벵골어-우르두어 논쟁 뒤에는 숨겨진 사실이 있다. 소수 도시 거주자와 귀족의 언어로서 우르두어의 정체성은 보통 사람과는 거리가 먼 것이었다. 따라서 대다수의 당시 저널은 압도적으로 벵골어 모국어화를 선호했다.

　벵골 지역에서는 우르두어가 벵골어를 대체하는 것에 반대했다. 이는 명확한 사실이다. 그러나 벵골과 전 인도 무슬림 공동체를 연결하는 '민족 언어'의 문제에는 의문이 있다. 1918년 쿨나 구역의 모함마드 알리Mohammad Wajed Ali(1896~1954)는 비록 벵골어가 벵골-무슬림의 모국어이기는 하지만 아랍어가 국어가 되어야 한다고 했다. 이유는 이렇다.

"만약 아랍어와 우르두어를 제거해버리면 벵골–무슬림에게 조국애를 줄 수 없기 때문이다."[28]

무슬림 연맹의 지도자 마울라나 칸Maulana Akram Khan(1868~1968)은 1918년 벵골–무슬림 〈문예대회Literary Conference〉에서 이렇게 말했다. "우리 정당 내에서 급진주의자는 벵골어가 더 이상 모국어만이 아니고 국어라고까지 한다. 조심스럽게 내 의견을 말하면 이것은 전적으로 비논리적이다. (……) 무슬림 민족주의는 전적으로 종교 기반 위에 있다. (……) 우리가 만약 무슬림의 국어가 아랍어라는 것을 잊어버린다면, 이것은 재앙이 될 것이다."[29] 반면 당시 〈문예대회〉 저널 편집자는 "아랍어는 전 세계 무슬림의 보편 언어지만, 우리는 아랍어를 국어로 받아들이지 않을 것이다. (……) 국가는 특수한 종교공동체와 동일한 것이 아니다. 이러한 관점에서 벵골어는 벵골 거주자의 국어다"라고 적으며 다른 의견을 나타냈다. 따라서 최소한 1930년대까지 벵골어와 국가의 성격에 관한 무슬림의 의견은 명확하거나 확고한 것이 아니었다.

대강 살펴본 이 역사를 돌아보자. 나는 정치적 사건이 아닌 언어 문제에 논점을 맞추었다. 즉 방글라데시의 탄생과 관련된 다양한 정치적 사건인 1905년 분단, 다스의 힌두–무슬림 조약, 이어지는 분파주의 폭동, 파키스탄의 정치적 계략 등에 초점을 맞추지 않았다. 그 이유가 무엇일까? 경제적 박탈감이 동파키스탄에서 중요한 불만 요소였지만, 박탈감이 언어 민족주의라는 정치적 의제로 변형되는 과정을 이해하기 위해서는 문화적, 역사적 연구와 접근이 필요하다는 것을 알려주기 위해서다. 앞서 살펴본 사실 가운데 중요한 것은 무슬림 정치공동체의 부상은 정치권에서 자국어 사용과 밀접한 관련이 있다는 것이다. 이는 또한 중소도시의 부상, 선거권의 확대와 영어에 익숙하지 않은 사람들의 선거 참여, 교육받은 신무슬림 중산층의 상승, 공적 영역에서의 협회의 발전 같은 복잡한 과정이 연결되어 있다. 나는 또한 무슬림 벵골어가 어떻게 벵골-무슬림의 정체성 구축을 위한 상징적인 요소가 되었는지도 제시했다. 동시에 우르두어는 상류계층의 언어로 자리를 잡았고, 그리하여 언어 문제의 위계적 혹은 사회적 계층 차원의 문제도 더해지게 되었다. 항상 그랬던 것은 아니지만, 독립하기 훨씬 이전부터 벵골인은 벵골어-우르두어의 대립 문제에 대해 복잡하고 파편화된 모호한 태도를 유지해왔다고 할 수 있다.

마지막으로 동파키스탄과 방글라데시가 등장하기 이전 몇십 년 동안의 이러한 다양한 기억과 의미의 겹겹이 쌓인 층이 1971년의 사건과 관련이 있는가, 하는 의문이 제기된다. 나는 이러한 기억(자주 역사가의 연구 범위 밖에 있는)이 관련이 없다고는 생각하지 않는다. 나는 살만 루슈디Salman Rushdie의 아름다운 에세이 〈상상의 고국〉을 떠올린다. 고국을 떠난 그의 상태를 반영하면서 그는, 과거는 우리 모두가 다 떠나온 고국이지만 우리는 그곳과 영원히 연결되어 있다고 했다. 그 이유는 과거를 지우는 것은 자신을 지우는 것이기 때문이라는 것이다. 나는 살만 루슈디의 이 에세이가 방글라데시의 탄생을 이끈 역사적 연속성을 고려하도록 깨우쳐준다고 생각한다.

1951년 이후 국가 계획 체계

아르준 센굽따
Arjun Sengupta

유럽연합, 벨기에, 룩셈부르크에서 인도 대사로 일했다. 1970년대 인도 상공부 경제고문이었다. 현재는 네루 대학의 교수다. 저서로는 《제도적 재정 협력: 변화의 틀Institutional Financial Cooperation: Framework of Change》(1981) 《북-남 협상 과정A Review of the North-South Negotiating Process》(1980) 《IMF와 LDCs》(1995) 등이 있다.

국가의 계획은 기본적으로 경제정책과 관련이 있다. 국가 계획에 대한 평가는 '성공이냐, 실패냐?' '의도는 무엇이었는가?' '계획한 것을 얼마나 달성했는가?' 등으로 평가할 수 있다. 이를 위해 중요한 것은 당시 경제발전의 상황에서 주요 제약을 살펴보고 주요 문제에 대처한 성과를 살펴보는 것이다. 여기서 경제발전에 직면하게 되는 문제는 주요 제약 요인과 당시 상황에서 경제의 주요 문제라고 볼 수 있다.

08

국가의 계획은 기본적으로 경제정책과 관련이 있다. 국가 계획에 대한 평가는 '성공이냐, 실패냐?' '의도는 무엇이었는가?' '계획한 것을 얼마나 달성했는가?' 등으로 평가할 수 있다. 이를 위해 중요한 것은 당시 경제발전의 상황에서 주요 제약을 살펴보고 주요 문제에 대처한 성과를 살펴보는 것이다. 여기서 경제발전에 직면하게 되는 문제는 주요 제약 요인과 당시 상황에서 경제의 주요 문제라고 볼 수 있다.

사실 인도의 계획 체제에 대한 평가는 인도의 경제 역사 50년을 평가하는 것과 같다. 그것은 매우 방대한 작업이다. 그래서 나는 경제 관련 전체를 다루지는 않을 것이다. 왜냐하면 이 짧은 글이 전체를 파악하는 데 충분하지 않기 때문이다. 나는 실제 정책으로 시행된 계획 체제만을 다룰 것이다.

정책 결정에 대해서는 사실 여부를 떠나 내재된 동기에 대해 의문을 갖게 된다. 그러나 이에 대한 대답은 피상적인 것이다. 또한 정책 결정자들은 정치 발전에 대한 인식을 기반으로 정책을 결정한다. 경제 고문이나 재무장관은 그들의 상관 뜻에 따라 정책을 만든다. 그리고 어떠한 정책도 진공 상태에서 만들어지진 않는다. 네루 체계에서 정책을 만들었던 사람들은 사르다르 빠뗄 아래에서 정책을 만들었던 사람들과 틀림없이 달랐을 것이다. 인디라 간디의 정책 모형은 모라르지 데사이 아래에서 만든 정책과도 매우 달랐을 것이다.

　지도자나 의사 결정자, 정치적 인사는 모두 자신만의 신념과 인식을 가지고 있다. 물론 이는 경제, 국가, 직면한 문제에 대한 이해를 기반으로 한 것이다. 그리고 정책 결정은 이들의 시각을 반영하고 실행에 옮기는 것을 의미한다. 달리 말하자면, 우리가 생각하는 경제가 정치보다 '중요하다' 혹은 '경제가 상부 구조를 결정한다'는 오래된 인식체계와 다른 것이다. 경제정책 결정은 기본적으로 정치정책 결정에서 시작되고 정책 결정은 목적을 이루기 위한 정책 결정자의 관점에서 시작된다.

　모든 정치지도자는 서로 다른 국가에 대한 인식과 이해를 갖고 있다. 그리고 이것을 반영하고자 한다. 예를 들면, 빤디뜨 네루는 그만의 특정한 의제agenda를 갖고 있었고, 그의 임기 동안 이를 중심으로 각종 정책을 결정했다. 덧붙이자면, 해당 안건은 그 당시에 비슷한 명성을 가진 정치인 사르다르 빠뗄, 라젠드라 쁘라사드Rajendra Prasad의 의제와 많이 달랐다. 이를 인지하는 것은 매우 중요하다. 그렇지 않으면, 당시 시행되었던 정책들의 미묘한 차이를 제대로 인식하기 어렵기 때문이다. 예를 들어 제2차 5개년 경제계획의 기본 모델이었던 마할라노비스Mahalanobis 모델을 배경으로 하고, 이에 따른 경제 계획은 국가주의자였던 네루의 선례를 참고하여 만든다고 가정해보자. 과연 마할라노비스가 네루와 같은 목적으로 발전 모델을 설정했을까? 비록 일부는 네루식의 국익 비전, 국가 비전과 일치하는 점이 있더라도 이는 합리적이거나 지적인 활동이라고 보기 어렵다.

　네루는 경제정책과 관련된 세 가지 주요 사항인 산업화, 정치경제적 자립, 사회주의에 대해 다른 정치지도자와는 매우 다른 시각을 가지고 있었다. 네루는 산업화를 인도의 '전환'이라는 관점에서 접근했다. 네루의 이러한 관점은 세계사와 인도 역사 그리고 인도의 민족주의 운동에 대한 인식에 기초한 것이었다. 그리고 이것은 최초에 가난한 사람들의 생활 환경을 발전시키기 위한 추동에서 시작되었고, 이것은 다시 독립과 연결되었다. 이는 마하트마 간디의 자치swaraj와 뜻을 같이한다. 간디의 자치는 가장 가난하고 궁핍한 모든 사람을 위한 것이었다.

인도의 민족주의 운동은 독립운동과 같은 것이었다. '독립은 과연 가난한 사람에게 혜택을 가져올 것인가'라는 질문에 대해, 네루는 산업화가 가난한 사람에게 경제적 이익을 가져오고 이들의 자치를 가져올 것이라고 믿었다. 또한 산업화가 경제성장을 가져올 뿐 아니라 국가를 현대화하는 데 필수적인 것이라고 믿었다. 그리고 그가 생각하는 산업화는 소규모의 가내수공업이 아닌 대규모의 산업화를 의미한다. 즉 자본집약적으로 기계 장비를 사용하며 현대 기술을 사용하는 유럽의 공장 시스템이 그가 가진 산업화의 비전이었다. 네루는 이것이 인도를 현대화하는 데 필수적이라고 믿었다.

어떤 사람은 물론 이런 접근 방법에 반대할 것이다. 그러나 내가 이 모든 논의를 다룰 필요는 없을 것이다. 내가 말하고 싶은 것은 네루의 의제다. 그리고 이것이 모든 세대를 거치면서도 네루가 우리의 총리이자 지도자로 남아 있는 이유인 것이다. 두 번째 중점 사항인 정치경제적 자립은 산업화와 매우 연관이 많은 것으로, 이는 네루의 비동맹주의와도 관련이 깊다. 물론 이것은 국가의 독립에 대한 강력한 요청에 기인한다. 그러나 이는 공식적이고 합법적인 국가 독립 이상의 의미를 가진 것이다. 그는 인도가 외부의 압력이나 정책 결정에 제약을 받지 않는 완전한 자유국가여야 한다고 생각했다. 이를 직접적으로 경제에 적용하면 가장 먼저 외국의 원조로부터 독립해야 한다고 여긴 것이다. 즉 외국인이 인도의 정치를 조작할 수 있게 하는 대외원조에 의존하지 않아야 한다는 것이었다.

이러한 해석에 대해 반박은 많을 수 있다. 그래서 이에 대해 좀 더 설명해보려고 한다. 첫 번째, 그 당시에 외자는 대외원조를 의미했다. 민간자본 투자는 없었고, 다국적기업은 존재했지만, 이는 수익성이 아주 높거나 착취에 가까운 활동을 하는 기업이었다. 아마도 당시 인도로 들어온 다국적 자본은 라틴아메리카나 다른 나라에 비해 매우 적었을 것이다. 따라서 당시 외자는 대외원조를 의미하는 것이었다. 네루는 "인도는 대외원조 자체를 반대하지 않는다. 그러나 인도는 독립적이어야 하며, 대외원조로 외국인이 우리 국가에 압력을 가하는 상황이 없어야 할 것이다"라고 누누이 말했다.

이것이 그의 정치적 의제였고, 인도의 경제에도 그대로 적용되었다. 따라서 인도는 경상수지 적자에도 해외원조를 제한했다. 이는 인도의 수입 대체에 대한 동기를 이해하는 데도 동일하게 적용할 수 있다. 수입 대체가 빤디뜨지Panditji의 비전에 기초했다는 생각은 오해다. 그것은 기본적으로 외국 자본의 영향에 저항한 것이었다. 현재 수용 여부와는 별개로 그 시점에서 외자 유입은 대외원조였으며, 대외원조의 영향력을 제한하는 것은 자립을 의미했다. 그렇다면 어떻게 수입 대체가 인도의 정책이 되었을까? 그것은 당시 인도의 수출이 급성장하지 않을 것이라고 믿었기 때문이다. 그리고 이 믿음 혹은 가정의 진위에 대한 논쟁도 활발했다. 어쨌든 이것은 당시 인도의 해외무역 현황으로 받아들여졌다. 인도의 수출은 가격과 수입 면에서 비탄력적인 1차 생산물 혹은 농산물에 의존했다. 1차 생산물은 공급이 증가하면 적정 수준보다 더 많이 가격이 떨어지고, 수입이 증가한다고 하여 수요가 그만큼 증가하지 않는 물품이었다. 따라서 국내 수요보다 제조업 제품을 많이 만들어서 이를 수출하는 방식을 택해야 했다. 그러려면 인도는 수출 제조업 기초를 마련하기 위해 먼저 산업화를 해야 했다. 이렇게 했다고 해서 충분조건이 된 것은 아니다. 왜냐하면 당시에는 개발도상국의 상품 수입에 대해 많은 관세 장벽과 관세 이외의 다른 문제도 많았기 때문이다.

오늘날 일부 경제학자들은 이 정책이 틀렸다고 말한다. 이들은 제조업 수출로부터 접근해야 하며 수출 성장 촉진 정책을 운영해야 한다는 것이다. 이들은 수요는 공급이 있을 때 창출된다고 주장한다. 이 논쟁은 그럴듯해 보인다. 여기서 명확히 할 것은 당시 인도의 분위기는 수출 비관주의가 지배적이었고, 수입 대체 정책은 네루가 혼자 기획한 것이 아니라는 것이다. 그것은 정책 결정자나 경제학자들이 해외무역 현황에 대해 연구하고, 자신들의 판단에 기초하여 결정한 것이다. 그리고 추가적으로 인도뿐 아니라 다른 나라도 이러한 정책을 따랐음을 언급하고 싶다. 당시 지배적인 관념은 개발도상국의 수출 전망을 그리 낙관적으로 보지 않았다. 19세기 자본주의와 20세기 개발도상국의 성장 사이의 주된 차이에 대해 언급한 라그나르 누르끄세Ragnar Nurkse는 19세기의 자본주의는 수출에 의해 팽창했지만, 20세기에는 생산품에 의존한 팽창이 어렵다고 보았다. 이 명제의 진위 여부를 떠나 수출 부진은 인도가 수출 대체 정책을 결정하는 데 기본적인 원인이 되었다. 그리고 개발도상국의 경우 수출을 확장하지 않고 국외 저축이 많지 않은 경우 수입에 다양한 제한이 있었다. 이러한 수입 규제는 다른 결과를 가져왔다. 즉 광범위한 수입 규제 대신 관세를 통해 수입을 제한했고, 산업 전 분야의 지출을 통제하는 재정정책을 실시했다.

이제 이 두 가지 상황을 종합하여 고려해보자. 수출 비관주의가 팽배하고, 국외자본 유입에 대한 정치적 견제가 있으며, 동시에 더 많은 장비와 기계를 가진 산업화를 원한다. 당신은 제한된 수출 가능성과 제한된 수입을 지닌 폐쇄적인 경제에 대한 마할라노비스 경제 모델을 알고 있다. 당시 인도에는 외국 자본의 유입 가능성이 별로 없었다. 그런 맥락에서 성장을 극대화하길 원한다면, 생산할 수 있는 장치를 만들어낼 특정한 산업화 모델을 가져와야 한다. 그 장치는 현대의 기술과 과학 등을 사용하는 현대화된 공장을 가진 현대화된 경제를 만들어낼 것이다. 왜냐하면 당시에 장치는 최신 기술을 포함한 것으로 여겨졌기 때문이다.

마할라노비스 경제 모델을 통해 두 개 분야의 성장 비율은 가장 높은 수준을 기록했다. 그러나 인도는 여러 가지 정책에서 이 모델을 완전히 따르지 않는 실수를 저질렀다. 첫 번째는 인도 정부가 이 기간에 소비 증가가 많이 일어나지 않을 것이라고 가정했다는 것이다. 그래서 소비를 규제하는 정책을 계획했고, 소비재 부문 수입을 최소화하기 위해 소비재 수입 가격을 엄격히 통제했다. 두 번째는 마할라노비스 모델은 기계 생산에 관해 얘기하는데, 그러한 기계는 팔려야 할 것이고, 사용자로부터 수요가 있어야 한다. 완벽한 중앙집권 경제 체제는 모든 수요와 공급이 일치하는 계획 체제하에서 수행된다. 그러나 인도에서는 완벽한 중앙집권 경제 체제가 적용되지 않았고, 부분적인 중앙통제가 수행되었다. 경제의 일부는 완전히 민영화되거나 시장 지향적으로 운용되었다. 결국 인도 같은 매우 불완전한 계획경제 체제에서 국가 계획은 시장가격 결정에서 다른 역할을 하게 되었던 것이다.

처음부터 인도의 계획 모델은 경제에서 매우 중요한 부분인 가격 결정 체계를 무시했다. 부분적으로 계획경제를 실시했던 인도에서 완벽한 중앙집권 경제 체제의 소비에트 연방 경제 모델을 적용한 것부터가 잘못이었다. 이것은 네루나 마할라노비스 모델의 잘못이 아니다. 계획 중심 모델의 실행 가능성에 대한 엄청난 오해가 있었던 것이다.

세 번째는 가격을 통제하면서 개발 계획을 실행하는 것이다. 이는 어느 정도 네루의 사회주의 사상이 개입된 것이다. 제2차 5개년 경제계획 문서를 보면 가격통제에 관한 내용이 발견된다. 사실 가격통제는 사회주의 계획경제에서 필수적인 요소다. 따라서 나는 이것에서 커다란 실수가 있었다고 생각한다. 왜냐하면 인도는 시장경제와 반대되는 사회주의를 부분적으로만 따르고 있었다. 그럼에도 사회주의 계획경제의 필수적인 요소를 적용하고자 했던 것이다. 이것이 정책 결정자들의 실수라고 본다. 이들은 심각하게 고심해야 할 분배 과정에서 지름길을 원했고, 그래서 가격통제라는 매우 편리한 지름길을 선택한 것이다.

어쩌면 이것을 네루식 사회주의의 핵심 요소로 볼 수 있을 것이다. 빤디뜨지는 아마도 인도의 마지막 사회주의자였을 것이다. 그러나 그는 사회주의가 사회정의를 실현한다는 오래된 원칙을 고수함으로써 인도에서 대중적 지지를 확보하지 못했다. 그는 좀 더 시간이 흐른 후에는 사회주의를 사회주의식 사회Socialistic Pattern of society로 개명하기도 했다. 이는 공평함과 더 나은 분배를 위해 경제성장을 촉진하고 차별을 줄여가는 정책을 추구한다는 의미였다. 그러나 사회주의 개념에 대한 한 가지 문제점은 공기업의 역할이었다. 공기업은 정책의 도구가 되었다. 경제에서의 공기업의 역할과 네루식 사회주의 체계에서의 공기업의 역할의 차이를 살펴보자. 빤디뜨지의 "공기업은 경제정책 전반에 기여하고 경제의 방향을 선도하는 역할을 한다"라는 말에서 잘 드러난다. 그 결과 네루 집권기의 공기업은 산업화와 성장을 위한 핵심 계획 도구였던 반면, 네루 집권 이후 인도의 공기업은 인도 전 영역의 경제에 영향을 미칠 만큼 방만하게 확장되었다.

그러나 다음 집권자인 인디라 간디는 이러한 이론을 믿지 않았다. 그녀는 현실적인 여성 정치가였다. 그녀는 권력을 유지하기 위해 민족운동의 주류를 견지하고 인도의 독립을 확고히 하는 한편, 가난하고 억압된 사람들 문제를 해결해야 함을 알고 있었다. 이를 이해한다면 당시 정책 발전을 더 잘 이해할 수 있다. 인디라 간디는 점차 사회주의 혹은 '가난한 사람을 위한 일'이 가진 자와 가지지 못한 자 사이의 갈등을 심화한다는 것을 인지하게 되었다. 네루 시기에 사회적 갈등은 두드러지지 않았다. 네루 시기 중앙정부는 민간기업과 공기업 모두를 지원했다. 기업가는 댐이 건설되고 제철소가 세워지는 것에 매우 만족했고, 산업과 정부 사이에 갈등은 없었다. 그러나 인디라 간디 집권기에 꼬인 정책이 갈등의 원천이 되었다. 그녀는 가난한 자에게 이익이 되는 정책뿐 아니라 부자의 이익에 반하는 정책을 실시했기 때문이다. 이것은 그냥 정치일 뿐이다. 그렇지 않다면 왜 그녀가 그렇게 독점에 반대하는 대책을 고수했는지 설명할 수 없다.

사실 그녀의 정치적인 전환점은 아무도 방해하지 말아야 할 그녀의 왕국이 방해받았을 때 시작되었다. 그러나 이것은 또한 사람들이 자신들의 거대한 이익에 반하는 인디라 간디의 압력을 인지하는 계기가 되었다. 그러자 그녀는 은행 국유화에 착수했다. 물론 그것은 엄청난 경제적 손실을 가져왔다. 그러나 그것이 비효율적으로 진행됐을지라도, 저축률의 증가와 일반인의 은행 거래를 대폭 확대했다는 점에서 놀라운 효과를 가져왔다. 즉 은행 접근이 어려웠던 가난한 사람을 비롯해 사회 시설이 발달하지 않은 농촌 지역을 포함한 전국의 중산층이 은행 거래를 함으로써 유익한 결과를 가져왔던 것이다.

은행 국유화가 이용자를 대폭 확대한 것은 엄청난 일이었다. 그러나 그녀의 관점에서 경제 정의를 실시하기 위해 이것이 옳은 결정이었다 하더라도, 그것은 분명히 은행 시스템을 통제해왔던 일부 대기업의 이익에는 반하는 것이었다. 그녀는 이를 문제시하지 않았다. 경제학자들은 석탄 국유화도 이와 유사한 사건으로 규정한다. 석탄산업이 국유화된 후에 인도에서 석탄 경제가 완전히 바뀌었기 때문에 매우 거대한 영향을 미친 사건이었다. 석탄산업의 경우 국유화 이전에는 매우 상황이 좋지 않았다. 그러나 국유화 이후 석탄산업은 활황을 누리게 되었다. 국유화로 인한 비효율성이 발생했지만, 국유화로 나타난 긍정적인 효과는 무시하기 어려운 것이었다.

그녀는 회의당의 정통 활동인 가난한 사람을 대변하는 정책을 꾸준히 실시함으로써 가난한 사람의 대변인으로서 자신의 입지를 다져나갔다. 그리고 동일한 비중으로 독립된 경제정책과 외교정책을 펼쳤다. 그녀의 정권에서 최악의 사건은 비상계엄령FERA legislation이었다. 이것은 분명 잘못된 것이 틀림없었다. 그러나 이때도 인디라 간디 정부는 일반인에게는 외환을 남용하고 자금을 도피하는 사람을 정부 통제하에 둔다는 인상을 남겼다. 가장 중요한 조치는 전반적인 빈곤 퇴치 정책이었다. 정치 입문 시기에 그녀는 삐땀바르 빤뜨로부터 조언을 받았다. 빤뜨는 경제가 성장하고 있고 분배가 왜곡되지 않는다면, 가난한 사람 또한 수입이 증가할 것이고 가난을 극복하게 될 것이라고 믿었다. 물론 이것만으로는 그녀가 가난한 사람 편이라는 입지를 명확히 세울 수 없었다. 수코메이 짜끄라바르띠Sukhomay Chakravarty 교수의 모델은 명백히 재분배와 성장을 동시에 가져오는 형태였다. 인도는 높은 성장률과 동시에 소득이 가장 낮은 20퍼센트의 인구를 위해 소득을 증가하는 계획이 필요했다. 그리고 이러한 동기가 인도의 계획 체제에 들어 있었다. 더불어 인디라 간디가 도입한 특별한 빈곤 퇴치 계획도 기본 프로그램 안에 들어 있었다. 인도에서 빈곤을 퇴치하는 다양한 계획이 시행되었지만, 이것들은 기본적으로 모두 부의 편중을 막는 것이었다.

인디라 간디는 계엄령 발표 이후 정권을 빼앗겼지만, 1980년에 다시 정권을 잡았다. 그리고 그녀는 두 가지에 대해 확고한 신념을 갖게 되었다. 첫째, 모든 대립적인 정책은 오직 인도가 성장할 때만 성공할 수 있다. 왜냐하면 국가가 성장하지 않는다면 그것은 한 사람이 얻고 다른 한 사람은 잃는 제로섬게임이 되며, 대립은 불가피하게 되고 이를 통제하기도 어렵게 된다. 지난 30년 동안 인도는 1인당 국민소득 1퍼센트 성장을 이루었고, 이는 재분배 정책을 효과적으로 만들 수 없게 했다. 경제성장 없이 체계가 지속될 수 없다는 것은 자명한 사실이다. 꽤 오랜 시간 동안 인도의 경제학자들은 통제와 각종 허가 제도가 어떻게 경제성장률을 감소시키는지 지적해왔다. 이전에도 정치인들은 몇 번이나 경제개혁을 시도해왔다. 인디라 간디도 평가절하 계획으로 정계에 입문했었다. 그러나 그녀가 기대했던 세계은행이나 다른 기구들에서 자금 유입이 제대로 되지 않으면서 평가절하 정책은 실패했고, 그런 이유로 정치인들은 이를 반대하게 되었다. 당시 인도에는 두 차례 심각한 가뭄이 있었고 미국의 대통령 존슨Lyndon B. Johnson은 식량 원조를 거절했다. 이러한 정치적 요소 때문에 인디라 간디는 정치적 독립의 필요성을 확고히 하게 되었다. 인도의 경제정책에서 가장 위험한 것은 정책결정자가 개혁이 필요하다는 것은 절실히 알고 있지만, 개혁을 위한 기준은 마련하지 못했다는 것이다.

그래서 1980년에 재집권했을 때 인디라 간디는 경제자유화를 시도했다. 이번에는 그녀가 달성하고자 하는 경제자유화가 주류에서 벗어났다거나, 자립경제 절충안에 대해 아무도 비난할 수 없는 방식으로 진행되기를 원했다. 인디라 간디가 시도한 자유화는 단 하나의 원칙으로 진행되었다. 즉 각종 규제 완화다. 최대 10억 루피까지의 투자에 대해서는 허가가 필요하지 않았다. 그 결과 당시 대기업의 10~15개 사업

정도의 대규모 투자에만 허가를 받으면 되었다. 이는 수입 규제에도 동일하게 적용되었다. 이것은 효과적인 자유화와 완벽하게 일치하는 방법이었다. 동시에 실용적이며 제약을 완화하는 정책 체계에서 벗어나지 않는 이미지를 갖게 했다. 인디라 간디의 경제자유화 시도에 대해 경제는 매우 빠르게 반응했고, 경제성장률은 상당히 높아졌다.

둘째, 인디라 간디가 진행한 개혁 프로그램의 또 다른 핵심은 재정긴축이었다. 처음부터 그녀는 재정 긴축에 집중했다. 그녀는 재정 적자를 허용하지 않았다. 그리고 사실상 1984년까지 인도는 재정 적자를 겪지 않았고, 그녀의 집권 기간 동안 인도는 상당한 재정 흑자 상태였다. 심각한 석유파동 시기에도 인디라 간디는 긴축정책을 실시했고, 그 결과 물가는 안정을 유지했다. 모든 인도의 정치인은 인도에서 물가인상이 빈곤층을 더욱 어렵게 한다는 데 동의한다. 따라서 빈곤을 줄이는 이미지를 원했다면, 물가 안정을 유지해야 한다. 비록 15~20퍼센트 정도의 인플레이션이 경제성장에는 아주 조금 영향을 미친다고 하더라도, 인도 사회에서 용인할 수 있는 인플레이션 최대치가 10퍼센트라는 관념은 거의 절대적 진리가 되었다. 물론 각국의 다양한 인플레이션 관련 연구가 있지만, 인도 사람들은 합리적인 인플레이션은 10퍼센트 아래라고 생각한다. 아마도 이는 인디라 간디가 인도인에게 남긴 유산일지도 모른다. 어쨌든 인도인은 인플레이션이 10퍼센트를 넘는다면 발전할 수 없다고 생각한다.

그래서 자유화가 시작된 1980년대에는 중단 없이 확실하게 여러 해에 걸쳐 발전된 이 틀을 지키면서 정책이 전개되었다. 동시에 수년 동안 발전되어온 체계를 벗어나지 않는 분명한 정책적 신념도 유지되었다. 그리고 그 효과는 매우 분명하게 시각적으로 나타났다. 인도의 경제정책은 허가의 족쇄로부터 벗어났고 재정 긴축을 포함한 특정 정책이 실시되어도 통제가 가능한 상태가 되었다. 라지브 간디가 집권했을 때 그는 인디라 간디와 유사하게 자유화를 강조하는 정책을 추구했다. 그러나 그는 재정 긴축 같은 원칙은 고수하지 않았다. 초기에는 라지브 간디가 회의당의 유산과도 같은 사회주의를 포기할 수 있을 것이라고 생각했을 것이다. 그러나 그는 곧 회의당이 고수한 사회주의 노선에서 벗어난다면 권력을 유지할 수 없다는 것을 깨닫게 되었다. 그 결과 그는 재정 적자를 통제할 수 없었다. 그의 집권 기간 동안에는 경제성장률이 매우 높았지만 재정 적자도 매우 높았다.

이러한 맥락에서 우리는 1991년의 경제개혁을 살펴봐야 한다. 1991년에 일어났던 정책들이 외부에 잘 알려졌음에도 그 당시의 정치인들에게 신뢰를 얻어야 했다. 특히 변화를 바라는 당시 총리였던 나라심하 라오Narasimha Rao의 신뢰가 필요했다. 자유화로 경제성장률이 높아지는 과정에서 인도는 체제 전반에 걸쳐 엄청난 변화를 겪었다. 특히 1991년의 유동성 위기는 다른 방식으로 관리가 되었지만, 이는 라오 총리가 개혁 조치를 도입하는 데 도움이 되었다. 그리고 이는 인도의 경제와 사회에 확실히 거대한 영향을 미쳤다. 불행히도 그 과정에서 특히 빈곤 퇴치 같은 과거 인도 정부가 추구해왔던 국가 정책의 주류에서 멀어지는 정책을 실시할 수밖에 없었다. 이것이 일반적으로 알려진 사실이다. 그리고 그의 재임 기간 3년차에 이 노선이 정권을 유지하는 방법이 아니라는 것을 깨달았다고 추측할 수 있다. 즉 나라심하 라오는 회의당의 기본적인 정책인 빈곤 퇴치 정책으로 회귀해야 한다는 것을 깨달았다. 그때부터 포퓰리즘에 영합한 정책이 실시되었다. 그러나 그 기간이 너무 짧았고 재정 적자도 크게 증가하는 결과를 가져왔다. 그의 재임 마지막 2년간은 빈곤 퇴치에 기여할 수도 없었고, 재정 위기만 남기는 결과를 가져왔다. 1996년을 마지막으로 나의 평을 끝내야겠다.

이 시점은 이 글을 마무리하기에 가장 좋은 시기인 듯하다.

인도의 발전을 당시 집권자의 정치적 지도력과 추동력을 연결하여 살펴보길 바란다. 인도의 통치나 체계 운영에 영향을 미쳤던 그들의 신념은 무엇이었는가? 이러한 관점에서 인도의 정책 변화와 각 정부 간의 정책 차이를 살펴본다면, 정책 변화에 대해서 좀 더 이해하기 쉬울 것이다.

자유화 이후 신흥 비즈니스 세계

구르짜란 다스
Gurcharan Das

하버드 대학을 졸업하고 다국적 기업 P&G 인도 대표, 극동지역 부사장과 상무이사를 지냈다. 현재 산업체와 정부 조직 고문으로 일하고 있으며, 〈타임즈 오브 인디아〉와 주요 경제지의 고정 칼럼니스트다. 주요 저서로는 《인도는 밤에 성장한 한다India grows at night》(2012) 《인도 해방 : 독립에서 글로벌 정보통신 시기까지India Unbound: From Independence to Global Information Age》(2000) 등이 있다.

첫째, 경제개혁은 비즈니스 세계에 지대한 영향을 미친다. 시장에서 경쟁이 심해졌고, 경쟁 혹은 위협은 이제 사업가의 행동을 안내하는 지침이 되었다. 긍정적인 면은 경제개혁이 특히 젊은 경영주 사이에서 자신감을 주고 의욕적인 태도를 갖게 했다는 것이다. 둘째, 경제개혁 이후 거의 10년 만에 인도의 비즈니스 세계는 명확히 분리되는 경향이 나타났다. 현대 인도 기업은 둘로 나뉜다. 한 기업은 새로우면서 활기찬 기업으로 글로벌 경쟁력을 갖추고 있다. 이런 기업은 소프트웨어, 인터넷, 정보통신 서비스, 제네릭 의약품, 엔터테인먼트 같은 지식 산업에 종사하는 기업으로, 이들은 합리적이고 전문적으로 운영된다. 다른 기업은 인도의 오래된 가족기업으로, 여전히 모순에서 허둥대고 있다. 이들 기업은 글로벌 경제에서 살아남는 데 필요한 기술을 획득하지 않는다.

09

———

인도가 신흥국가라는 맥락에서 경제개혁 이후 인도의 비즈니스 세계에 관한 다섯 가지 가설에 대해 설명해보려 한다. 이는 다음과 같다.

첫째, 경제개혁은 비즈니스 세계에 지대한 영향을 미친다. 시장에서 경쟁이 심해졌고, 경쟁 혹은 위협은 이제 사업가의 행동을 안내하는 지침이 되었다. 긍정적인 면은 경제개혁이 특히 젊은 경영주 사이에서 자신감을 주고 의욕적인 태도를 갖게 했다는 것이다.

둘째, 경제개혁 이후 거의 10년 만에 인도의 비즈니스 세계는 명확히 분리되는 경향이 나타났다. 현대 인도 기업은 둘로 나뉜다. 한 기업은 새로우면서 활기찬 기업으로 글로벌 경쟁력을 갖추고 있다. 이런 기업은 소프트웨어, 인터넷, 정보통신 서비스, 제네릭 의약품, 엔터테인먼트 같은 지식 산업에 종사하는 기업으로, 이들은 합리적이고 전문적으로 운영된다. 다른 기업은 인도의 오래된 가족기업으로, 여전히 모순에서 허둥대고 있다. 이들 기업은 글로벌 경제에서 살아남는 데 필요한 기술을 획득하지 않는다.

셋째, 인도의 기업은 경제개혁 초기에는 탐욕스럽게 합작투자를 형성하여 개혁에 대응했다. 그러나 이들의 능력은 동등하지 못했고, 충분히 고심하여 결정된 합작투자가 아니었기 때문에 이들의 합작은 오래 가지 못했다.

넷째, 지난 50년간 인도는 산업혁명에 실패했다. 이것은 사회주의 경제 체제가 경제를 잘못 인도했을 뿐 아니라, 인도인 자체가 '땜장이 tinkerers'가 아니기 때문이다. 이것은 인도 사업가 계급의 약점이다.

다섯째, 인도는 산업혁명 단계를 뛰어넘고 정보화시대로 도약할 가능성이 있다. 우리는 정보화시대에 성공해야만 한다. 인도는 산업화시대보다 정보화시대에 강한 것으로 알려져 있기도 하다. 인도의 정보통신 기업들의 성공은 인도인이 추상적인 사고에 능숙함을 보여준다. 따라서 우리는 산업혁명보다는 오히려 지식혁명의 선도자가 될 가능성이 더 높다.

사실 이런 가설들을 지지할 정량화된 자료가 없다는 것은 인정한다. 이 다섯 가지 가설은 10여 개 회사의 컨설턴트와 다른 여섯 개 회사의 이사들이 속해 있는 모임을 통해 얻은 일화와 인상적인 자료에 근거한 것이다. 추가로 나는 1995년에 비즈니스 월드의 한 프로젝트를 수행하며, 65명의 기업 사장과 인터뷰를 하는 특권을 가졌다. 이러한 경험을 종합하여 이 가설들을 전개해본다. 다만, 향후에 미래학자나 비즈니스 역사가들이 이 가설을 더 깊이 연구하여 그 진위 여부를 가려주길 바란다.

일반적으로 인도의 경제개혁에 대한 논쟁의 쟁점은 '인도 정부의 역할은 무엇인가'다. 그래서 인도의 산업이나 기업가는 성공적인 개혁에 대한 대처에 관심이 거의 없다. 그러나 개혁 이후 인도 경제의 미래는 점점 더 산업과 비즈니스의 성공 여부에 의존하게 될 것이 분명하다. 이러한 맥락에서 다음과 같은 질문이 필연적으로 따르게 된다. '인도는 역사적인 비즈니스의 약점을 극복할 수 있는가?' '더욱 강화되는 국내외 경쟁을 견뎌낼 수 있는가?' '세계적인 경쟁력을 확보할 수 있는가?' '이들이 자유화로 희생된 인도인에게 보상을 해줄 수 있을까?'

역사적으로 볼 때 인도의 비즈니스 성과는 약하다. 인도는 확실히 산업혁명에 성공하지 못했다. 산업화 실패에 대해서 1947년 이전에는 영국의 식민 지배를 비난했고, 1947년 이후에는 정부의 과잉 규제(인허가 통치License Raj)를 비난했다. 하지만 1991년 경제개혁 이후 다른 누구의 탓으로도 돌릴 수 없는 처지가 되었다.

경제개혁 이후 인도 시장의 경쟁은 치열해지고 있다. 현재 인도의 기업은 변화에 돌입한 상태다. 그러나 개혁은 절반만 이루어졌다. 따라서 인도의 기업은 해외 경쟁사보다 훨씬 더 어려운 환경을 대면하게 된다. 수익을 내지 못해도 쉽게 문을 닫을 수 없고, 잉여 노동력의 절감에도 어려움이 있다. 또한 세계 기준에 비추어 여전히 높은 수입 관세와 소비세 때문에 높은 비용을 감수해야 한다. 게다가 정부가 독점하고 일정을 마음대로 연기하는 인프라(사회 기반 시설)에 절대적으로 의지할 수밖에 없다. 인도 기업은 소비세와 관세 그리고 많은 국가기관 부패의 피해자다. 그러나 긍정적인 면에서 인도 기업은 불완전한 개혁의 수혜자다. 왜냐하면 진입 장벽이 높은 국내 시장에서 활동하기 때문에 보호받을 수 있다. 예를 들면 일부 소비재의 수입은 여전히 금지되어 있다. 그러나 장기적인 관점에서 보자면 성공한 일류 기업이 국내 시장에서만 경쟁하게 되면, 국제적으로 성장 기회를 상실할 수도 있다. 왜냐하면 치열한 경쟁만이 기업을 강하게 만들기 때문이다.

인도 기업의 강점과 약점

　지난 40년간 사회주의가 지속되었지만 인도의 전설적인 기업가 정신을 파괴할 수는 없었다. 비록 사회주의로 인해 기업가 정신이 다소 왜곡된 면이 있긴 하지만, 인도 기업은 여전히 많은 장점을 가지고 있다. 기업가 정신은 기본적으로 상인 카스트에서 발견된다. 이들은 위대한 재정적 안목을 가지고 있고, 금욕적인 생활태도를 가지고 있으며, 예측 가능한 위험을 감수하는 성향을 지녔고, 자본 축적과 자본을 관리할 수 있는 능력이 있다. 지난 50년 동안 비를라Birla 그룹은 전 세계에 진출한 지사들을 관리해왔다. 릴라이언스Reliance 그룹의 암바니가Ambanis 家는 인도 중산층 사이에서 150만 주주를 모으고, 이를 기반으로 단일 그룹으로 성장시켜 세계적인 기업이 되었다. 많은 인도의 산업이 지난 40년 동안 심한 가격통제하에 있었기 때문에 기업은 생존을 위해 저비용 제품 생산에 집중해왔다. 이는 인도 기업이 세계시장에서 경쟁우위에 설 수 있는 기반을 제공한다.

　그러나 인도 기업은 많은 약점도 가지고 있다. 가장 중요한 여섯 가지 약점은 다음과 같다. 첫째는 사업 이익과 가족 이익 분리의 어려움, 둘째는 집중 사업과 비즈니스 전략 부족, 셋째는 사업 시 단기 접근, 이로 인한 직원과 제품 개발 투자의 부재 초래, 넷째는 경쟁 없는 시장에서 활동하여 고객 요구에 무감각하고, 그 결과 마케팅 능력 부족, 다섯째는 기술에 대한 무관심(인도인은 '땜장이'가 아니다), 여섯째는 팀워크 부족이다. 이런 많은 약점은 1950년부터 1990년까지 경쟁이 약화된 폐쇄경제로 인해 강화되었다.

경영 자본주의가 아닌 가족 자본주의

인도 기업의 첫 번째 특성은 가족 경영이라는 점이다. 이것은 놀라운 일이 아니다. 심지어 가장 '전문화된' 비즈니스 국가인 미국도 국민총생산의 40퍼센트가 가족회사 매출에서 나오고, 전체 기업의 80퍼센트 이상은 가족기업으로 운영된다. 전 세계 대부분의 국가에서 기업은 가족 경영으로 이루어지는 경우가 많다. 이는 무역에서 서비스 산업, 구멍가게에서 최첨단 산업까지 분야와 규모를 망라하여 나타나는 현상이다.

오늘날 인도의 가족기업은 대단히 긴장하고 있다. 왜냐하면 가족 운영 사업이 자유화 경제 상황의 경쟁에 효과적으로 대응할 수 없을 것이라는 염려 때문이다. 하지만 가족기업은 이에 대해 크게 걱정할 필요가 없다. 사실 많은 사람들이 경제 역사에 대해 왜곡된 시각을 가지고 있다. 이 왜곡된 시각으로 보면 경제는 증권거래소에 등록되어 있고 분산된 투자자들이 지분을 소유한 대규모 기업에 의해 지배된다. 가족기업은 종종 기업 성장 그래프에서 초기와 달라지지 않은 것으로 묘사되지만, 매우 성공한 가족기업은 해당 기업의 기량을 넘어서 경영 능력과 자금 조달 능력을 키우는 데 궁극적으로 얽매여 있는 것으로 평가된다. 또한 소유주가 주식시장에서 자금을 조달하기 위해 전문 경영자와 기업 공개를 결정하는 것으로 생각한다.

현실은 가족기업이 여전히 세계의 비즈니스 업계를 지배한다는 것이다. 이들은 아시아와 라틴아메리카 신흥 시장에서 특히 주요 역할을 하고 있다. 미국의 회사 카길Cargill은 7만 명의 직원과 500억 달러의 매출을 가진 거대한 다국적기업이다. 이 회사는 가족기업으로 운영되며, 주식 상장을 하지 않는다. 그러나 산업 구조는 국가에 따라 뚜렷한 차이를 보인다. 19세기 말에서 20세기 초에 산업화된 독일, 일본 그리고 미국은 기업의 조직 시스템을 빨리 구축했다. 그 결과 오늘날 이들 국가에서는 지멘스, 도요타, 포드와 모토롤라 같은 전문 경영 대기업이 국가 경제를 이끌고 있다. 대조적으로 프랑스나 이탈리아의 사기업과 홍콩, 타이완 그리고 중화인민공화국은 더 작고 가족이 운영하는 가족 경영 사업에 의해 지배되었다. 이들 국가의 대기업은 특성상 제도화하는 데 어려움이 훨씬 컸다. 상대적으로 작은 기업은 역동적인 반면, 한 세대 혹은 두 세대 이후 분리되는 경향이 있다.

인도 기업 역시 소규모 가족기업으로 운영된다. 몇몇 예외를 제외하고 인도 기업의 제도화는 문화적인 저항에 부딪히게 된다. 그 결과 인도에는 미국이나 일본에 비해 상대적으로 크고 위계 체계가 확립된 전문 경영 기업이 적다. 대기업의 부족은 인도가 세계경제에 참여할 수 있는 부문에 영향을 미쳤다. 일반적으로 독립적인 대기업은 자본 집약적이고 복잡한 제조 공정 또는 광범위한 유통 분야에서 규모의 경제를 활용한다. 반면에 작은 가족기업은 유동적이고 빠른 대응과 혁신을 요구하는 노동 집약적인 활동에 더 능숙한 경향이 있다. 그래서 대기업은 반도체, 자동차 그리고 항공우주 산업에 종사하는 반면, 소기업은 패션 의류, 소프트웨어, 기계 그리고 가구 산업에 종사한다.

인도에서 제도화된 대기업은 특정 부분으로 진출하는 데 제한이 있었다. 이는 중국 기업도 마찬가지다. 인도에서 제한된 분야는 비효율적인 국영기업이 활동하는 분야거나 거대 외국 기업이 활동하는 분야였다.

이탈리아, 프랑스, 중국의 소기업이 성공한 사실은 가족기업 자체가 반드시 단점이 되는 것이 아님을 보여준다. 그러나 성공한 가족기업은 전문화된 기업이었다는 것을 기억해야 한다. 예를 들어 가족기업은 전문 능력을 가진 외부인을 고용할 수 있어야 한다. 또한 경쟁 사회에서 살아남기 위해서는 회사를 운영할 최적임자가 기업을 운영해야 한다. 만약 가족 구성원이 최적임자가 아닌 경우, 경영을 외부인에게 기꺼이 넘겨줄 수 있어야 한다. 즉 전문화된 수단을 보유하기 위해서 가족과 회사의 이익을 구분하는 태도를 가져야 하며, 소유권과 경영권을 분리하여 관리하는 방법도 취할 수 있어야 한다. 오늘날 대부분의 인도 기업은 과도기 상태에 있다. 많은 기업이 상부의 무능한 가족 구성원 문제에 힘들게 대처하고 있다. 외부 관리자 해고는 쉽지만 어떻게 가족을 내칠 수 있겠는가? 인도 기업은 기업이나 가족 모두를 위해 옳은 일을 해야 한다. 불행한 가족 혹은 약한 회사, 둘 중 하나를 택해야 하는 것이다. 경쟁력을 갖추고 빠른 수준의 변화와 혁신에 대응하기 위해 그리고 재능 있는 사람을 찾아내고 그들을 보유하려고 세계의 기업은 경쟁하고 있다. 거의 모든 기업가의 가장 큰 과제는 자신의 회사에서 결정적 위치를 관리할 수 있는 능력을 가진 남성이나 여성을 찾는 것이다. 이것은 인도가 개혁 이후 비즈니스 세계에서 목격하고 있는 가장 심오한 변화다.

적어도 산업화의 초기 단계에 인도에서 대규모 비非가족기업을 만들 수 없었다는 사실이 인도의 경제성장에 제약을 가한 핵심 요소는 아니었을 것이다. 소기업은 자금력, 기술력 그리고 지구력 면에서 떨어지는 반면에, 유동성과 복잡한 행정 처리 없는 빠른 의사 결정을 할 수 있는 장점이 있다. 가족 자본주의는 절대적인 글로벌 경제의 단점이나 약점이 아니다. 재능 있는 외부 사람을 채용하고, 제도화하며, 회사의 이익에서 가족의 이익을 분리하는 전문화를 할 수 없다면, 이것은 분명히 약점이 될 것이다. 성공적인 수출을 한 각국의 가족기업은 가족기업의 이러한 약점을 극복했다. 하지만 인도는 여전히 그 문제를 가지고 씨름하고 있다.

가족 대기업 사멸의 긍정적인 결과

최근까지 인도 비즈니스계의 고유한 특성은 가족 경영이었고, 또한 이로부터 경쟁우위를 산출한다는 것이었다. 텔아비브, 안트웨르펜, 뭄바이, 런던 그리고 뉴욕과 같은 다이아몬드 가공 및 거래 중심지에 매장을 갖고 있고, 전 세계 다이아 원석 구매의 대략 60퍼센트를 차지하는 서부의 빨란뿌리자인Palanpuri Jain을 예로 들 수 있다. 자이나교도는 민족적인 유대를 바탕으로 매우 분산되고 전문화되었으면서도 본질적으로 높은 위험을 가진 공동 사업을 유지할 수 있었다. 가족과 민족적 유대가 그들의 사업에서 경쟁우위를 갖게 했다. 그리고 최근에는 심지어 유대인이 장악한 시장에서도 점유율을 높여갈 수 있었던 원인 중 하나였다. 이 명제는 사실일까? 가족 경영은 비즈니스 세계에서 정말로 경쟁우위를 제공할까?

인도에서 가족기업으로 살아남은 몇 안 되는 유명한 기업가 중 한 사람인 라훌 바자즈에게 이 질문을 했다. 그는 "아니다"라고 강한 어조로 대답하며, "기업은 자유화된 환경에서 효율적으로 운영되어야 한다"라고 덧붙였다. "효율적인 경영자는 가족 내부보다 오히려 외부에서 찾는 것이 좋다. 가족기업을 운영하기 위해 외부에서 경영자를 찾을 수밖에 없다. 그렇지 않으면 가족기업은 경쟁력을 가질 수 없을 것이다"라는 것이 그의 답변이었다.

20년 전 인도에서 대기업의 대부분은 가족 경영으로 움직였다. 그러나 오늘날 가족 경영은 실질적으로 없어졌다. 어떻게 된 일인가? 그들은 왜 해체된 것일까? 분할은 기업 실적과 전략에서 어떤 결과를 낳았는가? 아메다바드 인도경영대학의 뿔린 가르그Pulin Garg 교수는 "가족의 삶은 60년이다"라는 인상적인 말을 남겼다. 독일의 노벨상 수상자인 토마스 만Thomas Mann은 그의 위대한 소설《부덴브로크 일가Buddenbrooks》에서 가족 사업에 대한 동일한 관점을 표명했다. 그 소설은 3세대에 걸친 일련의 사건을 묘사한다. 첫 세대의 꾀죄죄하고 영악한 가장이 열심히 일해 돈을 번다. 부자로 태어난 2세대는 이제 더 많은 돈을 원하지 않는다. 그는 권력을 원한다. 그리고 권력에 전념하여 결국 상원 의원이 된다. 돈과 권력을 가지고 태어난 3세대는 예술에 헌신하는 것 외에 할 일이 없다. 그래서 미적이지만 신체적으로 허약한 손자는 바이올린을 연주한다. 그러나 쇠퇴의 징후가 나타나면서 부덴브로크 일가는 쇠망하게 된다.

3세대에 걸친 가족의 흥망성쇠에서 자연의 법칙이 잘 나타난다. 그러나 특이한 경우 가족기업이 살아남기도 하는데, 이것은 아마도 '사회주의'의 영향 때문일 것이다. 니라즈 바자즈Neeraj Bajaj는 비렌 샤Viren Shah의 아들과 공동으로 무꾼드 철강회사Mukund Iron & Steel를 공동으로 운영했고, 수익도 똑같이 나누었다. 이러한 경영 방식으로 무꾼드 철강회사는 성공적으로 지속될 수 있었다. 니라즈는 다음과 같이 말한다. "우리가 운영하는 사업 규모는 다양하지만, 동일한 생활수준을 유지하고 있다. 나의 사촌 라훌은 300억 루피 상당의 바자즈 오토Bajaj Auto를 운영하고 셰카르는 200억 루피 상당의 바자즈 전자Bajaj Electricals를 운영한다. 그러나 그들은 같은 급여를 받으며 생활수준도 비슷하다. 분열은 불평등이 눈에 보일 때 일어난다. 그러나 우리는 동일한 급의 자동차를 탄다. 비행기 이용 시에도 같은 클래스만 허용한다. 우리는 보통 휴가를 함께 보내고, 그래서 차이를 최소화할 수 있다."

만약 가족이 공동으로 일하고 생활하는 데 이점이 있다면, 왜 기업이 정말로 분열되거나 해체되는 것일까? 구자라뜨 가족기업의 경영진이자 예리한 관찰자인 바랏 빠뗄Bharat Patel은 다음과 같은 해답을 제시했다. 첫째는 아들이 하나뿐이고, 둘째는 아들이 셋 있다. 이때 둘째는 첫째보다 소득과 부를 세 배 더 획득해야 하기 때문에 불평등이 발생한다. 그리고 이 상황은 악화된다. 만약 외동아들이 명석하고 성공에 매진한다면 가족 사업은 번창할 것이다. 그러나 가족기업에서 보상은 노력에 비례하지 않기 때문에 그는 부족하다고 느낄 것이다. 어떤 의미에서 가족기업의 삶은 사회주의에서의 삶과 약간 비슷하다. 사회주의가 장기적으로 작동하지 않는 것과 똑같이 가족 사업도 그러하다. 가족 사업이 성공하려면 엄격한 평등이 필요한 반면, 인간은 모두 다르고 성과물도 각기 다르다. 이 상황에서 각기 다른 성과물에 상응하는 보상을 원한다. 결국 성과물에 비례한 보상이 주어지게 되면서 불평등한 분배를 하게 되면 가족 사업은 지속되지 못하는 것이다.

3세대로 내려가면서 기업은 나뉘게 된다. 우리는 지난 10년간 모디Modis, 왈짠드Walchands, 라우나크 싱Raunaq Singhs, 바이 싱Bhai Mohan Singhs 등 수십 개의 가족기업이 나뉘지는 것을 목격해왔다. 예를 들어 슈리람 그룹Shriram Group(DCM)의 분할은 재정 적자를 남겼다. 디시엠 대우DCM Daewoo의 공동 기획자인 비벡 람Vivek Bharat Ram은 기업 확장을 위해 자동차 주식을 구입할 현금이 없었다. 그 결과 그의 가족 점유율은 34퍼센트에서 10퍼센트로 감소했다. 아룬 람Arun Bharat Ram은 시트Ceat 나일론 코드 부문 인수에 대한 최종 할부금인 7억 루피를 체납했다. 비네이 람Vinay Bharat Ram은 1996년 기업 간 예금 상환을 미납했다. 시따르트 슈리람Siddharth Shriram이 운영한 시엘사Siel Ltd는 수익성이 낮은 사업을 매각하라는 강요를 받았다. 시엘사는 비료산업 부문을 분할했고, 압축기와 경금속에 대한 지분도 매각한다. 상황이 이렇게 된 이후 각 기업은 그들이 이전에 이용해왔던 것처럼 은행이나 금융기관과 가족기업으로서 더 이상 유리한 조건으로 협상할 수 없다는 것을 깨닫게 되었다.

가족기업이 분할되면 돈을 빌리거나 또는 일반적인 협상에서 유리했던 지위가 줄어들 수 있다. 그러나 사업 규모를 축소함으로써 관리 유연성을 높일 수 있다는 장점이 있다. 가족기업의 많은 경우는 산업 환경에 따라 합리적으로 분리를 선택한다. 왜냐하면 기업의 분리는 특정 사업 분야에 좀 더 집중하고 전략적으로 대응할 수 있도록 해주기 때문이다. 또 다른 경우는 가족이 비즈니스 시너지를 무시하고 각 가족 구성원의 이익을 위해 재산 분할로 기업 분리를 하는 경우도 있다. 이런 경우 다음 세대는 서로 관련 없는 산업을 빼앗기 위해 다툼을 일으킨다. 결국에는 가족도 분열되지만, 여기서 발생하는 문제의 핵심은 전략적 관리와 통제에 관한 것이다. 그러면 가족기업 분리는 미국처럼 전문 경영인이 기업을 경영하게 되는 경향으로 옮겨갈 것인가? 아니면 인도는 여전히 기업 경영이 가족 내에서 이루어질 것인가?

인도 대기업, 특화산업과 핵심 전략 부족

인도 기업이 가진 가장 큰 단점은 기업이 모든 것을 하고 싶어 한다는 것이다. 타타, 비를라, 싱하니아Singhanias, 모디, 타빠르Thapars 등 인도에서 대부분의 가족 경영 중심의 대기업은 사업을 특화할 필요가 있다. 이들 가족기업은 열여덟 개의 다른 업종에 종사한다. 이와 대조적으로 릴라이언스는 단지 몇 가지 석유화학 상품을 생산하는데, 실제로도 사업에서 성공했다. 란박시Ranbaxy는 오직 제약 부문에 사업을 집중하고 인포시스Infosys는 오로지 소프트웨어와 정보통신 서비스 사업에 종사한다.

외국 회사가 그들의 핵심 능력과 관련되지 않은 활동을 줄여가는 데 반하여, 인도 기업은 다른 길을 가고 있는 것 같다. 프레디 메따Fredie Mehta가 인도의 50개 선두 기업을 연구한 결과, 1993~1994년에 기업 회장은 대부분 금융 부문에 진출할 것을 언급했다. 1994~1995년에 회장들의 연설에서는 그들이 전력 부문에 관심이 있다고 했다. 1995~ 1996년의 보고서에서는 많은 회사가 전기통신 부문에 진입하고자 노력했다. 생산 체제를 만들고, 유통망을 구축하며, 고객의 니즈를 파악하는 데는 수십 년의 노력과 세세히 관리해야만 산업의 근간을 마련하고 익힐 수 있다.

그러나 인도 기업은 주요 사업과 관련되지 않은 새로운 산업 분야 진입이라는 중대한 결정을 마치 올해의 인기 사업을 뽑는 것처럼 여긴다. 봄베이 클럽 회원 중 몇몇이 이런 미숙한 행동을 할 때 봄베이 클럽은 지지를 받기 어렵다. 기업이 원한다고 하여 모든 산업 분야에 진출할 수 있는 것은 아니다. 일례로 사회 기반 시설은 규모가 매우 큰 사업으로, 인도 기업은 이를 위한 필수적이며 핵심적인 사업 능력이나 자금력을 가지고 있지 못하다.

세계에서 가장 큰 녹차 생산자인 카이딴B. M. Khaitan이 차茶 사업에 재투자하지 않고 이와 관련 없는 사업을 매입하는 데 자사의 차 수익금을 지출하는 것은 정상적으로 이해하기 힘들다. 몇 년 전에 그는 유니언 카바이드Union Carbide의 인디언 에버레디Indian Eveready 배터리 사업을 인수하는 데 9500만 달러를 지출했다. 심지어 세계에서 가장 큰 비스코스 스테이플파이버와 팜유 생산자인 건실한 비를라 그룹조차 해당 사업 분야의 지도자로서의 지위를 강화하거나 사업의 환경적인 위협을 줄이기 위한 상품 개발에 큰 투자를 하지 않는다.

그럼에도 인도에는 기업의 기본 전략에 의문을 가지고 '우리 회사의 핵심 역량은 무엇일까?' '우리는 어디에서 경쟁력을 창출할 수 있을까?'라는 질문을 끊임없이 스스로에게 하는 현명하고 젊은 많은 사업가가 있다. 일례로 터너 모리슨Turner Morrision 그룹이 있다. 이 그룹은 핵심 산업인 건설 자재에 집중하기 위해서 의류, 제당, 식용유 그리고 주류 사업을 매각했다. 심지어 타빠르 같은 유서 깊고 다각화된 사업을 보유한 가족기업도 자사의 주력 상품인 화학제품과 제지 사업 이외의 사업을 처분하길 원한다. 아르피지RPG 그룹은 자사의 타이어 코드와 면도날 사업을 매각했다. 비제이 말랴야 유비Vijay Mallya's UB 그룹은 통신과 석유화학 사업을 정리했고 자사의 엔지니어링 회사인 베스트 앤드 크롬프턴Best & Crompton을 매각했다.

사업 다각화의 병폐는 언제부터 시작되었을까? 하나의 경영진이 차, 황마, 직물, 시멘트, 선박 등을 모두 관리했던 인도 사업의 시초로 거슬러 올라가보자. 그 배경에는 영국의 인도 식민 지배 기간 만연해 있던 경영대리제도가 존재한다. 인도 독립 이후 각종 산업 허가 체계와 미숙한 자본시장은 상황을 심화시켰다. 정부와 좋은 관계를 가지고 있던 몇몇 회사가 허가를 독점하여 새로운 회사가 시장에 진입하지 못하도록 막았다. 산업허가제가 인도 고유의 제도라면, 한 그룹의 사업 다각화는 그렇지 않았다. 일본의 재벌 그룹은 초창기에 인도와 유사하게 사업 다각화 양상을 보였다. 그러나 일본의 재벌 기업은 특화된 단일 업종에 집중했다. 그 결과 도요타, 혼다, 소니, 파나소닉 그리고 캐논, 도시바와 같은 기업이 국제적 기업으로 거듭나게 되었다. 반면에 인도에서는 자유화 개혁 이후에도 이러한 교훈을 배우지 못했다. 1991년 직후 인도 기업은 합작투자 사업을 구성하는 데 집중했다. 각각의 산업 가족기업은 가능한 한 많은 합작투자 사업을 찾고자 했다. 그리고 자동차 부품과 패스트푸드, 기성복처럼 연관성이 없는 분야에도 합작투자를 이어갔다. 경영자의 가장 중요한 결정 중 하나는 '무엇을 하지 않을 것인가'를 정하는 것이다. 성공한 회사는 수많은 사업 부문이 아닌 소수의 사업 부문에서 최고가 되는 것이다. 이것이 그 사업을 위해 올바른 일이고 사업을 빛나게 만드는 것임을 인지해야 한다. 성공한 경영자는 사업의 성공과 행복이 특정한 사업 부문에 대한 전념과 그 부문에 통달하는 것임을 알고 있다. 역설적이게도 최근 인도의 가족기업 분열은 기업이 특화된 사업으로 매진하도록 돕고 있다. 지혜로운 가족기업은 회사의 자산이 분할될 때, 가문의 이익보다 회사의 이익을 우선시하고 회사의 자산을 전략적으로 분할한다. 그러므로 그들은 특화된 사업을 만들 수 있는 환경을 만들게 되고, 이런 현명한 결정 덕에 큰 수익을 거둬들일 수 있을 것이다. 그럼에도 여전히 다수의 가족기업은 회사의 자산이 분할될 때 가족의 이익을 우선시한다. 그 결과 어떠한 시너지 효과도 없는 불합리한 방식으로 회사의 자산을 분할하게 된다.

단기적인 접근법

인도 기업이 갖는 두 번째로 주요한 결점은 단기적인 사업투자 방식이다. 인도 기업은 직원이나 연구개발R&D에 투자하지 않는다. 인적 자본에 대한 소홀함은 신입사원을 채용할 때부터 여실히 드러난다. 프록터 앤드 갬블Procter & Gamble(P&G)이 인도경영대학IIM에서 학생을 채용하곤 할 때의 일화를 이야기해보려 한다. 이 회사는 우수한 졸업생을 채용한 시티뱅크Citibank, 레버Levers, 네슬레Nestle와 같은 외국 회사와 주로 경쟁했다. 인도경영대학의 우수한 졸업생을 채용하는 인도 기업은 거의 없었다. 그러나 그중에서 아시안 페인트Asian Paints는 최고의 졸업생을 채용했고, 이는 매우 인상적이었다. 일본에서는 정반대되는 상황이 일어난다. 일본에서 외국 회사는 우수한 졸업생을 채용하기 위해서 일본 회사와 심한 경쟁을 해야 하고, 이렇게 얻은 인재는 일본 기업과 동일한 특혜와 보상으로 대우해야 하기 때문에 외국계 기업은 도쿄 대학과 같은 정상급 대학의 우수한 졸업생을 채용한다는 것이 어려운 일이라는 것을 알고 있다.

만약 기업의 성공이 결정적으로 기업 구성원의 역량에 달렸다면, 왜 인도 기업은 인도경영대학과 인도공과대학IIT에서 우수한 인재를 채용하지 않는 것일까? 인도 기업의 경영주는 인도경영대학과 인도공과대학의 졸업생이 문화적으로 그들의 사업에 적합하지 않다고 말한다. 일류 대학 졸업생이 문화적으로 적합하지 않다면, 이들은 일류 대학보다 낮은 대학에서 인재를 발굴하기 위한 체계적인 채용 프로그램을 갖춰야 할 것이다. 무께슈 암바니Mukesh Ambani는 타이-왈라Tie-wallah, 즉 골프나 치러 다니는 임원에 대한 반감을 표현했다. 그러나 이것이 우수한 졸업생을 유인할 수 있는 채용 프로그램 설치에 관한 비난에 면죄부를 주진 못한다. 인도의 재계는 여전히 기업의 소유주에게 사업 결정 권한이 집중된 봉건적인 시스템을 가지고 있다. 몇몇 기업 경영주는 그들 회사의 직원을 하인 부리듯 대한다. 사실 나는 한 기업의 경영주가 외국의 협력사 앞에서 자사의 재무 책임자를 완전히 종처럼 대했던 것을 기억하고 있다.

채용의 문제점은 직원 교육에 대한 무관심으로 나타난다. 다국적기업은 신입사원을 위한 상세한 교육 계획을 준비하고 첫 2년 동안은 그들을 면밀히 지도한다. 그리고 이 신입 직원의 상급자는 신입이 도출한 결과로 보상을 받는다. 따라서 상급자는 부하직원에게 정보를 전하고 조직의 질을 향상시킨다. 반면에 인도 기업에 채용된 신입사원은 회사의 한 부서에 던져지다시피 남겨진다.

캘커타에 있는 사회과학연구센터의 책임자인 아미야 박찌Amiya Kumar Bagchi는 인적 자본에 대한 관리 소홀의 문제점이 인도 내 불평등과 봉건적인 사회구조로부터 기인한다고 주장한다. 그는 "이로 인해 기업의 경영주는 거만하고 직원은 노예와 같은 취급을 받는다"라고 말한다. 그는 "동아시아에서 기업의 경영주는 직원과 함께 기꺼이 밥을 같이 먹는다. 그리고 이러한 태도는 보편화된 교육 체계를 만들고, 기업의 성공을 이뤄냈으며, 빈곤 퇴치를 도왔다. 이와 대조적으로 인도는 동아시아에서 유일하게 실패한 국가인 필리핀과 같이 봉건적인 사회구조를 가지고 있다"라고 덧붙인다.

그러나 경제개혁이 낳은 경쟁의 가장 큰 영향 중 하나는 지난 5년 동안 재능 있는 인재를 채용하기 위한 격렬한 쟁탈전으로 보는 것이 옳다. 비즈니스 세계에서 경쟁하기 위해 생산성과 질을 향상시켜야 할 필요성 때문에 릴라이언스, 란박시 그리고 인포시스와 같은 성공한 인도 기업은 훌륭한 채용 시스템과 직원 교육체계를 만들고 있다. 인포시스는 한발 더 나아가 자사의 많은 직원에게 스톡옵션을 주는 프로그램을 만들었다. 아시안 페인트는 페인트 시장에서 리더의 지위와 더불어 1970년대 이래로 미래를 내다보고 인도경영대학에서 우수한 인재를 채용하고 많은 보상도 지급한다.

경제개혁이 인도 기업을 변화시키고 있다

인도의 경제개혁은 기업 경영자의 경영 방식에 큰 영향을 끼치고 있다. 모든 인도 기업은 산업화와 무역자유화가 기업에 긍정적인 영향을 주고 있다고 인지한다. 산업자유화는 기업이 기존의 사업을 확장하거나 정부의 승인을 받을 필요 없이 신규 사업을 시작할 수 있게 만들어주었다. 사업 규모가 적절한지 아닌지를 판단하는 관료가 없어졌기 때문에 인도 기업은 세계적인 규모의 공장과 새로운 생산능력을 위해 더 많은 투자를 하고 있다. 또한 인도 기업은 기술이 그들에게 적합한지 아닌지를 평가하는 기술개발집행위원회The Directorate General of Technical Development의 판단 절차가 없어졌기 때문에 기술 도입도 훨씬 빨라지게 되었다. 무역정책 개혁은 또한 산업 허가와 수입 품목을 검열하는 절차 없이 원자재와 핵심 부품을 수입할 수 있게 해주었다. 관세 인하는 생산 비용을 감소시켰고 기업이 더 좋은 가격 경쟁력을 갖추도록 도왔다. 인도 국내의 공급자 혹은 외국의 공급자 중 하나를 선택할 수 있는 자유는 인도 기업이 제품의 품질을 향상시키거나 값싼 수입품에 대항하기 위해서 그들의 상품 가격을 인하하도록 만들었다. 그러나 몇몇 영세 공급자는 수입품에 의해 상당한 시장점유율을 잃었다.

인도의 시장은 1991년 경제개혁에 의해 점진적으로 경쟁화되고 있다. 산업허가제 폐지, 관세 인하, 독점 기업의 시장 진입 장벽 폐지와 외국인 투자의 규제 완화 등은 신규 시장 진입 업체와 기존 사업체 간의 경쟁을 심화시켰다. 심지어 새로운 경쟁 업체가 아직 나타나지 않았음에도 기존의 기업은 자사의 사업이 잠재적인 경쟁자로부터 위협받고 있다고 우려했다. 경쟁에 대한 의식은 마침내 기업 경영주의 사고방식 한가운데 자리 잡게 되었다. 인도 기업은 이러한 새로운 상황에 다른 방법으로 대응하기 시작했고, 많은 경우에 그들은 점점 더 치열한 경쟁 상황에 진입하게 되었다. 인도 기업은 처음으로 어떤 상품을 생산하고, 어떤 시장에 진입하고, 어떤 고객층을 목표로 해야 하는지에 대하여 힘든 전략적 선택에 직면하고 있다.

두 가지 유형의 인도 기업 출현

경제개혁 이후 8년이 지난 시점부터 인도 기업들에 명확한 차이점이 드러나기 시작한 것 같다. 인도 기업은 두 종류로 양분되었다. 첫 번째 유형은 소프트웨어, 인터넷, 정보통신 관련 서비스, 제네릭generic 의 약품 그리고 엔터테인먼트와 같은 지식산업에 근간을 두고 전문적으로 운영하며 전 세계적으로 경쟁하는 신생 기업이다. 두 번째 유형은 가족 기업이다. 이들은 여전히 갈피를 잡지 못하고 있으며 글로벌 시장에서 성공하기 위한 기술도 여전히 갖추지 못하고 있다.

1991년에 새로운 경제개혁이 도입됨에 따라 사업 환경은 양호해졌다. 오랜 역사를 가진 가족기업은 지난 50년 동안 얻지 못했던 평가와 권력을 동시에 얻게 되었다. 하지만 지난 50년간 이들 기업은 사회주의 통치하에서 새로운 경쟁 풍조에 대한 대응책 마련을 게을리 했다. 배고픈 어린아이처럼 그들은 자신의 능력에 대한 고려 없이, 외국인 투자자와 함께 마구잡이로 합작하기 시작했다. 그들은 경솔하게 생산 설비를 확대했다. 1997년 경기 불황이 닥쳤을 때 공급은 수요보다 절망적으로 많았고, 결국 그들은 곤경에 처했다. 외국인 투자자가 인도의 파트너 기업이 사업 수행 능력과 자본 모두 가지고 있지 않다는 것을 인지하게 되면서 합작은 와해되기 시작했다. 이런 이유로 봄베이 클럽은 보호관세 부과를 통해 자국 산업을 보호하는 제도를 마련하라고 강력히 요구하기 시작했다.

경제개혁이 있은 지 8년 후 유서 깊은 인도의 가족기업은 아직 곤경에서 헤어 나오지 못하고 있다. 그들은 여전히 세계 경제에서 성공하기 위한 기술을 체득하지 못했다. 산업화시대는 몰락하는데 그들은 '공장 위주의 사고방식'을 계속 갖고 있었다. 그러나 다행히도 새로운 기업이 출현했다. 1991년 경제개혁은 새로운 사고방식과 더불어 '할 수 있다'는 태도를 지닌 젊은 사업가들이 오랜 기간 억눌려왔던 사업 열망을 펼치게 해주었다. 세계의 경제 상황 또한 신생 기업에 유리하게 변화했다. 산업화시대와 달리, 정보화시대는 그들의 강점에 주목한다. 인도인이 땜장이가 아니어서 산업화는 인도를 피해갔지만, 인도인은 땜장이가 아니라 개념화에 강점을 가진 사람들이다. 이러한 점은 그들이 소프트웨어, 정보통신 관련 서비스, 제네릭 의약품 그리고 엔터테인먼트 분야에서 성공하는 이유를 설명해준다.

라훌 바자즈의 딜레마

라훌 바자즈Rahul Bajaj의 딜레마는 내 논지를 잘 설명해준다. 바자즈 그룹은 인도의 가족기업 중에서 가장 훌륭하고 강한 영향력을 지닌 대표 기업이기 때문에 사례로 택했다. 바자즈 그룹을 선택하는 데는 별 어려움이 없었다. 비를라 그룹은 지난 50년 동안 앰배서더 자동차를 생산하며 인도에서 재계의 수치로 여겨졌고, 모디가家나 싱하니아가는 쓰러져가는 기업이기 때문에 경쟁할 만한 가족기업이 별로 없기 때문이다.

11년 전만 해도 라훌 바자즈는 꿈을 꾸었다. 그는 런던 〈파이낸셜 타임스〉의 한 기자에게 "나에게 만족을 주는 것은 우리 회사 제품이 품질, 기술, 가격으로 전 세계에 잘 알려지는 것, 그리고 우리 회사 제품을 전 세계에 판매하는 다국적기업이 되는 것입니다"라고 말했다. 이는 아마도 모든 인도 기업가의 꿈일 것이다. 다른 기업가와 달리 라훌 바자즈는 꿈을 이루기 위해 실천했다. 하지만 그는 실패했다. 그의 목표가 너무 가까운 미래에 있었기 때문이 아니다. 그의 실패 이유는 인도 기업의 미래에 대해 시사점을 제공해준다.

라홀 바자즈는 세계에서 두 번째로 큰 이륜차 시장인 인도에서 스쿠터 점유율 65퍼센트, 이륜차 전체 점유율의 40퍼센트를 차지하는 의심할 여지 없이 확실한 시장의 선두 주자다. 바자즈 그룹은 또한 세계 2위의 스쿠터 생산 업체다. 또한 혼다, 야마하 그리고 스즈키 다음으로 세계에서 네 번째로 큰 이륜차 생산 업체다. 놀라운 사업 규모에도 바자즈 그룹은 인도 시장 안에서만 경쟁한다. 바자즈 그룹의 제품 생산량에서 수출이 차지하는 비중은 4퍼센트에 불과하다. 라홀 바자즈는 11년 전에 "저는 수출을 생산량의 2퍼센트 수준에서 15퍼센트 수준으로 끌어올리고 싶습니다"라고 말했다.

라홀 바자즈의 딜레마는 인도에서 성공한 기업의 전형적인 딜레마다. 그는 기업의 대표지만 세계적인 기업이 되는 다음 단계를 두려워했고, 실제로 될 수도 없었다. 바자즈 그룹은 거대한 규모의 경제를 이용해 세계 최저 비용의 생산자가 되었다. 인도의 거친 도로면을 견딜 정도로 견고하고 내구성 있는 상품을 생산했고 경쟁자보다 두 배로 많은 애프터서비스망을 구축했다. 또한 최근에는 제품을 개선했다. 이 때문에 바자즈 그룹은 시장점유율이 줄어들긴 했지만, 홈그라운드인 인도에서 일본 경쟁 업체들의 도전에도 잘 견뎌낼 수 있었다. 바자즈 그룹은 인도 내 경쟁 업체들의 이익을 모두 합친 것보다 더 많은 수익을 남겼고, 그 결과 보유 현금이 풍부한 기업이 되었다. 이러한 이점이 있지만, 바자즈 그룹은 세계시장에서 일본 기업과 맞설 자신감이 없었다. 바자즈 그룹은 혼다나 야마하의 브랜드 명성에 지레 겁을 먹었다. 심지어 라홀 바자즈조차 '메이드 인 인디아'는 이미지가 좋지 못하다고 생각했다. 이륜차 업계는 이미 고도화되고 안정적인 기술을 가지고 있었지만, 바자즈 그룹은 일본 경쟁 업체들의 연구개발 능력을 두려워했다. 그는 매우 적은 자금을 연구개발에 투자했어도 일본 경쟁 기업의 혁신 기술을 모방해서 그들을 따라잡을 수 있었다. 하지만 현재 그는 일본 경쟁 기업들의 우수한 해외 유통망을 걱정한다. 또한 근로자의 융통성 없는 태도와 노조 활동도 걱정한다. 이들이 문제를 일으키는 날에는 믿을 수 있고 일관된 품질의 상품을 시장에 내놓을 수 없기 때문이다.

경제개혁 이전에는 인도의 어느 누구도 기업의 세계화를 생각하지 않는 라훌 바자즈를 비판할 생각조차 하지 않았다. 정부는 그가 생산 라인을 확대할 수 있도록 허가를 내주지 않았다. 또한 새로운 기술을 구매하려면 승인이 필요했고, 필요한 부품이나 기계를 수입하려면 높은 관세가 붙었다. 외국에 생산시설을 설립하는 것 혹은 외국 회사의 주식을 매입하는 것 또한 두말할 것 없이 허용되지 않았다. 바자즈 그룹은 인도 내의 철강, 전력에 대한 높은 사업비용 때문에도 어려움을 겪었다. 그러므로 라훌 바자즈는 부족한 경제 환경에 길들여져서 오로지 '국내적' 기업 사고방식을 가질 수밖에 없었다. 그러나 이러한 환경에서도 제품은 만들기만 하면 쉽게 팔렸다. 인도에서 바자즈 스쿠터를 사기 위해 심지어 10년을 기다리는 사람도 있었고, 그 결과 판매 가격에서 40퍼센트 상당의 프리미엄이 붙은 가격에 바자즈 스쿠터가 암시장에서 판매되기도 했다. 그러므로 바자즈 그룹은 마케팅이나 상품 개발 능력을 갖출 필요가 없었던 것이다.

라훌 바자즈는 네루식 사회주의와 인허가 통치의 산물이었다. 그러므로 그가 '꿈'을 실현하는 데 실패한 것이 전적으로 그의 잘못만은 아니다. 40년에 걸친 폐쇄경제의 유산이 결국 그의 발목을 잡았다. 즉 바자즈 그룹의 문제점은 이러한 여러 원인에서 기인한 것이었다. 라훌 바자즈는 빈약한 사회 기반 시설, 기업의 의사 결정을 방해하는 관료, 검열과 높은 관세, 높은 이자비용에 제약을 받았던 인도 재계의 상징과도 같은 존재다. 그는 여전히 '사회주의 공장 운영'의 사고방식에서 벗어나지 못하고 있다.

라훌 바자즈는 인도의 산업계에서 비극적인 인물처럼 그려진다. 그는 무고하고 정직한 인물이다. 그리고 그는 사랑받고 싶어 한다. 대기업을 건설한 이래 바자즈는 세계 경제를 주도하는 기업이 되기보다 생존하는 것을 추구한다. 그가 사업의 차별화를 생각할 필요성을 느꼈을 때, 그는 사업의 '점진주의incrementalism'를 추구하기 시작했다. 이와 유사하게, 다른 인도 기업도 의도치 않았던 제도에 의해 만들어진 희생물이었다. 인도 기업은 세계 경제에서 성공할 수 있는 기술을 가지고 있지 않다. 이런 이유로 경제개혁 이후 8년간 이러한 상황을 타개할 수 있는 자신들만의 돌파구를 찾고자 노력해왔다. 세계 경제에서 성공하려면 인적 자본에 대한 막대한 투자, 상품 개발을 향한 기업의 열정 그리고 고객에 대한 신중한 태도가 필요하다. 현명한 인도 기업은 이러한 점을 잘 이해하고 있다. 그렇다면 왜 그들은 이러한 능력을 갖추지 못했을까? 능력을 갖추기 위해서는 기업이 변화할 시간이 필요한데, 바로 그 변화할 수 있는 시간을 인도 기업은 갖지 못했던 것이다.

신생 인도 기업의 성격

바자즈 그룹과 같은 오래된 기업과는 대조적으로 신생 기업은 지식 산업에 기반을 두고 있다. 글로벌 시장에서 성공적으로 사업을 하는 인도 기업은 다음과 같은 특성이 있다.

첫째, 신생 기업은 자신들이 경쟁력을 갖고 있는 핵심 산업을 발전시켰다. 일례로 인포시스는 소프트웨어를, 내셔널 정보통신교육원National Institute of Information Technology(NIIT)은 컴퓨터 교육을, 란박시와 워크하르트Wockhardt는 제네릭 의약품을, 릴라이언스는 석유화학을, 지Zee-TV는 엔터테인먼트 분야를 선도했다.

둘째, 신생 인도 기업은 국내에서 비교우위의 지위를 발판으로 삼았다. 인도 시장은 빠르게 성장할 뿐 아니라 세계적으로도 규모가 큰 시장이다. 따라서 인도 기업에게 국내의 큰 시장은 기업의 힘을 키우는 데 이점으로 작용할 뿐 아니라, 이를 기반으로 삼아 해외로 진출할 계기를 마련할 수 있게 해준다. 란박시는 인도에서 의약 판매 2위 기업이고, 비를라 그룹은 세계 최대의 레이온 생산 기업으로 태국, 인도네시아, 베트남, 말레이시아에 지사를 두고 있다. 릴라이언스 그룹은 세계 2위의 파라크실렌 생산 기업으로, 세계 최대 폴리에틸렌 생산 그리고 세계 5대 PTA와 폴리프로필렌 생산 업체다. 이러한 입지를 기반으로 릴라이언스 그룹은 세계 최대의 친환경 정유사업체로 발돋움하고 있다.

셋째, 인도의 글로벌 기업은 각 산업 분야에서 비용 절감 제품 생산 목표를 달성했다. 그리고 이를 기반으로 세계시장점유율을 목표로 하고 있다. 타타 컨설턴시 서비스Tata Consultancy Services(TCS)와 내셔널 정보통신교육원은 대표적인 인도의 정보통신 기업으로, 이들 기업은 인도에서 저렴한 고급 인력을 활용할 수 있는 이점을 바탕으로 세계의 소프트웨어나 교육업계에서 선도 기업으로 성장하고 있다.

넷째, 일부 인도 기업은 규모나 기술 면에서 세계 수준의 공장을 짓고 있다. 릴라이언스 그룹은 인도의 경제자유화 이전부터 이를 모토로 하여 성장하고 있다. 이것은 인도 기업이 세계시장으로 진입하는 계기가 될 것이다. 다음 단계에서는 세계 수준의 공장을 이용하여 세계시장을 선도하는 것이다.

다섯째, 일부 기업은 해외 기업의 협력업체로 활동한다. 선드라마 패스너Sundrama Fasteners는 북아메리카의 제너럴모터스에 전자파 방지 모자를 공급한다. 델리의 펠치 컴퓨터는 미국 델Dell에 컴퓨터 본체를 공급한다. 협력업체라고 하여 제조에 한계가 있는 것은 아니다.

여섯째, 인도의 신생 기업은 해외주식예탁증서GDR나 유로 문제 등으로 적은 자본으로 시작했다. 따라서 인도에서 비용이 많이 드는 사업은 경쟁에서 불이익을 의미했고, 현명한 기업은 적극적으로 비용 절감을 추구했다.

일곱째, 인도의 신생 기업은 이들 기업을 설립하고 구조화하는 데 세계 수준의 컨설턴트를 고용했다. 인도의 50대 기업 중 절반 이상이 세계 수준의 컨설턴트를 고용하여 기업의 전략, 비용, 조직 구성, 성과 향상 등을 도모한다. 경제개혁 이후 인도 기업은 글로벌 경쟁력을 갖추기 위해 매킨지, 아서 앤더슨, 보스턴 컨설팅 그룹, 모니터 등 세계적인 컨설팅 업체의 컨설팅을 받았다.

합작투자의 한계

처음에 인도 기업은 탐욕스럽게 합작투자 회사를 만들어 개혁에 대응했지만, 여기에는 역량의 불균형이라는 약점이 있었다. 또한 다수의 합작투자는 충분한 고심 없이 이루어졌다. 따라서 합작투자가 결렬된 것은 놀라운 일이 아니었다. 합작은 두 회사가 서로에게 필요한 것을 채워줄 수 있을 때 한다. 그리고 파트너 회사는 협상 자리에 강점을 거래하고 약점을 흥정한다. 이상적으로 볼 때 합작투자의 소유권은 각 회사의 능력을 기반으로 해야 한다. 그래야 상호 존중과 평형 상태를 유지할 수 있다. 그러나 인도 기업의 합작투자에서 문제는 대부분 그들이 공평하지 않았다는 점이다. 인도 측 파트너의 능력은 합작투자에서 자신의 소유 지분보다 훨씬 약했다. 해외 측 파트너는 자신들이 합작회사를 운영하고 인도 측 파트너가 무임승차하려는 것을 인지하는 데 오랜 시간이 걸리지 않는다. 이것이 문제를 일으킨 것이다.

　전형적인 인도(또는 제3세계) 합작투자에서 외국인은 기술이나 제품을 제공하고 인도인은 유통과 노동력 그리고 정부 업무 처리 등을 맡아 시장 진출을 제공한다. 이것은 합작투자를 시작하는 합리적인 방법인 것처럼 보인다. 하지만 문제는 인도 측 파트너가 종종 상황에 내재된 합작투자의 역량 불균형에 대한 인식 없이 다수의 주식을 요구한다는 것이다. 다시 말하지만, 인도-외국 기업의 합작투자 사업은 해외 제품이나 해외 브랜드 네임 없이는 존재할 수 없지만, 인도 측의 능력은 없어도 생존할 수 있다. 합작 기업의 부적절한 지분 구조는 인도 정부의 자국 기업 옹호 정책에 의해 암묵적 혹은 공식적으로 권장된다. 투자 사업을 시작한 후에 외국인은 인도 측 파트너의 약점을 빨리 발견한다. 유통망이 매우 약하고, 정부와의 행정 업무는 지속적으로 문제를 일으킨다. 곧 해외 측 파트너는 자신들의 인도 측 파트너가 일류 기업이 아니었다는 사실을 인지하게 된다.

　물론 예외는 있다. 예외적으로 성공한 합작투자가 다수 존재하고, 인도 측 파트너가 기대 이상의 성과를 내는 경우도 있다. 그러나 전형적인 합작투자의 결함은 인도 비즈니스의 전통적인 약점을 드러낸다. 첫째, 인도 기업은 기업 이익에서 가족 이익을 분리하는 정신적인 도약을 하지 않는다. 둘째, 인도 기업은 전략이 없었다. 그들은 목적이 불분명했다. 그러므로 능력을 키우지 않을뿐더러 특정 산업에서 고객의 요구나 기술 동향에 대한 전문 지식을 가지고 있지 않았다. 셋째, 인도 기업은 단기 중심적 운영을 한다. 그들은 직원이나 연구개발에 투자하지 않는다. 이것이 최고의 인도 경영자들이 전통적인 인도 기업에 관심을 갖지 않는 이유다.

좀 더 객관적으로 말하면, 인도 기업은 개혁 이후 경쟁에 대한 두려움 때문에 변화하기 시작했다. 그들은 똑똑하고 이러한 약점을 신속하게 파악하지만, 이를 이행하는 데는 시간이 소요될 것이다. 한편 많은 합작투자 기업은 합작이 결렬되거나 재조정될 것이다. 이러한 상황에서 경영자와 기업인이 할 수 있는 가장 좋은 것은 무엇이든지 해외 측 파트너로부터 그들이 할 수 있는 것을 배우는 데 집중하는 것이다. 인도 측 파트너는 이 합작투자가 기술과 경영관리를 흡수하고 그들과 그들 경영자 그리고 근로자의 능력을 향상시킬 수 있는 기회의 장임을 인식할 필요가 있다.

역사적 발전 단계에서 본다면, 인도는 한국과 타이완의 20년 전 단계에 있다. 동아시아의 이들 두 국가는 열정을 가지고 기술을 흡수하는 데 집중했다. 최근 아난드 마힌드라Anand Mahindra는 "합작투자는 배울 수 있는 가장 효율적인 방법 중 하나다"라고 말했다. "합작투자는 선진국과 개발도상국 사이를 통과할 수 있는 막이며, 그 막이 진짜로 존재하는지 확인하는 것이 합작투자의 의무다." 삼성은 보잉으로부터 비행기에 대해서는 많이 배우지 않았지만 보잉의 전설적인 프로젝트 경영기술을 배워 이를 나중에 전자 조립 공정에 적용했다. 인도와 외국 파트너 간의 소유 구조에 대한 것은 인도 사회에서는 덜 중요하다. 중요한 것은 인도인에게 전해질 지식과 기술이다. 누구도 그것을 그들에게서 빼앗을 수는 없다.

산업혁명 건너뛰고 정보화시대로 비약하다

많은 이들이 매일 새로운 '지식 경제'에서의 인도의 성공에 대해 읽고, 인도가 성공에 도달할지에 대해 궁금해한다. 역사가 던지는 매우 흥미로운 질문은 '왜 인도는 산업혁명을 이루는 데 실패했느냐'는 것이다. 산업시대가 사라진 시점에서 이 질문의 목적은 과거의 실수에서 배움으로써 이번에는 기회를 놓치지 말아야 한다는 것이다.

19세기 중반 마르크스는 철도가 인도를 변화시킬 것이며 산업혁명에 들어가게 할 것이라고 예측했다. 일부 경제역사학자는 제1차 세계대전을 통해 인도가 준비되어 있다고 생각했다. 1914년에 인도는 세 번째로 큰 철도망과 세계 최대의 황마(인도삼) 제조 산업, 네 번째로 큰 면화섬유산업, 최대 규모의 운하 체제 그리고 세계무역의 2.5퍼센트를 점유하고 있었다. 그리고 기업가가 되고 싶어 죽겠다는 상인계층 또한 존재했다. 제1차 세계대전 후 산업화는 사실 일어났다. 비를라G. D. Birla, 까스뚜르바이 랄바이Kasturbhai Lalbhai와 그 외 사람들은 제1차 세계대전 동안 거대한 무역 이익을 만들어냈고 산업을 세우는 데 무역 수익을 재투자했다. 1913년부터 1938년 사이에 인도의 제조업 생산량은 연간 5.6퍼센트 증가했고, 그것은 물론 세계 평균보다 3.3퍼센트 앞선 것이었다. 1947년에 총생산량 증가는 3.4퍼센트에서 두 배인 7.5퍼센트로 증가했다. 하지만 인도의 농업사회를 크게 변화시킬 만큼 충분하지는 않았다. 3억 5000만 명 중에서 250만 명만이 현대 산업계에 고용되어 있었다. 최악의 상황은 정체된 채 남아 있는 인도의 농업이었다. 그리고 잉여농산물 없이는 산업혁명을 만들 수 없다.

인도 독립 후 자와하를랄 네루와 그의 내각은 국가기관을 통해 산업혁명을 시도했다. 그들은 민간 기업가를 신뢰하지 않았다. 그래서 정부를 기업가로 만들었다. 당연히 이는 실패했고 인도는 여전히 그들의 어리석음에 대한 엄청난 대가를 치르고 있다. 대신 인도는 농업혁명을 경험했다. 모순되게도, 인도는 지금 중요한 산업혁명의 전제 조건인 잉여 농산물을 가지고 있다. 그러나 산업혁명은 인도를 계속 회피했다.

1958년 가을, 미국의 월트 로스토Walt Rostow 교수는 영국의 케임브리지 대학에서 경제성장의 단계와 자연적인 성장에서 벗어나는 개념에 대해 학생들에게 강연했다. 그리고 이 내용을 책으로 출간했다. 내가 대학에 있을 때 우리는 인도를 마치 비행기인 것처럼 얘기했고, 그것이 언제 이륙할지에 대해 궁금해했다. 아무도 이륙을 의심하지 않는다면 남는 질문은 오직 '언제'냐는 것일 뿐이다.

로스토는 그 이륙이 급격한 자극의 결과라고 지적했다. 섬유는 영국이 처음으로 이륙할 수 있게 자극을 제공했다. 철도는 대부분의 선도 국가인 미국, 프랑스, 독일, 캐나다 그리고 러시아가 이륙(자립 성장)할 수 있는 기반이 되었다. 스웨덴의 엔진은 목재의 수출이었고 덴마크는 유제품이었다. 로스토는 이들 국가의 이륙 기간 동안 국가의 투자 비율은 10퍼센트로 상승했다고 말했다.

물론 인도의 투자 비율은 지난 20년간 20퍼센트 이상 증가했지만, 그럼에도 우리는 이륙하지 못했다. 왜일까? 첫 번째, 인도는 생산적이지 못하기 때문이다. 특히 공기업이 생산적이지 못하기 때문에 인도는 열악한 자본산출비율을 가지고 있다. 두 번째, 인도의 관료주의가 민간 투자를 왜곡하고 파괴하여 산업혁명을 없앴기 때문이다. 마지막으로, 인도 기업은 땜장이가 아니기 때문이다. 그래서 혁신에 늦으며 개혁 후 더 경쟁력 있는 경제를 향한 대응이 늦어지는 것이다.

20세기 말은 발효의 시간이다. 세계의 두 가지 동향은 인도의 장점으로 수렴되며, 인도가 결국 이륙할 것이라는 희망을 준다. 하나는 지난

10년간 전 세계를 휩쓴 자유주의 혁명이 50년 동안 고립된 경제를 열어 글로벌 경제로 화려하게 통합했다. 인도의 경제개혁은 이 동향의 일부다. 그들은 통제를 해체하고 긴 시간 동안 억압된 인도 기업의 에너지를 발산할 수 있도록 만들었다. 최근에는 인도인, 특히 젊은이가 국가의 체질을 변화시키고 있다. 또한 인도에는 유능한 상업 집단이 있기 때문에 이 글로벌 경향을 활용하는 더 나은 위치를 점유할 수 있다.

한편 세계는 산업경제에서 정보경제시대로 변화했다. 정보경제시대는 두 번째 국면의 세계적 추세다. 우리는 땜장이가 아닐지도 모른다. 하지만 우리는 개념 있는 사람들이다. 따라서 지식시대는 잠재적으로 우리에게 유리하다. 소프트웨어와 인터넷의 성공은 우리가 부상한다는 첫 번째의 증거다. 우리는 3000년 동안 우파니샤드Upanishads의 추상적 개념을 해결하려 애썼고 숫자 0을 발견했다. 영적인 공간처럼 보이지 않는 공간이 사이버 공간이다. 우리의 핵심 역량은 보이지 않는 것에 강하다. 따라서 정보통신기술에서 우리는 마침내 인도의 이륙을 유도하고, 궁극적으로 인도를 변형시킬 수 있는 로스토의 엔진을 발견할 수 있을 것이다.

20세기 인도 사회 회고

오멘
T. K. Oommen

네루 대학 사회학 교수로 국제사회학협회 회장과 인도사회학회 회장을 역임했다. 저서로는 《낯선 개념들과 남아시아의 현실Alien Concepts and South Asian Reality》(1995) 《시민권, 국가, 민족성Citizenship, Nationality and Ethnicity》(1997) 등이 있다.

제한된 시간 안에 20세기를 말한다는 것은 어리석은 일일지 모른다. 그러나 나는 최선을 다해 한 세기를 다섯 가지 주제로 나누어 이야기해보려 한다. 첫째는 농어촌 지역과 도시의 상호작용이고, 둘째는 부족-카스트-종교의 복잡한 결함이며, 셋째는 언어적 재배열과 민초subaltern 민족의 정체성이고, 넷째는 국가-시민사회의 만남이며, 다섯째는 가족의 역동적인 변화와 그로 인한 청소년과 여성의 변화다. 지금 이 시간에도 이들 각 주제는 역동적으로 움직이고 상호작용하고 있다.

제한된 시간 안에 20세기를 말한다는 것은 어리석은 일일지 모른다. 그러나 나는 최선을 다해 한 세기를 다섯 가지 주제로 나누어 이야기해보려 한다. 첫째는 농어촌 지역과 도시의 상호작용이고, 둘째는 부족–카스트–종교의 복잡한 결합이며, 셋째는 언어적 재배열과 민초subaltern 민족의 정체성이고, 넷째는 국가–시민사회의 만남이며, 다섯째는 가족의 역동적인 변화와 그로 인한 청소년과 여성의 변화다. 지금 이 시간에도 이들 각 주제는 역동적으로 움직이고 상호작용하고 있다.

I

도시화가 진행되면서 인도에서는 더 이상 목가적인 풍경을 기대하기 어렵게 되었다. 1901년 인도의 도시 인구는 전체 인구의 10.85퍼센트에 불과했다. 그러나 1951년에는 17.3퍼센트로 늘어났고, 1991년에는 25.7퍼센트 그리고 2001년에는 전체 인구의 29퍼센트가 도시에 거주하는 것으로 추정된다. 20세기 인도의 도시화는 세 가지 모습으로 진행되고 있다. 무엇보다 현재 나타나는 경향은 대도시가 동시다발적으로 급속히 증가한다는 것이다. 1951년에는 인구 100만 명 이상 도시가 단지 다섯 곳에 불과했다. 그러던 것이 1991년에는 23개로 늘어났다. 2001년에는 2억 9100만 명이 도시에 거주한다. 그뿐만 아니라 인도 전체 인구도 급속히 늘어나 인도는 중국 다음으로 인구가 많은 국가가 되었다.

모든 옛 문명에서 산업화 이전의 도시는 농촌 지역 배후의 유기적인 부분으로 존재했지만, 산업화 단계의 도시화는 농촌과 도시의 근본적인 격차를 초래했다. 이는 삶의 질뿐 아니라, 불평등 문제도 야기했다. 영국의 식민지시기에 인도에서 행정 관료로 있었던 윌리엄 딕비William Digby는 1901년 이러한 현상에 대해 언급했다. "두 개의 인도가 존재한다. 하나는 영국 직할 통치 도시, 다른 하나는 전원적인 지방자치 도시, 철도교통이 발달한 지역과 산간마을 (……) 그래서 서구화된 인도-앵글로스탄Anglostan과 전통적인 인도-힌두스탄Hindustan, 이렇게 두 개의 인도가 존재한다"라고 말했다. 이러한 경향은 인도가 독립한 이후에도 지속되었다. 이 차이에 대해 지방은 힌디어로 인도를 나타내는 바랏Bharat으로, 도시는 영어식 표현인 인디아India로 부른다. 그러나 이러한 표현을 산뜻하고 세련된 표현이라고 보긴 어렵다.

도시와 농촌은 분리된 공간이다. 또한 다수가 사는 도시 지역도 기초생활용품이 부족하고 사람들이 번잡한 지역과 도시 엘리트가 사는 부유한 지역의 대조가 엄격하다. 농촌에도 녹색혁명과 백색혁명으로 부유해진 엘리트가 있다. 이들의 문제는 기초생활용품을 구매할 돈이 없는 것이 아니라, 이에 대한 접근이 어렵다는 것이다. 그러나 농촌의 가난한 사람은 돈도 없고 기초생활용품에 접근하기도 어려운 두 가지 문제를 모두 갖고 있다. 그래서 10억 명의 인도는 도시의 일부 추잡한 부자와 다수의 찢어지게 가난한 농촌 사람 그리고 그 중간에 2억 명에 달하는 중산층으로 구성되어 있다.

역사 이래 이주는 항상 존재해왔지만, 그 의미는 시대에 따라 조금씩 다르다. 첫 번째, 식민지시기에는 플랜테이션이나 광산으로 대규모 이주가 있었다. 그곳은 사람이 드문 지역이거나 때로는 황무지였으나, 새로운 일터를 중심으로 사람들이 점차 몰려들기 시작했다. 그곳의 원주민은 자신들의 문화가 침식당해도 아무런 저항이 없었다. 이주 지역의 일자리는 육체노동이나 비숙련노동이었고, 당시 '땅의 자식들'은 이러한 일자리에 관심이 없었다.

두 번째, 식민지시기 대규모 이동의 또 다른 추동력은 종교공동체주의였다. 1930년부터 서로 다른 종교집단 간에 긴장이 형성되었고, 이에 따른 분단의 가능성이 사람들을 '좀 더 안전한 지역'으로 이주하게 만들었다. 1946년에서 1951년 사이에 900만 명에 가까운 힌두와 시크가 인도로 들어왔다. 500만 명은 서파키스탄에서 그리고 400만 명은 동파키스탄에서 왔다. 인도로 온 주요 집단은 서파키스탄에서 온 뻰자비-힌두, 시크, 시크-힌두였고, 동파키스탄에서온 집단은 벵골-힌두였다.

신디족Sindhis(파키스탄과 인도 서부의 종족—옮긴이)은 인도 도시 전역에 정착했고, 뻰자비-힌두는 인도 서부 도시에 정착했다. 벵골-힌두는 서벵골 소도시나 단다까란야Dandakaranya 프로젝트에 따라 다른 지역에도 정착했다. 시크는 북인도의 농촌 지역에 정착했거나 인도 도시 전역으로 흩어졌다. 말할 필요도 없이 종교공동체주의에 따른 이주로 도시 인구는 서로 다른 사회-문화 집단이 섞이게 되었다.

세 번째, 인도 독립 이후 진행된 산업화로 인해 대규모 인구 이동이 있었다. 사회 건설이라는 명목하에 대규모 댐이나 산업 프로젝트가 진행되었는데, 이는 농촌에서 도시로 인구 이동을 가져왔을 뿐만 아니라, 이들을 도시 난민으로 전락하게 만들었다. 이 새로운 이주에는 블루칼라 노동자만 포함된 것이 아니라 화이트칼라도 포함되어 있었다. 이 과정에서 육체노동에 대한 관념의 변화가 일어났다. 이는 일자리에 대한 개념 분리가 희미해졌을 뿐 아니라, 정규직 육체노동자의 일자리가 매우 인기 있는 직장이 되었기 때문이다. 이로 인해 외부자-내부자 간의 갈등은 점차 커져갔다.

이주라는 것은 공간적, 사회적, 정체성의 세 가지 이동의 의미가 있다. 공간적 이동은 단순히 한 공간에서 다른 공간으로 이동하는 것 이상의 의미를 지닌다. 이는 인구학적, 생산 재편성의 과정으로 다른 문화로의 이동을 의미하게 되는 것이다. 다른 언어를 사용하는 집단이라든지, 다른 종교를 가진 집단 그리고 다양한 직업군을 가진 집단은 결과적으로 다른 삶의 양식을 가지고 있을 수밖에 없는데, 공간적 이동으로 서로 다른 집단과 이웃하게 된다. 농촌에서도 유사한 현상이 일어나긴 하지만, 도시에서 이런 현상은 훨씬 강하다. 따라서 도시에서는 같은 공간에 문화적 이방인이 공존하는 삶이 일상화된다. 이로 인해 서로 다른 문화에 대한 이해와 관용이 높아질 수도 있지만, 반대로 집단 간의 갈등이 심화될 수도 있다.

사회적 이동은 모든 사회에서 나타나는 현상으로, 교육과 직업에 따라서 이동이 일어난다. 인도에서 사회적 이동은 카스트, 성별과 연결되기 때문에 중요하면서도 심각하다. 전통적인 가치 체계에서 지식의 보고인 종교 서적은 상위 카스트의 남성에게만 허용되었다. 그러나 식민지시기에 현대 교육 체계가 보급되면서 사회는 직업에 따른 재편이 가능해졌다. 카스트와 무관한 다양한 직업이 나타났다. 이러한 혜택을 누린 사람도 다름 아닌 재생 인간으로 분류되는 브라만Brahman, 크샤트리아Ksatria, 바이샤Vaiśya 그룹이었다.

수드라Sudra는 부정한pollution 것 위에 있는 그룹과 부정한 것 아래에 있는 그룹으로 나뉜다. 부정한 것 위에 있는 그룹은 일반적으로 여타 후진계급Other Backward Classes(OBCs)이고, 부정한 것 아래에 있는 그룹은 불가촉민 혹은 지정카스트나 달리뜨Dalits다. 재생 인간으로 분류되는 사람은 일반적으로 교사, 군인, 행정관, 무역에 종사했고, 이들은 현대로 오면서 즉각적으로 사회에 적응하고 혜택을 받았다. 그러나 수드라 계급이 가졌던 직업은 현대에서 직업이나 기술적 가치가 없었을 뿐 아니라 오히려 그들이 갖고 있던 신분과 직업에 따른 오명까지 갖게 되었다. 지정카스트의 직업은 더욱 그러했다. 따라서 이들에게 직업의 현대화, 특히 과학적 기술 훈련이나 전문성은 매우 느리게 발전하게 되었다. 직업이 현대화되기 시작하면서 상위 카스트는 자신들의 소유권과 관리 지위를 챙겼다. 결국 현대 인도가 시작되면서 재생 인간 그룹과 그렇지 못한 그룹 사이에는 부와 권력의 격차가 벌어졌다. 그러나 이러한 경향은 오래 지속되지 못했다. 왜냐하면 인도헌법과 차별 보호 정책으로 평등과 사회적 정의가 실현되었기 때문이다.

식민지 인도에서는 20세기 초부터 활발했던 선교 활동, 사회운동과 사회개혁 운동이 새로운 가치를 선도하는 역할을 했다. 선교 활동과 사회개혁 활동은 수세기 동안 지속되어온 카스트에 따른 차별에 저항했다. 이는 불가촉민과 여성을 포함하여 모든 사람에게 평등할 기회를 갖도록 촉구했다. 새로운 신념은 위계적인 사회에서 평등한 사회로 전환되는 시작이었다. 비록 이러한 가치 변화가 즉각적인 행동의 변화를 이끌어내지는 못했다 하더라도, 이상적인 가치 변화로 행동의 변화를 이끌어낼 수 있는 가능성은 더 많아졌다. 이는 특히 도시 지역에서 그러했다.

도시 이주로 나타나는 변화는 사회적 이동을 가져왔다. 농촌의 개발도 변화나 이동을 가속화하는 면이 있었다. 1936년 전全인도의회위원회All-India Congress Committee는 '경작자에게 토지를land to the tiller'이라는 구호를 적극 지지했다. 그리고 인도가 독립하자마자 토지개혁안을 도입했다. 그러나 다수의 주에서는 토지개혁을 따르지 않았다. 1950년대에 비폭력 부단 그람단 운동Bhoodan Gramdan Movement(지주가 자발적으로 토지가 없는 소작농에게 토지를 선물로 주도록 요구한 운동―옮긴이)이 있었고, 1960년대에는 서벵골의 낙살바리에서 무력을 동원하여 토지 재분배를 요구하는 운동도 있었지만, 농촌의 상황이 급속히 달라지지는 않았다. 그러나 1970년대에 부재지주제는 없어졌다고 확실히 말할 수 있다. 당시 카스트에 따른 소작농이었던 수드라나 소작농 카스트(대부분 여타후진계급) 중 일부는 땅 주인이 되기도 했다. 물론 이들을 부농이라고 하기는 어려웠고, 농사를 지어 겨우 먹고살 정도였으며, 대부분의 실제 경작자였던 이른바 불가촉민은 땅이 없는 소작농으로 살아야 했다. 1970년대 이후 녹색혁명과 백색혁명이 확산되면서, 땅을 가진 경작자는 부농이 되어갔다. 따라서 '카스트는 곧 계급'을 의미하던 고정관념에 변화가 생겼다.

재생 카스트 출신으로 이전에 지주였던 사람은 경제적 맥락에서는 하락을 경험했으나, 그들의 의례적 지위는 유지되었다. 그러나 모든 사람이 교육의 기회에 접근이 가능해지면서 부富도 분배되었고, 재생 인간이나 여타후진계급, 지정카스트 모두 자신들의 몫을 요구하게 되었다. 도시는 부분적인 익명성이 보장되는 공간으로, 도시로 이주한 지정카스트의 경우 사회적 오명에서 해방될 수 있는 길이 열리게 되었다. 모든 성인에게 선거권이 주어지면서 시민의 권력이 향상되었지만, 이는 인도에서 카스트 기반 정치로 나아가는 계기가 되었다. 전체 인구의 50~60퍼센트를 차지하는 여타후진계급은 우세한 유권자 그룹이 되었고, 이는 새로운 정치집단을 형성하게 되었다. 여러 여타후진계급 집단이 주도권을 가진 카스트 그룹으로 떠올랐고, 이들은 기득권과 지배권을 두고 달리뜨 집단과 잦은 마찰을 일으켰다. 그러나 달리뜨 그룹은 선거를 통해 정치권력을 획득했고, 이들은 각종 할당 제도를 통해 법적으로 자신들의 권리를 지속시켰다. 이런 일련의 활동은 새로운 정치 그룹과 달리뜨 사이의 갈등을 첨예화하게 만들었다. 사실 다른 문화나 국가에서도 이러한 갈등이 있긴 하지만, 이는 인도 전역에서 팽배한 현상이었다. 결론적으로 말하자면, 사회적 혹은 정체성의 상승에 대한 염원은 도시 지역으로 이주를 추동하는 요소가 되기도 했다.

농촌에서 도시로의 이주가 문화와 연속적인 정체성의 족쇄에서 벗어나는 역할을 한 것이다. 작은 농촌 지역은 문화적 동질성이 유지되는 반면, 대도시는 문화적 다양성이 존재했다. 그리고 소도시나 읍내 지역은 도시와 농촌의 중간 정도로 문화적, 정체성의 연속성이 유지되었다. 뭄바이, 캘커타, 델리, 첸나이, 하이데라바드, 방갈로르 같은 대도시는 국제적인 도시가 되었고, 여기에는 소프트엔지니어와 인도-앵글로 작가들이 살고 있다. 반면 전통적인 가치나 정체성은 현대화가 거의 되지 않은 농촌과 부족민이 사는 지역에서 이어지고 있다. 따라서 인도는 사회문화적으로 극과 극이 존재하는 사회가 되고 있다.

II

20세기 인도를 이해하는 두 번째 요소로 부족-카스트-종교의 맥락을 살펴보기로 하자. 이에 대한 이해를 위해서는 시기별 이해가 선행되어야 한다. 첫 번째로 부족민 공동체들이 행정적 공식화 과정을 통해 힌두로 편입되는 과정을 알아보자. 인도가 식민지시기였던 1871년에서 1931년 사이에 '원시부족', '정령 숭배자', '부족민'으로 분류된 집단은 인도 전체 인구의 2.5~3퍼센트로 기록되어 있다. 그러나 독립 이후에는 이런 분류 기준을 없애고 이들을 모두 힌두에 포함했다. 물론 부족민은 이러한 편입이나 명칭을 허용한 적이 없다. 이들은 오히려 자신들의 토착적인 고유성을 인정하는 원주민으로 알려지길 원한다.

인도에는 약 400개의 부족민 집단이 존재한다. 이는 인도 전체 인구의 8퍼센트에 달하고 약 8000만 명에 이른다. 5~6퍼센트는 기독교인이나 무슬림이고, 불교도는 1퍼센트 이하다. 통계에 그 외의 종교는 힌두로 기록되었다. 전체 원주민의 12퍼센트는 인도 북동부에 거주하고, 28퍼센트는 서부에, 55퍼센트는 중앙에 거주한다. 이들 원주민 공동체 중 북동부 지역 원주민 공동체는 상대적으로 사회경제적으로 잘 개발되었지만, 서부와 중앙에 거주하는 원주민 공동체는 개발에서 뒤처졌다. 물론 이는 일반적인 것으로 분야별로 다른 결론도 가능하다.

두 번째로는 지정부족민이 개종 과정에서 힌두 집단으로 편입된 경우가 있다. 마하트마 간디는 비록 바르나Varna 체계는 지지하지만, '불가촉' 개념은 힌두교의 최대 오점이라고 강조했다. 이에 대한 그의 처방은 힌두교 내에서 이들을 정화하는 것으로, 이들에게 '하리잔Harijan(신의 아이들)'이라는 호칭을 주었고, 이를 즐겨 사용했다. 한편 암베드까르는 불가촉민의 정치적 권리 획득을 위해 싸웠다. 그는 자신도 겪었듯이 불가촉성에 대한 오명은 없어지지 않을 것이라며 이들을 설득했다. 제헌의회를 지배하던 카스트 힌두 집단은 카스트 바깥의 인도인에게 힌두 정체성을 부여하는 데 여념이 없었다. 문쉬 박사가 작성한 소외 혹은 소수민족 권리 보고서에서는 지정카스트를 힌두 집단의 하나로 인정할 필요가 있다고 언급한다. 이에 더하여 인도헌법에서는 모든 계급과 집단에 공공연히 힌두 체계로 들어오는 길을 열어놓는다고 명시하고 있다.

지정카스트가 힌두교로 포함되면서 힌두교도는 갑자기 14~15퍼센트가량 늘었다. 이는 선거에서 중요한 영향을 미치는 사건으로, 정치적으로 매우 중요한 의미를 지닌다. 지정부족민에 대한 각종 사회보장제도가 생겨나면서 개종을 더욱 부추기게 되었다. 각종 혜택은 정치, 행정, 전문가, 학문 분야에서 지정카스트 엘리트를 양산했다. 이들의 다수는 밑바닥에 있었지만, 인도 사회에서 지정카스트가 상위직을 차지할 것이라는 예상은 점차 현실이 되어갔다.

세 번째 힌두화 과정은 인도에서 일어난 각종 종교인, 즉 불교도, 자이나교도, 시크교도의 힌두 편입이다. 인도헌법 제25조와 힌두 법안The Hindu Code Bill에서는 이 소수 종교인을 힌두교도에 포함한다. 이들 소수 종교인은 인도 전 국민의 3퍼센트에 해당하고 이는 약 3000만 명에 이른다. 그러나 여기서는 두 가지만 지적하겠다. 첫째, 불교와 자이나교는 탄생한 지 2500년이 넘었지만 인도에서 이들 종교를 믿는 사람은 소수다. 1991년 조사에 따르면 불교도는 0.7퍼센트, 자이나교도는 0.5퍼센트로 나타났다. 1951년에서 1961년 사이에 암베드까르가 불교를 신봉하면서 불교도가 1.67퍼센트까지 늘었지만 다시 줄어든 것이다. 둘째, 1950년부터 도입된 지정카스트 특혜는 힌두 배경을 가진 지정카스트에게만 해당되었다. 이것이 1954년에는 시크교 지정카스트에게까지 확대되었고, 불교 지정카스트는 1990년대가 되어서야 혜택을 받을 수 있었다. 즉 인도헌법과 시민법이 포용성을 지향했다면, 인도의 통계와 특례 정책은 소수 종교에 대해 배타성을 지향했다. 결국

이 둘 간의 모순이 존재했다.

네 번째는 인도 사회에서 가장 큰 사회 집단인 여타후진계급이 다수를 차지하는 수드라 카스트에 대한 법적 인정 작업이 진행되었다는 사실이다. 앞서 토지개혁, 녹색혁명, 보통선거 실시의 영향을 언급했다. 이들은 먼저 재산을 갖게 되었고, 그다음으로 선거를 통해 정치권력을 형성했다. 그러나 이들은 관료사회로 진출하거나 전문가로 성공하여 사회적 이동을 꾀하기는 어려웠다. 이러한 상황은 깊은 박탈감을 느끼게 했다. 이에 대한 실태 조사가 시작되었고, 문제 해결을 위해 1993년 후진계급위원회Backward Classes Commission가 구성되었다.

1953~1955년에 까렐까르위원회Kalelkar Commission는 여타후진계급 특례제도 확대를 제안했고, 1978~1980년에는 만달위원회Mandal Commission가 이를 강하게 권고했다. 그리고 특례제도 실행을 요구하는 집회가 전국적으로 일어났고, 그 결과 싱V. P. Singh 정부는 정권을 상실하게 되었다. 또 제한적이긴 했지만, 공립 교육기관 입학 시 이들 자녀의 입학 특례제도가 적용되었다. 이어 공직과 전문직에도 특례제도가 적용되었다. 이는 과거의 오명에 매여 있던 여타후진계급의 지위 향상을 위한 장기적인 해결책 같았다.

다섯 번째는 외래 종교를 믿는 소수 종교인을 특례제도에서 배제하는 과정이었다. 여기에는 기독교와 이슬람교라는 두 소수 종교집단이 있다. 유대교, 조로아스터교, 바하이Baha'is교는 소수 종교집단으로 어떠한 개종 시도도 하지 않았다. 이들은 다른 종교인과의 공존에 별 문제가 없었으며, 카스트에 따른 불리한 대우를 받지 않았기 때문에 소외나 배제 문제는 이들과 관련이 없었다. 반면 1억 2000만 명에 달하는 무슬림과 2500만 명의 기독교도는 그렇지 않았다. 이들은 인도 전체 인구의 12퍼센트와 2.5퍼센트를 차지한다.

비록 이들 중 소수는 종교를 갖고 이주한 사람들이었지만, 절대 다수는 부족민이나 낮은 카스트가 무슬림이나 기독교로 개종한 경우였다. 이들의 경우 지정카스트에 속하더라도 지정카스트가 받을 수 있는 각종 특례제도의 혜택을 받을 수 없었다. 이들이 카스트 체계를 인정하지 않는다는 이유에서였다. 그러나 이러한 이유로 제시한 것은 인도에서 발생한 종교에도 동일하게 적용되어야 하는 것이었다. 왜냐하면 불교나 자이나교, 시크교는 위계적인 카스트 제도에 반대하여 일어난 종교이기 때문이다.

결국 특례제도의 혜택에서 무슬림과 기독교가 배제된 이유는 단지두 가지로 설명된다. 첫째, 이들 종교 전파는 침략의 결과로 생겨난 것이기 때문이다. 무슬림은 무굴 제국의 인도 지배로, 기독교는 영국의 인도 지배로 전파되었다. 둘째, 이들은 힌두교에서 개종한 결과로 생겨났으며, 또 개종이 지속적으로 일어났다. 비록 최근에는 이슬람교로 개종하는 현상이 드물지만, 무슬림은 가족계획을 하지 않기 때문에 무슬림 수는 증가하고 있다. 기독교도의 증가가 문제시된 적은 없다. 1971~1991년 통계 자료에 따르면, 이들의 인구는 오히려 줄고 있다. 어쨌든 인도 정부의 배제 정책은 무슬림과 기독교도 인구 확산에 부정적으로 작용했다.

이러한 맥락에서 볼 때, 개종은 지정카스트가 갖고 있던 오명에서 자동으로 해방되는 것을 의미하지는 않았다. 이들의 오명은 네오-크리스천, 네오-부디스트, 달리뜨-무슬림 등의 이름으로 그대로 이어졌다. 또한 이들 집단에 대해 갖고 있는 심각한 편견은 힌두-무슬림과 힌두-기독교도 사이에서 종교공동체주의를 불러일으키고, 이에 따른 요구가 다시 나오게 만들었다. 1954~1988년에 1만 635건의 종교공동체주의 운동이 있었고, 이로 인해 8233명이 사망했다. 매년 평균 245

명이 사망하고, 312명의 사상자가 발생한 것이다. 이는 민주적인 인도 정부가 남긴 오명이었다.

III

세 번째 주제는 언어의 재정비와 민초국가로서의 정체성이다. 반제 국주의 운동으로 인도아대륙은 독립을 맞게 되었다. 그러나 독립 인도 의 국가 구성에서 서로 강하게 대립되는 문제가 있었다. 이것은 종교 와 언어였다. 그리고 1930년대부터 종교적인 대립으로 갈등은 심화되 었고, 이는 결국 1947년 인도가 두 개로 갈라지는 결과를 낳았다. 국가 구성의 기본은 종교이고 종교 차이는 지속 불가능함을 가져온다는 것 이 그 이유였다. 파키스탄 분리를 요구하는 자들은 이를 강화했다. 언 어 차이에 따른 분리는 1921년부터 이미 있었다. 언어지역연구위원 회Linguistic Provinces Commission 혹은 Dar Commission는 1947년 12월 인도 가 독립하자마자 구성되었고, 이들의 조사 보고서는 1948년 12월에 제 출되었다. 그러나 이 보고서는 언어의 차이에 따른 인도 재배열을 권장 하지 않았다. 심지어 자와하를랄 네루가 구성한 회의당 산하 위원회JVP Committee에서도 언어지역연구위원회와 의견을 같이하여 언어에 따른 지역 분할을 권장하지 않았다. 이는 그동안 인도 회의당이 추구해온 정 책과 대립되는 것이었다. 그러나 여러 변화 과정을 겪으면서 당시 여론 을 반영하여 1954년에 국가재구성위원회State Reorganization Commission 가 구성되었고, 이 위원회에서는 언어에 따라 주를 나눌 것을 권고하게 되었다.

당시 인도 정부는 두 가지 기본 원칙을 중심으로 정책과 각종 결정을 내렸고, 이는 현재까지도 적용된다. 첫째, 인도는 강압에 의해서가 아니라 사회적 다원주의와 문화적 다양성을 인정하는 원칙적 화합을 추구한다. 따라서 인도의 연합된 힘은 개인 수준의 연합에서부터 강력함을 발휘해야 하는 것이다. 둘째, 인도는 연합을 추구하되 연합을 이끌어내는 요소는 과거의 가치인 종교나 언어가 아니어야 한다. 역사적으로 이것들은 응집을 끌어내기보다 분리를 낳았던 요소들이었다. 따라서 인도의 연합은 언어나 자신들이 속한 특정 집단을 뛰어넘어 하나로 통합된 인도를 추구하는 것을 의미한다. 이 요소들은 개별적으로 존재한다기보다 서로 결합되어 있는 것이다.

언어에 따라 인도의 주를 편성한다는 것은 이들의 문화적인 정체성에 대한 인정뿐 아니라 정치적, 법적 자율권을 인정하는 도구를 제공하는 것이다. 이는 다시 언어나 문화의 위계를 세우게 되는 역할을 할 것이다. 인도에는 1500개의 서로 다른 언어가 존재하지만, 인도헌법 부칙 제8조에 따라 단지 15개 언어만 공식 언어로 인정받았다. 그러나 최근에 세 언어가 추가되어 총 18개의 언어가 공식 언어로 인정받고 있다. 여기서 중요한 점은 1971년에 10만 명 이상 쓰는 언어가 45개에 달했음에도, 주로 분리되던 시점에는 단지 10여 개의 언어만이 자신들의 지역에서 쓰는 언어를 공식 언어로 인정받았다는 것이다. 그러나 보즈뿌리Bhojpuri, 브리즈 바샤Brij Basha, 마가디Magadhi, 마이틸리Maithili, 라자스따니Rajastani, 짜띠스가리Chattisgarhi를 쓰는 수많은 농민의 모국어는 힌디의 방언 지위를 인정받았다. 반면 수백만 명에 달하는 부족의 언어, 즉 산딸리Santali, 빌리Bhili, 곤디Gondi, 꾸룩스Kurux 등의 언어는 인정받지 못했다.

민초 민족의 언어는 인정받지 못했을 뿐 아니라 그들의 고향에서 해부되었다. 이것이 나르가Narga나 미조Mizo 같은 경계 지역에서 일어난 일이라면 이해할 만하다. 그러나 이는 인도 본토에서 일어난 것으로, 여기에는 음모가 있었다. 일례로 1911~1936년에 자르칸드Jharkhand 지역(혹은 쪼따나그뿌르Chota Nagpur 고원)은 네 부분으로 나뉘어서 비하르, 오리싸(현 오디샤), 서벵골 그리고 연방 구역으로 편입되었다. 여기에는 두 가지 이유가 있었다. 첫째, 이 지역은 19~20세기에 수많은 부족 반란이 있었던 곳이다. 1831~1832년에 꼴Kol 반란, 1855년 산딸Santal 반란, 1879년 람파Rampa 반란, 1910년 바스따르Bastar 반란, 1918년 오라온Oraon 반란, 1932년 붐지Bhumji 반란 등은 잘 알려져 있다. 두 번째로 이 지역은 자원이 풍부해 힌디어, 벵골어, 오리아어(오리싸 주에서 사용하는 공용어─옮긴이)를 사용하는 집단이 자원이 풍부한 이 지역을 나누어 가진 것이다. 자르칸드의 해부는 주별 분리에 정치적 압력을 가함으로써 경제 약화를 가져왔다. 그럼에도 인도의 중앙정부는 지난 반세기 동안 동일한 정책을 유지해오고 있다.

　1956년 국가재구성위원회의 보고서는 자르칸드 주의 요구를 무시했다. 이유는 다음과 같다. 첫째, 이 지역의 부족민은 소수다. 둘째, 언어와 연결된 특별한 문제가 없다. 셋째, 주변 주들과의 경제적 균형이 깨질 수 있다. 첫 번째 이유로 제시된 것은 이 지역 원주민이 소수화된 역사적 배경을 무시한 것이다. 두 번째 변명은 연결된 언어로 힌디어를 제시함으로써 쉽게 넘어간 것이다. 세 번째 변명이 진짜 이유다. 자르칸드 주가 분리된다면 비하르, 오리싸, 서벵골 주의 지하자원이 줄어들게 된다. 어쨌든 국가재구성위원회는 산업화를 추진 중인 주변 주들의 상황을 고려하여 자르칸드 주의 분리를 막을 이유로 이 세 가지를 제시했다.

　여기서 역사적으로 매우 중요한 자르칸드 주의 문화적 정체성을 살펴보자. 쪼따나그뿌르와 깔까바나Kalkavana로 알려진 산딸빠르가

나Santal Pargana로 구성된 자르칸드 주는 기원전 6세기부터 독자적인 문화적 정체성을 갖고 있었다. 자르칸드 주는 각종 광물자원 등 지하자원이 풍부해 20세기 초 기업인과 산업 관계자의 주목을 받았다. 일례로 타타 철강은 1907년 자르칸드 주 잠쉐드뿌르에 토지 3546에이커(약 14제곱킬로미터)를 매입했다. 그리고 1915~1925년에 10만 에이커(약 404제곱킬로미터)를 추가 매입했다. 그러나 자르칸드가 산업화의 중심이 되는 과정에서 정작 이 땅의 주인이었던 지역 부족민에게는 아무런 혜택도 돌아가지 않았다. 그러자 이들은 1915년 자르칸드 운동을 일으켰고, 1937년에는 자르칸드당이 구성되었다. 이를 통해 자르칸드 주민이 얻고자 했던 것은 자르칸드의 자치권이었다. 그러나 자르칸드 독립 지도자였던 자이빨 싱Jaipal Singh이 회의당으로 들어가면서 자르칸드당은 세력을 잃게 되었다.

독립 이후 로우르껠라Rourkela, 란찌Ranchi, 보까로Bokaro 등지에서 다모다르 밸리 코퍼레이션Damodar Valley Corporation, 빠뜨라뚜 전력 프로젝트Patratu Thermal Power Project, 꼬엘 까로 하이델 프로젝트Koel Karo Hydel Project 등의 사업이 진행되면서 이들 도시는 산업도시가 되어갔고, 수많은 외부인이 이 지역으로 몰려왔다. 이 같은 변화 과정에서 자르칸드 주의 독립 요구는 점차 쇠퇴했다. 경제발전은 오히려 토착민을 가난하게 만들었을 뿐만 아니라 문화적 정체성조차 쇠약하게 했다. 따라서 자르칸드 토착민은 원하는 분리 독립을 성취하더라도 이는 해방을 의미하는 것이 아니다. 왜냐하면 이미 자르칸드 토착민이 아닌 외부인이 자르칸드의 경제적 지배력을 행사하는 상황에서 독립은 '내국인에 의한 식민 지배' 같은 양상을 띠게 될 것이기 때문이다.

자르칸드 주의 사례는 크고 강한 집단과 작고 약한 집단의 언어적 재배열 결과를 잘 보여준다. 국가재구성위원회는 전자에 대해서는 독립적인 문화 정체성을 가질 수 있도록 한 반면, 후자에 대해서는 경제적 능력뿐 아니라 문화적 정체성도 사라지게 했다. 또한 언어적 재배열은 산업화에 따른 전환 과정에서 영향을 받게 되었고, 이것은 훨씬 더 광범위한 영향을 미치게 되었다.

이를 정리하자면, 현대 인도에서 문화·언어적 갈등은 네 가지 양상으로 나타난다. 첫째, 아쌈 주의 경우로, 다양한 외부인의 이주로 완전히 잠식된 상황이다. 아쌈 주에서는 외부인이 우세하고 현지인은 모든 면에서 뒤처지게 되었다. 일례로 경제권은 마르와리와 뻔자비 자본가가 차지했고, 문화·교육·직업은 서벵골에서 온 벵골-힌두가 차지했다. 심지어 농업 경제권도 벵골-무슬림이나 네팔-힌두 농민이 장악하게 되었다. 이런 상황에서 현지인이 할 수 있는 것은 스스로를 보호하기 위한 정치 활동이었고, 결국 아쌈 주에서는 1960년대부터 현재까지 이런 성격의 정치 활동이 계속되고 있다.

둘째, 앞서 이미 살펴보았던 자르칸드 주의 경우다. 셋째, 외부인이 점차 세력을 확장하여 문제가 되는 경우로, 이는 뭄바이와 방갈로르 같은 국제도시에서 볼 수 있다. 뭄바이의 시브세나와 방갈로르의 칸나다 첼부바리가와 같은 지역 정치 세력은 지역민, 특히 농민을 위한 일자리와 교육기관의 입학 권리를 요구했다. 여기서 외부인이란 해당 도시에서 오랫동안 살아온 주민과는 다른 문화·지역·언어 집단을 말한다. 이들 지역에서 이동은 주로 화이트칼라와 전문직, 사업가 부류에게서 나타났고 이들과의 갈등이 문제가 되었다.

넷째, 갈등은 언어·문화적으로 동일한 집단에서도 있었다. 갈등의 원인은 지역문화였다. 대표적인 사례가 안드라쁘라데슈 주의 뗄렝가나 지역운동, 마하라슈뜨라Maharashtra 주의 비달바 운동, 잠무카슈미르Jammu and Kashmir 주의 라다크Ladakh와의 긴장 관계, 우따르쁘라데슈 주의 동부와 서부 고원 지대에서 일어난 지역운동 등이 대표적이다. 이는 다음과 같은 원인이 배경이었다. 첫째, 역사적 환경은 경제발전과 기술, 교육에서 지역적 차이를 가져왔다. 일례로 왕정시기에는 뗼렝가나 지역이 우위였고, 영국 식민지시기에는 해변 지역이 우위였다. 둘째, 개발 시 대규모 이동이 가능했던 좀 더 발전된 지역 주민들이 개발로 인한 기회를 차지했다. 셋째, 개발이 뒤처진 지역에서 일자리 창출없이 교육만 확대되었다. 이 모든 원인의 결과로 잠재해 있던 차이와 불일치가 수면 위로 떠오른 것이다. 외부인에 대한 반대 운동은 일단 시작된 후 더 많은 사람의 관심과 참여를 끌어내면서 지속되었다.

각자가 속한 민족의 정체성은 아주 뚜렷했고, 이로 인해 지역 간 다양성을 인정하면서 단일 인도 시민권을 형성하는 것이 어려워졌다. 통계적으로 볼 때, 단일성을 유도하는 것이나 국가주의를 강조하는 것이 이러한 문제를 해결할 수는 없었다. 서로 화합을 이루는 것은 시민권의 이름으로 평등을 이루기 위한 대가를 치러야 하는 것이었다. 그리고 분열된 정체성을 버려야 성취되는 것이었다.

IV

20세기 인도를 이해하는 네 번째 주제로 국가와 시민사회의 상호작용을 들 수 있다. 식민지 인도는 1820~1857년에 강력한 활동력과 에너지를 보여주었다. 현대 교육과 행정 통일, 철도와 통신 체계가 도입되었고, 토지제도 등의 변화가 이 시기에 있었다. 따라서 1857년 혁명은 인도 사회의 전환을 의미하며, 식민지 인도의 다양한 성과를 드러내는 것이었다.

당시 영국 정부는 인도인에 대한 강한 간섭은 제국을 유지하는 데 해로울 것으로 여겼기 때문에 지나친 개입 정책을 자제했다. 그러나 인도는 민족국가가 성립한 이후부터 헌법을 통해 국민의 삶에 개입했을 뿐 아니라, 이를 사회 전환의 핵심 기제로 이용했다. 시민의 기본권을 보장하는 내용도 규정했고 국민의 염원을 담은 기본 원칙도 만들었다. 또한 농촌 지역의 경제적 정의를 가져올 법률도 만들었다. 빤짜야뜨 통치제도의 도입은 지역의 결정권과 운영권을 주민에게 줄 수 있도록 하는 권력 분권화를 실현한 것이다. 지정부족과 지정카스트 특례제도는 차별로부터 이들을 보호하려는 정책으로, 사회적 이동을 위해 만든 것이었다.

반反불가촉민법Anti-Untouchability Acts은 인도에서 가장 낮은 계층의 사람들이 받았던 사회적 억압으로부터 이들을 벗어나게 하는 도구가 되었다. 이제부터 인도 사회의 변화를 측정하는 지표로 지정카스트의 지위 변화를 살펴볼 것이다. 지정카스트는 인도 전체 국민의 15퍼센트를 차지한다. 따라서 인도 의회의 상원 의석과 하원 의석 그리고 지방 의회 의석의 15퍼센트가 이들에게 할당되어 있다. 처음 이 법안이 도입되었을 때는 1960년까지만 적용하도록 규정되어 있었다. 그러나 적용 기간이 연장되어 지금도 적용하고 있다. 의회 의원에게 적용되는 특례제도에 관해서는 특별한 자격 요건이 규정되어 있지 않다. 그러나 공공서비스 관련 특례 규정은 다르다. 인도 공무원은 A, B, C, D 직위 그룹으로 나뉘어 있다. 그중 A그룹이 가장 높은 직위군이고, 다음으로 B, C, D그룹순이다. 1960년대까지 지정카스트 공무원 중에서 높은 직위 그룹에 속한 공무원은 매우 적었다. 그러나 특례제도 시행 후 20년이 지난 1971년에 지정카스트 A, B, C 그룹에 속한 지정카스트의 비율은 각각 2.70, 4.41, 10퍼센트였다. 그리고 1995년에 A그룹은 10~16퍼센트에 달했고, B그룹은 12.67퍼센트가 되었다. 1995년 1월에는 지정카스트의 C그룹 특례 비율을 16.15퍼센트로 높였다.

교육은 지정카스트의 지위 변화를 가져올 수 있는 중요한 도구가 되었다. 1931년 정부는 국립학교에서 지정카스트 학생의 입학을 허용하기로 결정했다. 당시 이들의 식자율은 1.9퍼센트였다. 이 같은 정부의 결정에 반대하여 상위 카스트가 운영하는 많은 학교는 휴교령을 내렸고, 지정카스트 아동이 입학한 학교에서는 카스트 힌두가 자신들의 아이를 다른 학교로 전학시켰다. 일반적으로 학교에 입학한 지정카스트 아이들은 3단계 차별을 거쳐야 했다. 첫째, 학교에는 입학했지만 교실에는 들어갈 수 없다. 둘째, 교실에 들어가는 것은 허용되지만, 물리적으로 소외된다. 셋째, 존재가 없는 것처럼 여겨지는 '왕따'를 당한다. 어쨌든 지정카스트 아이들의 학교 입학이 허용되면서 식자율이 높아졌다. 1961년 지정카스트의 식자율은 10.27퍼센트가 되었고, 1991년에는 37.41퍼센트로 높아졌다. 비록 이 비율은 인도 평균 식자율(1961년 24퍼센트, 1991년 52퍼센트)보다 낮은 수치였지만, 지정카스트의 식자율이 높아진 것은 매우 의미 있는 것이어서 이는 변화의 토대가 될 수 있었다.

지정카스트에 대한 사회문화적 억압은 이들의 불가촉성에서 나오는 것이다. 1948년 라자스탄과 아쌈 주를 제외한 인도의 모든 주에서 지정카스트에 대한 사회적 제약을 제거하는 법이 통과되었다. 1950년 선포된 인도헌법 제17조에서는 불가촉 행위를 금지했고, 이에 대한 처벌이 가능하도록 했다. 그리고 1955년 전 인도에 적용되는 불가촉행위범죄법Untouchability (Offences) Act이 통과되었다. 이 법에서는 지정카스트도 종교 사원과 공공단체 등의 모든 공공 기관을 이용할 수 있다고 규정했다. 그리고 '1955년 법'의 허점을 보완하여 이들의 시민권을 보장하는 시민권법이 1976년에 통과되었다. 인도시민권보호법에서는 이들을 향한 모든 불가촉 행위에 대해 강력하게 처벌하도록 규정했다. 지정카스트의 사회경제적 상황이 향상되면서 이들을 향한 전통적인 차별이 점차 사라지게 되었다. 그동안 그들의 능력을 막았던 장애물이 서서히 녹아서 사라지기 시작했다. 이에 대한 보복으로 특히 토지를 소유한 부유한 집단이 된 이전의 농민 카스트의 지정카스트에 대한 잔혹행위가 시작되었다. 이러한 사건을 막기 위해 1989년 지정카스트와 지정부족 잔혹행위방지법Scheduled Cast and Scheduled Tribes Prevention of Atrocities Act이 통과되었다. 정부는 인도에서 사회적으로 가장 억압받는 부분의 변화가 필요함을 경고했다. 그럼에도 불가촉민을 대상으로 한 차별과 범죄는 계속되었다. 1955~1995년에 불가촉민 관련법에 저촉되는 범죄행위는 총 27만 4438건이었다. 이는 매년 평균 6693건이 일어난 것이다.

인도 정부가 수행했던 다양한 정책과 방안, 특히 국민의 활발한 참여를 이끌어냈던 제5차 5개년 경제계획과 사회복지 프로그램은 시민사회로 나아가는 중요한 사회적 에너지가 되었다. 비록 다양한 비정부기구와 언론, 사회운동이 있었지만, 이 분야에서 기여하는 바는 상대적으로 크지 않았다. 지난 반세기를 회고할 때 애석하지만 인도 정부와 시민사회도 중대한 실수를 했다. 어쨌거나 이러한 과정을 거치며 인도 사회는 분명 긍정적인 방향으로 나아갔다.

민주국가 인도 내부에서 있었던 최대의 일탈행위는 아마 1975년 계엄령 선포였을 것이다. 그러나 이 사건은 사회 전반에 민주주의 정신을 불러일으켜, 민주주의를 위한 시민Citizens for Democracy, 시민자유인민연합People's Union for Civil Liberties, 민주권리시민연합Peoples Union for Democratic Rights 등의 다양한 시민단체와 시민운동을 낳았다. 비상계엄령에 대해 시민들은 각종 집회로 저항했는데, 이는 민주적 가치를 상기시켰고, 결국 민주주의로 복귀하도록 이끌었다. 다시 말해 정부의 실책이 있을 때에도 인도 시민사회는 이를 바로잡고 올바른 방향으로 나아갔던 것이다.

나는 앞서 인도에서 있었던 종교공동체주의 운동에 대해 언급했다. 크고 작은 종교공동체주의 운동이 일어났지만, 이 중 1984년 반 시크 폭동, 1992년 바브리 모스크 파괴 사건, 1999년 기독교인 스테인스Staines 선교사 가족 살해 사건은 인도 화합에 커다란 상처를 남기는 사건이었다. 이 사건들은 인도 사회의 편파성이 얼마나 깊은지, 또 인도가 추구하는 '다양성을 인정하는 화합'이라는 구호가 얼마나 피상적인지 잘 드러내준다. 이는 인도 사회의 깊은 분열을 대변할 뿐 아니라, 공정한 최종 결정권자인 인도 정부가 분열을 효과적으로 중재하지 못했다는 무능함도 여실히 드러낸다. 그러나 앞서 언급한 세 가지 사건은 시민사회의 구성원으로서 시민의식을 제고하는 계기가 되었고, 이웃을 해하는 범죄행위에 대한 집단적 죄책감을 형성했다. 희생자를 위해 필요한 것은 시민의식과 시민사회를 확장하는 것 그리고 정부의 효과적이고 결정적인 중재다. 어쨌든 이러한 과정에서 인도 정부가 시민사회가 탄생하고 유지될 수 있도록 허용했다는 사실을 주지할 필요가 있다.

V

20세기 인도를 이해하는 마지막 특징으로 가족의 변화와 그로 인해 일어난 청소년과 여성의 변화를 들 수 있다. 일반적으로 인도의 가족에 대해 그려지는 이미지는 집합가족이다. 통상 도시보다는 농촌이나 소도시에 집합가족이 많다. 그러나 재산을 가진 카스트, 소작농, 각기 다른 직업군 등 상당한 변수에 따라 가족 유형이 다르게 나타난다. 이른바 급속한 도시화와 이에 따른 이동이 증가하면서 전통적으로 종속적인 지위에 있던 여성과 아이가 좀 더 많은 자유를 요구하게 되었다. 개인주의가 증가하면서 핵가족화가 일어났고, 경제적 제약이 있는 경우나 상황에서는 이를 막을 수 없었다. 20세기 초반부터 중반까지 반식민주의 투쟁에 참가했던 학생들은 정당성에 대한 인식이 높은 층이다. 그리고 독립 이후 인도의 정치지도자가 되었던 사람들 대부분은 학생운동 지도자를 거쳤다. 독립이 이루어졌을 때 각 정치 정당은 '젊은 층 지지 확보'가 관건이었고, 학생단체와 연합하려 적극적이었다.

고등교육을 받기 위해 그리고 그 후 다양한 직장을 찾아 이동하면서 젊은이의 공간적인 이동성이 확대되었다. 사회적 혹은 이념적 이동성이 가속화되면서 젊은이의 개인주의 성향이 커졌고, 이는 세대 간 갈등을 불러일으키는 원천이 되었다. 사실 인도만 이러한 현상을 겪은 것은 아니다. 1960년대 젊은이의 반항은 전 세계적인 현상으로 대학생층에서는 공통적으로 불안정성이 나타났고, 인도 역시 이러한 경향성을 보였다. 1930년대에는 젊은층의 주도로 자치운동이 일어났고, 1950~1980년대에는 젊은이들이 '인도 재건'을 위해 정치와 산업계 그리고 행정에 참여함으로써 독립 인도를 이끌었다고 할 수 있다. 세계화와 경제자유화 시작 시점에서 젊은이에게 '인도 재건'은 부를 창출하는 일로 인식된 것이다. 따라서 세대별로 청년기에 지향했던 가치가 다를 수밖에 없었고, 이는 1990년대까지 그들의 삶에 그대로 반영되었다. 그러나 세대 간에 가치 지향성 차이를 공유한 것이 아니기 때문에 이것이 세대 간 갈등의 원인이 된 것이다.

20세기 초까지 인도 여성은 종속적인 지위에 머물러 있었다. 19세기에 사회·종교적 운동이 일어났지만 20세기까지 조혼, 지참금, 교육 배제, 사띠Sati(남편이 죽어 화장할 때 아내가 그 불길 속으로 뛰어들어 함께 죽는 것—옮긴이) 강요, 과부 재혼 금지, 사원 무희 제도devadasi system, 재산상속 차별 등이 여전히 존재했다. 다수의 여성이 반식민주의 운동에 참여했고, 같은 맥락에서 일어난 농민운동이나 노동운동 등 다양한 사회운동에 참여함으로써 인도에서 여성은 존재성을 점차 높여갔다. 독립 인도에서 여성해방은 두 방향으로 나타났다. 첫째는 선거 참여이고, 둘째는 반식민주의 운동을 이끈 여성 집단의 출현이었다.

나는 앞서 인도가 사회 변화의 도구로 법률을 사용했다고 언급했다. 그러나 힌두 법안Hindu Code Bill과 맥락이 같은 각종 법률, 즉 특별혼인법Special Marriage Act(1954), 힌두 결혼법Hindu Marriage Act(1955), 힌두 상속법Hindu Succession Act(1956) 등은 인도의 다수 집단인 힌두교도에게만 적용되는 법률이었다. 나머지 15퍼센트의 종교인, 즉 무슬림, 기독교도, 바하이교도, 조로아스터교도, 유대교도는 이 법률의 적용을 받지 않았다. 이 같은 법률 장벽은 인도 종교계에서 사회·문화적 장벽으로 작용했다. 통일 민법을 위한 인도헌법 지도 원칙이 만들어졌을 때 일부는 격렬히 환호했고 또 일부는 강력히 반대했다. 힌두 민족주의자나 국가주의자, 페미니스트는 통일 민법에 찬성했다. 반면에 성차별론자, 자유주의자, 종교적인 반계몽주의자는 이를 반대했다. 이들의 찬성과 반대에 대한 이유와 목적은 매우 다양했으며, 동일성과 다양성 추구 사이에 원초적인 긴장이 존재했다.

어쨌든 모든 인도인에게 보편적으로 적용할 수 있는 법률이 제정된 목적은 여성의 권익 향상에 있었다. 일례로 1961년에 통과된 지참금지법은 그 효과가 매우 적었으나, 1993년에 반포된 제73차 개정헌법73th Amendment of the Constitution은 매우 효과적이었다. 전통적으로 빤짜야뜨는 상위 카스트 남성의 전유물로, 카스트가 낮거나 여성은 의사 결정 과정에서 제외되어 있었다. 인도는 거버넌스governance(행정관리) 분야에서 '아래로부터의 발전 전략 일환으로 행정구역을 세 단위, 즉 마을, 구역, 지역으로 나누어 관리하는 시스템'을 도입했다. 이는 1950년대 후반 발완뜨 라이 메따 위원회Balwant Rai Mehta Committee의 보고서에 따른 것이다. 그러나 초기 빤짜야뜨 기구Panchyati Raj Institutions의 열정은 퇴색되어갔고, 결국 1977년에는 아쇼까 메따 위원회Ashoka Mehta Committee가 설립되었다. 일부 주에서는 메따 위원회의 권고를 받아들이고 적용했지만, 다른 일부 주에서는 여전히 지방자치기구들이 남아 발전을 방해하고 있었다. 그리고 이것이 제73차 개정의 원인이자 배경이 되었다.

개정법에서는 인도의 빤짜야뜨를 자치적인 통치기구로 명했다. 그리고 지도부를 포함하여 마을, 구역, 지역의 3단계 지방의회는 의석의 33퍼센트를 여성에게 할당하도록 했다. 가장 최근 자료에 따르면, 1998~1999년 마을 단위 자치기구의 여성 의원은 76만 8582명, 구역 자치기구의 여성 의원은 3만 8582명, 지역 단위 자치기구의 여성 의원은 4030명으로 나타났다. 이는 지방자치단체에서 마을 단위는 31퍼센트, 구역 단위는 30퍼센트, 지역 단위는 32퍼센트로 여성 의원을 배정한 수치였다. 마을 단위, 구 단위, 지역 단위 자치기구에서 여성단체장의 비율은 각각 40, 34, 32퍼센트로 나타났다. 이는 법적으로 여성 특례제도를 제정한 결과였다. 결국 이는 새로운 세기에 나타난 사회 변화를 반영한 혁명적인 발걸음이었다고 해도 과언이 아니다. 물론 여기에도 문제점은 있었다. 주민 자치기구의 여성은 그들의 남성 친척을 지지하는 경우가 자주 있었다. 또한 여성은 자신들의 정치 활동에 장애가 되는 다양한 사회적 제약에 부딪쳐야 했다. 이러한 경향은 농촌 지역이 더욱 심했다. 또한 법적인 특례제도 덕분에 자치기구의 의원이 된 지정 카스트 여성 의원은 자치기구 회의에 참석할 권리가 있는데도, 여러 가지 사회적 차별을 받아야 했다. 예를 들어 상위 카스트 의원이 의자에 앉아 있는 동안 이들은 바닥에 쪼그리고 앉아야 했다. 비록 이것이 전환기에 나타난 아노미 현상이라고 볼 수 있겠지만, 인도에서 양성평등이 달성된 것은 결코 아니다. 유네스코 보고서에 따르면, 1999년 인도의 32개 지역 중 27개 지역에서 여아 낙태가 행해졌다. 그 결과 비하르와 라자스탄 같은 주에서는 남성 100명당 여성의 비율이 60으로 성비 불균형이 매우 심각하다. 이는 여성에 대한 가장 최악의 폭력이라고 볼 수 있다.

여성해방을 향한 가장 중요한 발걸음은 그녀들에게 현대적인 교육의 기회를 제공한 것이다. 1901년 여성의 식자율은 0.8퍼센트로 매우 낮았다. 남성 100명당 여성 12명꼴로 초등학교에 등록되어 있었고, 중학교는 남성 100명당 여성 14명이 등록되어 있었다. 이 시기 인도아대륙에서 고등교육기관에 등록된 여성은 총 264명에 불과했다. 그러나 1950~1951년에는 남성 100명당 여성 39명이 학교를 다녔고, 여성의 식자율도 39.29퍼센트로 높아졌다. 그리고 20세기 말에는 상황이 훨씬 더 나아졌다. 1995~1996년 고등교육기관에 입학한 여학생은 200만 명이 넘었다. 현대 교육은 이상적으로 성장했고, 이는 특히 여성 교육에서 그러했다. 1970년대 양성평등과 여성해방, 여성의 권익 신장을 위해 끊임없이 고심하고 투쟁하는 새롭고 독립적인 여성운동이 확고해졌다.

인도 여성에게서 이상적인 사회 이동은 다양한 방식으로 나타났다. 첫째, 성별에 다른 노동분업 문제였다. 전통적으로 여성은 가정을 돌보는 역할을 하고 남성은 절대적으로 수입원 역할을 하는 것으로 여겨졌다. 현대 교육을 통해 많은 고용의 기회를 가진 여성은 이제 가정에서의 의사 결정에도 참여할 수 있게 된 것이다. 둘째, 성인이 될 때까지 결혼을 미룰 수 있게 되었고, 일부 도시 여성의 경우 제한적이긴 하지만 배우자 선택에도 참여할 수 있게 되었다. 셋째, 여성 활동가와 지도자는 성차별과 성에 따른 부당함에 꾸준히 대항했다. 넷째, 빤짜야뜨에서 의회에 이르기까지 여성 대표 의원이 의석을 차지함으로써 정치적인 권한 위임도 요구할 수 있게 되었다.

양성평등과 성별 정의 구현에 대한 요구는 여성 유권자층을 형성했을 뿐 아니라, 여성 사이에 상당한 개인주의 성향을 낳았다. 그리고 이는 가정을 불안하게 만들 수 있는 것처럼 보였다. 평등이라는 이상과 개인주의는 함께 움직이는 변함없는 요소다. 이 둘의 만남은 개인의 자유를 보장하는 긍정적인 영향이 있는 반면 예상치 못한 결과도 낳았다. 일례로 전통적인 체계와 가치관 파괴, 소외 현상, 범죄와 이혼의 증가 등이다. 따라서 21세기에 인도가 해결해야 할 중요한 과제 중 하나는 개인의 자유와 단체 결속 간에 균형을 맞추는 일이다. 이러한 관점에서 중개 역할을 하는 가족의 중요성은 더욱 커진다고 할 수 있다.

남아시아의 여성운동 :
일상적 도전

우마 짜끄라바르띠
Uma Chakravarti

역사학자이며, 델리 대학의 미란다 하우스에서 강의하고 있다.《델리 소요 : 한 국가의 삶에서 3일Delhi Riots : Three days in the life of a nation》(1987)과《신화에서 시장까지From Myths to Markets》(1999)의 공동 저자다.

당시 나는 편견이 가득한 역사가와는 더 이상 책을 쓰지 않겠다는 생각이 확고했다. 대신 과거의 시각 자료 해석을 통해 여성과 소외 집단에 대해 조명하는 글을 쓰고 있었다. 과거 내 제자이자 사진작가인 그녀에게 이러한 의도를 이야기했다. 그녀는 이념 편향성이라고 할 수 있는 것을 감지했는지 "선생님, 급진적 페미니스트세요?"라는 보통 사람이 던질 수 있는 질문을 했다. 이 질문에 나는 일상적인 대답을 하듯 담담하게 "응, 나는 그냥 페미니스트지"라고 대답했다. 그리고 나서 우리는 대화를 계속 이어갔다.

Gender Insensitive Society
Ignorant Government
Irresponsible Delhi Police
are Responsible for her death.

II

━━━

개인적인 일화로 글을 시작하려 한다. 몇 달 전 나는 한동안 만나지 못했던 1970년대에 내가 가르쳤던 학생을 만났다. 그녀는 어느새 성공한 프리랜스 사진작가로 활동하고 있었다. 나는 그녀에게 초기 인도 역사를 잘 나타내줄 수 있는 작품을 의뢰했다.

당시 나는 편견이 가득한 역사가와는 더 이상 책을 쓰지 않겠다는 생각이 확고했다. 대신 과거의 시각 자료 해석을 통해 여성과 소외 집단에 대해 조명하는 글을 쓰고 있었다. 과거 내 제자이자 사진작가인 그녀에게 이러한 의도를 이야기했다. 그녀는 이념 편향성이라고 할 수 있는 것을 감지했는지 "선생님, 급진적 페미니스트세요?"라는 보통 사람이 던질 수 있는 질문을 했다. 이 질문에 나는 일상적인 대답을 하듯 담담하게 "응. 나는 그냥 페미니스트지"라고 대답했다. 그리고 나서 우리는 대화를 계속 이어갔다.

남아시아의 여성운동에 대한 글 서두에서 이 이야기를 하는 이유는 여성운동에 대해 일반인이 가진 편향된 시각을 지적하기 위해서다. 실제 단어가 그런 의미를 갖고 있는지의 여부를 떠나 페미니스트는 공격적이고 급진적으로 간주된다. 남아시아에서 페미니즘은 서구와 연결된, 추가적으로 져야 할 무거운 짐이 있다. 이 문제에 대해서는 나중에 좀 더 자세히 설명하려 한다. 앞서 말한 제자와의 일화만으로도 아이러니한 상황을 인지하기에는 충분할 것이다. 어떤 면에서 그녀는 여성으로서 나와는 정반대의 입장에 있다. 나는 내가 선택한 길을 가기 위해 어찌 보면 투쟁에 가깝도록 노력해야 했다. 나의 세대와 내 바로 다음 세대는 여성의 권리나 선택을 위해 투쟁해야 했다. 그 투쟁의 결과로 내 제자 세대는 선택권을 갖게 되었고, 자주적인 삶을 살게 되었다. 그런데 내 제자 세대는 우리의 투쟁과는 별개의 삶을 살고 있을 뿐만 아니라, 우리가 했던 투쟁을 매우 하찮고 편향적인 시각으로 취급하는 경향이 있다. 이 책이 출간될 즈음엔 내 제자도 우리의 투쟁을 무시하지 않고 좀 더 잘 이해해주게 되길 바란다. 우리는 남아시아의 모든 국가에서 중요하고 영향력 있는 성과를 만들어냈다. 그런데 한 세기가 끝나가는 이 시점에도 우리 여성은 여전히 뒷전으로 밀려나 있다.

이 문제와 별개로 남아시아 국가들이 겪은 또 다른 문제가 있다. 식민주의는 경제적 약탈과 정치적 종속 이외에도 심리적·문화적인 면에서 악영향을 미쳤고, 이는 여성에게 특히 그러했다. 문화적 민족주의는 식민통치 아래 있는 인도 국민에게 강력한 감성적 유대를 만들어냈다. 남아시아에서는 문화적 민족주의가 독립운동의 기반이 되었다. 이러한 상황에서 동양과 서양이라는 이분법은 여성상에도 적용되었다. 자유화된 서양 여성은 개인주의적이고 육아에 적합하지 않은 여성인 반면, 동양 여성은 가족을 위해 자신을 희생하는 독특함을 가진 것으로 묘사되었고, 그 결과 서양 여성과 반대되는 동양 여성상이 제시되었다. 강력한 표어와도 같이 제시된 동양의 여성성과 여성상은 인도 여성의 이익이나 권리 찾기 그리고 동양 세계에서 남성 중심의 경제 운용 원리를 인지하기 어렵게 만들었다. 여성 문제가 문화적 민족주의에서 중요한 부문을 차지하는 동안 여성과 관계된 사회 변화, 특히 양성평등이나 양성의 지속 가능성은 변화가 없었다. 그러나 이는 갈등이 많은 사안으로, 인도 독립 시기까지 언제 폭발할지 모를 뜨거운 감자로 남아 있었다. 인도 국민은 인도의 독립과 국가 정체성에 대한 열망을 계속 품었고, 이는 여성 문제와도 연결되었다. 따라서 여성에 관한 동과 서라는 이분법적인 잘못된 논리 혹은 통념에 대해 문제를 제기하기는 어려웠다. 남아시아의 여성운동 반대자들은 이것이 서구에서 파생된 것으로 매도했고, 그러한 경향은 지속되었다. 이들은 인도의 독립 시기 여성운동에 '서구화'라는 오명을 씌움으로써 감정을 자극하는 힘을 얻게 되었을 뿐 아니라, 여성에 대한 원초적인 문제를 제기할 때마다 이를 무마하는 힘을 갖게 되었다. 이 글을 통해 나는 사회정치적인 맥락에서 여성운동을 명확하게 설명하고 싶다. 여성운동이 서구에서 파생했다는 것은 본질과 전혀 관계없는 주장이다. 이는 여성의 종속을 부정하는 방편이며, 성불평등을 재생산하는 이들이 비난으로부터 편하게 도망치는 방법일 뿐이다.

I

남아시아에서 여성운동의 발생은 대략 1970년, 즉 남아시아 국가들이 독립한 지 25년 전후로 볼 수 있다. 여성운동은 성불평등이나 성차별에 대한 인식에서 시작되었다기보다 사회적인 맥락에서 시작된 것이며, 이는 또한 국가권력의 위기와도 밀접한 관련을 맺고 있다. 1960년대 후반에서 1970년대 초반 사이에 일어난 다양한 사회운동은 정치 엘리트의 자존심에 상처를 냈다. 사회불안은 많은 결핍 인구 집단이 기대하는 '선善을 실현하는' 것을 정치 체계가 제공하지 못하는 것에 기인한다. 구조적인 위기는 농민, 부족민, 근로자, 달리뜨, 학생, 여성의 실패한 정부에 대한 시위로 이어졌고, 그 결과 야당 정치는 좌파로 이동했다. 식민주의적 잔재를 제거하는 과정에서 인도아대륙에서는 인도본연의 전통에 대한 사회적인 논쟁과 장기 지속Longue duree에 대한 논의가 계속되었다. 이러한 환경에 있었던 여성운동은 두 방향으로 흘러갔다. 경제적인 면에서 여성은 물질적으로 남성의 영향을 받을 수밖에 없고, 따라서 이것이 본질적이며 인도 여성운동에 중요한 요소가 된다는 것이다. 다른 한편에서는 성차별적인 젠더gender의 문제를 제기하며, 여성운동의 민주화와 급진적인 여성운동이 필요함을 강조하는 방향이다. 이들에는 중산층뿐 아니라 부족민, 농민 여성 활동가가 포함되었다. 여성운동 초기에는 국가 재건이라는 시급한 문제가 있었기 때문에 여성 결집을 위한 표어나 선언문이 완성되지 못했다. 그러나 1970년대 후반이 되면서 다양한 방면에서 여성이 자신의 목소리를 표출하면서 여성운동의 표어나 선언문은 정제되거나 새롭게 태어났다. 이는 다수의 여성이 경험에서 우러난 성차별에 대한 깊은 각성에서 비롯되었고 다양한 여성 조직을 만드는 밑바탕이 되었다. 이후 여성 조직의 일부는 독자적으로 활동했지만, 이들 중 일부는 통합되거나 정치 정당과 연계하여 활동하면서 일상에서 일어나는 여성 학대와 폭력에 대해 자신들의 의견을 내고 결집하거나 투쟁하는 활동을 전개했다.[1]

지지부진했던 인도의 여성운동을 집결하도록 한 계기는 마투라Mathura 강간 사건에 대한 편향적 재판이었다. 마투라는 경찰의 감호 상태에서 강간을 당한 어린 부족민 여성이었다. 이렇게 출발한 남아시아의 여성운동은 그 중요한 특성을 잘 보여준다고 할 수 있다. 일반적으로 남아시아 여성운동은 세계의 다른 여성과 남아시아 여성의 상호

관계에서 도출할 수 있는 특성을 규정하고, 여성 문제를 어떻게 정의하고 상호 협력을 이끌어낼 것인가 하는 문제에서 출발한다. 그러나 마투라 사건은 실제 남아시아 여성이 삶에서 억압받는 현실이 그대로 드러난 것이고, 그 결과 남아시아 여성이 대항해야 할 문제가 무엇인지를 가장 잘 보여주었다.

이 사건을 보면 계급과 계층 그리고 젠더에 대한 차별이 편향된 판결을 이끌어냈다고 볼 수 있다. 즉 가부장적 사고가 지배하는 국가에서 한 국가의 왼팔과 오른팔인 정치와 법률이 경찰의 감호 상태에 있는 여성이 강간당하도록 허용한 것이다. 이는 제3세계의 가부장적 권력하에서 행해질 수 있는 사건이었다. 사실 이전에도 유사한 사건이 하이데라바드에서 있었다. 이에 대해 인권단체와 여성단체 그리고 정당은 강간한 경찰관을 구속하도록 강하게 요구하는 시위를 전개했다. 그러나 이 사건은 전국적인 수준에서 편향된 법률에 대해 재고하도록 하는 국민적 합의를 이끌어내지는 못했다. 그 후 일어난 마투라 사건은 전 인도에서 가부장적 시각에 기초한 법률 편향성과 사법부의 편견에 대해 재고하게 만들었고, 이는 남아시아의 여성운동에 직접적인 영향을 주었다.

특정 지역이나 도시에서 여성운동은 편향적인 법률에 대항하면서 일어났다. 일례로 파키스탄의 후두드Hudood법이나 인도 라자스탄의 사띠에 대한 저항이 여성운동의 시발점이 된 것이다. 법률은 우리가 그것을 인정하든 인정하지 않든지 간에 우리 삶을 통제할 수밖에 없다. 따라서 우리는 이에 저항하든지, 편향적인 법의 통제를 받든지 선택할 수밖에 없다. 좀 더 원론적으로 말한다면, 이는 삶과 죽음의 문제이고, 저항하고 투쟁하는 길을 선택하는 것은 지극히 당연한 결론이다.

1970년대 후반에서 1980년대 초반까지 여성운동은 새로운 관점에서 여성 문제에 접근하게 된다. 이 시대에 여성운동의 개념은 급진적인 관점에서 질서를 바로 세우는 것으로 볼 수 있다. 당시 여성은 보이지 않는 종속적인 위치에 있었기 때문에 폭력과 폭행 그리고 문화적으로 학대받는 엄청난 차별에 시달렸고, 이는 헌법이나 인권에 위배되는 것이었다. 이에 대한 인식이 페미니스트를 결집하게 했고, 여성운동의 배경이 되었다. 이 당시 여성운동은 법률 개정에서부터 여성에 대한 폭행과 폭력에 대한 공공 집회와 시위 등 다양하게 진행되었다. 거리 무대에서는 후두드 조항을 풍자하고 희화한 연극을 진행하기도 했다. 〈라호르의 여성Women in Lahore〉이라는 연극은 '여성 두 명의 증언은 남성 한 명의 증언과 같다'는 조항에 대한 풍자극이었다.[2]

여성운동은 북인도에서 지참금 문제로 인한 살해 소문이 퍼지면서 급속히 인도 전역으로 퍼져갔다. 그리고 이는 가족 내부에서 벌어지는 여성 문제에 대한 관심을 촉발했다. 이는 개인적인 문제이기도 했지만, 인도아대륙 전체에서 벌어지는 동일한 여성 문제이기도 했다. 남아시아 사람들은 비록 사회경제적 변화의 성격과 수준이 다르다 하더라도 결혼과 성관계가 사회를 이어갈 구성원을 생산하는 중요한 활동이라고 생각했다. 여성의 성sexuality을 통제하는 지역이나 공동체가 여전히 존재했고, 이는 여성 학대의 주된 원천이 되는데도 해당 사회에서는 이를 인정하는 것이다. 그 결과 이들 공동체에서는 여성의 자주성이나 선택권, 권리가 부재할 수밖에 없는 것이다. 여성운동에서 인도와 파키스탄 여성에게 도움을 주거나 문제를 중재하려고 할 때, 모든 문제는 가부장적인 사회 체계의 문제로 수렴되었다. 따라서 이 문제의 해결 없이는 여성 문제 해결도 어려워 보였다.

도시 지역은 언론매체의 영향으로 비교적 많이 알려졌지만, 인도의 여성운동은 지역과 환경에 따라 출발점이 확연히 다르다. 그리고 이는 향후 나타나는 문제와도 연결된다. 이와 같은 특성을 잘 보여주는 두 가지 사례를 소개한다. 하나는 히말라야 지역에서 산림 벌채에 반대하며 일어난 칩꼬Chipko 여성운동이고, 다른 하나는 비하르 주 중앙 지역의 소작농 여성이 일으킨 보드가야Bodh Gaya 여성운동이다.[3]

우따르쁘라데슈 주 고원 지대에서 일어난 칩꼬 여성운동은 산림 벌채로부터 자신들의 삶의 터전을 보호하기 위해 시작된 것이다. 이는 에코 페미니즘의 관점을 구현한 인도의 여성운동으로, 현재는 국제적으로도 많이 알려졌다. 1970년대에 여성에 의해 일어난 운동이며, 산림을 보호하기 위해 전통적인 방식으로 대항하면서 힘을 얻었다. 운동의 이름인 '칩꼬'의 어원은 고원 지대에서 벌채되는 나무를 보호하기 위해 나무를 '껴안는다'는 비폭력 저항 활동에서 유래한 것이다.

이 운동에서 간디주의는 매우 주목할 만하다. 칩꼬 여성운동은 사르보다야Sarvodaya 지역에서 일어났으며, 이것이 구체화되는 데는 시간이 꽤 걸렸는데, 이들의 투쟁은 13년이라는 잉태의 시간이 있었다. 이 운동의 시초는 페니Feni 마을의 가우라 데비Gaura Devi와 다른 여자들이 자발적으로 시작한 것이다. 가우라 데비는 이 마을에 사는 중년의 과부였다. 가우라 데비와 마을 여자들은 여자아이들에게 마을 곳곳에서 망을 보고 있다가 산림 벌채꾼들이 나무를 베러 오면 즉시 알리도록 했고, 연락을 받으면 이들은 곧바로 산림이 벌채되는 현장으로 달려갔다. 이들은 나무를 벌채하려면 자신들을 먼저 쏘라고 협박하며 산림 벌채를 막았다. 이전 세대와 달리 데비와 마을 여자들은 산림 벌채꾼에게 정면으로 맞섰고, 그들이 물러서도록 강력히 대응했다. 이것이 향후 지역적으로 확산된 칩꼬 여성운동의 발단이었고, 이는 생태계 질서 파괴에 대항하며 일어난 지역운동의 상징이 되었다. 칩꼬 여성운동의 슬로건은 '토양, 물, 초목은 삶의 토대다', '산림은 우리의 터전이고, 벌채는 허용할 수 없다'다. 칩꼬 여성운동에서 제기된 생태계 문제는 과학적 연구 결과에서 비롯된 것이 아니다. 이는 그들의 삶의 경험과 생존을 위한 투쟁의 일환으로 일어난 것이다.

칩꼬 여성운동에서 뒤따라 일어난 첫 번째 저항은 돈에 눈이 먼 그 지역 남자들을 대상으로 한 것이었다. 산림이 파괴되면 여성은 땔감과 가축의 먹이를 구하러 더 멀리 가야 한다. 그러나 남자들은 산림 파괴가 가져올 여성의 고충은 뒤로한 채 돈을 벌기 위해 벌채를 허용한 것이다. 여성의 운동은 남성 중심으로 구성된 지역 자치 조직의 압력도 견뎌내야 했다. 이 지역에서는 여성이 실질적인 경제활동을 하는데도 자치 조직의 권력은 남성이 갖고 있었기 때문이다. 그러나 이 지역 여성의 운동은 산림 파괴에 대한 저항에서 나아가 전통적인 성차별 구조에 적극적으로 저항하거나 변화를 가져오는 여성운동으로 발전하지는 못했다.

성별 관계gender relations와 더욱 직접적으로 관련된 운동은 인근 지역에서 일어난 금주운동이었다. 여성은 남성의 음주로 인해 받는 고통이 가중된다는 데서 금주운동을 시작했다. 그러나 여성은 단순히 술 자체에 저항한 것이 아니다. 금주운동의 원천적인 대상은 세금 징수를 늘리기 위해 술을 허용하는 정부와 이를 통해 이익을 취하는 주류 업계였다. 그들의 남편이나 아버지는 정부와 주류 업자들이 만든 시스템에 연루된 것이고, 이 시스템에서 비용을 지불해야 하는 사람은 여성이었다. 즉 가계 수입은 술로 탕진되고, 술을 마신 남성의 주정으로 가정의 여성은 고통을 겪는 것이다. 결국 주정부와 주류 업자의 이익이 늘어갈수록 가계 지출은 늘어나고 가정은 파괴되는 것이다. 그러나 이 시스템 내에 연루된 가정 내의 남성은 정부나 계급, 가부장제의 압박을 상대적으로 덜 받는 입장이다. 생태계 문제로 일어난 칩꼬 여성운동이나 주정부의 세수 확대 정책에 대항하여 일어난 금주운동은 사회적인 지지를 받았다. 지지자 중에는 일반 남성과 정부 부처도 포함된다. 당시 이 운동은 성별 관계 전복을 의도한 여성운동으로 인식되지 않았다. 오히려 자신들의 이익을 위해 법률을 제정하거나 이용하는 기득권에 대해 간디주의적인 비폭력 방식으로 저항한 운동으로 받아들여졌다. 그뿐만 아니라 이들 운동은 '양육과 보살핌', '소극적인 저항', '저항의 대상에 물리적인 힘보다 정신적으로 대응한다'는 공통된 성격을 통해 전통적인 여성성과 연결되어 규정되었다. 인도의 산림부는 칩꼬 여성운동을 애국적인 동기에서 시작된 운동으로 규정했다. 이는 당시 정치사회적인 정황과 인식을 고려할 때 놀라운 일도 아니었다.

보드가야 운동은 큰 맥락에서 볼 때 억압 관계에 대한 저항 운동이라고 할 수 있다. 여기서 억압 관계의 저항은 성차별 관계에서 오는 저항도 포함된 것이며, 정치적으로 볼 때 간디주의적 방법을 사용했다. 즉 보드가야 운동은 인도 사회에서 구조적인 억압 관계에 있는 계층과 성별의 두 가지 문제를 인식하고, 이에 대한 개선을 촉구했다는 면에서 가장 혁신적인 운동으로 꼽힌다. 보드가야 운동은 (많은 토지를 보유한 지주이자) 보드가야 힌두 사원의 최고 지도자인 마한뜨Mahant의 억압에 저항하면서 일어난 운동이다. 현재 정치적인 풍토에서는 이해하기 힘들지만, 당시의 종교 권력자는 권력을 유지하기 위해 길거리의 불량배를 동원하여 폭력을 일삼았다. 이 운동에 동참한 여성은 농업노동자로, 공정한 임금과 토지권리를 요구했다. 비록 여성은 남편과 함께 저항에 동참했지만, 투쟁 과정에서 여성은 남성에게 종속된 아내로서가 아니라 한 개체로서의 자신을 인식하고 권리를 요구한 것이다. 이러한 인식은 재산권 요구로도 이어졌다. 여성은 남편과 독립적으로 부동산에 자신의 이름을 등록하도록 요구했다. 이를 통해 여성은 독립적인 생산수단을 가질 수 있게 되었다. 또한 이들은 남편의 존중을 요구했다. 마지막으로 그녀들은 음주와 가정폭력에 대해 사회적 냉대나 집단적 저항으로 맞섰다.

앞서 말한 두 운동에서는 아이들의 역할이 매우 중요했다. 이들은 아버지의 악행을 증언했고, 지주가 강압적인 힘으로 경작물을 갈아엎으려고 할 때 땅에 누워 저항하여 양자의 갈등이 격화되는 것을 막는 완충 역할을 했다. 비폭력운동은 활동 과정에서 폭력이 촉발되는 상황에 부딪힐 때 '비폭력이 전투적이 될 수 있는가?'라는 문제가 제기된다. 또한 비폭력운동 참가자가 억압자에 대한 복수를 맹세하면서 운동을 전개하기도 했다. 이 복수는 '우리가 흘린 피는 피로 갚는 것이 아니다. 이는 우리가 뿌린 곡식을 거둬들임으로써, 그리고 어제까지는 우리가 그 땅에 물을 뿌렸지만, 지금은 우리의 피를 뿌림으로써 우리 땅으로 만드는 것'이다.

비록 여성은 남편과 함께 마한뜨에 저항했지만, 가정에서 여성은 남성에게 억압받는 상태에 있었다. 여성운동에 참여한 남성 활동가조차 가정 내의 억압을 심각하게 여기지 않았다. 남성 활동가는 사회경제적 상황이 나아지면 가정 내 문제는 자연히 개선될 것이라고 생각한 것이다. 따라서 운동 시작 초기에는 여성 활동가와 남성 활동가 사이에 보드가야 운동의 이론 설정과 행동 계획의 우선권에 대한 논쟁이 있었고, 여성 활동가는 남성 활동가가 독단적으로 이를 설정하는 데 동의하지 않았다. 그리고 그들의 갈등은 계급 권력과 가부장적 권력 문제에 대한 운동 참여자들의 다양한 표현과 표명을 만들어냈다. 한 농민 여성은 다음과 같이 자신의 의견을 말했다.

만약 현재 땅이 없는 남편이 자신의 아내를 심각하게 구타한다고 칩시다.

이 사람은 단순히 남자라는 권력을 그렇게 사용합니다. 그런데 나중에 땅까지 갖게 된다면, 이 남자는 상대적으로 자신의 힘이 더 강해졌다고 여기지 않겠습니까? 그럼 아내를 더 심하게 대하지 않겠느냐는 말입니다. 반면에 부부 관계가 정의와 평등에 기초한다면, 마한뜨에 더 강하게 대항할 수 있지 않겠습니까?[4]

이후에 땅은 소작농에게 배분되었지만, 소유권은 남성에게 돌아갔다. 여성은 이에 분노했고, 남편과 분리된 객체로서 자신들의 권리를 요구했다. 여성은 농토에서 남성의 보조자로 일한 것이 아니라 남성만큼 일했다. 오히려 그 땅에서 여성은 남성보다 훨씬 더 많은 일을 했다. 남성이 여성의 노동을 무시했기 때문에 여성은 경작과 수확 과정의 다양한 농사일과 노동력에 대한 점수화 체계를 고안했고, 이를 점수화했다. 비록 밭을 가는 것 같은 남성이 하는 일에서 여성이 배제되었음에도 이렇게 점수화한 자료는 남성보다 여성의 노동이 많음을 확실히 보여주었다. 여성은 이 자료를 들고 농토 배분을 관장하는 지역 관리를 찾아가 설득을 했고, 다시 가장인 남성을 만났다. 비록 많은 어려움에 부딪히기는 했지만 여성은 이 투쟁에서 승리했고, 농토에 자신들의 이름을 올릴 수 있게 되었다. 그리고 몇 년이 지난 후에 보드가야 운동에 참여했던 여성 활동가 중 한 명은 보드가야 달리뜨 여성운동을 일으켰고, 자신들의 이름으로 된 토지를 획득한 것처럼 달리뜨 여성 인권을 찾는 데도 어느 정도 성과를 이루었다. 여성이 남성보다 토지를 획득하는 데 더 오랜 인고가 따랐다는 것은 그리 놀랄 만한 일이 아니었다.

보드가야 여성운동에서 알 수 있듯 여성은 보다 큰 사회관계의 맥락에서 만연한 가부장제와 맞서야 했고, 가부장제는 여성이 직면해야 했던 총체적인 억압 요소라고 할 수 있었다. 여성은 마한뜨와 그가 고용한 불량배들의 압제에 대항한 동시에, 가정에서는 폭력을 일삼는 남편에게 저항해야 했다. 자신들의 종속 상태에 대해 인지하고 정의하는 과정에서 보드가야 여성은 칩꼬 여성운동에서는 빠져 있었던 급진적인 운동으로 나아가야 했다. 비록 보드가야 여성운동도 칩꼬 여성운동과 동일하게 비폭력 원칙을 고수했지만, 이들은 좀 더 전투적으로 문제를 해결했다.

보드가야 여성운동은 인도의 여성운동에서 페미니즘을 혁신적으로 적용한 사례로 꼽힌다. 생태계 운동의 방법은 당시 사회에서 여성적이지 못한 행동을 한 것으로는 받아들여지지 않을 정도로 비교적 적절했다. 그러나 더 많은 임금이나 재산권을 요구한 운동의 경우는 당시 사회에서 파격적이고 사회를 동요시킬 수 있는 것으로 인식되었다. 보드가야 여성운동은 인도 독립 이후 처음으로 여성이 겪는 모든 압제 상황을 표명한 첫 번째 여성운동으로, 인도의 전통에 뿌리박힌 경제, 정치, 사회에 걸친 여성 문제를 수면 위로 부각했고, 그 문제를 인도의 전통적인 정치투쟁 방식으로 해결한 것이다. 동시에 이 운동은 양육과 보살핌의 대명사로 희생의 미덕을 강조한 전통적 여성상을 명확히 거부했으며, 여성 개인으로서의 존중과 존엄 그리고 권리를 당당히 요구했다.

칩꼬 여성운동과 보드가야 여성운동은 단순히 각 여성운동에서 제기된 여성의 문제만을 부각한 것이 아니었다. 이는 문화적, 경제적 그리고 생존 본연의 문제를 복합적으로 겨냥한 것이었다. 이 운동은 인도의 정치에 대한 실망감이 계속되는 상황에서 주목을 받았고, 동시에 많은 국민에게 부분적인 희망도 주었다. 1980년대 중반에 인도 정부의 두 번째 위기 상황이 드러났다. 이 시기는 정치적으로 여성운동의 새로운 전기를 맞이하기에 적절한 때였다. 남아시아의 다른 국가들 역시 정치적 위기 상황에서 유사한 전기를 맞았다. 이후 인도 정부는 여성운동을 국가 정당성의 위기로 선포하며, 정치적 불안정성도 언급했다. 그리고 민족주의 경향을 강화하고 종교 민족주의의 입지를 확고히 다져갔다. 이는 직접적으로 여성에게 불리한 영향을 미쳤다. 이에 대한 가장 명확한 사례는 파키스탄에서 지아 하크Zia ul Haque 장군이 후두드법을 도입했다는 것이다. 인도아대륙 국가들은 이에 대한 직접적인 영향은 적었지만, 간접적으로는 영향을 받았다.

II

인도의 경기침체 상황 속에서 종교나 민족 정체성은 냉소적인 방향으로 흘러갔다. 또한 부족한 경제자원 분배 문제와 정치권의 권력 다툼은 폭력 대립으로 발전할 수 있는 잠재성이 있었다. 인도에서 힌두 정체성을 촉구하는 힌두 근본주의 활동이 다른 소수 종교집단에는 위협적으로 느껴지기 시작했다. 이들의 활동은 각처에서 폭력사태로 나타났고, 일부 도시에서는 매우 심각한 사건으로 발전했다. 사태 진압에 투입된 경찰이 시민을 평등하게 대하지 않았을 뿐 아니라 오히려 폭력사태에도 가담했다는 믿음이 인도 전역에 팽배해져갔다. 이 시점에서 샤 바노Shah Bano(무슬림 여성의 이혼 위자료 청구 기각) 판결이 나왔고, 이는 여성운동 내부에서 위기로 거론되었다. 당시 제기되었던 결정적인 의문은 '모든 인도 여성은 똑같은 억압 문제와 물질적인 문제를 공유하는 동일한 집단인가?' '남성과 공유하는 거대 공동체 속에서 여성을 이끌어내는 것이 가능한가?'였다. 물론 이러한 의문은 인도의 여성운동에만 나타나는 특이점은 아니다. 이는 다양한 민족과 인종으로 구성된 세계 여러 나라의 여성운동이 갖고 있는 공통적인 문제이기도 했다. 지속

272 • 인도, 100년을 돌아보다

적인 의문이 제기되었지만, 우리는 각 여성이 처한 사회적·정치적 상황에서 여성의 정체성과 이익을 어떻게 이해할 것인가를 먼저 이야기했다. 그러나 젠더에 기초한 불평등을 해결하기 위한 투쟁이라는 맥락에서 여성을 하나로 모으고 여성운동을 이끌어야 하는 문제는 여전히 남아 있었다. 이 상황에서 내부 분열을 만드는 문제가 하나 있었는데, 그것은 여성의 법적 권리에 관한 것이었다. 이 문제는 여성운동 내부에서 해결되지 않고 지속적으로 논쟁을 만들어내는 이슈였다.

'다수/소수'라는 요소 외에 '도시/농촌', '상층 카스트/달리뜨'라는 여성운동의 분열 요소가 수면 위로 떠올랐다. 이는 서로 다른 정체성의 뿌리이며 억압의 위계를 만드는 것으로, 특별한 전략 없이는 타파하기 힘든 것이었다. 그리고 이에 대한 해결 없이는 여성 간의 연합투쟁도 불가능했다. 가장 어려운 과제는 다수 집단의 여성이 내세우는 문화적 정체성이었다. 이 문화적 정체성은 여성 억압과 직접적으로 연결되는 것이었다. 그리고 이것은 남아시아에서 페미니스트와 우파 종교지도자 간에 전쟁을 방불케 하는 갈등을 낳았다. 여기서는 하나의 이벤트로서 여성을 움직이는 동력이 되었을 뿐 아니라 사회적인 반향을 불러일으킨 인도의 '사띠 반대 운동'에 대해 다뤄보려고 한다.

사띠 문제는 매우 주목할 만한 특성을 갖고 있다. 전통 보존 혹은 전통으로의 회귀는 보수파에서 시작된 것인데도 다수의 공동체가 동조하고 있었다. 이는 또한 불안정한 정치적 상황에서 연합을 추구했던 정치단체들의 의도된 활동이기도 했다. 이러한 사회 분위기 속에서 내려진 샤 바노 판결 논란은 성차별과 관계없이 개인에게 적용되는 종교적 율법에 따르는 것이며, 이는 문화적 자율성이라고 못 박았다. 동일한 맥락에서 사띠는 파키스탄의 후두드처럼 다수자에 의해 더욱 위험한 방향으로 흘러갔다. 그러나 보수파의 입장으로 고통을 겪게 되는 대상은 여성이었다. 사띠 반대 여성운동을 가장 심하게 탄압했던 것은 라즈뿌뜨 공동체Rajput community였다. 이들은 사띠가 자신들의 전통이고 근본적인 행위이며, 이것이 어떤 사제에 의해 인도 전역으로 확대되었다고 주장했다.

사띠 논란에서 가장 주목할 만한 특성은 두 가지로 요약할 수 있다. 첫째, 샤 바노 논쟁과 달리 사띠 반대 여성운동은 이 문제에 관해 내부적인 이견이 없었다는 것이다. 둘째, 사띠를 옹호하면서 전통을 운운하는 행위는 일부 지식인 남성에 의해 가장 사악한 방식으로 반복되었다. 이들은 오래된 이분법, 즉 '진짜 인도 여성'과 '서구화된 페미니스트'라는 양분법적인 주장을 펼쳤다. 이들은 페미니스트는 정통 인도인이 아니기 때문에 이들의 주장은 인도 문화와는 통하지 않는다고 주장했다. 더 나아가 만약 여성에 대한 억압 행위라고 할지라도 이것이 전통 내에서 고착화되어 있어 최고 종교지도자가 전통이라고 규정한다면, 이는 정당하다고 공격했다. 여기서 지식인 남성은 활동가는 아니다. 또한 최고 종교지도자는 지식은 있되, 서구를 따라가는 활동가가 아닌 사람을 명명한다.[5] 그가 급진적 개혁가(스와미Swami)로 규정하는 사람은 발언권을 가질 수 있다. 그러나 여기에 중산층의 교육받은 나 같은 여성은 포함되지 않는다. 비록 나는 인도의 가장 보수적인 가정에서 태어나 자랐고, 우리의 목소리가 사띠가 행해지는 지역의 수많은 농촌 혹은 도시 여성의 요구와 전적으로 동일하다고 하더라도 우리의 발언은 묵인되는 것이다.

이들에게 페미니스트는 식민지 정신의 잔재이며, 서구의 것이었다. 따라서 쫓아내야 할 대상이었으며, 잠잠해지도록 탄압할 대상이었다. 칩꼬 여성운동과 보드가야 여성운동에 참여했던 이들은 비록 여성에 대한 억압에 대항을 하지만, 이들은 돌보는 사람의 역할을 충분히 감당하면서 해당 공동체에서 어느 정도는 허용되는 방식으로 진행했기 때문에 이들 여성운동은 의도하지 않게 토착주의, 문화적 근본주의와 연결되었다. 사띠 논란에서 인도 전통주의적 입장은 여성운동에 매우 치명적이었다. 그리고 이는 매우 부적절한 것이었다.

1980년대 말부터 1990년대 초까지 보수파 정치인과 종교적 다수주의자가 행했던 가장 서글픈 측면은 이들이 극우파 종교집단과 연합하여 인도의 다른 소수 집단의 집회에서 여성에 대한 음모를 자행했다는 것이다. 여성은 공격적으로 이들의 음모와 물적 토대가 되는 계급과 카스트에 대해 폭로했다. 이 과정에서 인도 여성은 모든 이들이 동일한 억압 상황에 놓여 있지는 않다는 고통스러운 현실을 인식하게 되었다. 일부 조직의 여성은 다른 남성처럼 반민주적이고 폭력적이었다. 또한 여성운동의 강력한 슬로건을 만들어냄으로써 여성운동 내부 사람뿐 아니라 외부인까지도 혼란스럽게 했다. 이런 경향은 여성운동으로 받아들여지지 못하게 되었기 때문에 어떤 면에서 좀 더 가시적인 새로운 활동이었다. 우파의 운동은 전통과 문화라는 이상적 틀 내에서 움직였기 때문에 젠더나 계급 관계에서 제기되는 위계적인 문제에 대한 어떤 의문도 발생하지 않았다. 그러나 1980년대 후반에서 1990년대 초반의 여성운동은 민주적으로 끝났던 기존 여성운동보다 좀 더 성공적인 여성운동이었다.

되돌아보면, 첫 번째 정치적 위기 때는 국민이 정치를 좌파로 기울게 했고 여성운동에 활기를 불어넣었다. 반면에 두 번째 거버넌스 위기 때는 정치는 우편향했고 인도의 여성운동은 균열되면서 개념 문제를 야기했다. 다양한 문제가 수면 위로 떠오르면서 긍정적이었던 것은 우리가 성별 관계의 복잡한 상황을 좀 더 깊이 이해하게 되었다는 것이다.

III

인도의 여성운동은 다른 사회 전환기의 운동처럼 각종 사건이나 사회적 압력에 반응하며 발전해왔다. 따라서 독자적인 발전 속도를 유지하기에는 다소 어려움이 있었다. 하나의 여성 문제를 해결하기도 전에 다른 문제가 발생했고, 이런 경향은 현재까지도 이어지고 있다. 1990년대 초 보수파가 정권을 잡고 또 다른 복잡한 문제를 발생시키는 동안, 인도는 글로벌 경제에 합류하여 이른바 경제발전 단계에 진입하게 되었다. 국채가 눈덩이처럼 불어나면서 세계은행과 국제통화기금의 구조조정의 소용돌이에 휘말렸고, 결국 경제자유화와 민영화가 해결책으로 제시되었다. 이른바 세계화에 편입되어 인도 국민은 지난 10년간 세계화를 직접 체험했다. 정부의 역할은 현저히 축소되었고, 국민에 대한 각종 정책을 축소하라는 국제통화기금과 세계은행의 요구에 협조했다.

내 상식으로는 새로운 경제정책이 달갑지 않았다. 그래서 새로운 질서에 환호하는 학생들과의 토론에서 "너희가 생각하는 국가에 대한 개념은 무엇이냐?" "지금은 국가가 단지 군대와 경찰의 역할을 하고 있지 않느냐?"라는 질문을 했다. 그것이 1990년대 이후 인도 정부의 정확한 모습이었다. 나는 세계화나 자유화 그리고 시장이라는 것은 제3세계의 국가와 제1세계, 즉 선진국에서 서로 다른 영향을 미친다고 강조했다. 선진국은 이미 사회복지 체계가 잘 구축되어 있어 자본이나 시장의 침식과 공격의 완충지대가 있다. 또한 서구의 페미니스트는 투쟁의 결과를 유지하기만 하면 된다. 그러나 우리는 비록 개념적이고 비유적이기는 하지만, 복지라는 길목에 들어서지도 못한 상태에서 이를 포기해버리게 된 것이다.

불행히도 세계화에 대한 공적인 논쟁은 경제적 영향에 대해 집중적으로 분석된 반면, 문화적 현상과 그 영향에 대한 논의는 적었다. 일반적으로 이러한 관심은 우리를 문화적 민족주의라는 친밀한 영역으로 돌아가게 했다. 사회의 각계 지도자들은 경제개방과 함께 밀려온 서구의 자본을 환영했다. 여기에는 다수 집단인 힌두 종교지도자도 포함되어 있었다. 반면 문화적 영역에서는 저항이 있었다. 이에 대해서는 향후에 설명하기로 하고, 이제부터는 현재의 경제 상황이 젠더에 미치는 영향에 대해 알아보도록 하자.

나는 세계화와 여성운동의 만남에 집중하며 비정부기구의 확산 경향을 집중적으로 다룰 것이다. 결론부터 말하자면, 세계화 경향과 함께 독립적인 여성 집단은 비정부기구화되어갔다. 사실 인도에서 이러한 현상은 인도가 공식적으로 세계화에 편입되기 이전부터 나타났다. 파키스탄, 특히 방글라데시에서 이러한 전환 경향은 자유화 이후 국제 정책의 결과로 나타났다. 선진국이 제시하는 제3세계의 문제 해결책은 정부를 통해 1980년대 후반부터 있었다. 이들이 제시한 해결책에는 여성의 권익 향상도 포함되어 있었지만, 이는 결코 명확하지 않았다. 일례로 여성 개발 프로그램Women's Development Programme의 경우 1980년 후반 내부 분열로 위기를 맞이했는데, 이는 여성의 권익 향상에 대한 상징성과 실제성의 대립이 문제였다. 이것이 현재 여성운동이 해결해야 할 가장 큰 과제다. 또한 사틴Sathin 프로그램을 통해 정부나 국제기구에서 제공하는 발전의 '개념'이 페미니스트나 운동가들이 생각하는 개념과 다르다는 교훈을 얻었다. 사틴은 정부와 개발자에게 넘겨져서 실제로 여성 권익 향상과 거리가 먼 무력함을 여실히 보여주었다. 정부에 협조하며 이 프로그램에 참여했던 많은 여성과 그 대상이 되었던 사람들은 국제기구와 인도 정부가 오직 인구 제한 목적을 달성하기 위해 제한적으로 여성에게 결정권을 주는 데 관심이 있었다는 사실을 깨닫게 되었다. 여기서 여성은 정부의 가족계획정책 성공을 위해 봉건적인 가족 통제로부터 아주 제한적으로 자기 결정권을 얻었던 것이다.[6]

이런 경험은 여성운동 내부에서 젠더 관계 개선을 목적으로 한 여성운동과 정부 사이에 협력이 가능한가에 대한 딜레마를 첨예화시켰다. 동일한 관점에서 여성 자주 그룹autonomous women's groups(AWGs)의 딜레마는 더욱 컸다. 지난 15년간 여성 그룹이 비정부기구로 전환되는 경향은 여성에게 개발 목적으로 지원되는 해외 자금이 불러일으키는 문제를 인식하도록 했다. 이 자금은 여성단체의 자주성에 대한 의문을 갖게 할 뿐 아니라, '여성단체의 최초의 목적을 달성할 수 있는가?'라는 의문도 갖게 했다. 사회운동의 비정부기구화에서 비난의 핵심은 비정부기구 단체가 글로벌 자금 유입을 포장하는 역할을 했다는 것이다. 여기서 비정부기구화되었던 여성 자주 그룹은 막중한 책임감을 갖고 있었고, 인도 내에서뿐만 아니라 세계적으로 평등한 사회 구현이라는 거대한 목표를 달성하기 위해 가부장주의에 대항하는 전략 수립을 다시 고민해야 했다.

모든 여성에게 보다 직접적인 영향을 미치기 때문에 여성운동은 세계화에 주목하게 되었다. 다시 말해, 페미니스트가 세계화를 이해하기 시작한 것이다. 세계화에 편입된 제3세계의 경제와 관련된 광범위한 자료는 세계화가 식량안보체계에 부정적인 영향을 미친다고 한다. 이는 제3세계가 세계화에 편입되면 식량을 생산하는 대신 수출이 가능한 비非곡물을 재배하기 때문이다. 식품을 얻기가 힘들어지면서 여성이 속한 가정에 치명적인 영향을 미치고, 이는 그녀들의 사회적인 지위까지 침식하게 되는 것이다. 제3세계를 대상으로 진행되는 구조조정계획Structural Adjustment Programme은 여성과 남성 모두의 일자리를 빼앗고 실업률을 증가시켰다. 이는 결국 여성의 취약성을 확대한 것과 같다. 작은 정부를 지향하는 인도 정부는 교육, 빈곤, 의료, 보건의 사회 복지 정책을 축소했고, 그 결과 책임은 가정으로 넘어가게 되었다. 가정에서는 여성 노동력이 선진국 시장의 약탈에 대한 완충 역할을 함으로써 여성의 짐은 다시 늘어나게 되었다.

더욱이 기초 생산 구조에 타격을 받게 되고, 여성과 가난한 사람이 자연자원에서 얻던 생필품을 다국적기업이 생산하는 제품을 사용하는 방향으로 바뀌면서 삶은 더 큰 위협을 받게 되었다. 다국적기업은 건강에 대한 고려 없이 대량으로 생산된 위험한 제품을 인도에 쏟아 부었고, 여성의 외모와 관련된 산업에서 막대한 이익을 챙겼다. 미용 관련 산업과 의류·화장품 산업은 급속히 성장했고, 이러한 환경에서 소비자의 만족과 페미니스트의 문화적 정형culturally specific forms의 관계에 대한 새로운 문제가 제기되었다. 우파가 주장했던 민족문화 양산과 동과 서라는 이분법적 이해로는 이 복잡한 관계를 잡아낼 수 없었다. 우파는 인도 문화에서 선택적으로 투영된 가족의 가치를 강조하는 것으로 맞섰고, 그 결과 서구의 문화적 폭행과는 무관한 것이 오히려 문화주의가 되어 해외자본의 물질적 이익을 확대하는 역할을 했다.

세계화는 또한 국가와 착취의 모습을 바꾸어놓았고, 그 결과 이들에 대한 인지를 어렵게 했고, 대항하기도 어렵게 만들었다. 국가는 초기 개혁 패러다임을 충실히 수행했다. 세계화 속에서 전통가족은 문화의 일부가 되었고, 가족 내에서의 억압은 새로운 환경으로 인해 더욱 강화되는 경향도 보였다.[7] 여성의 인권과 권리는 벌써 세계자본을 끌어들이는 데 연루된 바로 그 우파 집단의 공격을 받고 있다.

결론과 견해

식민지주의와 함께 젠더 문제가 발생한 것은 아니지만, 독립 이후부터 지속되어온 젠더 문제는 이른바 리모컨트롤 제국주의, 즉 글로벌 자본과 글로벌 자본주의 문화로 장기 지속되고 있으며, 이는 인도 사회에 치명적인 방향으로 영향을 미치고 있다. 식민지 상황하에서 젠더 문제와 같은 인도 문화 내의 위기는 시대적인 동의하에서 구조적인 대립에 묻혀 드러나지 못했다. 이러한 상황에서 민족주의자는 양성평등 문제를 2차적인 사안으로 다루었다. 그러나 현재까지도 비슷한 상황이 이어지고 있다. 세계화로 인한 문화적 침투라는 새로운 위협 상황에서 문화적 자주성이라는 명목으로 인도 여성과 인도 가족 구조의 독특성을 나타내도록 촉구했다. 이러한 상황을 잘 그린 최근의 인도 영화 〈훔 아쁘께 하인 꼬운Hum Aapke Hain Koun(Who am I to you)?〉이 있다. 이 영화는 현재 인도의 경제적 전환기 상황과 인도 문화가 유기적으로 결합되어 완성된 작품이다. 이 영화는 다국적기업과 관련된 일을 하는 현대적인 가정을 배경으로 하는데, 힌두 가정에서의 일상은 인도의 신과도 긴밀하게 연결되어 있고, 무엇보다 전통적인 가족의 가치를 소중히 다룬다. 그래서 영화 속의 여주인공과 남동생은 더 나은 가족의 행복을 위해 자신들의 사랑을 희생하는 모습으로 그려진다.

세계화에 대한 우파의 비판은 경제적인 만족으로 무마되었고, 비난은 단지 문화적인 것에 고정되었다. 음식, 생계, 건강, 여성의 취약성과 같은 진정한 문제는 가부장적인 억압하에서 문화를 보호한다는 명목으로 무시되었다. 이 논쟁은 〈물Water〉이라는 영화에서 잘 볼 수 있다.

여성운동 앞에 놓인 과제는 여성운동이 투쟁해야 할 대상의 추가 항목 요소를 결정하기 위해서 세계화의 각기 다른 부분과 작동 방식을 해체해서 파악하는 것이다. 아마도 여성운동은 현재 경제와 사회적 모순 간의 복잡한 관계 속에서 특이한 위치를 점하고 있을 것이다. 어쩌면 여성운동은 일, 임금, 환경, 생태계, 시민권, 성적 억압, 폭력, 정치적 대표, 카스트, 계급, 자원 분배의 불공정성, 건강, 군사화, 개인과 사회의 관계 등의 문제를 종합적으로 연결해서 다루는 오늘날의 유일한 운동일 수도 있다. 이는 남아시아뿐 아니라 전 세계 여성운동의 모습이다. 그렇기 때문에 또한 여성운동에서의 발언은 반향을 일으킬 수 있고, 가난한 사람, 나이 든 사람 그리고 혜택을 받지 못하는 사람 같은 소외된 사람을 연결하고 동원할 수 있는 것이다.

오늘날 인도의 여성운동 앞에 놓인 진정한 문제는 가족, 공동체 그리고 국가 내에서의 성불평등 문제뿐 아니라, 다른 영역에서 일어나는 불평등 문제까지 포함된다. 세계화로 인해 사회복지는 필수불가결한 것이 되었다. 현재 남아시아는 긴장 상태에 있다. 남아시아 국가들의 군비와 핵 보유는 예산에서 큰 비중을 차지하고, 이는 여성과 가난한 사람에게 직접적인 영향을 미친다. 파키스탄과 스리랑카의 여성운동에서는 군사화가 가져오는 문제와 여성에게 미치는 영향에 대해 이미 지적했다. 인도에서는 아직까지 이러한 경향은 나타나지 않고 있다. 우리는 세계화의 중심 세력과 한편이 되어 시스템을 유지하는 인도 정부에 대해 정치적 대응 전략과 민주적인 발전 전략을 구사할 필요가 있다. 남아시아 여성운동의 지지를 받고 협조를 얻을 수 있는 유일한 세계화는 동서남북(이에 대한 범주가 어떻든) 세계 전 지역에서 여성의 투쟁을 확대하는 것이다. 환영받는 글로벌 문화는 저항 문화다. 이런 점에서 선진국의 여성운동이나 제3세계의 여성운동은 동일한 배경을 갖고 있었고, 현재도 이는 동일하다.

사실 여성운동, 아니 오직 여성운동만이 편협한 국수주의와 물질적 이익에 대항하여 일어날 수 있었다. 이러한 경향은 여성운동 포럼 Women's Action Forum(파키스탄의 여성 인권단체)이 잘 보여준다. 파키스탄의 주요 여성단체로 구성된 여성운동 포럼은 방글라데시 여성에게 1972년에 일어났던 일을 사과했고, 2000년 3월에는 인도의 모든 여성단체가 파키스탄 라호르를 방문했다. 그리고 이들 여성단체는 모두 비핵화와 군비 축소 그리고 대화를 통한 문제 해결에 힘을 기울일 것을 맹세했다. 당시 인도와 파키스탄은 서로 으르렁거리며 정치적 긴장과 군사력을 증강시키고 있을 때였다. 새 천년을 맞이하며 여성운동은 세계 변화라는 중대한 의무를 지고 있다. 이는 현재 진행되는 세계화와는 다른 것으로, 덜 억압받는 세계를 창조하기 위한 글로벌 책임을 의미하는 것이다.

더 읽을거리

Amrita Basu et al., *The Challenge of Local Feminisms* (Delhi: Kali For Women, 1999).

Patricia Jeffery and Amirta Basu, *Resisting the Sacred and the Secular, Women's Activism and Politicized Religion in South Asia* (Delhi: Kali for Women, 1999).

Radha Kumar, *A History of Doing* (Delhi: Kali for Women, 1990).

Nighat Said Khan and Afiya Shehrbano Zia, *Unveiling the Issues* (Lahore: ASR Publications, 1995).

Nighat Said Khan, Rubina Saigol and Afiya Shehrbano Zia, *Locating the Self* (Lahore: ASR Publications, 1994).

Neelam Hussian, Samiya Mumtaz and Rubina Saigol, *Engendering the Nation State* (Lahore: Simorgh Publications, 1997).

Kumari Jayawardena and Malathi de Alwiss, *Embodied Violence: Communalising Women's Sexuality in South Asia* (Delhi: Kali for Women, 1997).

언론 :
진화, 역할
그리고 책임

히란메이 까를레까르
Hiranmay Karlekar

〈힌두스딴 타임스〉의 편집자로 일했다. 현재는〈개척자Pioneer〉의 편집자다. 벵골어 소설, 즉《미래를 넘어서Bhabisyater Attep》《메헤루니사Meherunissa》등을 출간했다. 그리고《만달의 거울에 : 사회정의, 카스트, 계급, 개인In the Mirror of Mandal : Social Justice, caste, class and the individual》이라는 제목의 책을 영어로 출판했다.

지난 100년 동안 언론의 발전과 그것의 역할 및 책임에 대해 다루는 것은 쉬운 일이 아니다. 그러나 뉴델리의 인도 기자 클럽Press Club of India 주변에는 수호신이 머물고 있으며, 이 수호신은 취객과 기자를 보호하고 있다. 특히 이 신은 역경에 굴하지 않는 기자에게 관대하다. 내가 힘겨운 모험에 뛰어들 때도 이 수호신이 은총을 베풀어 줄 것임을 의심치 않는다.

지난 100년 동안 언론의 발전과 그것의 역할 및 책임에 대해 다루는 것은 쉬운 일이 아니다. 그러나 뉴델리의 인도 기자 클럽Press Club of India 주변에는 수호신이 머물고 있으며, 이 수호신은 취객과 기자를 보호하고 있다. 특히 이 신은 역경에 굴하지 않는 기자에게 관대하다. 내가 힘겨운 모험에 뛰어들 때도 이 수호신이 은총을 베풀어 줄 것임을 의심치 않는다.

언론은 진공 상태가 아닌 구체적이고 역사적인 상황 속에서 기능한다. 언론은 미네르바처럼 제우스의 머리에서 태어난 것이 아니다. 우리 주변의 환경은 수세기에 걸쳐 형성되어온 역사적 산물이며, 이 글에서 다루는 인도의 언론 역시 특정 환경 속에서 전개되어왔다. 이 환경은 연대기적으로 두 시기로 나눠 볼 수 있다. 이 두 시기는 분명한 특징과 역사적 역동성을 갖는다. 그것에 대해 좀 더 자세히 살펴보자.

첫 번째 시기는 1900년부터 1947년까지다. 당시의 환경은 영국 식민지 통치하의 정치적, 사회적, 경제적 그리고 문화적 조건 속에 나타난 '독립운동'과 그것에 대한 '반동'으로 결정되었다. 전자는 독립, 통일, 안정, 세속주의 그리고 민주주의를 표방하는 인도를 원했다. 그러나 후자는 독립운동의 반대편에서 파키스탄 운동을 펼쳤고, 영국은 이에 적극적으로 협조했다. 결국 인도와 파키스탄은 분리 독립했다.[1]

당시는 언론이 인쇄 매체에 의해 거의 독점되던 시기였다. 텔레비전은 아직 나오지 않았고 라디오가 그 존재를 조금씩 드러내기 시작했을 뿐이었다. 〈타임스 오브 인디아Times of India〉 신문사가 1921년에 우편전보국Post and Telegraph Department과 연합하여 처음으로 라디오 방송을 시도했지만 그것은 성공하지 못했다. 1927년에는 사설 방송국이었던 인도방송회사Indian Broadcasting Company가 캘커타와 봄베이에 각각 세워졌다. 이것은 새로운 보도기관을 세우려는 시도였다는 점에서 큰 의미를 가질지라도, 재정적으로는 하나의 재앙이었다. 이 방송회사는 3년도 안 되어 해체되고 말았다. 이후 정부가 이 방송회사를 인도 국가방송 서비스Indian State Broadcasting Service(ISBS)로 재조직하여 노동산업부Department of Labour and Industry 산하에 두었다. 그러나 공공기관을 연상시키는 인도 국가방송 서비스라는 이름은 호감을 얻지 못했고, 결국 1936년 올-인디아 라디오All-India Radio로 이름을 바꾸게 되었다. 인도가 독립할 당시 올-인디아 라디오는 여섯 개의 지국을 가지고 있었다. 인구로 봤을 때 인도 전체의 11퍼센트 그리고 면적으로 봤을 때는 2.5퍼센트가 이 서비스를 이용했다.[2]

1947년 이후의 시기는 라디오의 확산과 그 후의 쇠퇴로 특징지어진다. 라디오는 빠르게 인기를 얻었으나 곧 놀라운 속도로 성장하는 인쇄 매체와 텔레비전에 자리를 내줘야 했다. 언론 환경에 나타나는 이러한 변화는 억압받던 사람들을 일깨우고 민주주의 과정에 그들의 참여를 유도하여 세속적이고 민주적인 사회를 이룩하고 안정된 국민국가를 성취하려는 시도와 연관되어 있었다. 이를 위해서 먼저 가난에서 벗어나고, 평화를 유지하는 것이 필요했다. 후자와 관련해 인도는 비동맹 그리고 모든 국가와의 평화로운 공존이라는 쌍둥이 기둥에 기초하여 국제정책을 펼쳐 나갔다.

배경

1947년 이전 시기를 돌이켜보면, 독립운동과 식민통치 사이에 발생한 변증법적 과정 그리고 그것에 의해 야기된 상황은, 즉 앞서 언론의 환경을 특징지었던 현상은 19세기 이전부터 나타나기 시작했다. 그러므로 19세기에 발생한 사건부터 살펴볼 필요가 있는데, 이들 사건은 간략하게 영국의 정치적, 행정적, 경제적 합병으로 요약될 수 있다. 당시 사람들은 인도의 인적 자원과 천연자원을 착취하고, 부를 유출하는 데 기여하는 새로운 형태의 제도, 정부 그리고 경제활동을 목격했다. 한편 새로운 교육제도가 도입되었다. 처음 이것을 시도한 사람은 라자 람모훈 로이Raja Rammohun Roy였다(여기서 라자는 귀족을 뜻하는 경칭임—옮긴이). 인도 근대화의 아버지로 언급되는 로이는 1823년에 애머스트William Pitt Amherst 총독에게 영국 출신 지식인을 선생으로 고용하는 등 서양 교육제도를 도입할 것을 요청했다.[3] 그러나 이러한 노력은 벤팅크 경Lord William Bentinck이 1828년 총독이 되기 전까지는 별 소득이 없었다. 로이의 안건을 매듭지은 사람은 총독평의회Governor General's Council의 법률가였던 토머스 매콜리Thomas Babington Macaulay였다. 매콜리는 인도에 제공할 서구식 교육의 제도와 목표를 설계했는데, 그가 추구한 교육목표는 '혈통과 피부색은 인도인이지만 영국인의 취향, 견해, 윤리, 지식을 갖는 사람을 육성'하는 것이었다. 이들을 매개로 해 영국인과 그들에 의해 통치되는 수백만의 사람들이 원활하게 소통할

수 있을 것이라고 기대했다.[4]

　그러나 이것은 뜻한 대로 진행되지 않았다. 인도인은 그리스 고전철학과 후기 르네상스 및 후기 계몽주의 등에 접했을 때 상당히 격노했다. 특히 비판적 방법론, 루소의 사상, 로크의 공리주의 그리고 19세기 전반에 걸쳐 파급된 공화주의와 민주주의의 사상에 매우 격분했다. 그러나 다른 한편에서는 제임스 프린세프James Princep, 모니어-윌리엄스M. Monier-Williams, 윌리엄 존스William Jones, 막스 뮐러Max Mueller 등의 유럽인에 의해 인도의 화려한 고대유산이 발굴되고 찬양되었으며, 이것은 인도인이 자긍심과 자존심을 되찾고 자신들의 무한한 잠재력과 역량을 깨닫게 하는 데 도움을 주었다. 서구식 교육을 받은 인도인은 미신에 젖어 있고 사띠나 일부다처제 등 불쾌한 관습을 따르던 당시의 인도 사회에 반감을 느꼈으며, 동시에 그들의 종교와 관습에 대한 기독교 선교사의 날카로운 공격에 상처를 받았다. 라자 로이, 마하르쉬 타고르Maharshi Debendranath Tagore 그리고 빤디뜨 이슈와르짠드라Pandit Ishwarchandra 등의 지도하에 있던 이들은 한편에서는 기독교 선교사와, 다른 한편에서는 사띠나 일부다처제를 옹호하는 이들과 격렬한 논쟁을 벌였다. 라자 로이 등에 의해 창립된 브라모 사마즈Brahmo Samaj 운동은 이러한 상황에서 등장했다. 한편 인도의 북부와 서부에서는 스와미 다야난드Swami Dayanand에 의해 창립된 아리아 사마즈Arya Samaj 운동이 활발했다(빤디뜨, 마하르쉬, 스와미는 각각 스승, 대예언자, 수도자를 뜻하는 경칭임―옮긴이). 이러한 운동단체들은 자체적으로 출판물을 발간했는데, 이들 출판물은 윌리엄 케리William Carey 등의 기독교 선교사가 편찬했던 발간물과 더불어 인도에서 신문·잡지 사업이 발전하는 데 크게 기여했다.

　신문·잡지 사업의 발전에 공헌한 또 하나의 요소는 19세기 후반에 배아적 형태로 나타난 인도의 독립운동이었다. 독립운동은 우선 영국식 교육을 받은 사무직 전문가나 관료, 중류 또는 중상류 지주계급의 영국 정부에 대한 지지 철회로부터 시작되었다. 친영적 성격 때문에 1857년 사건에 대해서도 모호한 입장을 취했던 이들이 영국 정부에 등을 돌리기 시작했다. 그 이유는 다음과 같다. 첫째, 쪽(천을 푸른색으로 염색할 때 쓰는 식물—옮긴이)을 재배하는 농장주들이 비하르와 벵골에서 농민 탄압을 서슴지 않았고, 주기적으로 기근이 발생했으며, 게다가 정부는 영국의 이익을 위해 쪽 농장주를 과도하게 육성했다. 이러한 일련의 과정 속에서 영국 정부의 착취적 성격이 드러났다. 둘째, 사교적 공간과 공공 공간 모두에서 인도인은 비하되었을 뿐 아니라 행정부의 고위직에도 오를 수 없었다. 이를 통해 인종주의적 차별이 명백하게 드러났다.

시작

인도의 첫 신문은 1780년 1월 29일[5] 제임스 어거스츠 히키James Augusts Hickey라는 영국인에 의해 발간되었다. 신문의 이름은 〈히키의 가제트Hickey's Gazette〉라고 널리 알려졌지만, 실제 이름은 〈벵골 가제트Bengal Gazette〉 또는 〈캘커타 일반 신문Calcutta General Advertiser〉이었다. 이 신문은 모든 정당에 개방적이었으나 어느 집단에도 영향을 받지 않은 정치·상업 주간지였다. 총독은 자신의 친구나 영국 공동체의 수치스러운 사건을 공공연하게 드러내는 히키의 풍자적 언급을 좋아하지 않았다. 이 신문은 2년 만에 폐간되었고, 그 후 히키는 인도에서 추방되었다. 정부에 대항하여 기사를 썼던 다른 신문기자들 역시 18세기 후반의 약 20년 동안 어려움을 겪었다.

19세기에는 수많은 영어와 인도어 출판물이 등장했다. 이것들의 이름은 언급할 필요가 있다. 인도의 출판문화에서 하나의 전통을 세우는 데 기여했기 때문이다. 즉 20세기 중반 이전 언론의 성격을 결정하는 데 이것들은 중요한 역할을 했다. 모이뜨라Moitra의 기록에 따르면, 캘커타 근방에 위치했던 스리람뿌르Srirampur의 침례교 선교사들은 1818년 월간 〈디그다르샨Digdarshan〉과 주간 〈사마짜르 다르빤Samachar Darpan〉을 발행하기 시작했고, 라자 로이는 1821년에 벵골어 주간 〈상바드 꼬무디Sangbad Kaumudi〉와 두 종류의 언어로 발행되는 월간 〈브라만의 마가진Brahmanical Magazin〉 또는 〈브라만 세바디Brahman Sebadhi〉 그리고 1822년에 페르시아어 주간 〈미라뚤-악바르Mirat-ul-Akhbar〉를 만들기 시작했다. 파르둔지 무르제반Fardoonji Murzeban은 봄베이에서 구자라뜨어 주간 〈뭄바이나 사마짜르Mumbaina Samachar〉(사마짜르는 뉴스를 뜻하는 힌디어─옮긴이)를 1822년에 시작했다. 이 신문은 오늘날 〈봄베이 사마짜르〉라는 일간 신문으로 발간되고 있다. 1826년은 첫 번째 힌디어 주간지 〈우둔뜨 마르딴드Uoodunt Martand〉를 주갈 슈꿀Jugal Kishore Shukul이 발행하기 시작했다. 1830년 벵골에는 열여섯 개의 언어로 된 신문과 정기간행물이 있었다. 1831∼1833년에는 19종의 새 신문이 추가되었다.

한편 영자 신문도 계속 증가했다. 1818년 〈캘커타 저널Calcutta Journal〉이 나왔는데, 이것은 1819년에 일간으로 바뀌었다. 〈동방의 존 불John Bull in the East〉은 영국 정부의 공식 후원하에 1821년 창간되었다. 〈카운뽀레 신문Cawnpore Advertiser〉은 그다음 해에 시작되었다. 1824∼1830년에는 다음과 같은 더 많은 영국 신문이 등장했다. 〈동방의 스코틀랜드인Scotsman in the East〉 〈주간 수집가Weekly Gleaner〉 〈콜롬비아 출판 관보Colombian Press Gazette〉 〈계간 동양의 잡지Quarterly

Oriental Magazine〉〈만화경Kaleidoscope〉〈캘커타 신문Calcutta Chronicle〉
〈캘커타 관보Calcutta Gazette〉〈상업신문Commercial Advertiser〉. 이 중 〈캘커타 신문〉은 독립을 지지하는 경향 때문에 1827년 탄압을 받았다.

처음으로 인도인이 소유한 신문은 당시 세계에서 분명 최고 중의 하나였던 〈힌두 우국지사Hindoo Patriot〉였다. 1949년에는 기리슈 고세Girish Chandra Ghose가 〈벵골 레코더Bengal Recorder〉를 시작했는데, 1853년에 이름을 바꾸었다. 이 신문의 편집자는 하리슈 짠드라 무케르지Harish Chandra Mukherjee였는데, 그의 고조할아버지는 우리 시대의 가장 뛰어난 하원 의원 중 한 명인 히렌드라나트 무케르지Hirendranath Mukherjee다. 하리슈 짠드라 무케르지는 인도에서 가장 위대한 편집자였다고 평가할 수 있다. 우리는 그의 업적을 평가할 때 그가 살았던 시대 상황을 고려해야 한다. 당시는 출판을 보호하는 법이 없었다. 편집자는 권력자에 의해 잡혀갈 수도 있었고, 심지어 살해될 수도 있었다. 이 시기는 댈하우지 경Lord Dalhousie의 병합 정책과 1857년의 무력 충돌이 있었던 때였다. 당시는 피가 낭자했던 시기였다. 그러나 하리슈 짠드라 무케르지는 이러한 상황에서도 뜻을 굽히지 않았고 독립적 자세를 지켰다. 출판이 자유로우며 법에 의해 보호되는 오늘날에도 편집자들이 보여주지 못하는 용기와 독립성을 그는 지켜 나갔다. 게다가 무케르지의 글은 탁월한 분석력을 보였고, 자료 수집에서 놀랄 만한 능력을 보여주었으며, 산문에서도 인상적일 만큼 뛰어난 능력을 갖추고 있었다. 그는 한 사설에서 1857년 이후 시행된 계엄령에 대해 비판했는데, 이 글은 특히 높이 평가받아 마땅하다.

계엄령은 법의 모조품이며, 오직 특별한 상황에서만 정당화될 수 있다. 군사재판소가 쉽게 수집한 자료나 합의에 기초하여 남자들을 무차별적으로

교수형에 처하는 것은 무거운 책임감을 뒤따르게 할 것이다. 죄 없는 남자
들의 피는 정당한 재판 없이 그들에게 유죄판결을 내린 판사들의 머리 위
에 고일 것이고, 하나의 제국이 우리의 보상이 될지라도 우리는 그 판사들
의 입장을 이해해보고 싶지 않을 것이다. 만약 현재의 전쟁이 복수와 몰살
의 전쟁이라면, 그때 캐닝 경Lord Canning과 협의회Council 구성원들에게
도살자위원회를 지지하지 말라고 요구하자. 그러나 만약 영국 왕실에서
인도가 가장 빛나는 보석으로 존중된다면, 그때 법률의 여신 테미스가 전
쟁의 신 마르스를 다스릴 것이고, 인도의 민간인이 변덕스럽고 무절제하
게 교수형 되는 것을 막을 수 있을 것이다.[6]

무케르지는 다양한 주제를 날카로운 시각으로 다루었다. 몇 가지만
언급하자면 '비하르와 벵골 농민을 착취하는 쪽 농장주들', '우드Oudh
의 병합', '효력 상실의 원칙Doctrine of Lapse' 등이 있다. 그의 사설은 다
음 세대 신문기자에게 본보기가 되었다. 그리고 독립운동과 관련하여
등장한 19세기 후반의 출판물은 독립과 용기를 강조하는 경향이 강했
는데, 무케르지는 이러한 전통에 상당한 영향을 주었다. 여기에는 수
브라마니아 아예르Subramania Iyer 편집장 밑에서 발간된 영어 신문 〈힌
두〉와 따밀어 신문 〈스와데샤미뜨란Swadeshamitran〉, 발 강가다르 띨락
하의 마라티어 신문 〈께사리Kesari〉와 영어 신문 〈마라따Mahratta〉가 포
함된다. 그 밖에도 다음과 같은 여러 영어 신문이 있었다. 수렌드라 바
네르지하의 〈벵골리Bengalee〉, 시시르 고슈Sisir Kumar Ghosh와 모띨랄
고슈Motilal Ghosh하의 〈수다라끄Sudharak〉, 센N. N Sen하의 〈인도의 거
울Indian Mirror〉, 다다바이 나오로지Dadabhai Naoroji하의 〈인도의 목소
리Voice of India〉 그리고 편집장 바르마G. P. Varma하의 〈힌두스따니〉
와 〈주창자Advocate〉. 그 밖에도 뻰잡의 〈뜨리부네Tribune〉와 〈악바리-

암Akhbar-I-Am〉, 봄베이의 〈인두 쁘라까슈Indu Prakash〉〈드냔 쁘라까슈Dnyan Prakash〉〈깔Kal〉〈구자라띠Gujarati〉 그리고 벵골의 〈솜 쁘라까슈Som Prakash〉〈사다라니Sadharani〉〈방가니바스Banganivas〉가 있다.[7] 또한 다음과 같은 여러 중요한 출판물이 1899~1890년에 나왔다. 라빈드라나트 타고르의 벵골어 신문 〈사다나Sadhana〉 그리고 〈현대 논평Modern Review〉, 사쯔찌다난다 쉰하Sachchidananda Shinha의 〈힌두스딴 논평Hindustan Review〉, 나떼산Natesan의 〈인도 논평Indian Review〉 그리고 마단 말라비야Madan Mohan Malaviya의 〈아뷰데이Abhyuday〉.[8] 반면에 영국과 영국계 인도인의 이익을 대변하고 황제를 열렬히 옹호하던 발간물도 있었다. 캘커타의 〈대변인Statesman〉, 봄베이의 〈타임스 오브 인디아〉, 마드라스Madras(지금의 첸나이)의 〈메일Mail〉, 라호르의 〈민군民軍 관보Civil and Military Gazette〉, 알라하바드Allahabad의 〈개척자Pioneer〉. 시기는 달랐지만 노벨문학상의 수상자인 키플링Rudyard Kipling과 처칠Winston Churchill도 이들의 발행에 관여했다.

성장

그 후 세기가 바뀔 무렵 독립운동의 도구로 사용된 수많은 신문이 등장했다. 반면에 제국이 선진문명의 동의어이며 영국이 백인 남성의 짐을 덜어줄 의무를 갖는다고 주장하는 신문도 여럿 나타났다. 독립운동 편에 섰던 신문은 20세기 동안 그 역량이 성장하면서 독립운동을 강력하게 지지할 수 있었다. 그때 이런 경향의 신문은 다양한 사건에 대해서 열띤 논쟁을 벌였다. 벵골 분할에 반대했던 운동(1905~1911),[9] 혁명적 테러리즘의 부흥, 의회 분리(1907~1916), 제1차 세계대전(1914~1918), 마하트마 간디의 등장, 비협조운동Non-Cooperation과 킬라파뜨Khilafat 운동(1920), 시민불복종운동(1930~1932), 무슬림 분리주의와 파키스탄 운동의 부흥 그리고 제2차 세계대전 등등.

독립운동에 호의적인 보도나 그것을 지지하는 사설 이외에도, 자주 영국 정부를 비판하는 동시에 풍자와 위트로 꾸짖는 인도인이 발행하는 신문들이 있었다. 하나의 예를 들어보자. 1905년 캘커타 대학에서 당시 총독이었던 커즌 경Lord Curzon은 "진실이라는 가장 상위에 있는 이념은 크게 봤을 때 서구의 개념이라 할 수 있다. 분명 동양에서도 진실이 존중되었지만, 그 이전부터 서구에서는 진실이 도덕률에서 높은 자리를 차지하고 있었다"[10]라고 연설했다. 다음 날 〈암리따 바자르 빠뜨리까Amrita Bazar Patrika〉의 첫 면에 커즌의 연설이 실렸다. 그리고 이 연설 옆에는 커즌의 책《동양의 문제들Problems of the East》에서 발췌한 내용이 실렸다. 이것은 커즌이 자신의 현명함을 증명하기 위해, 대한제국 외교부의 의장에게 거짓말했던 일을 과시하는 글이었다. 첫 번째는 자신이 동양 사람들의 경로 우대 사상을 알고 있었기 때문에 의장에게 서른세 살이면서 마흔 살이라고 거짓말을 했다는 내용이다. 두 번째는 그가 빅토리아 여왕과 가까운 관계가 아니라는 말을 들었을 때 의장이 실망하는 표정을 지었지만, 그가 빠르게 "그러나 나는 아직 결혼하지 않은 남자입니다"라고 덧붙였고, 그래서 "그 늙은 남자의 호감을 다시 얻었다"는 내용이다.[11] 커즌 경이 다음 날 아침 그 신문을 읽으면서 얼마나 얼굴을 붉혔을지 충분히 상상이 된다.

독립운동 세력이 커지면서 인도인이 소유한 신문 수도 증가했다. 알라하바드에서는 나겐드라 굽따Nagendra Nath Gupta가 사쯔찌다난다 쉰하의 도움으로 〈인도 사람들Indian People〉을 발행하기 시작했다. 이 신문은 마단 말라비야가 페로제샤 메따 경Sir Ferozeshah Mehta, 딘쇼 와

짜Dinshaw Wacha, 고빨 고칼레Gopal Krishna Gokhale의 도움을 받아 1908년 알라하바드에서 〈지도자Leader〉가 만들어질 때 여기에 흡수되었다. 1911년에 〈동지Comrade〉는 캘커타에서 모함마드 알리에 의해 시작되었다. 알리는 1918년 킬라파뜨 운동으로 명성을 얻었다. 〈마드라스 스탠다드Madras Standard〉는 1913년에 애니 베전트에게 넘어갔고, 그 후 〈인도의 뉴스Indian News〉라는 이름으로 새롭게 태어났다. 1918년에는 사쯔찌다난다 쉰하가 〈탐조등Searchlight〉을 비하르에서 발행하기 시작했다. 이듬해에는 모띨랄 네루가 편집자 셰드 후세인과 함께 〈인디펜던트Independent〉를 창간했고, 그리고 1919년 〈뉴스 타임스News Times〉가 폐간되었던 도시 카라치에서 〈신드 파수꾼Sind Observer〉이 발행되기 시작했다.

쁘라까삼T. Prakasam은 1922년 마드라스에서 간디주의 운동을 지원하기 위해 〈스와라쟈Swarajya〉를 찍어냈다. 1923년에는 다스C. R. Das가 캘커타에서 〈선봉Forward〉을, 그리고 개혁론자 아깔리스Akalis는 델리에서 〈힌두스딴 타임스〉를 시작했다. 전설적인 인도의 신문기자 사다난드S. Sadanand는 1927년 인도자유언론Free Press of India(FPI)에서 '뉴스 서비스News Service'를 발행하기 시작했지만 곧 어려움에 부딪혔고, 1930년에는 봄베이에서 〈자유출판 저널Free Press Journal〉을 만들기 시작했다. 같은 해 편집자 호르니만B. G. Horniman에 의해 〈봄베이 보초Bombay Sentinel〉가 석간신문으로 나오기 시작했고, 델리판 〈대변인〉이 발행되기 시작했다. 〈선데이 스탠다드Sunday Standard〉는 봄베이에서 1936년에 나왔고, 일간 〈모닝 스탠다드Morning Standard〉는 1940년에 나왔다. 〈모닝 스탠다드〉는 1946년에 〈내셔널 스탠다드National Standard〉가 되었고, 1953년에는 〈인디안 익스프레스Indian Express〉에 흡수되었다. 〈아난다 바자르 빠뜨리까Ananda Bazar Patrika〉의 경영진은 1937년 캘커타에서 영어판 일간지인 〈힌두스딴 스탠다드〉를 발행하기 시작했다. 그리고 다음 해 루끄노우Lucknow에서는 자와하를 랄 네루의 후원을 받아 〈내셔널 헤럴드National Herald〉가 태어났다.

1931년에 무슬림 연맹에 의해 후원되던 유일한 영어 일간지는 캘커타에서 발행되던 〈인도의 별Star of India〉이었다. 같은 도시에서 발행되던 〈아침 뉴스Morning News〉도 무슬림 연맹의 후원을 받았다. 델리에서 주간으로 시작되었던 〈새벽Dawn〉은 후에 무슬림 연맹의 영향력 있는 일간지가 되었는데, 이때 편집자는 뽀탄 조지프Pothan Joseph였다.

이 시기의 인도어 신문의 성장 또한 인상적이다. 힌디어 신문의 경우 가네슈 샨까르 비댜르티Ganesh Shankar Vidyarthi가 일간 〈쁘라 땁Pratap〉을 1913년에 발행하기 시작했다.[12] 충성스러운 발무꾼드 굽따Balmukund Gupta와 아미비까 샤란 바즈빠이Amibika Sharan Vajpayee가 편집을 맡았던 〈바랏 미뜨라Bharat Mitra〉는 캘커타에서 출간되던 선구자적 힌디어 신문이었다. 그러나 이 신문은 1916년에 마헤슈 짠드라 아가르왈라Mahesh Chandra Agarwala가 창간한 〈비슈와미뜨라Vishwamitra〉에 의해 1918년부터 심각한 위기에 부딪혔다(Natarajan, 1962, 19쪽 참조). 쉬브 쁘라사드 굽따Shiv Prasad Gupta는 바라나시Varanasi에서 1920년에 〈아즈Aj〉를 발행했다. 또 하나의 힌디어 일간지 〈스리 벤까떼스와르 사마짜르Sri Venkateswar Samachar〉가 1923년 뭄바이에서 시작되었다. 우르두어 간행물을 살펴보면, 1912~1913년에 마울라나 아자드Maulana Abdul Kalam Azad가 캘커타에서 각각 발행하기 시작했던 〈알-힐랄Al-Hilal〉과 〈알-빌라그Al-Bilagh〉가 있다. 마울라나 알리Maulana Mohammad Ali는 〈함다르드Hamdard〉를 델리에서 1912년에 출간했다. 이것은 캘커타에서 발행하던 〈동지〉의 우르두어판이었다. 루끄노우의 〈하끼깟Haqiqat〉, 라호르의 〈쁘라땁〉 같은 격일간 신문은

1919년에 발행되기 시작했다. 스와미 슈라따난드Swami Shraddhanand 는 〈떼즈Tej〉를 델리에서, 마하쉐 꾸샬 짠드Mahashe Kushal Chand는 〈밀 랍Milap〉을 1923년 라호르에서 발행하기 시작했다. 1936년에는 〈힌두 스딴〉이 우르두어로 발행되기 시작했다.

벵골어 간행물로는 〈산댜Sandhya〉가 혁명가였던 브라마반답 우빠댜 야Brahmabandhab Upadhyaya에 의해 민족주의를 표방하며 1904년에 창 간되었다. 그러나 이것은 1907년 영국에 의해 폐간되었다. 또 하나의 확고한 민족주의 신문으로 〈나약Nayak〉이 있었다. 이 신문은 유명한 신 문기자 빤쪼코우리 반댜빠댜데이Panchcowrie Bandhyapadhyay가 편집 을 맡았는데, 극단주의로 빠질 수 있는 잠재적 성격을 갖고 있었음에도 〈산댜〉보다는 훨씬 오래 살아남았다. 1914년부터 〈바수마띠Basumati〉 가 존경받던 편집장 헤멘드라 꾸마르 고슈Hemendra Kumar Ghosh하에 서 일간, 주간, 월간으로 출간되었다. 1920년대에는 선구자적 주간 정 치 신문으로 〈히따바디Hitabadi〉와 〈산지바니Sanjivani〉가 있었다. 〈나바 샤끄띠Nabashakti〉가 인도국민회의에 의해 공격당했던 것과 달리, 이 두 신문은 정부의 지원 속에서 인쇄되었다. 1922년에는 수레슈 짠드라 마 줌다르Suresh Chandra Majumdar, 쁘라풀라 꾸마르 사르까르Prafulla Kumar Sarkar, 므리날 깐띠 고세Mrinal Kanti Ghose가 〈아난다 바자르 빠뜨리까〉 를 만들었고, 1937년에는 〈아난다 바자르 빠뜨리까〉 경영진이 벵골어 일간지인 〈주간따르Jugantar〉를 발행했다. 파즐룰 하크가 이끌던 끄리 샥 쁘라자당은 1939년에 〈끄리샥〉을, 1941년에는 〈나바주그Navajug〉 를 발행하기 시작했다.

〈말라얄라 마노라마Malayala Manorama〉는 깐다티 베르게세 마삘라 이Kandathi Verghese Mapillai에 의해 창간되었다. 이 신문은 가장 오래 된 말라얄람어Malayalam 신문이다. 맘멘 마삘라이K. G. Mammen Mapillai

가 편집을 맡았던 이 신문은 1920년에 께랄라의 삶에서 중요한 자리를 차지하고 있었다. 〈마트루부미Mathrubhoomi〉는 1923년에 3주에 한 번 발행되는 신문으로 등장했다. 두각을 나타냈던 다른 신문에는 주간이었던 〈스와라즈Swaraj〉〈알-아민Al-Amin〉과 〈말라얄라 라즈얌Malayala Rajyam〉, 라마끄리슈나 삘라이K. Ramakrishna Pillai에 의해 발행된 〈말라얄리Malayalee〉와 〈데샤비마니Deshabhimani〉 등이 있었다. 깐나다어Kannada 발행물로는 1921년에 시작된 〈까르마비르Karmaveer〉와 1924년에 시작된 〈사뮤끄따 까르나딱Samyukta Karnatak〉이 있었다. 뗄레구어Telegu로 된 첫 번째 일간 신문은 나게슈와라 라오Nageshwara Rao의 〈안드라 빠뜨리까Andhra Patrika〉(1910~1914)였다. 이 밖에도 많은 사회적·문화적 정기간행물이 있었는데, 그중에는 근대적 뗄레구어를 발전시키는 데 기여했던 〈자나타Janatha〉도 있다. 1920년에는 따밀어 신문인 〈스와데샤미뜨란Swadeshamitran〉이 1917년부터 발행되었던 〈데쇼바끄땀Deshobhaktam〉으로부터 여러 차례 도전을 받았다. 1934년에는 사다난드T. Sadanand가 마드라스에서 따밀어 신문 〈디나마니Dinamani〉를 발행하기 시작했다.

1920년에 봄베이에는 네 종류의 마라티어Marathi 신문이 있었다. 〈인두 쁘라까슈〉, 〈산데슈, 드냔 쁘라까슈Sandesh, Dnyan Prakash〉와 〈로끄마냐Lokmanya〉 그리고 마지막 하나는 뿌네Pune의 〈로끄산그라하Loksangraha〉. 1923년에는 〈로까마냐Lokamanya〉의 초기 편집자인 칼리까르K. P. Khalikar가 〈나바깔Navakal〉을 만들기 시작했고, 1934년에는 T. 사다난드가 뭄바이에서 〈나바사끄띠Navasakti〉를 발행했다. 구자라뜨어의 경우에는 난달랄 보디왈라Nandalal Bodiwala가 〈스와르쟈Swarjya〉라는 비싼 가격에 팔리는 한 장짜리 신문을 만들었다. 그는 이 신문을 계속 발전시켰고, 현대적 기계를 샀으며, 〈구자라띠 뿐쯔Gujarati Punch〉〈세박Sevak〉 그리고 주간 〈아람Aram〉 등의 여러 신문을 인수했다. 수라뜨Surat에서는 〈구자라띠Gujarati〉와 〈사마짜르Samachar〉가 1921년과 1922년에 각각 창간되었다. 〈구자라띠〉는 이 지역에서 널리 유통되던 신문이었다.

다소 단조롭게 다뤄졌지만 앞의 내용을 통해 인도에서 신문 출판이 독립 이전부터 꾸준히 성장했음을 알 수 있다. 제2차 세계대전 결과로 엄격한 제한이 뒤따랐던 1940년대에도 다양한 시도가 있었다. 그중에는 1941년에 봄베이에서 발행하기 시작한 주간 〈블리뜨즈Blitz〉가 있다. 또한 같은 해에 따밀어 주간 〈깔끼Kalki〉가 첸나이에서 시작되었고, 구자라뜨어 일간 〈반데 마따람Vande Mataram〉도 나왔다. 1942년에는 유명한 따밀어 출간물 〈탄티Thanthi〉가 첸나이, 마두라이Madurai 그리고 띠루찌Tiruchi에서 발행되기 시작했다.

이 시기에 뉴스 방송국도 등장했다. 1927년 T. 사다난드가 인도자유언론에서 뉴스 서비스를 시작했으나 이것은 1935년에 중단되었다. 1937년에는 여기서 일했던 센굽따B. Sengupta가 '인도연합출판United Press of India'을 설립했다. 이들은 시작부터 심각한 차별에 맞서 싸워야 했다. 제2차 세계대전 동안에는 전신타자기의 부족 때문에 어려움을 겪었다. 인도 보도산업의 본격적인 발전은 독립 이후에야 가능했다.

두 세상

1947년 인도가 독립을 성취할 때까지 활발한 출판 활동이 있었다. 앞에서 살펴보았듯이, 인도 언어로 된 신문은 독립운동에 동조하는 것을 넘어서 독립운동의 선전도구로서 기능했다. 이들 신문은 독립운동을 지지하고 기회가 있을 때마다 영국 정부를 선착장으로 내몰았을 뿐만 아니라 많은 독립운동 투사를 신문사 직원으로 고용했다. 이것은 이들 신문사의 임금이 낮았던 이유를 설명해준다. 거기에는 또 다른 이유도 있었는데, 다음의 두 요인 때문에 신문사의 재정은 대체로 취약했다. 첫째, 이들 신문사의 운영비는 주로 다양한 조직과 독립운동 지지자로부터 나왔으며, 광고나 판매 수입으로는 거의 돈을 벌지 못했다. 둘째, 이들은 출판물에 재갈을 물리려는 끊임없는 시도에 의해 고통받고 있었다. 영국 정부는 자주 그들의 인쇄기를 압류했고, 출판사를 폐쇄하거나 '선동적'이라고 판정한 글에 막대한 벌금을 부과했다.

이와 달리, 영국인이나 영국계 인도인이 운영하는 신문사에서 근무하던 사람들은 높은 임금을 받았다. 영리회사의 급료만큼 높은 임금을 받은 이들도 있었다. 이런 신문사는 상업적 후원금뿐 아니라 정부의 후원금도 받았기 때문에 넉넉한 자본을 보유할 수 있었다. 이들은 대체로 영국 정부와 상업적 이익, 관료 정치 그리고 영국계 인도인과 영국의 국외 이주 공동체 등을 지지했기 때문에 이러한 상황은 놀랍지 않다. 또한 이들은 영국 식민 정부가 그들의 편이었으므로 안심하고 인쇄기와 신문사 건물 등에 투자할 수 있었다.

이런 두 종류의 집단은 매우 다른 세계를 보여준다. 그들은 매우 다른 목적을 갖고 있었다. 인도인이 소유한 출판사는 인도의 자유를 지지했지만, 영국인이 소유한 출판사는 영국 식민 정부가 어떻게든지 존속하기를 원했다. 런던판 〈타임스The Times〉의 "우리는 인도를 칼로 얻었다. 그리고 결국, 우리는 그것을 칼로 지킨다"라는 귀에 거슬리는 선언은 그들의 성향을 잘 보여준다. 나따라잔Natarajan은 19세기의 마지막 10년과 20세기의 첫 10년에 대해 다음과 같이 표현했다.

〈대변인〉〈영국인The Englishman〉 그리고 캘커타의 〈아시아인The Asian〉, 봄베이의 〈타임스 오브 인디아〉 등 영국계 인도인의 신문은 인도 정부와 영국인 공동체를 무조건적으로 지원하는 정책에 편승하고 있었다. 이런 신문과 관료 사이에는 소통을 돕는 견고한 통로가 있었으며, 병적으로 과열된 지원 정책은 널리 퍼져 나갔다. 캘커타 주재 영국인 집단의 리판 경Lord Ripon에 대한 배척, 낯선 네덜란드인이었던 봄베이 주지사 레이 경Lord Reay의 〈타임스 오브 인디아〉(원문 그대로)에서 쓰라린 경험, 인도 주재 영국 신문British Press이 커즌 경에게 보냈던 열렬한 환호 등은 이러한 동맹의 성격을 잘 보여준다. 의사표현의 자유를 통제하는 엄격한 법률에 대한 지속적 홍보, 인도인 대변인의 지속적인 축소는 (……) 이 메달의 뒷면이었다.

인도인의 신문사와 영국계 인도인의 신문사는 모두 공통적으로 정치에 지대한 관심을 가졌다. 그러나 사회적·문학적 사건, 연극 등도 꾸준히 신문에서 다뤄졌고, 특히 1930~1940년대에는 영화가 관심을 받기 시작했다. 그러나 결코 이런 것들에 대한 관심이 지금만큼 컸던 때는 없었다. 같은 맥락에서 경제와 관련된 보도 역시 오늘날의 수준에 미치지 못했다. 대신 주기적으로 발생했던 기근에 대한 엄청난 양의 기사와 영국인에게로 빠져나가는 인도의 부富에 대한 성난 기사가 있었다. 인도의 부가 해외로 유출된다는 주제는 두뜨R. C. Dutt의 두 권짜리 책《인도 경제의 역사The Economic History of India》에서, 그리고 다다바이 나오로지의 여러 기록 속에서 솜씨 좋게 다루어졌다. 때때로 인도인의 출판물은 영국인에 의한 경제적 억압과 착취의 사례를 제시하기도 했다. 〈힌두 우국지사〉에서 유럽인 농장주에 의한 비인간적이고 잔학무도한 행위가 폭로되었을 때 인도인은 분노했다.

〈인도국민회의Indian National Congress〉 같은 인도인 신문은 입법을 통해 산업 노동자의 서비스 환경을 조절하려는 정부의 시도를 비난했다. 그들은 1881년과 1891년의 공장법Factories' Acts에 반대했다. 또한 인도인 소유의 직조공장에서 발생하는 파업에 호의를 보이지 않았다.[13] 노동자의 운동을 지지했으며, 공장주가 그들의 요구를 수용해야 한다고 주장했던 신문은, 당시 계몽적 개혁론자 아가르까르G. S. Agarkar의 영향하에 있었던 〈마라따Mahratta〉뿐이었다.[14] 물론 영국인이나 유럽인이 소유한 사업체에서 발생한 파업은 전혀 다른 문제였다. 이런 종류의 파업은 인도어 신문에서 충분한 지지를 받았다. 그러나 인도인 소유의 신문사는 가난한 사람이나 땅이 없는 농부의 운동 그리고 기초 교육의 확대 같은 문제에 대해서는 일반적으로 무관심했다. 한편 무슬림의 파키스탄에 대한 요구가 커지면서 힌두의 신문과 무슬림의 신문은 날카롭게 대립하게 되었다.

대전환

1947년 8월 15일 독립 후에 이런 상황에 심오한 변화가 발생했다. 인도 신문들은 더 이상 외래 정부의 간섭을 받을 필요가 없었다. 영국계 인도인의 신문과 인도인의 신문 사이에 그어졌던 선은 사라졌다. 당시 출판 매체는 자유를 누렸다. 텔레비전, 전파 매체, 라디오의 경우에는 오랫동안 정부의 통제하에 남아 있었다. 그러나 최근에 개인적으로 운영하는 라디오와 텔레비전 채널이 등장했고, 1997년에는 정부가 소유한 전파 매체를 운영하는 자율적 법인체가 설립되는 등 중요한 변화가 발생했다.

당연히 독립 후 언론과 정부의 관계는 변화했다. 정부는 더 이상 '칼로 인도를 다스리지' 않았다. 정부 구성은 국민의 선출로 이루어졌고 독립운동 활동가는 사회의 지도자가 되었다. 국가 차원에서는 빤디뜨 네루, 사르다르 빠뗄, 마울라나 아자드, 라젠드라 쁘라사드 박사 등의 지도자가, 그리고 지역 차원에서는 서벵골의 로이B. C. Roy 박사, 우따르쁘라데슈의 고빈드 빤뜨Govind Ballabh Pant, 아쌈의 고삐나트 보르돌로이Gopinath Bordoloi와 짤리하B. P. Chaliha, 오리싸의 나박루슈나 쪼우두리Nabakrushna Chowdhury, 마하라슈뜨라의 케르B. G. Kher, 따밀나두Tamil Nadu의 짜끄라바르띠 라자고빨라짜리Chakravarti Rajagopalachari 등의 지역 지도자가 국민과 여론에 의해 존경받았다.

우리는 이러한 문맥 속에서 언론의 진화, 역할 그리고 책임을 고려해야만 한다. 이제 언론의 관심은 더 이상 나라를 위해서 영국 정부를 내쫓고 독립을 얻는 것이 아니었다. 언론의 임무는 국가의 이익과 관련하여, 그리고 국가의 민주주의 질서를 보호하고 더욱 강화하는 일과 관련하여 정의되어야만 했다. 정부의 역할 역시 수많은 영역에 걸쳐 뻗어 있는 정책과 활동에서 그것들을 실행하는 능력, 즉 경제적 발전을 통한 가난 극복, 교육 기회의 확대를 통한 억압받고 박해받던 사람들의 지위 향상, 사회 통합과 치안 유지 그리고 방어 능력의 향상 등으로 평가되어야만 했다. 정부는 행정과 공공 생활에서 그것이 유지하는 효율성과 청렴함에 의해 평가되었다. 또한 정부는 세상을 핵으로부터 보호하고 다른 나라를 존중하면서 국제정책을 원활하게 펼쳐 나가는 능력에 의해서 가늠되었다.

정부와 언론 모두 야당이 그들의 책임을 잘 이행하고 있는지, 그들이 또한 국가적 이익에 전념하는지 지켜볼 의무를 갖게 되었다. 언론은 어떤 일이 잘못되었을 때 큰 소리로 알리고 필요하다면 충고를 제공하면서, 회사에서부터 무역연합에 이르기까지, 그리고 삶의 영역에서는 교육 조직에서부터 법정에 이르기까지, 스포츠에서부터 연구 활동에 이르기까지, 법과 질서의 확립에서부터 토지개혁에 이르기까지 사회의 모든 영역을 주시해야만 했다. 이제 사회 전체가 언론의 관심 속에 놓이게 되었다.

문제는 이 새로운 상황에서 언론이 자신의 역할을 제대로 수행하고 자신이 갖는 책임을 다하고 있는가다. 민주주의 사회에서 언론은 제도화된 권력을 포함한 사회의 모든 부분에 영향을 주는 여론의 형성에 기여한다. 그런데 그것을 수행하는 능력에는 수많은 요소가 작용한다. 첫 번째 요소는 독일의 사회철학자인 하버마스Jurgen Habermas가 '공공영역Public sphere'이라고 칭한 것이다. 이것은 연설, 표현, 결사의 자유를 보장함으로써 사람들이 서로의 관심사에 대해 제한 없이 의견을 나누고, 이러한 과정을 통해 여론이 발생하는 영역을 뜻한다. 이 영역은 사회적 삶에 속한다. 언론, 대학, 학교, 종합대학, 출판사, 클럽 그리고 결사체는 이 영역의 주요한 구성 요소다. 하버마스는 풍부한 정보와 계몽된 여론의 형성에서 핵심은 이성적 의사소통이라고 지적하는데, 이러한 의사소통에서 언론은 매우 중요한 역할을 맡고 있다.

언론이 적절하게 자신의 역할을 수행할 수 있기 위해서는 사회와 언론의 복합적 상호작용이 필요하다. 먼저 사회는 언론이 중요한 역할을 가지고 있음을 깨달아야 하며, 언론을 통해 제도적 보장과 사회적 지지를 얻을 수 있음을 인식해야 한다. 다음으로, 언론은 관심을 받을 수 있을 만큼 충분히 크고, 경제적으로 생존 가능하고, 독립적이고, 박식하고, 믿을 만해야 한다. 언론은 독립성, 위협을 뿌리칠 수 있는 힘, 중요한 문제에 대한 토론의 도구가 되고자 하는 의지 등을 가지고 있어야 한다. 이 밖에도 언론은 계몽된 여론의 형성에 공헌하는, 정보에 근거를 둔 논쟁을 발생시키는 경향과 논쟁에서 사용할 수 있는 질 높은 자료를 가지고 있어야 한다. 이 시점에서 물어보자. 인도의 언론은 독립 이후 어떻게 전개되었는가?

발전

이미 앞서 말했듯이, 1947년 이후 시기는 인쇄 매체의 놀라운 성장과 다양화, 라디오의 등장과 쇠퇴, 가장 대중화되고 강력한 매체로서 텔레비전의 출현 그리고 빠르게 증가하는 광고 수입으로 특징지어진다. 인쇄 매체에서 출판물의 수, 다양성, 발행 부수 그리고 수입은 명백히 증가했다. 첫 번째 출판위원회Press Commission는 1952년 10월에 조직되었고, 1954년 7월에 보고서를 제출했다. 이 보고서에 따르면 당시 인도에는 총 252만 5500부를 발행한 330개의 일간신문과 3203개의 정기간행물이 있었다.[15] 인도신문기록원Registrar of Newspapers in India(RNI)에 따르면,[16] 인도에는 1960년에 443만 3000부를 발행한 531개의 일간신문과 1358만 6000부를 출간한 7495개의 출판물이 있었다. 1998년에는 4890개의 일간신문과 3만 8607개의 기타 발행물이 각각 5836만 7196부수와 1억 2684만 9500부수를 기록했다.[17] 인도신문협회Indian Newspaper Society(INS)[18]의 발행물은 1939년에 14개였으나 1949~1950년에는 85개로 늘어났다. 1979~1980년에는 356개로 증가했고, 비록 1999~2000년에 693개까지 쇠퇴했을지라도 1996~1997년에는 다시 723개로 증가했다.[19]

수입에 관해 말하자면, 검사관 쉰데G. K. Shinde에 의해 감독되던 제2차 언론인임금위원회Second Journalists' Wage Board는 1968년에 보고서를 제출했다. 이 보고서는 언론인의 수입을 일곱 개의 범주로 분류했다. 최고 범주인 1등급에는 연간 수입에 2000만 루피 이상인 언론인이 포함되었다. 다음 범주인 2등급은 1000만~2000만 루피, 가장 낮은 7등급은 50만 루피보다 적은 연간 수입을 가졌다. 검사관 바짜왓U. N. Bachawat 감독하의 제4차 언론인임금위원회가 1988년에 제출한 보고서는 출판사를 아홉 개 범주로 나누었다. 여기서 최상위 등급의 연간 수입은 10억 루피를 넘었다. 다음 등급의 연간 수입은 5억~10억 루피였으며, 가장 낮은 9등급의 연간 수입은 2.5억 루피였다. 1998년 당시 전국기자연합National Union of Journalists의 의장이었던 라젠드라 빠르부Rajendra Parbhu는 나에게 주요 출판사들의 수입은 1988년 보고서가 제출된 이후에 급격하게 증가했다고 말했다. 그에 따르면, 〈타임스 오브 인디아〉의 수입은 1996~1997년에 80억 루피 이상까지 올랐다.

신문의 발행 부수 또한 빠르게 증가했다. 1960년대 중반에 하나의 센터에서 발행되던 신문 중 가장 많이 팔린 신문은 캘커타의 벵골어 신문 〈아난다 바자르 빠뜨리까〉와 께랄라의 말라얄람어 신문 〈말라얄라 마노라마〉였다. 이 신문들의 하루 평균 발행 부수는 각각 20만 부보다 적었다. 그러나 1998년에는 7월부터 12월까지 〈아난다 바자르 빠뜨리까〉가 하루에 59만 9208부, 〈말라얄라 마노라마〉는 104만 4352부 그리고 〈일요일 말라얄라 마노라마〉는 111만 1059부가 각각 발행되었다. 같은 기간에 여덟 개 센터에서 발행되던 〈타임스 오브 인디아〉와 〈선데이 타임스〉의 하루 평균 총 발행 부수는 각각 141만 9718부와 148만 1930부였다.[20] 첸나이, 뉴델리, 하이데라바드, 방갈로르, 코임바또르Coimbatore, 마두라이, 비사카빠뜨남Visakhapatnam 그리고 티루바난타뿌람Thiruvananthapuram에서 출간되었던 〈힌두〉의 지역판 신문은 하루 평균 총 발행 부수가 68만 5817부였다. 델리, 빠뜨나Patna 그리고 루끄노우의 〈힌두스탄 타임스〉는 하루 평균 총 발행 부수가 62만 5926

부였다.[21]

〈아난다 바자르 빠뜨리까〉보다는 여러 인도어 신문과 〈말라얄라 마노라마〉의 발행 부수가 급속하게 증가했다. 1998년 7월부터 11월 사이에 말라얄람어의 〈마트루부미〉의 하루 평균 발행 부수는 71만 2372부였고, 따밀어의 〈탄티〉는 1998년 1월부터 6월까지 51만 5146부가 발행되었다. 뗄레구어로 출간된 〈에나두Eenadu〉의 경우 같은 기간 동안 여러 센터에서 발행되었던 부수의 총합이 70만 8270부였다. 1998년 7월부터 12월 동안 여러 센터에서 구자라뜨어로 발행된 〈구자라뜨 사마짜르Gujarat Samachar〉와 〈산데슈Sandesh〉의 평균 부수는 각각 하루에 86만 1225부와 65만 8624부였다. 참고로 〈산데슈〉의 일요일 발행 부수는 70만 7246부였다. 잘란다르Jalandhar, 델리, 암발라에서 읽혔던 힌디어 신문 〈뻔잡 께사리Punjab Kesari〉를 보면 1998년 1~6월의 하루 평균 발행 부수가 167만 1367부였다. 힌디어 신문 〈자그란Jagran〉은 1998년 7~12월에 총 75만 641부가 팔렸고, 이와 유사한 형태의 힌디어 신문 〈아즈〉는 1999년 1~6월에 88만 1009부가 팔렸다.

급증하고 성장하고 번영한 것은 일간신문만이 아니었다. 1999년부터 2000년까지 인도신문협회 회원들이 소유했던 출판물 총수를 보면 392개의 일간지, 106개의 주간지, 48개의 격주간지, 132개의 월간지 그리고 14개의 기타 발행물이 있었다. 이들 중 일부는 매우 인상적인 발행 부수를 보인다. 주간지 중에서 〈인디아 투데이India Today〉의 영어판, 힌디어판, 말라얄람어판, 따밀어판 그리고 뗄레구어판은 1998년 7~12월에 각각 41만 7505부, 28만 7533부, 8만 711부, 7만 7587부 그리고 6만 8743부가 팔렸다. 영어 주간지 〈전망Outlook〉은 1998년 1~6월에 17만 8226부가 발행되었다. 말라얄람 마노라마 그룹의 영어 주간지 〈주간Week〉과 같은 그룹의 말라얄람 주간지 〈발라라마Balarama〉는 1998년 7~12월에 각각 11만 4203부와 30만 4948부가 발행되었다. 같은 기간에 따밀어 주간지 〈아난다 비까딴Ananda Vikatan〉은 37만 4051부가 발행되었다). 따밀어 격주간지 〈나키란Nakheeran〉과 힌디어 격주간지 〈짬빡Champak〉은 1999년 1~6월에 각각 21만 280부와 8만 2352부가 발행되었다. 1998년 7~12월에는 벵골어 격주간지 〈데슈Desh〉와 〈사난다Sananda〉가 각각 6만 9390부와 7만 9269부를 기록했다.

모든 언어의 인쇄 매체가 활발하게 발전하고 있었다. 1999년 12월 31일을 기준으로 인도신문협회 회원들의 출판물 중 힌디어판은 212종, 영어판은 182종, 마라티어판은 54종, 구자라뜨어판은 36종, 따밀어판은 33종, 말라얄람어판은 31종, 우르두어판은 25종, 뗄레구어판은 22종, 뻰잡어판은 22종, 벵골어판은 21종, 깐나다어판은 20종, 아쌈어판은 15종, 오리야어판은 15종, 신드어판은 1종, 꼰깐어Konkani판은 1종 그리고 까쉬어Kashi판은 1종이었다. 게다가 오프셋 컬러 인쇄기가 발명되면서 출판물의 색깔이 밝아졌고, 광택 나는 오락용 출판물도 다수 생겨났다. 동시에, 독립 이전에 인쇄 매체가 주로 정치적 문제에 관심을 가졌던 것과 달리 출판물의 성격과 내용이 매우 다양해졌다. 개발과 환경에 대한 뉴스가 눈에 띄게 많아졌고, 일부 출판물은 이러한 주제를 다루는 고정 지면을 갖기도 했다.

지금은 스포츠, 영화, 영상, 공연 그리고 조형예술에 상당한 지면을 할애한다. 영화나 텔레비전 프로그램을 예고하는 코너 외에도, 출판물 속에 영화와 텔레비전에 관련된 뉴스도 있고, 심지어 유명인에 대한 소문을 다루는 칼럼까지 마련되어 있다. 신문은 텔레비전 프로그램을 매일 자세하게 알려준다. 또한 성별 관련 이슈나 고용기회, 여행과 관광, 음식과 식당, 패션과 가구, 미용과 여가 활동, 소비재, 소비자 권리, 매체와 정보 기술 같은 특정 주제에 전념하는 특집 코너도 있다. 때때로 이러한 내용이 몇 면에 걸쳐 다뤄지기도 한다.

산업이나 사업에 관련된 뉴스를 다루는 지면도 늘어나는 추세다. 이전의 일간지에서는 한 면에서만 경제 관련 소식을 다루었지만, 오늘날에는 매일 3~4면가량을 이런 종류의 뉴스에 할애한다. 그리고 현재 네 개의 중요한 영자 경제 일간지가 있다. 〈이코노믹 타임스〉〈비즈니스 스탠다드〉〈파이낸셜 익스프레스〉 그리고 〈힌두 비즈니스 라인〉이 그것이다. 산업과 사업에 관련된 기타 출판물로는 〈비즈니스 월드〉〈비즈니스 인디아〉〈비즈니스 투데이〉 그리고 〈비즈니스 위크〉 등 정체성이 분명한 격주간지가 있다. 컬러 광택지에 인쇄되고 멋지게 디자인된 출판물은 기업 행사나 사업의 경향, 산업적·상업적·조직적 세계, 주식시장 동향, 공연 등에 대한 생생한 소식을 전한다. 이들은 초기의 출판물인(지금은 사라진) 〈자본Capital〉〈상업Commerce〉 그리고 〈동양의 경제학자The Eastern Economist〉 같은 소박한 출판물과 날카롭게 대조를 보인다. 지금은 〈텔레마틱스 인디아〉나 〈비즈니스 컴퓨터〉와 같은 전자정보 기술과 전신통신학에 관한 다양한 출판물이 있다. 구직자에게 도움을 주는 〈고용 타임스Employment Times〉와 벵골어 출판물 〈까람끄쉐뜨라Karamkshetra〉도 있다. 〈별무리Stardust〉와 힌디어 출판물 〈영화 세상Filmi Duniya〉은 영화광을 위한 것이다. 〈세계인Cosmopolitan〉〈그녀Elle〉 그리고 〈페미나Femina〉는 유행을 앞서가는 고소득층 도시 여성을 겨냥한 출판물이다. 한편 〈여성시대Women's Era〉, 벵골어의 〈사난다〉 그리고 힌디어의 〈스뜨리Stree〉는 중산층 주부를 포함한 더 넓고 다양한 사람을 아우른다. 그리고 물론 〈정치경제 주간Economic and Political Weekly〉과 〈주류Mainstream〉 그리고 젠더 관련 이슈에 전념하는 〈마누쉬Manushi〉 등 진지한 토론지도 있다.

인쇄 매체와 함께 뉴스 방송국도 성장했다. 1937년에 설립된 인도연합언론United Press of India은 전신타자기 시설을 1948년에 설치했고, 1951년에 외국 뉴스를 제공하기 위해서 〈에이전스 프랑스Agence France〉와 연합했다.[22] 그러나 그것은 오래 살아남지 못했다. 인도동부신문협회Indian and Eastern Newspaper Society는 1948년에 인도언론조합Press Trust of India을 조직하는 데 도움을 주었다. 인도동부신문협회는 지금 인도신문협회로 바뀌었다. 이것은 로이터 통신사Reuters의 국제적 서비스와 합동출판Associated Press의 내부 서비스를 흡수했다.[23] 또 하나의 뉴스 방송국인 인도연합뉴스United News of India는 1961년에 세워졌다. 두 조직 모두 그들의 보도 범위를 다양화했고, 통신원의 광범위한 네트워크를 확보했으며, 인도언론조합의 〈바샤Bhasha〉와 인도연합뉴스의 〈우니바르따Univarta〉는 힌디어 서비스를 제공했다.

텔레비전 시대

텔레비전의 확장은 인쇄 매체의 확장을 앞질렀다. 인도의 첫 번째 텔레비전 방송국은 유네스코의 보조금과 다국적기업 필립스 전자회사가 제공한 송신기를 가지고 1959년 9월 15일에 문을 열었다. 이 방송국은 올-인디아 라디오에 의해 운영되었으며, 반경 25킬로미터까지 방송 전파가 퍼져 나갔고, 각각 한 시간 분량의 프로그램이 일주일에 두 번 방송되었다. 매일 방송을 내보내기 시작한 것은 1965년부터다. 1970년에 인도에는 2만 2000대의 텔레비전 세트가 있었다. 공동체 시청을 위한 것을 제외하면 이들 대부분은 수입된 것이었다.[24]

텔레비전 방송의 성장은 1970년대에 급물살을 탔다. 두 번째 방송

센터가 1972년에 뭄바이에, 세 번째와 네 번째 센터는 1973년에 스리 나가르Srinagar와 암리뜨사르Amritsar에, 그리고 다섯 번째는 1974년 캘커타에 세워졌다. 1974년에 두르다르샨Doordarshan은 올-인디아 라디오로부터 분리되어 독립적 매체가 되었지만, 두르다르샨이 본격적으로 확장된 것은 1982년 델리에서 열린 아시안게임과 컬러텔레비전의 도입 이후부터였다. 이해 8월 15일에 매일 방송되는 전국적 프로그램이 시작되었다. 텔레비전을 시청할 수 있는 지리적 범위가 빠르게 넓어졌는데, 1984년에는 총 124개의 중계 송신기가 설치되었다. 세반띠 니난Sevanti Ninan은 1995년에 출간된 그녀의 책에서 "지금 2억 5000만 명 이상의 국민이 텔레비전을 시청하고 있다"라고 말했다.[25]

1999~2000년의 연합정보통신부Union Ministry of Information and Broadcasting 연보에 따르면, 당시 두르다르샨은 네 개의 전국 채널과 열한 개의 지역어 사용 위성 채널, 네 개의 주 네트워크와 한 개의 세계적 채널까지 도합 20개의 채널을 운영했다.[26] 전국에 걸쳐 있는 47개의 스튜디오 센터가 그들의 소프트웨어에 대한 요구를 충족시켰다.[27] 첫 번째 채널인 DD1를 위해 85대의 고성능 송신기를 포함한 총 1000대의 다양한 송신기가, 도시권 채널인 DD2를 위해서는 한 대의 고성능 송신기를 포함하여 총 57대의 송신기가 설치되었다. 그 밖에도 세 대의 송신기를 갖추고 있었다.[28] 지금 DD1는 인도 국민의 87.9퍼센트에게, 지리적 면적으로는 74.8퍼센트에 서비스를 제공한다. DD2는 인구의 20.8퍼센트가 시청한다.[29] 이것의 수입은 1976년 80만 루피에서 1984년 3억 1200만 루피로 급격하게 증가했다.[30] 총수입이 1985년 이래로 꾸준히 증가했는데, 1992~1993년에 36억 230만 루피까지, 그리고 1996~1997년에 57억 2720만 루피까지 올랐다. 이후에는 하락세를 보였다. 1997~1998년에는 49억 150만 루피, 1998~1999년에는 39

억 9320만 루피까지 떨어졌다. 그리고 1999~2000년의 수입 목표는 45억~50억 루피였지만,[31] 쁘라사르 바라띠Prasar Bharati(인도 최대의 공영 방송. DDI는 그 산하의 공영방송임―옮긴이)의 최고경영자 샤R. R. Shah에 따르면 실제로 이 기간 동안 61억 29만 루피의 수입을 얻었다. 2000~2001 년에는 이 수치가 65억 루피까지 증가할 것으로 기대된다.[32]

두르다르샨의 놀라운 성장과 더불어 위성의 발전이 인도에서 텔레비전 사업에 새로운 영역을 제공했다. 1991년 당시 홍콩의 리카싱李嘉誠 이 소유한 스타Star-TV(현재는 루퍼트 머독의 뉴스 코퍼레이션이 대주주로 있다―옮긴이)가 인도에 프로그램을 쏘기 시작했다. 초기에는 위성 채널이 하나였으나, 이후 채널 수가 네 개까지(M-TV, BBC의 다큐멘터리와 뉴스, 일반 오락 프로그램, 스포츠 프로그램) 빠르게 증가했다.[33] Zee-TV는 1992년 10월에 등장했는데, 아시아넷Asianet을 경유해서 힌디어 프로그램을 방영했다. 케이블을 설치한 가구는 오후 8~10시 사이에 가장 많이 텔레비전을 시청하는데, 이 시간대에 Zee-TV의 시청률이 두르다르샨의 시청률을 앞지르기 시작했다.[34] 이후 텔레비전 채널과 방송국 수가 크게 늘어났는데, 예를 들면 H-TV, E-TV, 자이나교Jain-TV, ESPN, HNBC, 사하라Sahara, C-TV, 아시아넷, ND-TV 등이 있다.

위성 수신기, 접시 안테나 그리고 케이블 텔레비전의 출현은 인도의 텔레비전 시청자에게 선택할 수 있는 오락방송의 폭을 넓혀주었다. 이제 시청자는 BBC 뉴스, 디스커버리 채널, CNN 뉴스, CNBC 뉴스, 옛날 영화와 최근 영화, 시리즈와 드라마, 스포츠 그리고 대중 공연과 고전 공연 등 다양한 프로그램을 볼 수 있다. 이는 전례가 없던 일이다. 이것은 또한 인도 경제의 비판적인 면에 대한 더 자세한 보도뿐 아니라 폭넓고 전문화된 세계경제에 대한 보도까지 접할 수 있게 해주었다. 지역 언어로 방송하는 채널이 증가하는 동시에, 텔레비전 소프트웨어의 다양화와 국제화도 나타났다. 이것은 여러 면에서 인도의 경제개방을 좀 더 큰 국제 영역으로까지 끌어올려주었다.

다시 태어난 라디오?

독립 당시 올-인디아 라디오는 한정된 시설과 제한된 방송권을 가지고 있었지만 여러 해에 걸쳐 꾸준히 성장해 나갔다. 지금 올-인디아 라디오는 총 198개 방송국을 가지고 있는데, 여기에는 대규모의 방송국 185개, 10개의 릴레이 방송국, 세 개의 독립적 비비드 바라띠Vividh Bharati 광고 센터 등이 포함된다. 현재 인도 인구의 97.9퍼센트 이상과 인도 면적의 90퍼센트 이상에 서비스를 제공하는 310개의 송신기를 갖추고 있다.[35] 1990~1991년의 기간에 올-인디아 라디오는 108개의 온전한 틀을 갖춘 라디오 방송국을 갖고 있었으며, 나라 면적의 84.6퍼센트와 총인구의 95.4퍼센트에게 서비스를 제공하는 197개의 송신기가 있었다. 이러한 사실로부터 지난 10년 동안 올-인디아 라디오가 급속도로 성장했음을 분명하게 알 수 있다. 같은 기간 동안 광고 수입은 3억 9300만 루피에서 4억 8000만 루피까지 증가했다.[36] 두르다르샨의 수입과 비교해 매우 낮은 수입은 얼마나 극적으로 텔레비전이 라디오의 명성을 무색하게 만들었는지를 말해준다. 한편 2000년 4월 5일 회의에서 쁘라사르 바라따의 최고경영자가 보고한 내용에 따르면, 수입이 1998~1999년에는 7억 4200만 루피까지, 1999~2000년에는 9억 루피까지 올랐다. 그리고 2000~2001년에는 12억 5000만 루피까지 수입이 올랐다. 올-인디아 라디오의 주가 또한 다시 오르기 시작했다.[37]

성장 요인들

이 놀라운 성장은 여러 요인들 덕분이었다. 독립 이전에 존재했던 다수의 제한을 폐지하고 민주주의를 힘차게 추진했으므로 이러한 성장이 가능할 수 있었다. 민주주의 확립에 공헌한 가장 중요한 요소는 성인보통선거의 실시였다. 이것이 정치적 영역에서 가려지고 짓눌렸던 부분을 활성화하는 데 도움을 주었다. 또한 다른 요인도 있었다. 독립 후의 국가 주도형 개발(장려할 경제 영역의 선택, 특정 사업을 위한 부지 선정, 재정적 자원의 지출 여부 등을 모두 정부가 결정하던)은 경제력 향상에 중점을 두었다. 행정에 대한 통제는 경제적 문제에 대한 더 큰 참여를 이끌었고, 발전이라는 케이크의 더 큰 조각을 주었다. 그리고 카스트, 공동체, 언어나 지역 등에 기초한 경계의 변동을 요구하는 경향이 증가하면서 점점 더 많은 사람이 정치에 참여했고, 경제문제에 대해 날카로운 혹평이 쏟아졌다. 정치적 정보와 분석에 대한 지속적인 요구는 실제로 언론의 성장에 기여했다.

이러한 새로운 상황에서 인도어 신문은 독립 후 새롭게 형성된 주에서 정권을 장악한 지도자의 후원을 받았다. 이들은 조직의 재정적인 면에서 도움을 주기도 했으며, 사무실이나 인쇄소를 위한 부지를 할인된 가격에 제공하기도 했다. 그러나 신문사들은 독립성을 계속 유지해 나갔다. 니킬 짜끄라바르띠Nikhill Chakravarty의 말은 그때의 상황을 잘 요약해준다. "이러한 정치적 연대가 언론이 새로운 조직의 온순한 추종자가 되었음을 의미하는 것은 아니었다. 그러나 독립운동 기간 동안 발전되었던 유기적 연대가 이 시기에도 적용되었으며, 언론이 새 인도의 정치적 분위기를 형성하는 데 결정적인 역할을 했음은 분명하다."[38]

글을 읽고 쓸 수 있는 사람의 증가는 독자층의 확장을 이끌면서 신문의 발행 부수 증가에 공헌했다. 1951년에는 인구의 18.33퍼센트(남성 27.16퍼센트, 여성 8.86퍼센트)만이 글을 읽고 쓸 수 있었지만, 1991년에는 식자층이 52.11퍼센트(남성 63.86퍼센트, 여성 39.42퍼센트)까지 증가했다. 인도어 출판물이 영어 출판물보다 더 빠르게 성장했는데, 이러한 현상은 새로운 식자층의 대부분이 모국어만 사용했다는 사실을 통해 쉽게 이해할 수 있다. 인도어 출판물만큼은 아닐지라도 영어 출판물도 늘어나는 추세였는데, 이는 영어를 읽고 쓸 수 있는 사람들이 증가했기 때문이다. 더구나 영어를 사용하는 사람은 경제력이 좋은 편이었고, 이는 신문과 잡지의 구매력에 영향을 주었다. 이들 중에는 하나 이상의 출판물을 사는 사람도 많았다.

빠르게 성장한 중산층 덕분에 독자층이 크게 증가했다. 어림잡아 인도의 중산층은 인도 인구의 30퍼센트, 즉 3억의 인구를 차지하고 있다. 이 계층의 특징은 영국 식민지시기에 뿌리를 두고 있다는 것인데, 당시의 수많은 행정적, 직업적 요소들이 이 계층의 전체적 성격에 영향을 주었다. 이런 요소들은 서구 교육의 확대, 영국식 행정과 통치조직의 도입과 확장 그리고 의사소통과 상업 활동의 증가 등의 결과로서 19세기에 등장했던 것들이다.

독립 후에 중산층은 국가 주도형 경제개발 계획에 영향을 받았다. 국가적 개발계획은 관료주의를 복지와 산업관리 등 다양한 활동에 적용했고, 그 결과 관료주의가 폭넓게 확대되고 다양화되었다. 그 밖에도 산업과 농업의 성장, 그에 따른 상업 활동의 증대 그리고 경제성장은 비관료적 중산층의 빠른 확대를 야기했다. 인도의 시골 마을은 1960년대 후반부터 시작된 녹색혁명에 영향을 받았는데, 이것은 소농가의 수입조차도 크게 증가시켰다. 경제자유화 과정은 1985년에 조심스럽게 시작되었으나, 1996년부터 가속이 붙으면서 1991년에는 일격을 가할 수 있을 만큼 강력하게 성장했다. 경제자유화 과정은 확실하게 경제성장을 이끌었다. 경제는 1960~1990년에 해마다 평균 3.5퍼센트씩 성장했고, 그 후 1993~1994년, 1994~1995년 그리고 1995~1996년에는 7퍼센트까지 솟아올랐는데, 이는 경제발전 면에서 인도를 세계 10위 안에 올려놓았다.[39] 1996~1997년에 불경기가 있었으나 회복되고 있으므로 1999~2000년에는 인도 경제가 5.9퍼센트까지 성장할 것으로 기대된다.[40]

산업과 경제성장 그 결과로서 도시화 그리고 학교, 단과대학, 종합대학의 증가는 관리자, 회계사, 엔지니어, 도시계획가, 의사, 법률가, 교사, 사무직 직원 등의 전문직을 증가시켰다. 이 모든 것 덕분에 중산층 수준의 소득을 갖는 다양한 새로운 분야가 등장할 수 있었다. 예를 들어 농부, 소상인, 자영인, 심지어 장인, 입담배pann나 담배를 파는 노점상. 중산층 수는 크게 확대되었고 그들의 구매력도 높아졌다. 그리고 소비자의 증가된 구매력 덕분에 시장은 소비재와 다양한 종류의 용역으로 범람하게 되었다.

또한 사회 기반 사업의 꾸준한 성장은 소비재 시장의 확장에 공헌했다. 텔레비전과 비디오플레이어, 쿨러cooler(물을 사용해 찬바람을 만드는 선풍기―옮긴이), 에어컨, 온수기 그리고 토스터나 다리미 같은 기구의 사용 증가는 발전소의 증가와 공급 시스템의 확장을 요구했다. 독립 후 도로망의 엄청난 확장은 시골에서도 쉽게 자전거를 볼 수 있도록 만들었다. 게다가 경제적 성장은 중산층뿐 아니라 임금노동자의 수입도 증가시켰다. 때때로 다국적기업에서 일하는 운전수, 주요 공적 또는 사적 부문의 업무, 심지어 4등급으로 분류되는 정부 고용인, 숙련된 육체노동자 등의 수입이 초등학교 교사는 말할 것도 없고 때때로 대학 강사의 수입보다도 높았다. 이들의 소비 양식은 점차 중산층을 닮아갔다. 따라서 텔레비전은, 심지어 냉장고와 쿨러까지 하인들의 숙소나 빈민가에서도 더 이상 보기 힘든 물건이 아니었다. 자전거도 마찬가지였다.

핵가족화처럼 사회경제적 변화도 소비재에 대한 요구에 박차를 가했다. 대가족의 경우 한 대의 텔레비전이면 만족했지만, 핵가족이 세 가구인 경우에는 텔레비전도 세 대가 필요했다. 주방용품, 용기류, 칼, 침대보 등도 마찬가지였다. 직업을 가진 여성의 성장과 다른 고용기회의 증가로 야기된 숙련된 하인의 감소는 세탁기나 진공청소기 같은 노동력 절감을 위한 가정용품 그리고 보존 식품 같은 품목의 요구를 증가시켰으며, 가구의 수입도 높여줬다. 이러한 변화를 띠난T. N. Tinan과 짠데르 싱Chander Uday Singh은 1984년 2월 15일 자 〈인디아 투데이〉의 커버 스토리에서 다음과 같이 표현한다.[41]

소비재와 용역의 판매와 구입 모두에서 광고 의존도는 점점 커지고 있다. 당연히 광고 사업 역시 최근 빠르게 성장하고 있다. 1939~1940년에는 광고회사가 네 개였으나, 1979~1980년에는 168개, 1983~1984년에는 310개, 1990~1991년에는 568개, 1996~1997년에는 702개 그리고 1999~2000년에는 750개로 증가했다.[42] 그들의 수입에서도 분명한 증가가 있었다. 〈인디아 투데이〉에 따르면, 광고업이 40억 루피의 규모를 갖는다.[43] 이후에도 놀라운 수입 증가가 있었다. 광고업은 1995~1996년 동안 422억 7000만 루피의[44] 그리고 1996~1997년 동안에는 395억 8000만 루피의[45] 자본화 비용을 가졌다. 1997~1998년에는 최고 15위에 있는 광고회사들의 자본화 비용이 410억 5580만 루피까지 올라갔다.[46]

이용할 수 있는 수많은 소비재와 서비스, 이들에 대한 광고 그리고 증가된 구매력의 결과가 바로 소비문화다. 텔레비전은 인쇄 매체나 라디오와 달리 광고에 잠재력을 부가하는 첨단장치다. 이 문화에 사로잡힌 사람들은 상품과 용역의 강제적인 소비자가 되며, 동시에 그들은 모든 것을 소비되는 상품과 용역으로 보게 된다. 여성은 성적 즐거움을 위한 상품이 되며, 텔레비전은 오락을 위한 매체 상품이 된다. 에리히 프롬Erich Fromm이 지적한 것처럼 "소비주의와 관련된 이런 태도는 전 세계를 삼키고 있다".[47]

인도에서 소비문화의 영향력은 중산층과 일부 근로자 계층에서 크게 나타난다. 소비 욕구는 인류에게 항상 있었고, 심지어 경제자유화의 출현 이전에도 증가하고 있었다. 1984년 2월 15일 자 〈인디아 투데이〉에 따르면, 경제가 5퍼센트 이하로 성장할 때 소비재에 대한 욕구는 연간 10~15퍼센트 정도 증가했다. 때로 좀 더 높을 때도 있었다. 그러나 1990년대 초부터는 소비재에 대한 욕구가 중요한 사회적 현상으로 인식될 만큼 빠르게 확산되고 있다.

독립

언론의 놀라운 성장을 알고 있는 지금, 우리는 세 가지 질문을 던질 필요가 있다. '언론은 얼마나 독립적이었는가?' '언론은 어떤 역할을 했는가?' '언론은 자신의 책임을 다해왔는가?'

인도의 활기찬 민주주의가 언론의 성장에 크게 공헌했음을 우리는 이미 알고 있다. 출판과 언론의 자유가 민주주의의 기본적 척도가 된 이래로, 출판과 사설 텔레비전 방송은 상당한 자유를 누려왔다. 헌법이 특별히 언론의 자유에 대해 이야기하지 않을지라도, 연설의 자유를 보장하는 법률 제19조 제1항이 포괄적으로 언론의 자유를 보장하고 있다. 모든 기초적 권리처럼 이것도 어느 정도 구속력을 갖고 있다. 그러나 의회 진행 과정에 대한 충실한 보도를 제외하면, 이 법률이나 명예 훼손법은 잘 시행되지 않았다. 언론에 대한 맹렬한 탄압이 있을 때도 있었다. 최악의 탄압은 검열이 강제로 실시되었던 비상사태 때 발생했고, 정부에 적대적인 것으로 간주된 출판물은 불법이라고 여겨질 뿐 아니라 법적으로도 괴롭힘을 당했다.

많은 언론인이 용감하게 저항했고 그들 중 일부는 투옥되었다. 지하 운동에 참여했던 신문사도 있었다. 〈대변인〉과 〈인디안 익스프레스〉는 용감하게 협력을 거절했다. 니킬 짜끄라바르띠는 주간 〈주류〉의 발행을 중지했다. 그러나 전체적으로 봤을 때 출판계는 비상사태에 놀랐고, 그때부터 효과적이고 조직적인 저항을 할 수가 없었다. 1977년 3월에 하원Lok Sabha 선거, 즉 총선에서 회의당이 패배하고 국민당Janata Party이 첫 번째 비회의당 중앙정부를 구성했을 때에야 비로소 언론은 독립성을 다시 얻을 수 있었다. 기자와 신문업 종사자는 너무 수가 적었기 때문에 그들만의 힘으로는 독재에 저항하기 힘들었다. 만약 비상사태에 대항하는 대규모 대중운동이 있었다면, 그들은 맞서 싸웠을 것이다. 그러나 민주사회에서 행해진, 비밀스럽게 계획되었던 무자비한 폭력행위에 크게 놀랐기 때문에 대중운동은 미처 일어나지 못했다.

하지만 이때의 사건을 교훈으로 삼아, 그 후부터는 언론과 국민도 방심하지 않았다. 출판의 자유에 족쇄를 채우려는 시도로 1982년 '비하르 출판법안Bihar Press Bill'이 만들어졌다. 이 법안은 이와 비슷한 종류의 법률이 어떤 대중적 반응을 불러일으킬 수 있는지를 잘 보여준다. 이 법안은 언론인과 대중에 의해 격렬한 저항을 받았고 결국 철회되었다. 회의당에 반대하는 여러 정당과 국민이 함께 참여했던 전국적인 대규모 동요는 1988년 8월 하원에서 명예훼손법안Defamation Bill이 통과된 후에 발생했다. 이 법안은 방어권으로서 '진실의 항변'뿐 아니라, 피고인에게 인도 법률 체계의 기본인 '무죄 추정의 원칙'조차 인정하지 않았다. 그러나 정부는 이 가혹한 법안에 대항하는 거센 항의에 흔들렸고, 상원Rajya Sabha에서는 이 조항의 통과를 추진하지 않기로 결정했다.

정부는 출판에 족쇄를 채우기 위해 새로운 법률 조항을 만드는 것이 불가능했으므로 일부 옛 법률 조항을 그대로 남겨두었다. 1923년의 공무상비밀유지법률Official Secrets Act은 독립 이후에도 수정되지 않았다. 이 법률은 원래 첩보 행위를 막기 위한 것이었지만, 반항적인 신문과 잡지에 재갈을 물리기 위해, 심지어 시위를 금지하기 위해 사용되었다. 헌법의 긴급 법령 조항들은 신문의 검열을 허용했다. 그리고 1980년대에 〈인디안 익스프레스〉가 경험했던 것처럼, 건축법을 위반했다는 근거 없는 주장으로 신문사를 기소함으로써 또는 인쇄용지의 지연된 배포 등에 의해서 정부는 긴급조치 없이도 출판 업무를 방해할 수 있었다. 이에 대한 민원이 인도출판심의회Press Council of India에 쌓여갔다. 인도출판심의회는 출판의 자유를 보장하기 위한 법정 조직체였다. 이 심의회는 〈인디안 익스프레스〉가 정부를 비난했기 때문에 그에 대한 앙갚음으로 정부가 이 신문사를 불시에 단속했다고 결론지었다. 심의회 의장인 센A. N. Sen은 존경받는 인물이었으나 다른 모든 의장과 달리 놀랍게도 연임하지 못했다.

정부 개입의 취약성이 인도출판심의회의 주요 약점이었지만, 처벌할 수 있는 권한의 부족이라는 또 다른 약점도 있었다. 이 심의회는 출판물이나 언론인의 비윤리적 언론 활동을 감시하거나 질책할 수는 있었지만, 정부나 권력자가 이 심의회의 판결을 존중하도록 강제할 수는 없었다.[48] 이 조직의 감시와 질책은 도덕적 문제일 뿐이었다. 따라서 이 조직은 평판에 민감한 사람과 출판물에는 영향력을 행사할 수 있었지만, 평판에 관심 없는 사람이나 출판물에는 영향력을 갖지 못했다. 범죄 집단과 그 우두머리, 수상한 정치가, 광신적인 종교집단이나 테러리스트가 언론의 자유를 위협하는 것을 막을 수 없었다. 신문사 창립을 막고 언론인을 공격하는 일이 증가했다. 심지어 몇몇 경우에는 살인까지 일어났다. 만약 정치 활동의 법적 처벌과 지위 하락이 더 증가한다면 이런 사건은 더 잦아질 것이다.

인쇄 매체와 달리, 전파 매체가 자유를 성취한 것은 최근의 일이다. 네루는 일찍이 1948년에 제헌의회에서 인도에도 BBC와 비슷한 수준의 방송국을 설립해야 한다고 강조했다. 자율성의 확보를 위한 구체적인 계획은 방송정보매체심의회Committee on Broadcasting and Information Media에 의해 제시되었다. 이 조직의 의장은 전직 검사관이었고, 1966년에는 인도의 감사관Auditor General of India이었던 짠다A. K. Chanda가 맡았다. 이 심의회는 올-인디아 라디오와 두르다르샨을 두 개의 자치 조직으로 전환하는 안을 제시했다. 그리고 유명한 언론인 베르게스B. G. Verghese를 중심으로 전문 심의회가 구성되었고, 이 심의회는 1978년 자체 보고서에서 두르다르샨과 올-인디아 라디오 둘 모두를 위한 전국적 방송 조직으로서 '아까슈 바라띠Akash Bharati'의 설립을 제안했다. 1979년 5월에는 자율적 법인체로서 쁘라사르 바라띠를 구성하기 위한 법안이 (전문 심의회에 의해 제안되었던 것보다 자유의 폭이 다소 축소된 법안) 의회에 제출되었다. 그러나 당시 집권당이었던 국민당이 1980년 총선에서 패배하면서 결국 이 법안은 빛을 보지 못했다.

정부의 통제하에 있었지만 두르다르샨은 인도 행정 서비스Indian Administrative Service의 바스까르 고세Bhaskar Ghose가 1985년에 두르다르샨의 총감독이 된 후에 놀랍도록 개방적인 시기를 맞이했다. 그러나 1988년 고세가 퇴임하면서 이 자유는 짧게 끝나버렸다. 또 다른 진전은 싱V. P. Singh이 책임자로 있던 국가전방정부National Front Government

가 쁘라사르 바라띠 법안이 의회에서 통과되도록 만들었던 1990년 8월에 왔다. 그러나 당시 이 조항은 실행으로 이어지지 못했다. 구자랄I. K. Gujaral 수상이 의장으로 있던 연방전방정부United Front Government 의 장관, 자이빨 레띠Jaipal Reddy에 의해 쁘라사르 바라띠 조항이 주목받기 시작했고, 이어 최고경영자의 나이 제한을 폐지하는 하나의 조례와 법인체의 감독을 의회 감사에 맡기는 하나의 법이 발행되었던 1997년에야 비로소 조직의 자율성을 보장받게 되었다. 그런데 이런 법률은 1998년 5월 6일 그 효력을 상실했다. 아딸 바즈빠이Atal Bihari Vajpayee 수상과 함께 이 센터의 권력을 잡고 있던 국가민주주의동맹National Democratic Alliance이 이전의 법률이 가져온 변화를 무효화하는 다른 법을 발령했다. 그리고 구자랄의 시대에 임명된 최고경영자를 해임했다. 또한 나이 제한을 폐지한 조례도 폐지했다. 그럼에도 초기의 법령 덕분에 쁘라사르 바라띠는 자치적 법인체로 계속 남을 수 있었다. 정보통신부의 차관이 최고경영자 역할을 했다.

두르다르샨과 올–인디아 라디오는 쁘라사르 바라띠의 설립과 동시에 독립기관이 되었다. 정보통신부 차관이 이 법인체의 최고경영자라는 사실은 이 기관에 대한 정부의 통제를 용이하게 만들었지만, 기능적인 면에서는 스타–TV, Zee–TV, E–TV, CNBC, 지역적 채널 등 개인 재량에 의해 운영되는 뉴스 채널과 경쟁해야만 했으므로 상당한 정도의 자율성을 보장받았다.

대체로 잘 활용된

대체로 인쇄 매체와 전파 매체는 자신들의 자립을 잘 활용했다. 전파 매체가 족쇄에서 풀려난 것은 단지 최근의 일이므로 인도 독립 이후 사회와 정부를 비판해온 것은 인쇄 매체였다. 인도 독립 이전 그들의 전투력을 그대로 유지하고 있었기 때문에 인쇄 매체는 용감하게 그리고 독립적으로 1947년 이후 나타난 현안들을 다룰 수 있었다. 인도가 사회주의 길을 가야 하는가, 아니면 자본주의 길을 가야 하는가에 대한 문제, 공적 그리고 사적 영역에서 바람직한 역할, 토지개혁과 5개년 경제계획의 전략, 비협조운동, 자유 진영과 공산 진영에 대한 인도의 태도, 중국과 파키스탄에 대한 방어 정책과 그들과의 관계 등 모든 현안을 진지하게 다루었다. 또한 파키스탄과의 1947~1948년 전쟁, 하이데라바드에서의 1948년 치안 활동, 셰이크 압둘라Sheikh Abdullah의 체포, 소련의 헝가리 침입과 1956년 영불연합의 수에즈 운하 점령에 대한 인도의 입장, 1959년 께랄라 공산주의 정부의 해산 그리고 중국과의 1962년 국경전쟁 등도 자유롭고 책임감 있게 다뤄졌고 논평되었다.

인쇄 매체는 효과적으로 여러 현안에 관여했다. 1962년 중국과의 국경분쟁 동안 갈등을 야기한 국방부장관 끄리슈나 메논에 대한 날카로운 비평이 신문과 의회 그리고 회의당에서도 쏟아져 나왔고, 이것은 네루로 하여금 국방부장관을 해임하도록 이끌었다. 1963년 벵골어 일간지 〈아난다 바자르 빠뜨리까〉와 영어 일간지 〈힌두스딴 타임스〉에 의해 보도된 말라비야K. D. Malaviya가 오리싸의 사업가와 얽혀 있다는 주장은 연방장관회의Union Council of Minister에서 말라비야가 제명되게 만들었다. 신문들이 뻔잡 주에서의 까이론Sardar Pratap Singh Kairon의 행동과 오리싸 주에서의 빠뜨나익Biju Patnaik의 행동을 비판했을 때, 그들은 주의 수석장관 자리에서 해임될 수밖에 없었다. 후에 빠뜨나익은 연방장관과 오리싸의 수석장관 자리에 다시 올랐지만, 까이론은 살해되고 말았다.

그 후의 다사다난했던 몇십 년 동안에도 인쇄 매체는 동일한 자율성을 보여주었다. 1963년의 깜라즈 계획Kamraj Plan 같은 대규모 개발, 1964년 네루의 죽음, 1965년 인도-파키스탄 전쟁, 1966년 루비 가격 하락, 인도 정치에서 회의당의 지배가 끝나게 된 1967년 총선 그리고 1969년 회의당 분열 등의 역사적 사건이 신문에서 자유롭게 다루어졌다. 또한 1971년 중반 선거에서 압도적인 승리를 이끈 후 인디라 간디가 얻은 회의당과 인도 정치에서의 영향력, 그해의 방글라데시 독립, 1972년 파키스탄과 맺은 심라 협정Simla Pact과 가뭄, 1974년 뽀크란Pokhran에서의 첫 핵실험 그리고 같은 해의 철도 파업 등을 다루었다. 이때 신문기자들은 민주주의에 기여한다는 자부심을 갖고 있었다.

1975년 6월 26일 계엄령하의 아침을 맞이하면서 하룻밤 사이에 이러한 풍경은 극적으로 변화했다. 델리에서는 신문 발행을 막기 위해 며칠 동안 신문사에 전력 공급을 중단했다. 민주주의에 족쇄를 채운 모양새로, 전국의 언론이 검열을 받았다. 이 독재의 간주곡은 1977년 3월 총선에서 인디라 간디와 회의당의 패배로 끝이 났다.

비상사태가 끝나자 사람들은 해방감을 표출했다. 커뮤니케이션, 정보와 논평에 대한 억압되었던 욕망을 갑자기 방출했고, 비상사태 시기에 일어났던 만행에 대해 더 많이 알고자 했으며, 신문 속 토론에 열정적이고 진지하며 깊이 있는 관심을 보였다. 이러한 경향은 1980~1990년대에 전국적 관심을 끌었던 이슈와 사건에 대한 관심에서도 계속되었다. 아쌈 소요, 뺀잡의 분리주의, 1984년의 블루스타 군사작전Operation Bluestar, 이듬해 인디라 간디 암살, 1985년의 샤 바노 판결과 그 충격을 무마하기 위한 무슬림 여성법 제정 그리고 뿌쁘 깐와르Poop Kanwar의 사띠 등. 서로 맞물려 있는 이슈를 보면 다음과 같다. 카스트와 집단 사이의 긴장, 정치 활동을 법으로 처벌하는 경향, 부패, 선거

비리와 보포르스Bofors(일종의 무기—옮긴이) 스캔들 그리고 1988년의 명예훼손 법안에 대항한 투쟁, 정치의 '만달리제이션mandalisation', 정치 활동의 공동체주의 등.

1990년대는 1991년 라지브 간디 암살, 그해의 선거와 나라심하 라오의 수상직 계승, 1992년 바브리 마스지드Babri Masjid의 붕괴와 같은 해의 주식–은행 사기, JMM 뇌물 추문, 하왈라hawala 스캔들, 사료 스캔들, 랄루 쁘라사드 야다브Laloo Prasad Yadav의 체포와 비하르 주지사의 자리에서 그의 사임, 같은 해 그의 아내 라브리 데비Rabri Devi의 주지사 취임 그리고 두 연방전방정부의 등장과 몰락 등으로 기억되는 매우 소란스러운 시기였다. 역사의 새 장은 1998년 국가민주주의동맹이 집권하고 바즈빠이가 수상직에 오르면서 시작되었다. 자얄랄리타Jayalalitha 여사의 독특한 요구에 의한 국가민주주의동맹 안에서의 긴장, 1998년 뽀크란 핵실험, 1999년 2월 라호르까지 버스 여행 그리고 까르길Kargil 침입 등이 새 시대의 주요 사건이었다.

탐색적 성격을 갖는 기사는 비상사태 전까지는 자주 등장하지 않았다. 이런 글의 초기 예를 살펴보면 다음과 같다. 먼저, 벵골어 일간지 〈주간따르〉(지금은 발행되지 않음)의 칼럼, 즉 네빠땨 다르샨Nepathya Darshan(녹색 방의 전경)에서 아미따바 쪼우두리Amitabha Chowdhury가 폭로한 내용은 1950년대부터 1960년대 초반까지 인도를 소란스럽게 만들었다. 쪼우두리는 현재 매우 유명한 벵골의 격주간지 〈데슈〉(땅을 의미하는 힌디어—옮긴이)의 편집자다. 1963년에는 〈아난다 바자르 빠뜨리까〉가 바룬 센굽따의 탐색 기사를 실었다. 센굽따는 현재 매우 성공한 벵골어 일간지 〈바르따만Bartaman〉의 경영자 겸 편집자다. 그리고 〈힌두스딴 타임스〉는 쁘리트비스 짜끄라바띠Prithvis Chakravati의 탐색 기사를 실었는데, 그 보고서는 말라비야 연방장관이 오리싸의 사업가로부터 돈을 받았던 사건을 다루었다. 결국 말라비야는 사임해야 했다. 짜끄라바띠는 전국기자연합National Union of Journalists의 창립위원인 매우 존경받는 기자였다.

그러나 탐색 기사들의 전성기는 비상사태 이후에 찾아왔다. 〈인디안 익스프레스〉가 아룬 쇼리Arun Shourie와 람나트 고엔까Ramnath Goenka의 지도 속에 이런 종류의 기사를 다루기 시작했다. 쇼리는 별개의 두 업무에서 각각 행정 편집자와 편집자를 담당했고, 고엔까는 의장이며 소유자였다. 이들은 비상사태 동안 일어난 난폭한 행위와 부정부패에 대해 여러 기사를 기획했다. 1980년대 초기의 탐색 기사로는 1979~1980년에 비하르 주 바갈뿌르Bhagalpur에서 발생한, 투옥된 사람들을 장님으로 만들었던 끔찍한 사건의 폭로 기사와 1980년에 꾸오Kuo 정유회사로부터 경유를 정상 가격보다 1톤당 20달러나 더 비싼 값으로 구입한 사건의 폭로 기사가 있다. 1981년 마하라슈뜨라에서 발생한 시멘트 할당 스캔들 폭로 기사도 그렇다. 독일제 HDW 잠수함 구입 과정에서 발생한 부정도 얼마 안 되어 폭로되었다.

그러나 1980년대에 인도 전체를 뒤흔든 사건은 1987년에 보포르스 곡사포 구입 때 지급된 정치 헌금에 대한 폭로였다. 이것은 연합의회위원회Joint Parliamentary Committee의 형성을 포함한 일련의 역동적 결과를 낳았고, 1989년 총선에서 회의당이 패배하는 데 상당한 영향을 미쳤다. 인디라 간디의 암살에 관한 타까르 위원회Thakkar Commission의[49] 보고서에서 발췌한 글이 〈인디안 익스프레스〉에 실렸을 때 또 한 번 소동이 발생했다. 다음으로 1990년대를 살펴보면, 탐색 기사 중 가장 두드러진 것은 은행의 주식 관련 사기 폭로였다. 1992년 금융업계에서 500억 루피(비공식적 계산에 따르면 5000억 루피)가 흘러나왔던 이 사건은 인도 전체를 뒤흔들었다. 이 사건을 계기로 금융업계에 대한 일련의 개혁

이 시행되었는데, 이들은 주식시장과 재정 부문 관리에서 중요한 변화를 야기했다.

국가민주주의동맹은 1999년 4월 권력을 잃었으나 같은 해 가을 다시 회복하는 데 성공했다. 이들 사건의 소란스러운 과정을 보도할 때 언론은 경계를 늦추지도, 두려움을 갖지도 않았다. 이 시기의 중요한 발전은 텔레비전 언론의 성장이었다. 연간 예산뿐 아니라 전국선거와 지방선거를 전하는 텔레비전 뉴스는 1996년 이래 폭넓은 관심을 받았다. 최근에는 의회의 진행 과정을 보여주는 생방송이 텔레비전 현장 보도에 새로운 영역으로 등장했다. 이들은 정치적 사건과 여러 개발 사업에 대한 비판적 시각을 제공한다. 또한 환경, 자원, 여행, 예술 같은 주제를 다루는 프로그램도 늘어났다. 젊은 현장 기자의 부족한 균형감각, 좁은 시야 그리고 경험 부족이 있을지라도 까르길 침입에 대한 텔레비전 보도는 놀라운 영상을 제공했으며, 때때로 전쟁의 무시무시한 현실을 탁월하게 포착해 전달해주었다.

커져가는 왜소화

언론은 지금까지 토론의 믿을 만하고 효과적인 도구로 기능해왔다. 그런데 다른 한편에서는 불안을 야기할 만큼 왜소화가 진행되고 있다. 오늘날 스포츠, 오락 행사, 소비를 유도하는 방송과 사진은 전보다 훨씬 큰 관심을 받고 있다. 대중오락, 패션, 패션 디자이너, 모델과 미녀 대회 우승자의 사생활, 여행, 풍족한 생활, 사회적 명사, 개인에 대한 뉴스와 사진도 증가했다. 사설, 사설 면의 다른 기사 그리고 배경 분석은 그들이 한때 누렸던 인기를 잃었다. 가난, 건강, 가족계획, 영양실

조, 도시 빈민가의 편의시설을 위한 법률, 토지개혁, 시골에 존재하는 착취적·봉건적 관계의 존재, 생태학, 성차별, 정의 회복 등의 진지한 현안은 오늘날 상대적으로 덜 관심받고 있다.

변화하는 것은 사설의 내용만이 아니다. 무엇보다도 중요한 변화는 컬러 신문의 등장과 크고 현혹적인 제목을 가지는 공격적인 신문의 외양이다. 오늘날 시각적 효과를 위해 광택지를 사용하는 수많은 정규 컬러판 부록이 나오고 있다. 동시에 통일된 기업문화는 언론사 건물에도 스며들기 시작했다. 1980년대까지 쉽게 볼 수 있던 겉치레 없이 기능에만 중점을 두던 사무실의 분위기는 더 이상 언론사 건물의 특징이 아니다. 요즘은 언론사 사무실도 사치스럽게 설계되고 기업의 본부처럼 가구 배치를 한다. 기자의 월급도 기업 수준까지 높아지고 있다. 계약이 임금협의회의 등급을 대신하고 있다. 그럼에도 편집자와 기자의 지위는 급격히 쇠퇴하고 있다.

이것은 부분적으로 인도의 사회적, 조직적 삶을 지배하는 사람들의 태도에서 일어난 변화를 반영한다. 이들 지배 계층은 이윤 최대화와 세계화를 강조하면서 위를 향해 달리는 거친 '쥐 경주'를 하고 있고, 이러한 경향이 소비자 문화와 기업 윤리를 물들이고 있다. 그들은 일반적으로 항상 바쁘다. 그리고 가난한 사람, 비숙련노동자, 교육받지 못한 사람과 세계화의 희생자에 대해 감정적 이해를 하지 못한다. 기자 중에도 이 같은 사람이 늘어나고 있다. 언론사의 젊은 경영자가 이런 사람을 선호하기 때문에 오늘날 이들 부류는 번성하고 있다.

인도의 독립 이전까지 대부분의 인도인 소유 신문은 사실상 독립운동의 도구로서 기능했다. 때때로 이런 신문의 편집자와 경영인은 자유 운동에 매우 적극적으로 참여했는데, 이들은 간소한 삶을 살았으며 학식이 높고 확고한 신념을 가졌다. 그들을 계승했던 사람들 또한 강한 민족주의적 감정을 가진 이들이었으며, 이들은 언론이 나라의 발전, 민주주의의 성취, 향상된 삶의 질, 국제적 관계 등을 위한 감시자의 역할을 해야 한다고 굳게 믿었다. 개인의 이익을 보호하거나 증가시키기 위해 언론을 이용하려는 시도 등은 쉽게 볼 수 없었다. 일반적으로 말해서 언론은 공공의 이익을 위해 노력했으며 책임감 있게 행동했다.

경영인의 다음 세대는 인도가 독립할 당시 어린 나이였다. 그들은 대략 1970~1980년대에 책임 있는 자리에 올랐고, 전 세대의 경영인과 같은 성향을 가졌다. 그러나 그 후의, 지난 10년 동안 언론을 이끈 경영인 중 일부는 매우 다른 성향을 띠고 있다. 그들 중 여럿은 약삭빠르고, 서구 문화를 추구하는 난봉꾼이다. 그들의 사교 클럽에서는 영화배우, 오락과 광고업에 종사하는 사람, 미인대회 수상자, 사회 명사, 전문가, 사업가 등을 아우른다. 그리고 지금 사설 내용에는 이런 종류의 경영인과 그들의 친구들의 이익이 점점 더 많이 반영되고 있다. 사설에 잡다하고 오락성이 짙은 내용이 점점 더 자주 등장하고 있다.

이런 경영자 중에는 심지어 신문을 단순한 상품으로 간주하는 사람도 있다. 이들은 묶어 팔기나 상업적 판매 전략을 사용하는 데 머뭇거리지 않았다. 이런 경영자의 주요 관심은 수입에 있기 때문에, 사설 내용을 판매의 최대화를 위해 재단했다. 오늘날 편집자는 더 이상 신문 매체에서 가장 중요한 사람도 양심의 수호자도 아니다. 오히려 그들은 다른 부서의 책임자나 전혀 필요 없는 사람으로 간주된다. 그들의 업무가 형사소송에 기소된 경영자의 지인을 구하기 위해 권력자와 로비하는 것을 의미할지라도, 편집자는 질문 없이 경영자의 명령을 따라야 한다.

소유자의 또 다른 유형은 출판물을 정보, 논평 그리고 토론의 매체보다는 권력과 지위의 도구라고 생각하는 이들이다. 심지어 편집장의 직위가 성실하고 능력 있는 기자가 아닌, 수상한 직업적 지위와 기술을 가진 관계자나 지위 이용자에게 맡겨지기도 한다. 이러한 일은 선정적인 옐로페이퍼뿐 아니라 주요 출판사에서도 일어난다. 또한 벼락부자나 출판사업을 통해 지위와 권력을 얻고, 더 나아가 자신과 친구의 사업적, 정치적 이익까지 얻으려고 하는 사람에(또는 회사) 의해 시작된 새로운 언론사에서도 같은 일이 벌어진다.

이러한 상황은 의도성 짙은 기사와 논평을 만들게 하고, 심지어 때때로 소유자와 그의 친구들의 호감을 얻기 위해 권력자를 협박하는 결과까지 낳기도 한다. 얻고 싶은 것을 얻어내는 데 기술이 좋은 기자가 고용되기도 하는데, 이들은 고용주를 도우면서 자신들의 잇속까지 챙기기 일쑤다. 이런 경향 속에서 정직하고 무뚝뚝한 정치가와 관료는 가치가 떨어지게 된다. 솔직하지 않지만 친화력 있는 정치가가 선호된다. 의심할 필요 없이 이런 경향은 널리 팔리는 영향력 있는 출판물이 아닌 오직 몇몇 출판물에 해당한다. 그러나 이런 경향이 계속 퍼져 나간다면, 인쇄 매체는 악용될 것이고 토론의 도구에서 무기로 변질될 것이다. 강요와 지위 남용의 무기로 변화할 것이다. 덧붙여, 중요한 질문 하나를 제시한다. 지금까지 국가로부터 독립성을 유지해왔던 인쇄 매체는 탐욕에 의해 자신의 독립성을 잃어버릴 것인가, 더 나쁘게 말해 경영자나 자유시장의 개가 될 것인가?

자유시장은 시장경제를 유지하기 위해 필요하다. 초기 단계의 자본주의와 달리, 현재의 시장경제는 축적이 아닌 판매를 지향한다. 그리고 판매는 광고에 의존하는 판매 전략에 의존한다. 오늘날 광고는 양적인 면에서 뚜렷하게 성장하고 있으며, 광고회사의 수입도 빠르게 올라가고 있다. 광고 수입을 통해 신문사 조직이 유지되므로 사설 내용과 소프트웨어도 광고주의 요구에 맞게 재단되는 경향이 있다. 특별한 프로그램, 사진, 지면 등이 자주 광고주를 만족시키기 위해 디자인되고, 광고주의 감정을 상하게 하는 소재는 그것이 환경 규범의 과도한 위반이나 심각한 부정에 관련된 것이라 할지라도 채택되지 않는다. 그런데 이런 경향이 증가하는 것은 오로지 광고 수입에 대한 갈망 때문만은 아니다. 신문사는 하나의 조직이고, 여기서 실권을 잡은 이들은 다른 조직을 이끄는 자들의 친구이며, 그들은 이 친구들을 당황스럽게 만드는 것을 좋아하지 않는다. 이처럼 일부 신문사 경영인은 시장경제와 그것의 풍조를 의식적으로 장려하고 있다.

텔레비전의 이데올로기

또한 왜소화는 텔레비전의 영향 때문이기도 하다. 텔레비전은 모든 것을 오락으로 바꾸는 경향을 갖는다. 닐 포스트먼Neil Postman은 "오락성은 텔레비전에 관한 모든 논의에서 최우선시해야 하는 이념이다. 묘사되는 것이 무엇이든 그것을 어떤 시각으로 묘사하든 상관없이, 그것이 근본적으로 추구하는 것은 위안과 즐거움이다"[50]라고 말했다. 하나의 대중매체로서 텔레비전은 본질적으로 오락적 성향을 가진다. 텔레비전의 가장 중요한 특징은 움직이는 그림이다. 이 그림들은 시청자를 가상현실 유람을 통해 전쟁, 기근, 사고, 축구와 크리켓 경기, 올림픽 같은 운동대회, 대규모 연주회 등으로 데려간다. 텔레비전은 또한 영화나 드라마도 보여준다. 각각의 프로그램은 테마 음악을 가지며 프로그램이 상영되는 중이나 끝에도 음악이 흐른다.

오락을 추구하는 텔레비전의 본질적 성향은 소비자 문화에 의해 가장 잘 드러난다. 텔레비전은 광고에 가장 효과적인 매체라는 점 덕분에 소비문화의 첨단 장비가 되었다. 텔레비전이 광고업의 후원에 의존하고 광고주는 그들의 상품과 서비스를 선전하기 위해 많은 시청자를 원하므로, 최고의 예상 시청률을 가진 프로그램은 광고주의 주목을 받는다. 텔레비전 프로그램은 변함없이 오락성을 지향하고, 텔레비전 시청을 여가 활동으로 간주하는 고소득층 전문가나 사업가를 포함하는, 가장 큰 수의 예상 시청자에게 인기를 얻고자 노력한다. 게다가 프로그램의 앞, 뒤, 중간에 광고가 삽입된다. 이들 광고는 배경음악을 사용하고 가장 매력적인 조합으로 상품을 보여준다. 그리고 때때로 매력 넘치는 모델이 상품 옆에 세워지기도 한다. 어떤 경우에 사람들은 프로그램보다 광고 보는 것을 더 즐기기도 한다.

오락적 요소의 존재는 너무 막강해서, 그 결과 텔레비전에서 방영되는 모든 것이 영상과 음악으로(막이 나눠지는) 구성된 거대한 오락 프로그램의 부분처럼 느껴질 정도다. 사람들은 광고를 볼 때 거대한 비극의 한 장면도 볼 수 있다. 사람들은 전쟁영화를 보듯 전쟁을 보는 경향이 있다. 1991년 걸프전이 일어났을 때 이러한 현상은 분명히 일어났다. 사람들은 CNN의 보도를 보기 위해 텔레비전 앞에 모였다. 그들은 〈지상 최대의 작전〉(1962) 같은 영화를 관람하는 것처럼 죽음과 파괴의 풍경을 바라보았다. 어떤 사람은 의심 없이 베트남 전쟁을 하나의 예로 들면서, 텔레비전이 전쟁의 공포를 미국 대중에게 전달했으며, 베트남에서 미국이 철수하게 만드는 데 중요한 역할을 했던 대규모 반전운동에 공헌했다고 주장할 것이다. 그럴 듯한 이야기지만 사실과는 다르다. 반전운동의 진짜 이유는 베트남에서 죽어간 수천만 명의 미국 청년이었다. 걸프전 동안 미국인은 거의 죽지 않았다.

텔레비전을 교육과 토론의 주요 도구로 만들려는 노력이 없었던 것은 아니다. 1959년에 텔레비전 방송을 처음 시작할 때, 교육 매체로서 텔레비전의 사용 가능성을 연구한 실험적인 프로젝트가 있었다. 인도의 발전을 위해 텔레비전을 이용하고자 했던 뛰어난 과학자 비끄람 사라바이Vikram Sarabhai는 1969년에 국제 세미나를 위한 발표문에서 다음과 같이 말했다. "이후 10년 안에 인도 인구의 약 80퍼센트에게 텔레비전을 제공하고자 하는 국가적 프로그램은 국가 통합에 기여하고, 사회와 경제의 발전을 위한 도구를 제공하며, 전자산업의 발전을 촉진할 것이다. 이러한 프로그램은 특히 고립된 공동체에서 살고 있는 수많은 사람에게 큰 영향을 줄 것이다."[51] 두르다르샨을 위한 조직 체계안을 제공하기 위해 조직된 전문 심의회를 뛰어난 경제학자 조쉬P. C. Joshi가 이끌었는데, 이 심의회는 서구에 대한 맹목적 모방으로 문화적 정체성이 혼란스러워지는 것과 '매혹적으로 꾸며진 부유한 작은 섬들'(부가 소수에게 편중되어 있음을 뜻하는 표현—옮긴이)을 만들기 위해 과학기술이 사용되는 것을 조심하라고 경고했다. 1982년에 정부가 세웠고 1984년에 보고서를 제출했던 이 심의회는 '오락성을 겸비한 교육'을 요구했으며, 강력한 상업적 세력이 두드다르샨에 침투하는 것을 경계하라고 주의를 주었다. 이 심의회는 텔레비전이 대중 해방과 질적 향상의 매개자로 기능하기 위해서는 소프트웨어 정책이 소외된 집단의 필요와 열망을 충족시키는 방향으로 나아가야 한다고 주장했다.[52]

두르다르샨은 많은 교육적이고 발전 지향적인 프로그램을 방영했다. 두르다르샨의 모든 껜드라kendras(센터를 의미하는 힌디어—옮긴이)는 〈끼리쉬 다르샨Kirishi Darshan〉을 방영했다. 끼리쉬 다르샨은 '농부 시청자'를 뜻하는 힌디어다. 1975년 8월부터 1976년 7월까지 행해진 위성교육 텔레비전 실험은 오로지 시골 시청자와 그들의 아이들만을 위한 서비스를 제공했다. 이 실험은 성과 면에서 한계를 가졌는데, 주로 마을 안에서 발생한 건강 악화, 여러 시설물 부족 그리고 시청자와 현지 직원의 접촉 부족 때문이었다. 그럼에도 이 실험은 어떻게 텔레비전이 향상될 수 있는지를 보여주었다는 점에서 의미를 갖는다.

1982년 위성교육 텔레비전 실험의 계승자로서 교육 텔레비전E-TV이 창설되었고, 1984년에는 대학인증위원회University Grants Commission가 조직되었다. 이 둘은 인도에서 교육 텔레비전이 시작되는 데 핵심 역할을 했다.[53] 비영리·비정부 기관인 '공공 서비스 통신위원회Lok Seva Sanchar Parishad'는 국가 통합, 환경, 소비자 인식, 가족계획, 약물 남용 등 공익에 관련된 현안을 다루는 단편영화와 짧은 내용을 갖는 '급조물'을 만들기 위해 1987년에 설립되었다. 프로그램을 상영하는 비용은 대체로 인도광고자협회Indian Society of Advertisers를 통하여 광고주에게서 나왔다. 광고회사는 창조적인 자료와 기술 감독을 아무런 대가 없이 제공했다. 두르다르샨은 그것들의 상영에 책임을 갖지 않았다. 이들 프로그램은 인정받을 만했지만 제대로 대접받지 못했다.

인식적 영향

더 심각한 것은 텔레비전이 토론 문화를 훼손한다는 점이다. 텔레비전은 모든 것을 오락으로 바꾸려는 경향이 있으며, 더 근본적으로는 기초부터 조심스럽게 발전하는 논리적 사고를 부식시키는 역할을 한다. 한마디로 텔레비전은 인식 능력의 발전을 방해한다. 앨빈 굴드너Alvin Gouldner는 자신이 '공들인 토론elaborated discourse'이라고 불렀던 것을 상기시키면서, 어떻게 인쇄 매체가 활자 문화에 새로운 영역을 제공했는지를 보여준다.[54] 직접 대화를 나눌 때는 그 자리에서 실수를 수정하거나 그냥 잊히게 내버려둘 수 있다. 게다가 말하는 사람은 듣는 이의 마음속에 움튼 질문에 즉시 대답할 수 있다. 말하는 사람은 표정, 몸짓, 목소리 높이, 복장 등을 통해서 많은 것을 전달할 수 있다. 그리고 듣는 이는 그것으로부터 많은 것을 알아낼 수 있다. 그러나 인쇄된 책 속의 실수는 수정될 수도 쉽게 잊힐 수도 없다. 그뿐 아니라 작가는 자신의 글을 읽고 독자가 가질 수 있는 질문을 추측하고 그것에 미리 대답해 둬야 한다. 작가는 표정, 몸짓 등을 통해 의사소통할 수 없으며, 먼 곳에 사는 독자는 지역적 상황에 친숙하지 않을 수 있기 때문에 모든 것을 자세히 적어 나가야 한다. 또한 말하는 사람은 어떤 사람이 대화 속에 끼어드는 것을 끊고 다시 시작할 수 있는 반면, 작가는 자신의 글을 서론부터 결론까지 체계적으로 전개해 나가야만 한다. 작가의 입장에서, 독자는 몸짓, 표정, 주위 배경에 의해 마음이 어수선해지지 않기 때문에 문장에 집중할 수 있다. 그러므로 작가는 아무것도 틀리지 않도록 더 큰 노력을 기울여야 한다.

이 모든 것의 결과가 공들인 토론이다. 현대의 철학과 이념 체계를 특징짓는 복잡한 구조의 생각과 추론은 공 들인 토론을 통해 형성된다. 그리고 민주정치의 기능에서 중심을 차지하는 토론은 논리적인 주장을 필요로 한다. 이와 달리 텔레비전은 영상 매체이며 토론을 방해하는 경향이 있다. 그림은 사물의 시각적 표현이다. 그것은 지각된다. 반면 하나의 단어는 상징적으로 어떤 대상을 표현하며, 후에 그 표현은 해석된다. 마음은 그림과 글자를 다른 과정을 통해 기록한다. 사람들은 글자를 읽을 때 집중해야 하고 해석하기 위해 생각해야 하고 그리고 문장을 이해해야 한다. 그러나 그림을 볼 때는 이 같은 과정이 필요하지 않다.

비극의 한 장면이나 절세미인의 사진은 반향을 일으킬 수 있다. 그러나 글자의 내용이나 함축 의미를 흡수하기 위해서는 오랫동안 그것을 살펴볼 필요가 있다. 그림(영상)이 빠르게 지나가고 사람이 어떤 하나의 장면에 집중하는 것을 막는 텔레비전의 경우에는 느긋하게 살펴볼 시간이 없다. 포스트먼은 미국의 네트워크 텔레비전에서 한 장면이 지속되는 평균 시간이 오직 3.5초라고 지적하면서, "눈은 결코 쉬지 못한다. 늘 새로운 볼거리를 바라본다"라고 말한다.[55]

텔레비전 화면에서 빠르게 움직이는 이미지는 눈과 관련될 뿐, 생각을 불러일으키지는 않는다. 많은 사람이 고단했던 하루의 일과를 끝낸 후 텔레비전 앞에 앉는다. 그들은 흘러나오는 음악과 유쾌하고 경쾌한 영상 속에서 홀가분한 마음으로 자신을 잃어버린다. 더 이상 그들은 휴식을 위해 잡지나 소설을 보지 않는다. 독서 습관과 이러한 습관에 의존하는 인쇄 문화는 패잔병처럼 후퇴하는 경향이 있다. 이러한 상황이 토론 문화를 해친다. 텔레비전이 직접 만나서 나누는 대화를 줄어들게 한다. 집중할 수 있기 때문에 빠르게 오류를 감지하는 인쇄된 책을 읽는 독자와 달리, 텔레비전을 보는 사람은 소리와 영상에 매혹되어 있기 때문에 읊어지듯 흘러나오는 말에서 잘못을 인식하기 쉽지 않다. 또한 행동, 몸짓, 표정, 버릇, 억양이 말을 대신하기도 한다.

이 시점에서 질문을 해보자. 사회가 자신에 대해 반성하고 되돌아보는 과정을 빼앗길 정도까지, 그리고 세계가 역사를 통해 진행 경로를 다시 정돈하고 수정할 기회를 빼앗길 정도까지 텔레비전이 공들인 토론을 밀어낼 것인가? 만약 이런 일이 발생한다면, 유럽의 르네상스 이래로 인류가 모든 영역에서 만들어냈던 엄청난 진보는 위기에 빠질 것이다. 여기서 우리는 거의 자동으로 질문하게 된다. 오래된 세상은 새로운 세상이 균형을 바로잡도록 도울 수 있는가? 인쇄 매체는 하나의 교정 도구로서 기능할 수 있을까? 인쇄 매체가 텔레비전의 반대편에서 비판하기보다는 그것과 동맹을 맺어 텔레비전의 성격을 고칠 수 있을까?

지금까지의 경험은 그 반대라고 대답한다. 그리고 그러한 대답의 이유를 분명하게 보여준다. 텔레비전은 지금 최상위 매체다. 텔레비전에 걸려드는 사람들이 점점 더 많아지고, 그들은 토론에 미치는 텔레비전의 영향에 별로 신경 쓰지 않는 것 같다. 앞의 질문은 시장경제하에 있는 사업가나 산업가를 괴롭히지 못할 것이다. 텔레비전 덕분에 광고업은 결코 가져본 적 없었던 영향력을 얻게 되었다. 그리고 광고업은 기업가가 텔레비전 채널과 회사를 설립하고 끊임없이 자신들의 활동을 확장하도록 재촉하고 있다. 그들은 토론을 왜소하게 만들고 인식 능력을 부식시키는 텔레비전의 영향력에 대해서는 걱정하지 않는 것 같다. 사실 많은 인쇄 매체 회사는 이미 텔레비전의 헤게모니를 인정했다. 인쇄 매체는 텔레비전 프로그램을 광고할 뿐만 아니라, 상영되거나 만들어지는 드라마와 그것의 방영 시간, 텔레비전 스타의 사생활 등을 다루는 매혹적인 컬러 부록과 접어 넣는 지면을 만들고 있다.

한마디로, 발생한 일은 '텔레비전에 의한 인쇄 매체의 식민지화'다. 텔레비전은 자신의 문화를 인쇄 매체에 강요한다. 이것은 식민 강대국이 식민지 나라에 자신들의 문화를 강요하던 모습과 닮았다. 심지어 아직 인쇄 매체가 부록, 접어 넣는 지면 그리고 텔레비전에 관련된 각종 사진 등을 사용하지 않았을 때조차도 텔레비전의 오락적 성향에 영향을 받고 있었다. 그것은 텔레비전의 영향력이 점점 더 증가하는 경쟁적 시장 안에 위치하고 있었기 때문이다. 그럼에도 여전히 진지한 토론에 몰두하는 출판물이 있다. 그러나 이들 역시 변화하고 있다. 비판적 성격의 토론을 갖고 있을지라도, 그것들은 오락성 기사에 밀려 주목받지 못한다. 사람들은 끊임없이 오락성을 원하며 생각하는 것을 피한다. 사설, 사설 면의 사색적 기사, 서평 같은 신문의 진지한 부분과 주간 저널의 깊이 있는 기사에 관심을 갖는 소수의 독자층이 빠르게 줄어들고 있다. 반대로 대다수 집단에 속하는, 주로 스포츠, 영화, 텔레비전 뉴스를 읽으며 다른 부분은 겉핥기식으로 넘어가는 독자가 점점 증가하고 있다. 이러한 경향은 점점 더 심해질 것이다. 시장경제가 이 사회의 주도적 이념이 되면서 경쟁은 점점 더 치열해지고 있으므로 일터에서 녹초가 된 사람들이 근무시간 외에는 오직 오락만을 추구하는 경향이 짙어지는 것은 당연하다.

새 천년이 시작되는 지금, 인도는 무시무시한 시나리오 앞에 직면해 있다. 물론 텔레비전 시청 금지에 대해서는 논쟁할 여지조차 없다. 첫째, 인도인의 삶에 텔레비전이 얼마나 깊이 뿌리 내리고 있는지를 안다면, 이것이 가능하지 않은 일임을 알 수 있을 것이다. 둘째, 텔레비전 시청 금지는 바람직하지 않다. 왜소화와 인식적 기초의 파괴를 통해 텔레비전이 토론 문화를 위협하고 있긴 하지만, 그것은 교육을 위해 사용될 수도 있고, 가족계획 홍보 메시지를 전할 수도 있으며, 사막에서 모으는 물, 환경보호 등에 대한 경고 메시지를 전달할 수도 있다. 또한 사람들에게 영상적 아이디어를 얻는 기회와 그들이 방문하거나 체험할 기회를 갖지 못했던 장소나 사건을 간접적으로 경험할 수 있는 기회도 준다.

대답을 얻을 필요가 있는 다른 질문이 있다. '텔레비전이 토론의 상대가 아닌 동맹이 될 수 있을까?' 이론적으로는 불가능하지 않다. 텔레비전은 이미지와 소리를 에테르를 통해 전송할 수 있는 과학기술의 산물이다. 앞서 언급한 텔레비전의 특징은 영리를 위한 도구와 시장경제에서 광고업의 가장 효과적인 도구가 되면서 얻은 것일 뿐이다. 그렇다면 이렇게 질문해볼 수 있다. '텔레비전은 시장경제에서 분리될 수 있는가?' 대답은 간단하다. 시장경제에서 분리된 텔레비전 조직, 채널, 프로그램은 가질 수 없다. 이것은 다시 또 하나의 질문을 이끈다. '대중

매체로서 그것의 현재 역할이 계속되는 동안 텔레비전에 의한 폐해가 제거되거나 아니면 적어도 감소될 수 있는가?'

텔레비전의 폐해를 줄이는 두 가지 방법이 있다. 하나는 텔레비전을 대중매체로 사용하는 현재의 방식을 수정하는 것이다. 다른 하나는 사람들이 텔레비전을 보는 방법을 바꾸는 것이다. 그러나 강한 여론이 형성되지 않는다면 아무것도 일어날 수 없다. 이를 위해서는 먼저 텔레비전의 장점과 단점에 대해서 그리고 사회적 이익을 최대화하기 위한 텔레비전 사용 방법에 대해서 폭넓은 인식이 있어야 한다. 이것은 다양한 수준에서 충분한 자료에 기초한 논쟁을 통해 이루어져야 한다. 학교, 대학 그리고 정책 결정자와 매체 전문가가 참여하는 높은 수준의 세미나까지. 불행하게도, 사람들은 이러한 토론이 필요하다는 것조차 인식하고 있지 않다.

스포츠와 민족주의

루드랑슈 무케르지
Rudrangshu Mukherjee

〈전보The Telegraph〉의 '사설 면들'의 편집자다. 저서로는 《폭력이란 유령: 1985년 깐뿌르에서의 대학살Spectre of Violence: The massacres in Kanpur in 1985》(1998) 등이 있다.

1911년 7월 29일 캘커타에서 열린 크리켓 경기에서 모훈 바간 클럽Mohun Bagan Club이 동부 요크셔 연대East Yorkshire Regiment를 무찌르고 최종 우승자가 되었다. 이날 모훈 바간 팀은 인도축구협회Indian Football Association로부터 우승 방패를 수여받았다. 평론가인 한 벵골인 친구의 존재에 힘입어, 이날의 승리는 인도에서 스포츠와 민족주의의 관계를 성격 지었던 중요한 순간이었다고 감히 말하고자 한다. 이 승리는 스포츠를 사랑하는 모든 벵골인과 인도인의 상상력을 사로잡았다.

1911년 7월 29일 캘커타에서 열린 크리켓 경기에서 모훈 바간 클럽Mohun Bagan Club이 동부 요크셔 연대East Yorkshire Regiment를 무찌르고 최종 우승자가 되었다. 이날 모훈 바간 팀은 인도축구협회Indian Football Association로부터 우승 방패를 수여받았다. 평론가인 한 벵골인 친구의 존재에 힘입어, 이날의 승리는 인도에서 스포츠와 민족주의의 관계를 성격 지었던 중요한 순간이었다고 감히 말하고자 한다. 이 승리는 스포츠를 사랑하는 모든 벵골인과 인도인의 상상력을 사로잡았다.

최근의 기사 '식민지 인도에서 크리켓과 정치'에서[1] 내 친구 라마짠드라 구하Ramachandra Guha는 스포츠를 "가치, 편견, 구획 그리고 한 사회의 통합적 상징을 응축된 형태로 표현하는 활동적 영역, 즉 일종의 관계적 언어"라고 정의한다. 이런 사고의 연장선에서 모한다스 간디Mohandas Karamchand Gandhi가《인도의 자치》를 썼던 1909년 이후 일어난 모훈 바간의 승리는 어떤 의미로 흠뻑 젖어갔던 것 같다. 모훈 바간의 열한 명의 선수는 어떤 면에서 약자였다. 그들 중 열 명이 맨발이었고 이들은 신발을 신은 군인 팀에 대항하여 싸웠다. 캘커타 마이단Calcutta maidan(마이단은 광장 또는 운동장을 뜻하는 힌디어—옮긴이)에서 몬순이

한창일 때 맨발로 경기를 하는 것은 쉽지 않았을 것이다. 공을 치는 것조차 어려웠을 것이고 부상의 위험도 컸을 것이다. 모훈 바간의 승리는 실력과 용기에 힘입은 것이었다. 돌이켜보면, 이날의 승리는 간디가 《인도의 자치》에서 강조하고 호소했던 도덕성의 승리였던 것 같다. 오직 몇 해 전에 그들의 주가 분리되고, 스와데쉬Swadeshi 운동(인도의 국산품 장려운동—옮긴이)이 펼쳐지는 동안 벵골의 젊은이가 투옥되고 처벌받는 것을 보았던 벵골인에게, 백인 팀에 대한 모훈 바간의 승리는 민족적 자존심을 되찾는 계기가 되었음에 틀림없다. 이 승리는 캘커타가 수도로서의 지위를 잃었던 해에 일어났다. 이날의 승리를 통해 벵골인은 어느 정도 존엄성과 자존감을 회복할 수 있었다. 본질적으로 불평등한 상황 속에서 명백히 강자였던 사람들이 분명히 약자였던 사람들에게 참패했다. 모훈 바간의 승리는 전설적인 사건이었다.

전설이라는 단어는 다소 의도적으로 사용한 것이다. 민족주의는 모훈 바간의 승리를 회고하면서 부가한 요소임에 틀림없다. 당시 선수들은 대부분 민족주의 정신과 관련이 없었던 것으로 보인다. 그들은 상대가 누구든 이기기 위해 노력했던 강하고 훌륭한 선수였을 뿐이다. 모훈 바간 팀에서 가장 어린 선수인 까누 로이Kanu Roy는 당시 국립대학 프레지덴시 칼리지Presidency College 학생이었다. 훗날 그는 경찰서의 부검열관이 되었으며, 민족주의 운동가를 고문한 것으로 악명을 떨쳤다.

영국 식민지 정부하의 다른 공공 영역과 마찬가지로, 1911년의 스포츠 세계 또한 백인과 인도인의 지배—복종 관계에서 벗어나 있지 않았다. 1931년 1월에는 캘커타 크리켓 클럽과 모훈 바간 클럽이 맞붙는 크리켓 경기가 있었다. 이 경기에서 캘커타 크리켓 클럽의 주장인 라그덴R. B. Lagden은 인도인이 도띠dhotis(인도 남자들이 즐겨 입는 치마—옮긴이)를 입고 있기 때문에 경기장에 나갈 수 없다고 말했다. 또한 그는 모훈 바간 팀이 한 무리의 어린 남학생들처럼 신발도 없이 크리켓 경기장에 나왔다는 불평도 했다. 이처럼 조롱받은 후 모훈 바간 팀은 경기에 나가기를 거절했다. 그러자 캘커타 클럽의 사무장이 나와서 사과를 했다. 인도 선수들은 라그덴에게 그 말을 취소하라고 요구했으나 그런 일은 일어나지 않았다. 결국 이 경기를 포기해야만 했다. 이 이야기는 인도인 사이에서 자라나던 자존감과 정체성뿐 아니라, 백인의 오만함을 선명하게 드러내준다.

때때로 자존감이 백인에 대한 두려움과 노예근성에 의해 침식되기도 했다. 나는 이것을 보여주기 위해 마이단과 관련된 한 편의 일화를 끄집어내려고 한다. 캘커타 아리안 클럽Aryan Club의 창립위원 중 한 명이었던 두키람 마줌다르Dukhiram Majumdar에게는 매우 재능 있는 조카가 한 명 있었다. 마줌다르는 이 소년을 쪼네Chone라고 불렀고, 마이단에서도 그는 쪼네라는 이름으로 널리 알려졌다. 쪼네가 크리켓 경기에서 천재적인 재능을 펼쳤던 때, 유명한 영국의 만능선수이며 영국 크리켓 팀의 주장이었던 잭슨F. S. Jackson이 캘커타에 부총독으로 부임했다. 쪼네가 100점의 점수를 냈던 경기를 잭슨이 관람했고, 그는 이 아이를 만나길 원했다. 쪼네는 쪼따 랏chota lat(부총독을 뜻하는 인도어—옮긴이)을 만나러 가야 한다는 말을 듣자 화장실로 달려가 문을 잠갔다. 쪼네는 삼촌의 오랜 설득 끝에야 비로소 밖으로 나왔고 결국 잭슨을 만나러 갔다. 며칠 후 쪼네가 다른 경기에서 94타점을 올리고 있었는데, 그때 부총독이 경기를 보기 위해 경기장에 도착했다는 얘기를 들었다. 그러자 쪼네는 일부러 경기장 밖으로 나갔는데, 이렇게 행동한 것에 대해 꾸지람을 듣자 그는 다음과 같이 대답했다. "만약 내가 100점을 낸다면 랏사헵lat saheb(총독 나리를 뜻하는 인도어—옮긴이)을 다시 만나야 하고 그와 이야기해야만 하잖아요." 이 대답으로 그는 일약 일화 속 불멸의 존재가 되었다.

명백한 인종주의가 애정과 이해의 몸짓으로 덮어씌워지는 경우도 있었다. 유명한 백인 크리켓 선수들은 마이단에서 사랑스러운 벵골 이름으로 불리곤 했다. 이 같은 호칭에는 라슈 베하리 라그덴 톤을 가지고 Rash Behari Lagden, 암리따 랄 호시Amrita Lal Hosie, 뚤시 짜란 롱필드 톤을 가지고 Tulsi Charan Longfield 등이 있었다. 백인의 오만함 뒤에 어느 정도 배려가 담기는 일도 있었다. 벵골의 주장 롱필드가 어느 날 한 투수에게 어떤 경기를 원하는지 물었고, 투수는 벵골어로 "두 명의 외야수, 한 명의 수비수, 삼루수, 짧고 날씬한 다리 그리고 나머지는 흩뜨려 놓아라"라고 대답했다. 롱필드는 완벽하게 이해했고 그의 요구대로 따랐다.

백인 선수에게 받은 찬사는 소중하게 여겨졌다. 한 벵골인 투수는 나이가 많았는데도 "사헵(롱필드를 '나리'를 뜻하는 이 존칭으로 불렀다)은 나를 제임스스 스튜어드James's Steward처럼 보인다고 말했다(벵골 선수가 '제임스의 집사'란 말을 '제임스스 스튜어드'란 사람 이름으로 잘못 알아들은 것으로 보임—옮긴이)"라고 이야기하곤 했다. 나는 이 이야기를 벵골 선수 본인의 입을 통해 여러 번 들었는데, 그는 항상 '제임스'가 아닌 '제임스의'라고 말했다. 이것은 시시한 일화로 여겨질 수도 있지만 나는 이런 이야기 속에서 독립 전 캘커타에서 크리켓 경기가 어떤 분위기 속에 행해졌는지를 엿본다. 이처럼 단색적 이념으로 스포츠 활동을 물들이는 것은 무리다.

캘커타의 백인은 인도 선수들이 그들에게 보이는 경의를 즐겼을 것이다. 그러나 인도 지역의 백인은 영국 순회 팀의 주장 같은 특정 지위에 있는 사람들을 만났을 때 열등감을 느꼈다. 이 같은 상황에서 정정당당한 경기, 심판에 대한 존경 같은 감정은 쉽게 버려질 수도 있다. 1993년과 1994년 겨울에 캘커타에서 첫 번째 결승전이 열리는 동안 한

때 매우 존경받던 선수이고 코치였으며 당시 심판을 맡았던 프랭크 타란트Frank Tarrant는 이미 머리를 다쳤던 딜라와르 후세인Dilawar Hussain에게 행해진 클라크Clarke의 부정행위와 협박적 투구에 대해 경고를 주었다. 그때 영국인 주장 자딘D. R. Jardine은 타란트에게 "당신은 클라크가 투구하는 것을 막았다. 그러니 나는 당신이 심판하는 것을 막을 것이다"라고 말했고, 그 후 타란트 심판은 클라크의 행동을 저지하지 않았다.

이 예는 대조를 위해 사용될 수 있으므로 중요하다. 1980년대 후반이나 1990년대 초반 즈음에 국제 크리켓 심의회International Cricket Council에서 발생했던 사건이 하나 있다. 국제 크리켓 심의회 의장인 콜린 코드리Colin Cowdrey 경은 대기석에 앉아 있던 선수들에게 세례명으로 자신들을 소개하라고 요구했다. 한 인도인이 "내 이름은 빈드라Bindra입니다"라고 말했다. 의장이 세례명을 말하라고 했는데도 그는 "나는 그냥 빈드라입니다"라고 되풀이했다. 이것은 크리켓이 백인에 의해 완전히 지배되던 상황에서 무언가 변화가 나타나고 있음을 보여준다. 뒤에서 이 이야기는 다시 언급될 것이다. 대중이 급증하는 시기에 이 경기장에서 일어난 일을 말하지 않고 스포츠와 민족주의의 관계에 대해 이야기하는 것은 불가능하다. 라마짠드라 구하는 앞에서 이미 언급했던 그의 기사에서 다음의 사건을 다룬다. 이 기사에 따르면, 간디가 외국옷 불매운동을 주도했던 1921년에 웨일스 왕자가 봄베이를 방문했다. 이때 민족주의자이며 크리켓 애호가였던 이들이 크리켓 팬들에게 크리켓 입장표를 사는 대신 그 돈을 구제기금Relief Fund에 보내달라고 요청했다. 이 구제기금은 말라바르Malabar 사건의 희생자를 돕기 위해 인도 국민회의가 조직한 것이었다. 아마도 이 운동이 웨일스 왕자가 관람했던 크리켓 경기에 봄베이 사람들의 참석을 줄이는 데 영향을 주었을 수도 있다. 이 경기는 유럽인과 파르시인Parsis(조로아스터교도의 후손—옮긴이) 사이의 경기였고, 이 불매운동은 단지 '그럭저럭 적당히 성공'을 거두었다. 그러나 이것이 크리켓 경기가 대중의 분노와 대중적 시위에 영향을 받지 않았다는 것을 의미하지는 않는다. 1945년 11월 21일 에덴 정원에서 발생했던 사건을 묘사하는 두 글에 대해 살펴보자.

첫 번째 글은 키스 밀러Keith Miller와 화이팅턴R. S. Whitington의 책《크리켓 카라반Cricket Caravan》에서 볼 수 있다. 이 두 작가는 모두 이날 오스트레일리아의 편에서 인도 동부 지역 팀에 맞서 싸우고 있었다. 두 번째 글은 인도 동부 지역 팀의 선수였던 데니스 콤프턴Denis Compton의 자서전《영국을 위한 경기Playing for England》에서 볼 수 있다. 1940년대 벵골의 역사에 익숙한 이들은 즉각적으로 그날의 일을 떠올릴 수 있을 것이다. 이날은 아자드 힌드 파우즈Azad Hind Fauj 기념일이었다(아자드 힌드 파우즈는 1942년 인도의 민족주의자에 의해 창설된 인도 국군을 일컬음—옮긴이). 이날 학생들은 대규모 집회를 열었는데, 집회와 항의 과정에서 경찰이 총을 발사했고 사망자가 발생했다. 이 폭력사태는 눈덩이처럼 커져갔고, 결국 캘커타에는 5일 동안 이동 정지 명령이 내려졌다. 당시에는 결코 크리켓 경기를 열 만한 분위기가 아니었다. 그럼에도 에덴 정원에서 크리켓 경기가 열렸다. 밀러와 화이팅턴은 다음과 같이 썼다.

데니스 콤프턴이 타격하여 인도 동부 지역 팀이 점수를 올렸을 때, 한 무리의 난동꾼이 인도국민회의의 깃발을 흔들고 손을 흔들며, 그리고 소리를 지르며 경기장 안으로 들어왔다. 이들이 처음에 (다소 과도하게) 움직였기 때문에 관중석에 있던, 경기를 보기 위해 10실링을 지불하고 들어온 사람들이 그들에게 시선을 집중하게 되었다. 이들의 기금 모집은 놀랍게도 성공적이었다. 그러나 크리스톤파니Cristonfani는 콤프턴에게 계속 투구를 했다. 그때 갑자기 난동꾼들이 선수들 쪽으로 뛰어들었는데, 그들은 인도국민회의 깃발을 든 한 청년의 뒤를 따르고 있었다. 그들은 화살표 모양의 대열을 형성하며 콤프턴에게로 곧장 다가갔다. 수비수들 사이에 있던 콤프턴과 페퍼Pepper는 난동꾼들이 오다가오는 소리를 들었다. 그러나 크리스톤파니는 렉-브레이크leg break(변화구를 던지기 위한 투구 동작—옮긴이) 자세로 (……) 공을 던졌다. 콤프턴은 그 공을 받아 쳤고, 그것이 페퍼의 머리 주변을 지나 첫 번째 수비수의 키를 넘어서 난동꾼들 사이에 떨어졌다. 난동꾼들은 그것에 잘 대처하지 못했다.

콤프턴은 이 사고에 대해서 이렇게 말했다.

난동꾼들이 크리켓 경기장으로 침입해 들어왔다! 깃발을 흔들고 구호를 외치면서 필드 주변을 누비고 다닌 이렇게 많은 인도인을 본 것은 그때가 처음이었다. (……) 우리는 경기를 계속하기를 희망했을 뿐, 그 행진에 개입하려고 한 것은 아니었다.

그러고 나서 콤프턴은 크리스톤파니의 투구와 자신의 깎아치기(크리켓의 투구 기술—옮긴이)에 대해서 설명했다. 또한 다음과 같이 덧붙였다.

몇 초 후에 나는 나의 마지막 순간이 온 것 같다는 느낌을 받았다. 왜냐하면 폭도의 대장이 자신의 추종자들과 함께 다른 사람은 상관하지 않고 나를 향해 다가왔고 (……) (그 대장이) 내 앞의 5야드까지 왔을 때 (그가) 멈췄고, 나를 응시하며 소리쳤다. "우리의 희생된 동포들을 애도하기 위해서 이 경기는 중단되어야 한다." 나는 "이것은 크리켓 게임이다. 정치는 스포츠에 상관하지 말아야 한다"라고 대답했다. 그럼에도 그 인도인은 이성을 되찾지 못했다. 그때 린지 해셋Lindsay Hassett (오스트레일리아 쪽) 주장이 나에게 "일단 이곳을 나가 무슨 일이 일어나는 건지 살피는 편이 좋겠다"라고 말했다.

콤프턴의 주장 그리고 화이팅턴과 밀러의 주장 사이에는 차이가 있다. 전자에 따르면, 그 대장은 "이 경기는 중단되어야 한다"라고 외쳤고, 초록색과 하얀색이 섞인 자신의 깃발을 해셋의 얼굴 앞에서 휘날렸다(더 이전엔, 이 인도인 젊은이가 인도국민회의의 깃발을 운반하고 있었다고 말했다). 해셋의 대응은 "너 담배 있어?"라는 질문이었다. 밀러와 화이팅턴에 따르면 "그 대장과 그의 추종자들은 사인을 해달라고 요청했고, 2분 후엔 모두 떠났다". 밀러와 화이팅턴은 한걸음 더 나아가서 그 대장이 모훈 바간 스포츠클럽 팀의 주장이라고 밝혔다. 그리고 그 대장이 자신들에게 "군중을 자제시키는 가장 좋은 방법은 그들 앞에 서서 그들을 이끌어주는 것이라고 생각했다"라고 말했다고 전한다.

이 모호한 역사적 사건에 대해 관심을 갖는 역사가는 같은 사건에 대한 두 목격담에 대해서 깊이 생각해봐야 한다. 아마도 이것은 정치적 시위에 의해 엉망이 된 운동 경기 중 처음으로 책에 기록된 경기일 것이다. 다음 날 경찰의 발포로 죽은 이들을 애도하기 위해서 선수들이 2분 동안 묵념을 했다는 사실은 중요하게 다뤄져야 한다. 그렇게 하지 않았다면 시위자들이 경기를 중단시켰을 것이다. 오스트레일리아 선수들은 처음에 이러한 행동이 영국 경찰과 관련이 있다고 오해했기 때문에 묵념하는 것에 찬성하지 않았다. 그러나 공식 조직들이 그들을 찾아와서 인도 동부 지역 팀의 주장 나이두C. K. Naidu가 그렇게 하도록 요청한다면 그것을 따라야만 한다고 말했을 때 오스트레일리아 선수들은 묵념하는 것을 받아들였다. 당시 캘커타에 퍼져 있던 이러한 분위기는 인도 크리켓 위원회의 사무장이며 캘커타의 유명인사였던 빤까즈 굽따Pankaj Gupta의 행동에서도 엿볼 수 있다. 굽따는 도띠를 입고 에덴 정원에 도착한 뒤 선수들의 탈의실에서 양복으로 갈아입었다. 1857년의 세포이 항쟁 당시 일부 벵골 지식인은 세포이가 공격한다면 양복을 벗어버릴 수 있도록 양복 안에 도띠를 입고 다녔는데, 굽따의 행동은 이것과 정반대되는 것이었다.

인도인 선수들이 캘커타에서의 폭력과 죽음에도 그리 큰 영향을 받지 않았다는 사실은 외국 선수들이 책에 쓴 묘사에서도 읽어낼 수 있다. 만약 그들이 경기를 멈추기를 원했다면 경기는 중단되었을 것이고, 그런 태도는 콤프턴과 밀러 같은 선수들에 의해 기록되었을 것이다. 인도 선수들도 콤프턴처럼 이것은 하나의 크리켓 경기이고 정치와는 아무 상관이 없어야 한다는 입장이었다고 추측하는 것이 옳을까? 운동선수와 정치운동 참여자 사이에 존재하는 차이는, 아마도 '나라를 대표해서 경기를 하고 있다고 생각할 때 느끼는 자존심'과 '대중에 기반을 둔 급진적이고 국가적인 정치 활동에 참여한다고 생각할 때 느끼는 공명심'으로 구별될 수 있을 것이다.

또한 나는 에덴 정원에서 관중이 경기 중에 소란을 피우는 모습에서 어떤 변화를 감지했는데, 이런 변화의 시작점으로 이 사건을 보고자 한다. 같은 성격을 띤 다른 일화는 1967년 1월 1일, 즉 개리 소베르스Gary Sobers가 지휘하던 서인도제도 팀에 대항하여 경기를 했던 결승전의 두 번째 날에 발생했다. 이것은 주최 측의 잘못된 관리 및 부정 행위에 매우 밀접하게 관계되어 있다. 입장표가 지나치게 많이 판매되었기 때문에 일부 관중은 앉을 자리가 없었던 것이다. 관중이 경기 구역까지 침범하자 경찰은 라티lathi(대나무 방망이—옮긴이)와 최루탄을 사용했다. 한 남자가 경찰에게 심하게 맞았고, 그 후 관중은 폭력적으로 변했다. 이날 경기는 중단되었고, 다음 날은 휴일로 선포되었으며, 그 다음 날에야 경기가 다시 시작되었다. 이날 관중은 인도가 지는 상황에서도 평화롭게 관람을 했다. 선명하게 기억나는 다른 소동도 있었다. 인도와 스리랑카의 1996년 월드컵 준결승 그리고 파키스탄과 치른 1999년 준결승 경기다. 두 경우 모두 관중은 홈팀이 지는 것을 받아들이지 못해 경기를 중단시키고 말았다.

이런 변화는 강조할 가치가 있다. 왜냐하면 그것은 관중의 커지는 기대와 관련이 있기 때문이다. 인도가 최종 결승전에서 진짜로 이길 수도 있다고 기대를 모으게 된 것은 1980년대의 한 시점부터였다고 (나는 인도가 월드컵에서 승리했던 1983년까지 거슬러 올라갈 수 있다고 본다) 주장하는 것은 지나친 과장이 아니다. 인도가 1980년대 이전에 이긴 적이 없었다는 것은 아니다. 와데까르Wadekar 주장이 이끄는 인도 팀이 영국을 이겼고, 1970년대 초에는 서인도제도 팀을 이겼다. 그러나 이런 승리는 섬광 같은 것이었다. 이와 달리 1983년의 승리는 대중적 상상력을 사로잡았고, 이어서 가바스까르Gavaskar와 까삘 데브Kapil Dev의 승리가 있었다. 이 모든 일은 인도에서 텔레비전의 등장과 함께 일어났다. 크리켓이 대중적 경기가 된 것은 텔레비전을 통해서다. 경기는 수천 명이 관람했고, 수백만 명에게 이야깃거리를 제공했다. 크리켓이 국민의 삶에 일부가 된 것은, 인도가 주요 대회에서 우승을 했을 뿐만 아니라, 두 인도 크리켓 선수의 이름이 최고의 투수와 최고의 100점 획득자의 목록에서 상위에 놓이게 되었을 때부터였다. 크리켓은 국가적 자존심과 국가 정체성을 결정하는 요소가 되었다. 코드리에게 한 빈드라의 대답을 통해 크리켓 세상에서 인도의 지위 향상을 엿볼 수 있다. 마를레본 크리켓 클럽Marlebone Cricket Club의 영입 제안에 대한 가바스까르의 거절을 통해서도 자존심의 향상과 백인 지배의 쇠퇴를 읽을 수 있다.

이런 태도는 브라드만Bradman에 비교되는 타자 사찐 뗀둘까르Sachin Tendulkar의 출현으로 더욱 강화되었다. 크리켓 팬은 인도 선수와 팀이 이기기를 기대하기 시작했다. 적어도 에덴 정원에서의 패배는 실망감을 안겨주었고, 일종의 난동으로 이어졌다.

크리켓이 전 국민의 오락거리가 되었고, 이것은 결승전 또는 잠깐 잠깐 국제경기를 보러 가는 사람들의 부류에서 중요한 변화를 이끌어냈다. 적어도 1970년대까지 에덴 정원에서 크리켓을 관람하던 사람들은 상류층과 중산층, 즉 바드랄록bhadralok(신사를 뜻하는 벵골어로, 벵골의 상층 계급을 뜻하는 단어—옮긴이)이었다. 이들은 인도가 이기기를 원할 뿐 아니라 경기의 수준을 평가하고 해석하는 데도 능숙했던 식자층이었다. 이런 성격은 변했다. 물론 이 변화는 캘커타라는 도시의 성격을 반영한다. 이 도시는 점잖은 바드랄록의 특징을 빠르게 잃고 있다. 대신 권력을 갈구하는 정당의 선전원과 간부로 채워지고 있다. 중산층이 텔레비전으로 관람하는 경기를 선호하게 되면서 실제 경기장을 찾는 중산층 관중이 줄어들고 있다. 현재의 관중은 질서가 없고, 호전적이며, 맹목적인 당파성을 띠고 있다. 그들은 크리켓 경기 내용보다 크리켓 영웅과 그들의 승리에 더 집착한다. 이것은 민족주의자가 자신들을 표현하는 하나의 방식이 되었다. 그러나 크리켓은 인도인이 머리를 높이 들 수 있는 영역이며, 크리켓 팬이 이 지위를 포기하지 않을 것이란 사실에는 변함이 없다. 크리켓 선수는 자신들의 성취를 통해 민족주의를 창조하는 동시에, 크리켓의 수감자 그리고 희생자가 되고 있다. 재치 있는 한 역사가는 민족주의가 그것의 부모를 파멸시킬 수도 있다고 말한다.

아마도 이 글은 크리켓보다는 다른 스포츠를 좋아하는 이들에 대한 나의 사과로 끝내야 할 것이다. 나는 세 가지 이유 때문에 의도적으로 크리켓에 한정하여 이야기를 전개했다. 첫째, 크리켓은 나에게 익숙한 유일한 게임이다. 둘째, 모든 스포츠를 다루기에는 시간이 부족하기 때문에 하나의 스포츠에 집중하는 것이 유리하다고 생각했다. 셋째, 파키스탄과의 전쟁을 제외하면, 크리켓이 인도인에게 민족주의적 감정을 불러일으키는 유일한 것이라고 느꼈기 때문이다.

인도 환경문제의
오늘과
내일

아닐 아가르왈
Anil Agarwal

환경론자로 1980년에 세워진 과학환경 센터의 감독을 지냈다. 1992년에 인도의 첫 번째 과학과 환경 관련 격주간지인 〈다운 투 어스Down to Earth〉를 출간했다. 또 나이로비에 본부를 둔 환경 관련 비정부기관의 회장으로서 여러 해 동안 일했으며, 인도 정부로부터 1886년에는 빠드마 슈리Padma Shri를, 2000년에는 빠드마 부산Padma Bhusan 상을 받았다. 저서로는 《약물과 제3세계Drugs and the Third World》(1978) 《진흙, 진흙: 건축 자재로서 흙의 사용Mud, mud: The relevance of earth as a housing material》(1981) 《백금의 저주The Curse of the White Gold》(1995) 《가뭄Drought》(2000) 등이 있다.

이 세기의 끝에 가면 인도의 환경은 어떤 모습일까? 과학환경센터Centre for Science and Environment가 1999년에 발표한 '제5차 인도 환경 상태에 관한 시민 보고서'는 인도 환경의 현재를 기록하는 동시에 미래를 전망하고 있다. 이 보고서는 과거가 우리에게 가져다준 기회를 놓치지 않는다면, 그리고 다가오는 위험을 막기 위해 어떤 실천을 한다면, 그때 우리가 어떤 미래를 가질 수 있는지에 대해서 이야기하고 있다.

14

이 세기의 끝에 가면 인도의 환경은 어떤 모습일까? 과학환경센터Centre for Science and Environment가 1999년에 발표한 '제5차 인도 환경 상태에 관한 시민 보고서'는 인도 환경의 현재를 기록하는 동시에 미래를 전망하고 있다. 이 보고서는 과거가 우리에게 가져다준 기회를 놓치지 않는다면, 그리고 다가오는 위험을 막기 위해 어떤 실천을 한다면, 그때 우리가 어떤 미래를 가질 수 있는지에 대해서 이야기하고 있다.

인도 환경의 현재와 미래는 다음의 두 가지 요점으로 표현할 수 있다. 하나, 만약 1980~1990년대에 인도에서 행해진 공동체에 기초한 자연자원 관리의 개발과 이렇게 개발된 관리체계를 환경 친화적 지역에 대규모로 적용한 일에 대해서 배운다면, 그때 인도 시골의 빈곤은 10년이나 20년 안에 사라질 수 있을 것이다. 둘, 현재 거의 참을 수 없을 만큼 도시 지역은 심각한 오염, 교통정체 그리고 쓰레기 문제 등으로 휘청거리고 있다. 그러나 우리는 도시 문제를 이야기조차 하지 않으며, 우리에게 진짜 희망을 줄 수 있는 순수한 패러다임을 갖고 있지 못하다. 이처럼 많은 걱정거리뿐만 아니라, 기대되는 많은 것도 있다.

시골 : 놀라운 기회와 도전

1970년대 초반의 칩꼬 여성운동은 인도에서 환경정책이 시행될 필요가 있음을 주장했고, 더 중요하게 인도의 가난한 사람을 위해서 환경이 보호되어야 한다고 강조했다. 칩꼬 운동은 빠른 속도로 진행되고 있는 산림 파괴가 중단되어야만 한다고 주장했다. 1980년대 초반, 전문가들은 인도의 거의 3분의 1에서 2분의 1 지역이 황무지라고 지적했다. 1985년에는 수상 라지브 간디가 민중운동을 통해 황무지를 녹지화하려는 새로운 계획을 발표했다. 그러나 이 계획은 관료들의 이해 부족으로 어려움을 겪었다. 랄레간시띠Ralegan Siddhi와 수코마즈리Sukhomajri는 여러 해에 걸친 노력 끝에 메마르고 황폐하며 침식된 땅도 관리를 잘하면 회복될 수 있음을 보여주었다. 그들로부터 얻을 수 있는 가장 큰 교훈은 '경제적 빈곤'을 '생태적 빈곤'에 연결했다는 점이다. 그리고 그들은 사람의 관리가 생태적 회복을 위해 기본적으로 필요하다고 밝혔다.

1970년대 수코마즈리와 랄레간시띠 같은 시골에서 시작되었던 '공동체 기반 자원관리'의 성공은 전국적인 관심을 끌었다. 그러나 열성적인 개인의 수작업에 크게 의존하고 있으므로 널리 시행될 수는 없다는 비판 때문에 정책으로 채택되지는 못했다. 1980년대 중반에는 따룬 상Tarun Bharat Sangh이 전통적 물 보존 기술을 재생시키기 위해, 라자스탄의 알와르Alwar 지역에서 시골 주민들과 함께 일하기 시작했다.

1990년 중반 공동체 기반 자원관리 패러다임은 넓게 확산되었다. 현재 따룬 바랏 상은 거의 500개의 마을에서 일하고 있다. 그리고 하리야나와 뻔잡의 주정부는 쉬발릭Shivalik 언덕에 위치한 여러 마을에서 수코마즈리 모델을 시행하고자 시도하고 있다. 무엇보다도 중요한 것은 랄레간시띠 사례에 깊이 감동한 마디아쁘라데슈Madhya Pradesh의 주지사 아르준 싱Arjun Singh이 인도 땅의 약 1퍼센트를 차지하는 7만 1256개 시골 마을의 10퍼센트가 넘는 지역에서 이 모델을 시행했다는 것이다.

싱의 성공은 심지어 주州 차원에서도 공동체 기반 자원관리 프로그램이 시행될 수 있음을 보여줬다는 점에서 매우 놀랄 만하다. 물론 이 프로그램을 성공시키기 위해서는 인도의 거대한 관료조직이 권한을 주민에게 넘겨주고, 관료는 오직 지원하는 역할에만 충실해야 할 필요가 있다. 싱은 이 프로그램을 위해 외국의 지원을 요구하지 않았다. 주정부가 사용할 수 있는 시골-고용 프로그램의 기금을 인도의 가장 탁월한 프로그램인 '땅-물-숲 관리'를 위해 사용했다.

경제적으로 가난하고 환경적으로 낙후된 시골이었던 랄레간시띠는 20년도 안 되어 인도에서 가장 부유하고 숲이 울창한 마을 중 하나로 발전했다. 지금 랄레간시띠는 뻰잡 주의 가장 부유한 시골 마을에도 뒤지지 않을 만큼 발전했다. 어떠한 기준에서 보아도 이것은 매우 놀라운 성취다.

냉소주의자는 이렇게 질문할 수도 있다. 앞에서 인용한 사례는 실패한 수많은 사례에 비해 극히 적은 성공일 뿐, 즉 비정부조직과 주정부가 성공시킨 단지 몇 안 되는 놀라운 기획일 뿐이지 않는가? 대답은 간단히 '아니다'라고 할 수 있다. 델리의 경제성장연구소Institute of Economic Growth 소속 경제학자들이 행한 조사는 같은 종류의 덜 유명한 많은 기획에서도 좋은 결과가 나왔음을 알려준다. 이들 기획 사업은 인구가 빠르게 늘었는데도 땅의 부양 능력을 향상시켰다. 그 결과 더 많은 사람이 같은 면적의 땅에서 생존할 수 있었다. 이들 기획의 최고 결과는 그것이 시행된 마을들에서 고통의 이주distress migration(주로 자연재해나 경제활동의 기회 박탈 때문에 살던 곳을 떠나는 것—옮긴이)가 완전히 중단되었거나 상당히 감소했다는 것이다. 녹지화한 인도의 시골 마을은 빈민가의 형태 그리고 아동 노동을 포함한 착취적 노동 조건 등으로 이 나라의 도시 중심에 존재하는 엄청난 압력을 줄여줄 수 있는 커다란 잠재력을 가지고 있다.

의심할 필요 없이, 이런 결과는 인도가 지난 20년 동안 배웠던 교훈 중 가장 큰 가르침을 우리에게 준다. 그리고 역사적으로 봐도 그것은 결코 작은 성과가 아니다.

그러나 이런 고결한 교훈이 아직 규범으로 자리 잡지는 못했음을 잊지 말아야 할 것이다. 진실로 이것은 인도의 시민사회 앞에 놓인 주요한 도전이다. 마디아쁘라데슈의 자부아Jhabua 지역에서 수행되었던 뛰어난 역사적인 작업이 가뭄과 가난에 시달리는 오리싸의 깔라한디Kalahandi 지역에도 필요한 작업임에는 분명하다. 그러나 오리싸는 여전히 이웃인 마디아쁘라데슈로부터 교훈을 얻지 못하고 있다. 우리는 쁘라데슈 작업을 통해 이런 기획이 성공하기 위해서는 정치적 지도자와 정치적 후원이 중요하다는 사실을 깨닫는다.

또 한 가지 중요한 것은 자연관리 기획이 수코마즈리, 랄레간시띠, 마디아쁘라데슈에서 모두 똑같이 적용될 수는 없다는 점이다. 준사막과 준습지 언덕(500~600밀리미터에서 1000~1200밀리미터까지의 강우량을 갖는)과 고원 지역에서 시행되는 새 프로그램은 주민 참여적 강우 보존 노력과 함께 시작되며, 관개시설에 대한 훌륭한 관리와 그 후의 향상된 농업 활동을 통해 숲을 보존할 수 있도록 해야 한다.

인도에서 흔하게 볼 수 있는 이런 지역에는 가장 가난한 사람, 특히 부족민이 살고 있다. 그러므로 시골이 가난에서 벗어나기 위해서는 두 가지 중요한 노력이 요구된다. 첫째, 수코마즈리, 랄레간시띠, 자부아의 기획은 10년 안에 적용 가능한 모든 후미진 지역에서 실시되어야 한다. 둘째, 적용할 수 없는 지역을 위해서는 생태적으로 적절한 노력이 즉시 시작되어야 한다. 이처럼 좋은 정치적 후원만 있다면 인도는 시골의 빈곤함을 극복할 수 있는 가능성을 갖고 있다. 이는 명백히 실현 가능하고 성취할 만한 일이다. 오로지 문제가 되는 것은 우리의 의지다. 우리가 그것을 할 것인가? 우리의 실천에 생기를 불어넣고 동기를 부여하는 것은 그것을 성취할 수 있다는 믿음이다.

땅-물-숲 관리 프로그램에 의한 최대의 혜택이 다른 분야, 즉 여성의 교육 같은 것에 주어질 수도 있다. 인구 조절을 위해서는 시골 소녀를 교육하는 일이 중요하다. 시골 소녀에 대한 교육은 환경 파괴와 밀접한 관련을 갖는다. 현재 인도의 인구는 10억 명이 넘는다. 이러한 현실에서 사회의 균형 있는 발전과 인구의 안정화는 여성의 교육 향상을 필요로 한다. 소녀들이 학업을 포기하는 데 문화적, 경제적 요인이 크게 영향을 미친다는 것은 이미 널리 알려진 사실이다. 그러나 여성의 교육 향상을 방해하는 또 다른 제약이 있다. 그것은 여성에게 과도한 노동을 부가하는 생태계의 악화다.

질이 나쁜 땅은 여성의 일거리가 늘어나게 한다. 과중한 노동에 시달리는 엄마에게는 가사를 도와줄 협력자가 필요하다. 이러한 상황에서 소녀의 교육은 희생된다. 우리에게 주어진 과제는 인도의 땅을 재생하는 것이다. 재생된 땅에서는 땔감과 꿀을 쉽게 얻을 수 있을 것이고, 그러면 여성의 일은 줄어들 것이다.

인도는 성공적으로 숲을 지켜왔다. 공식 자료에 따르면, 인구가 늘고 산업이 성장했음에도 숲의 훼손 비율은 줄어들고 있다. 1980~1990년대에는 숲의 면적이 안정적으로 유지되었지만 여전히 가야 할 길은 멀다. 인도에서 우거진 숲은 오직 12퍼센트 정도뿐이다. 현재의 목표는 33퍼센트로 끌어올리는 것이다. 또한 단순히 숲을 보호하는 차원에서 숲을 좀 더 체계적으로 관리하는 방향으로 나아갈 필요가 있다. 체계적인 관리에는 공동체의 역할을 적절히 정의하고 통합하는 정책적 기준 마련도 포함된다. 우리의 감시·관찰 자료는 여전히 형편없다. 환경 전문가와 숲 관리인은 숲을 보호하는 일에 열정적이다. 그러나 그들은 자신들이 보호하는 것에 대해 자세히 알고 있지는 않다. 인도의 숲은 높은 수준의 생물 다양성을 갖추고 있고, 우리는 원시적, 훼손되지 않은 숲의 보호에 좀 더 중점을 둬야 한다. 그러나 우리는 아직 이 같은 숲의 규모와 그 속에서 일어나는 일에 대한 정보를 갖고 있지 않다.

땔감 부족이 숲의 위기를 이끌지 않았다는 사실은 매우 기쁘고도 놀라운 일이다. 심각한 산림 훼손이 발생할 것이라는 무서운 예언은 이를 막으려는 정부의 노력 덕분에 실현되지 않았다. 정부는 농부로 하여금 농경지에 나무를 기르도록 권장했다. 또한 메스키스 관목Prosopis juliflora이라는 외래종 나무의 침입도 기대하지 못했던 혜택을 가져다주었다. 이것은 사람들의 참여가 숲의 보호에 어떻게 작용했는지를 보여준다. 사람들의 참여는 극복할 수 없는 것처럼 보였던 문제를 다룰 수 있는 것으로 변화시켰다. 요약하면, 시골의 환경을 다루는 능력은 분명히 향상되었고, 과거의 경험은 엄청난 양의 교훈을 제공하고 있다. 그것들을 잘만 포착한다면 우리는 쉽게 수풀이 우거진 시골풍의 인도를 이뤄낼 수 있을 것이다. 하지만 불행하게도, 희망은 여기서 끝난다.

상상조차 할 수 없는 도시의 재앙

〈제5차 시민 보고서〉의 도시에 관련된 부분은 공통적으로 깊은 절망의 그림을 보여준다. 도시의 공기오염에 대해 고찰하는 '대기'라는 장

에서는, 대기오염은 델리 같은 대도시뿐만 아니라 소도시에서도 나타
난다고 말한다. 대기오염을 관측할 수 있는 기계를 가진 몇몇 도시가
있다. 가장 오염된 지역을 열거하는 목록에서 때때로 1위를 차지하는
구자라뜨 주의 라즈꼿Rajkot과 우따르쁘라데슈 주의 가즈롤라Gajroula
같은 도시다. 놀랍게도 한때 퇴직자의 천국이었던 데라둔Dehra Dun처
럼 조용한 도시조차도 1992~1993년에 이 목록에서 정상을 차지했다.
그런데 재정이 빈약한 오염통제중앙위원회Central Pollution Control Board
가 대기오염을 측정하지 않는 도시도 많다. 이런 곳들부터 방문해보자.
심지어 아가르딸라Agartala도 대기오염으로 고통받고 있다. 카슈미르 주
의 보석이라 일컬어지던 스리나가르도 그렇다. 오늘날 이 도시는 경유
매연의 악취를 내뿜고 있다.

　더 나쁜 것은 정부가 이 문제에 무능하다는 것이다. 만약 뭔가가 일
어나고 있다면, 그것은 관심을 갖지 않는 관료 조직에 대항하여 문자
그대로 전쟁을 수행하는 대법원의 환경문제에 관심을 갖는 판사들의
독촉 때문이다. 심하게 오염물질을 뿜어내는 2행정 엔진이 장착된 스
쿠터가 인도의 교통체계를 지배할 정도로 많은데도 오염통제중앙위원
회는 강력한 발암물질인 벤젠의 공기 중 함량조차도 측정하지 않고 있
다. 델리의 공기 중 벤젠 함량은 유럽연합 기준의 10배를 넘는다. 그리
고 경유 매연이 발암물질이라는 사실을 알지만 어디서도 자가용의 경
유화를 억제하려고 하지 않는다. 오히려 낮은 경유 가격은 경유화를 부
추긴다. 석유자원부 장관은 심지어 선심 쓰듯 경유 가격을 더 낮출 것
이라고 말하는 강심장을 가졌다. 그렇지 않다면 이것을 순진함이라 말
해야 할까. 한마디로 정리하면, 국가가 '정신적 가난'을 벗어나지 못한
다면 '생태적 가난'에 대해서는 이야기할 수조차 없다.

　'물'에 관한 장은 하천 오염에 초점을 둔다. 이 그림 역시 정말 섬뜩하

다. 도시나 녹색혁명 지대를 지나는 모든 수로는 순식간에 유독성 배수관이 되어버린다. 그것들을 강이라고 부르는 것은 언어를 모독하는 일이다. 도시는 식수를 강물에 의존하기 때문에 매우 큰 위험에 직면해 있다. 오늘날 하천 정화 프로그램을 관리하는 국가 주도형 패러다임은 형편없는 결과를 보여준다. 가장 큰 문제는 중앙정부가 충분한 하수 처리 시설을 만들 만큼 충분한 돈을 갖고 있지 못하다는 사실이다. 심지어 하수 처리 시설을 작동할 돈조차 충분하지 않다. 그러나 펌프, 파이프, 하수구 같은 시설물에 대한 투자가 있는 한, 공공기금을 사용하기 위한 충분한 기회를 가질 수 있다.

'주거 환경'에 대한 장에서는 대도시의 대혼란 밖에 있는 중소도시에 대해 살펴보고자 한다. 루디아나Ludhiana, 젯뿌르Jetpur, 띠우뿌르Tiuppur 그리고 루르껠라Rourkela 같은 산업도시는 부유하지만 환경은 급격한 독성화로 고통받고 있다. 알리가르Aligarh와 바갈뿌르Bhagalpur 같은 비산업도시는 가난하며, 물이 분뇨 같은 물질에 의해 더럽혀져 있다. 관광도시인 자이살메르Jaisalmer의 경우, 과거에는 강우에 크게 의존했지만 현재는 지하수를 퍼내 사용하고 있다. 한편 도시 표면에 물의 양이 많아지면서 도시의 성곽에 균열이 생기고 있다. 비닐주머니 같은 생물 분해성이 없는 물질에 의한 도시 환경의 파괴는 오늘날 도처에서 볼 수 있다. 도시의 관리는 오늘날 심각한 위기를 겪고 있다.

불행하게도 인도의 도시 관리에서는 성공담을 찾아보기가 힘들다. 1995년에 간행된 〈두 번째 시민 보고서Citizens' Second Report〉는 '찌그러진 정치 체제'에 대한 두려움과 처벌의 관대함을 분명하게 보여준다. 인도는 1960~1970년대에 유럽과 북미가 겪었던 심각한 오염 문제를 똑같이 경험하고 있다. 그럼에도 이러한 문제를 이해하거나 다루려는 진지한 시도가 없기 때문에 인도의 상황은 더 심각하다. 무슨 이유인지 사람들은 멍한 상태로 있을 뿐이다. 이 보고서에 기록된 도시들 중 어떤 곳에서도 강한 저항이 없었고, 무언가를 변화시키기 위한 조직적 시민 활동도 없었다.

강의 상태는 우리 사회의 더러움을 반영한다. 인도의 강은 인도 사회가 빠른 속도로 더러워지고 있다는 것을 말해준다. 인도가 도시화되고 산업화되기 시작했다는 사실과, 더 나아가 국민총생산에서 1단위의 증가는 오염에서 2단위의 증가를 야기할 수 있다는 사실을 그냥 받아들인다면, 다음 세대는 독성이 강한 지옥처럼 느껴지는 도시에서 살게 될 것이다. 그리고 만약 인도가 새로운 기술과 관리 패러다임을 혁신하지 않는다면, 돈 때문에 불구자가 된 채로 남아 있게 될 것이다. 관료 조직은 끊임없이 재정 자원이 부족하다는 핑계를 댄다.

결국 언젠가는 도시 위기가 사람들로 하여금 정치지도자를 압박하도록 만들 것이고, 그러면 변화가 생겨날 것이다. 그러나 그전에 오염된 공기, 물 그리고 음식 때문에 수백만 명이 죽을 것이다. 심지어 지금도 매해 오염된 물 때문에 100만 명이, 공기오염으로는 10만 명이 죽고 있다. 이런 추세라면 10년 안에 1000만 명 이상이 죽을 것이다.

불행하게도, 도시의 소란은 시골 지역에서 발생하는 바람직한 변화를 감춰버리고 말 것이다. 이미 인도의 언론은 거의 배타적으로 도시 중산층에 관심의 초점을 맞추고 있다. 마디아쁘라데슈의 역사적인 개발 프로그램에 관한 놀라운 이야기는 영어 매체뿐 아니라 마디아쁘라데슈의 힌디어 신문에서도 다뤄지지 않았다. 물론 TV 채널이 우후죽순 생겨났음에도 텔레비전 리포터는 자부아가 어떤 상태인지 몰랐다.

인도는 대기오염을 조절할 수 있을까?

　도시 오염이 이미 매우 심각한 상태이고 몇 년 사이에 더 악화된다면, 우리는 이렇게 물어볼 필요가 있다. '언제 우리는 그것을 통제할 수 있을까?' 추측컨대 아마도 21세기 중엽까지는 가능하지 않을 것이다. 많은 기자들이 물었다. '인도의 환경은 21세기에 어떤 모습일까?' 이 나라가 고도의 물질 중심적이고 에너지 집중적인 서구의 경제 모델을 따라가는 독성이 짙은 '지옥 지대'에 속해 있기 때문에 우리는 엄청나게 오염된 시대가 올 것임을 예상할 수 있다. 이미 아시아는 고도의 경제성장과 함께 오늘날 세계에서 가장 오염된 지역에 속한다. 인도 역시 이미 세계에서 가장 오염된 국가 중의 하나가 되었다. 급속도로 성장하는 도시의 대기오염에 대해 좀 더 자세히 이야기해보자.

　오염통제중앙위원회는 1997년 70개의 도시에서 공기의 질을 측정했다. 이 자료에 따르면, 쉴롱Shillong의 외떨어진 언덕 도시에서만 부유먼지(인도의 도시에서 가장 위협적인 공기오염 물질)가 측정되지 않았으며 공기오염이 거의 나타나지 않았다. 69개의 다른 도시에서 공기의 질은 어느 정도 오염되거나 높게 오염된 상태였다.

　델리는 세계에서 가장 오염된 도시 중의 하나라고 자주 이야기된다. 그리고 델리가 인도에서 가장 오염된 도시일 것이라고 생각하는 경향이 있다. 그러나 이것은 사실이 아니다. 세계보건기구WHO의 감시관들은 전 세계 20개 도시의 공기 질을 측정했고, 델리는 이 목록에서 높은 위치를 차지하고 있다. 이처럼 델리가 세계에서 가장 오염된 도시 중의 하나인 것은 틀림없다. 그러나 오염통제중앙위원회가 수집한 자료에 따르면, 델리는 인도에서 가장 오염된 도시 속에 포함되지 않는다. 이것은 공기 청정도를 측정하는 기술이 매우 나쁠 때의 기록이다. 당시의 상황을 보면 다음과 같다. 첫째, 바르나시나 스리나가르 같은 도시에서는 공기 청정도가 측정되지 않았다. 둘째, 공기 질이 측정된 도시에서도 측정된 장소의 수가 매우 적었다. 셋째, 문제가 되는 많은 오염인자가 측정되지 않았다. 이처럼 제한된 측정이었는데도 그것은 델리에 관한 무서운 사실을 드러내주었다. 델리에서 미세먼지(PM10) 수준은 놀랍게도 평균 820마이크로그램에 이르렀다. 이것은 세계보건기구의 기준보다 여덟 배가 넘고, 세계의 어떤 도시의 수치보다 높았다.

믿을 수 없는 것은, 이러한 증거에도 중앙정부나 어떤 주정부도 대기오염을 줄이기 위해 노력하지 않는다는 것이다. 모두 문자 그대로 조용하다. 만약 조금씩이라도 뭔가가 일어난다면 그것은 대법원이나 고등법원에서 벌어지는 공익 소송 덕분일 것이다.

발전소, 산업체 그리고 차량은 오염을 야기하는 가장 큰 요소다. 특히 차량에 의한 오염이 놀랍도록 빠르게 증가한다. 과학환경센터는 인도의 경제GDP가 약 2.5배까지 성장했던 시기인 1975~1995년에 차량이 방출한 오염인자의 총량이 여덟 배까지 늘어났다는 사실을 밝혀냈다. 인도는 산업화, 전기공학의 발전, 자동차 보급, 도시화 등의 단지 초기 단계에 있기 때문에 만약 어떤 노력이 그것을 통제하기 위해 만들어지지 않는다면 오염 수준이 급속도로 높아질 것이 틀림없다. 즉 산업화, 전기공학의 발전, 자동차 보급, 도시화의 길이 친환경적인 길로 대체되지 않는다면 오염은 더욱 심각해질 것이다.

이제 다음 질문을 해보자. '우리가 그럴 것인가?' 미래를 예측하는 것은 항상 어렵다. 그러나 우리가 과거의 경향을 살펴본다면 대답은 다음처럼 간단하다. '매우 오랫동안 그렇지 않을 것이다.' 세계 역사가 우리에게 알려주는 것을 살펴보자. 서구 사회의 오염은 서구가 엄청난 경제적 부를 얻었던 시기인 제2차 세계대전 뒤에 급증했다. 즉 환경오염은 경제적 호황 시기에 발생했다. 1950년대 후반에 공기와 물은 엄청나게 오염되었다. 템스 강과 라인 강은 하수구가 되었다. 일본은 정체를 알 수 없는 무시무시한 신경 체계의 이상, 즉 미나마타병으로 고통받았다. 도쿄, 런던 또는 로스앤젤레스에서는 숨을 쉬기도 힘들었다. 이러한 현상은 1960년대의 강력한 환경운동을 이끌어냈고, 1970년대에 이 운동은 더 큰 힘을 얻었다.

또한 환경문제가 선거 공약에 등장하게 되었고, 정부는 이러한 요구에 응답하기 시작했다. 1970~1980년대에 서구의 정부는 두 가지 일을 했다. 먼저, 강한 법률을 제정하고 그 법률을 강한 징벌로 강화했다. 다음으로, 오염 통제에 상당한 투자를 보장했다. 이런 노력의 결과로, 1980년대 중반 템스 강은 다시 숨을 쉴 수 있을 만큼 깨끗해졌고, 스톡홀름 해변의 물도 그러했다. 도시의 공기도 어느 정도 깨끗해졌다. 이러한 변화를 가져오는 데 1960년대 중반부터 1980년대 중반까지 거의 20년이 걸렸다. 그러나 갈 길은 아직 멀다. 서구의 산업은 여전히 어마어마한 독성이 강한 쓰레기를 배출하고 있다. 서구의 발전소, 산업체, 차량에서 배출되는 이산화탄소의 양은 세계의 기후를 불안정하게 만들 정도다. 그리고 일본과 유럽연합 모두 그들의 대기 중에서 갑자기 증가한 상당한 양의 다이옥신을 발견했다. 다이옥신은 치명적인 독성으로 악명 높은 물질 중의 하나다.

오늘날의 인도는 1960년대의 서구와 비슷한 상황이다. 이번 질문은 다음과 같다. '우리는 서구가 한 세기 전에 했던 것을 되풀이할 것인가?' '인도의 강과 도시는 2020년대가 되면 숨 쉴 만한 곳이 될까?' 대답은 다음과 같다. '그럴 것 같지 않다.' 다음의 세 가지 점에서 인도는 서구와 다르다.

하나, 환경오염 통제는 아직 인도에서 선거 공약이 되지 못한다. 인도의 정치가는 오염을 통제하는 데 어떤 진지한 관심도 보이지 않는다. 그들은 큰 오염인자, 즉 기업 부문을 떠맡을 용기를 가지고 있지 않다. 기업 역시 오염을 통제하는 데 전혀 관심을 보이지 않는다. 정부가 소유한 회사와 발전소도 심각한 오염인자 중 하나다. 한편 정치가는 작은 오염인자도 떠맡으려 하지 않는다. 작은 오염인자에는 작은 규모의 사업 또는 택시/오토릭샤 운행 등이 포함되는데, 선거에서 표밭을 형성하는 사람들 가운데 이 부문 종사자가 많다. 그러므로 인도의 선거 민주주의는 환경오염을 해결하는 데 크게 영향을 주지 못한다. **결과적으로 인도의 오염 통제를 위한 법률은 그것이 적혀 있는 종이의 가치조차 가지고 있지 못하다.** 그리고 이 상황은 쉽게 변하지 않을 것이다.

둘, 환경오염 통제는 엄중한 징계와 효과적인 단속을 필요로 한다. 정치적·관료주의적 부패가 팽배한 상태라면 환경오염통제법은 어떤 효력도 발휘하지 못할 것이다.

셋, 오염 통제는 집중 투자를 필요로 한다. 그러나 현재 인도의 1인당 국민소득이 서구가 1950년대에 성취했던 국민소득보다 훨씬 적다는 사실을 고려한다면, 이런 투자가 만들어지기는 쉽지 않을 것이다. 물론 정부는 비용 효율적인 도구를 찾고, 치유를 위한 비싼 법률보다 예방을 위한 싼 법률을 만들고, 크든 작든 모든 회사로 하여금 최소한의 기준을 지키도록 요구하고, 그렇게 하지 않으면 벌금을 부과할 수 있다. 그러나 우리 정치가나 관료는 이런 일을 할 생각이 없다. 환경오염을 통제해야 하는 관료 조직은 오늘날 한심할 정도로 무능한 조직이 되었으며, 오염 요인(정치가와 관료)의 결합이 극도로 강하기 때문에 정부는 아무것도 하려고 하지 않는다.

이런 상황은 무엇을 의미하는가? 간단히 말해서, 인도가 20년 안에 환경오염을 말끔히 청소할 수 없다는 것을 의미한다. 적어도 2040년대는 되어야 좀 더 깨끗한 공기 속에서 숨을 쉴 수 있을 것이다. 즉 현재의 도시는 적어도 앞으로 40여 년간은 매우 살기 힘든 서식지로 남아 있을 것이다. 그러므로 미래가 무섭게 느껴진다.

우리는 이러한 질문을 던질 수 있다. '어떤 **효과적인** 활동이 행해지지 않은 채 어떻게 몇십 년이 지나갈 수 있을까?' 이러한 일이 미래에 일어날 수 있다는 것은 과거를 통해 분명하게 알 수 있다. 대기오염통제법Air Pollution Control Act이 제정된 것은 1981년이다. 이때부터 거의 20년간 환경오염 수준을 낮추기 위한 중앙정부나 주정부의 분명한 활동 계획 없이 시간만 그냥 지나가버렸다. 중앙정부나 주정부 모두 오직 자동차나 스쿠터의 뒷부분을 점검하는 것 같은 겉치레식 활동만 늘리고 있다. 간단히 말해 정부는 오히려 희생자에게 비난을 퍼붓고 있다.

환경오염은 경제성장과 어떤 관련이 있는가? 환경오염은 인도의 경제에 영향을 줄까? 불행하게도 대답은 '그렇지 않다'다. 정치가와 사업가는 참된 교훈을 배우려고 하지 않는다. 이들은 환경오염으로 고통받지 않고 평상시처럼 계속 일할 수 있다. 고전적 경제 문구들이 지적하는 것처럼, 환경오염은 심지어 경제성장을 돕고 있다. 생수산업이 크게 성장할 것이다. 병원, 제약회사도 그럴 것이다. 그렇다, 어떤 비용이 분명히 증가할 것이다. 예를 들어 식수 값이다. 부자는 이미 우유를 사듯 병에 담긴 식수를 산다. 그러나 가난한 사람을 위해 정부는 오염된 물을 먹을 수 있는 물로 바꾸기 위해 과도한 투자를 해야 할 것이다. 그러나 만약 정부가 자금 부족이나 의지 부족으로 그것을 하지 못한다면, 이미 일어나고 있듯이 가난한 사람은 가장 큰 가격을 그것에 지불해야 한다. 즉 그들의 삶을 지불해야 한다.

공기오염은 가난한 사람과 부자 모두에게 영향을 준다. 그러나 부자는 만성천식과 암을 치료하는 데 돈을 쓸 수 있지만 가난한 사람은 그렇게 할 수 없다. 그러므로 인도의 부는 가난한 사람, 노인, 아이 그리고 유전적으로 취약한 사람의 등 위에 세워진 형상을 갖게 될 것이다.

다음의 숫자가 의미하는 것은 무엇일까? 얼마나 많은 사람들이 죽었는가를 말해준다. 요즘은 물 오염 때문에 대략 100만 명이 해마다 죽는다. 이것은 크게 인간의 배설물로 야기된 전통적 형태의 오염 때문이다. 그리고 새로운 종류의 물 오염은 다양한 종류의 암, 신경계 이상 같은 무시무시한 병을 야기할 것이다. 한편 도시의 공기오염으로 10만 명가량이 매해 죽는다. 이것은 적어도 100만 명 이상이 인도에서 매해 오염 때문에 죽는다는 것을 뜻한다. 오염이 심각해지기 때문에 이 수치는 매해 200만에서 300만까지 올라갈 수도 있다. 더 나아가 열악한 삶의 질 때문에 1000만 명 이상이 질병으로 고통받을 것이다.

우리가 오염문제를 해결하는 데까지 20여 년이 걸린다면, 대략 2000만에서 3000만 명이 오염 때문에 사망할 것이다. 그리고 그들은 대부분 가난한 사람일 것이다. 만약 40여 년이 걸린다면, 이 수치는 4000만에서 6000만까지 올라갈 것이다. 문제는 이런 숫자가 인도의 정치가와 산업가에게 영향을 주기에는 너무 작다는 것이다. 5000만 명의 사망자(또는 살인)는 이미 10억 인구를 가졌고 그 숫자가 곧 15억까지 증가할 것으로 보이는 나라에서 무엇을 의미하는가? 경제성장은 값비싼 대가를 요구할 것이다. 경제성장은 환경오염으로 고통받는 사람을 증가시킬 것이다. 슬픈 사실은 사망자와 병든 자들이 결코 저항하지 않으며, 가난한 사람도 그날그날 살아가는 데 바빠서 저항하지 못한다는 것이다. 아마도 독립 이후 50년 동안 이미 5000만 명의 가난한 사람이 가난을 다루는 정치적 실천의 부족 때문에 죽었을 것이다. 인도의 독립은 분명 우리에게 값비싼 대가를 요구했지만, 이 나라의 정치가에게는 물질적 차이를 만들지 않았다. 분명 이 모든 것은 매우 비도덕적이다. 그러나 이 부패에 대항하는 사람이 있는가?

사실 이 질문 속에 대답이 있다. 변화는 민주주의의 선거 활동을 통해서 오지는 않을 것이다. 변화가 발생한다면 그것은 민주주의가 다음과 같은 권리들을 보장해주기 때문이다. 자유롭게 말할 권리, 조직을 결성할 권리 그리고 저항할 권리, 특히 법원에 갈 권리. 즉 인도에서 서구와 같은, 문자 그대로, 선거 대의제가 실행되도록 노력해야 하는 쪽은 인도의 시민사회다. 환경오염에 대항한 싸움은 그것이 민중운동이 될 경우에만 성공할 수 있다. 이 운동은 인도의 모든 도시에서 적극적으로 활동하는 집단들이 하나의 세력으로 모일 수 있는 민중운동의 성격을 가져야 할 것이다. 그러나 이것은 쉬운 일이 아니다. 사람들은 정부 조직과 산업체로부터 갖가지 혼돈스러운 정보를 얻을 것이다. 반면 확실한 정보는 공직자와 과학자에 의해 비밀에 붙여질 것이다. 이것을 크게 외쳐 알리는 과학자는 거의 없을 것이다.

인도의 도시 공기에 분진 입자가 다량 포함되어 있는데도, 이 오염인자가 건강에 미치는 영향을 연구하는 과학자가 인도의 과학환경센터에는 한 명도 없다. 이러한 상황에서 행해지는 모든 시도는 사소한 현안에 관심을 돌리게 하는 것이라고 말할 수 있다. 환경오염을 알리고, 그것과 싸우는 것은 고도로 과학적인 일이다. 만약 시민사회가 그 자체로 과학적 전문 지식을 얻지 못하거나 그들을 기꺼이 도울 과학자를 발견하지 못한다면, 또한 정치가와 관료 길들이기를 기꺼이 맡아줄 판사들을 찾지 못한다면, 환경과 개발의 균형을 찾는 일은 달성하기 힘들 것이다.

인도는 '간디의 땅'인데 아무도 평화적으로 갈등을 해결하는 방법을 알지 못한다. 인도의 환경운동가는 댐 건설에 강력하게 저항한다. 이들은 정부가 풍요로운 숲을 파괴하는 댐을 짓지 못하도록 영향력을 행사하지만, 댐의 작동을 멈추게 하여 잃었던 권리를 다시 회복하는 일에는 실패한다. 이는 정부가 여전히 개발의 대가를 누군가는 지불해야 한다고 생각한다는 것을 말해준다. 그리고 이때 대가를 치르는 사람이 혜택을 받는 사람에 비해 매우 적기 때문에 선거 민주주의는 이들을 신경 쓰지 않는다.

국가 수준에서 물을 관리하는 이들은 물 공급과 수력전기 정책을 계속 수정하고 있다. 그래서 댐에 관련된 투쟁은 주 주도형 프로그램만 가까스로 저지하고 있을 뿐이다. 이런 투쟁은 앞으로 시행될 물에 관련된 국가적 개발 정책과 프로그램에는 영향을 주지 못한다. 한편 정부는 여전히 갈등을 해결하는 기술이 부족하다. 인도 정부는 심각한 갈등, 특히 가난한 사람의 이익에 관련하여 발생한 갈등을 해결하기 위해 민중의 도움을 받는 데 완전히 실패했다.

게다가 환경 전문가는 댐을 반대하는 반면, 많은 시골 공동체들은 환경 전문가에 대항하고 저항한다. 이들 시골 공동체는 환경 전문가가 인도의 보호 구역을 지키는 방법에 불만을 품고 있다. 인도의 생물 다양성은 위험 속에 놓여 있다. 이 위기를 다루는 보존 전략은 주 주도형이며 반민중적이다. 이런 전략은 주민들에게 자신들의 서식지와 자원을 관리할 수 있는 기회나 역할을 주지 않는다. 예를 들어 세계은행과 세계환경기지Global Environment Facility에 의해 증진되고 인도 정부에 의해 채택된 '환경과 개발의 균형을 고려한 발전'이라는 개념은 전반적으로 인간을 고려하지 않는다. 이 원칙은 생물 다양성을 지키는 일에 주민의 참여를 권장하기보다는, 주민을 보호 구역에 다가오지 못하도록 막는다.

그러나 정부의 비효율성에 비해 인도의 민주주의는 강하다. 대법원은 인도 시민에게 환경 약탈자에 대항하여 불만을 제기할 수 있는 권리를 주었다. 이것은 행정부의 비효율성을 보여준다. 그런데 사법부가 행정부의 기능을 수행하는 경향이 건전한 것일까? 어찌 됐든 어떤 의미 있는 변화를 만들기 위해서 판사들이 함께 환경 관리의 열악한 상태를 지적하는 것은 중요하다.

앞으로 나아갈 길

환경문제에 나타나는 여러 도전을 다루기 위해서는 상당한 창의력과 정치적 헌신이 필요하다. 대다수가 빈곤한 상황에서 서구처럼 환경문제를 풀기 위해 고가의 과학기술을 도입하는 것은 쉬운 일이 아니다. 그러나 다른 방법을 찾을 수 있다. 아니, 찾아야만 한다. 우리가 찾을 수 있는 대안은 대략 다음과 같다.

- 좋은 민주주의
- 탈관료주의와 공공 참여를 기초로 한 좋은 통치
- 좋은 과학
- 공평함에 대한 관심
- 좋은 가치관

좋은 가치관에는 다음과 같은 내용이 포함된다. 자연에 대한 경외심, 문화적 다양성에 대한 존중, 가난한 사람에 대한 존중, 최악의 역경에서도 업무를 진행할 수 있게 해주는 지식과 특별한 능력, 사회적·문화적·경제적·성별 영역 등에서의 공평함 추구, 민주주의에 대한 존중과 참여의 권리.

자유정신과 과학[I]

야슈 빨
Yash Pal

뭄바이에 있는 타타 기초학문연구소의 교수와 아마다바드의 우주응용센터Space Application Centre의 감독을 지냈으며, 기초분자물리학 분야의 저명한 물리학자다.

인도가 독립할 무렵 나는 과학에 전념하기로 결심했다. 그때의 추억을 잠시 떠올리고자 한다. 인도에는 비슷한 시기에 등장했던 라만Raman, 사하Saha, 보스Bose 그리고 호미 바바 같은 몇몇 선구자적 과학자가 있었다. 특히 자와하를랄 네루가 있었다. 우리는 아동기에 네루의 늠름한 모습을 보았으며 그의 연설에 귀를 기울이곤 했다. 네루의 연설은 인도의 혼을 불러일으키는 요소와 문화로 가득했으며, 이전에 접한 적 없었던 다양한 내용으로 꽉 차 있었다. 네루가 과학을 이야기할 때, 그것은 단지 기계와 과학기술에 대해서 이야기하는 것만은 아니었다. 그가 자세하게 설명하지 않을지라도 사고방식과 삶의 방식에 대해 말하고 있다는 것을 느낄 수 있었다. 이때는 '과학의 사원들' 단계 이전이었다.

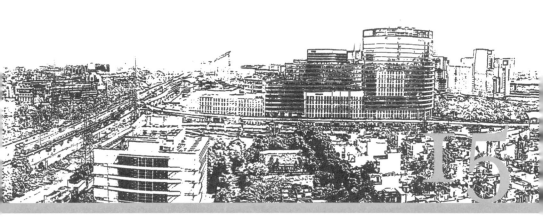

─────

　인도가 독립할 무렵 나는 과학에 전념하기로 결심했다. 그때의 추억을 잠시 떠올리고자 한다. 인도에는 비슷한 시기에 등장했던 라만Raman, 사하Saha, 보스 그리고 호미 바바 같은 몇몇 선구자적 과학자가 있었다. 특히 자와하를랄 네루가 있었다. 우리는 아동기에 네루의 늠름한 모습을 보았으며 그의 연설에 귀를 기울이곤 했다. 네루의 연설은 인도의 혼을 불러일으키는 요소와 문화로 가득했으며, 이전에 접한 적 없었던 다양한 내용으로 꽉 차 있었다. 네루가 과학을 이야기할 때, 그것은 단지 기계와 과학기술에 대해서 이야기하는 것만은 아니었다. 그가 자세하게 설명하지 않을지라도 사고방식과 삶의 방식에 대해 말하고 있다는 것을 느낄 수 있었다. 이때는 '과학의 사원들' 단계 이전이었다. 나는 과학을 공부함으로써 우리의 마음을 자유롭게 할 수 있다고 생각했다. 어쨌든 과학을 공부하는 것이 인도의 자유를 위한 투쟁과 같은 종류의 행동이라고 생각했다. 게다가 나는 과학이 매우 재미있었다.

　나는 하나의 사건을 기억한다. 1946년 당시 대부분의 학생들처럼 나는 독립운동에 참여했다. 우리는 저항했고 파업했고 독립기념일로 1월 26일을 기념했으며, 특히 인도 국군 등의 문제와 관련된 시위를 적극적으로 조직했다. 당시 이러한 삶은 전혀 놀라운 것이 아니었다. 거리에서 행진하는 동안 라티로 두들겨 맞거나 체포되는 것은 일어나기 쉬운 일이었다. 행진에 참여했던 어느 날 한 친구가 나를 뒤로 밀면서 말했다. '곧 독립을 성취할 인도에는 과학이 필요하기 때문에, 내가 학업을 포기한다면 이 나라에 손해가 될 것'이라고 말이다. 그때까지 좋은 학점을 제외하면 아무런 과학적 성취도 이룬 것이 없었기 때문에 나는 놀랐으며 약간 모욕당한 기분도 들었다. 내가 이런 이야기를 하는 이유는 과학이 독립한 인도에서 중요한 실천 과제가 될 것이라는, 지금은 널리 퍼진 이러한 인식이 매우 초기부터 발전해온 것임을 보여주기 위해서다.

나의 직업 경력은 독립 후 몇 년 안에 시작되었다. 나는 타타 기초학문연구소에서 연구생으로 시작했다. 호미 바바가 1945년에 세운 이 기관은 봄베이의 뻬떠로드Pedder Road에 있던 그의 어머니 집 한쪽에 위치했다. 호미 바바는 후원을 부탁하는 편지를 도랍지 타타 조직Dorabji Tata Trust에 보냈는데, 바바는 이 편지에서 세계에서 누구에게도 뒤지지 않는 물리학 학교를 세울 것을 약속했다. 그는 인도에 이러한 연구 조직이 필요한 이유를 다음과 같이 설명했다. 만약 인도에 물리학 학교가 생긴다면, 인도는 몇 년 안에 핵에너지로 전기를 생산할 수 있게 될 것이고, 그때 인도는 해외에서 전문가를 찾을 필요가 없다는 것이었다. 그의 편지는 1945년의 앨러머고도Alamogordo 핵실험과 히로시마 핵폭탄 투하 이전에 작성된 것이었다.

바바의 약속은 다소 거창했던 것 같다. 그때 인도는 가이거 계수기Geiger counter는 물론 앰프나 라디오조차 만들지 못하는 상태였다. 1947년 인도에서는 만년필, 재봉틀, 자전거, 시계, 심지어 분필도 모두 외국에서(주로 영국) 수입해 사용했다. 인도의 식민정부는 식민지를 유지하기 위해 필요하지 않다면 인도에서 산업이나 과학기술을 발전시키려고 하지 않았다. 독립 후 많은 젊은 과학자는 인도가 물리적 독립을 넘어 진정한 자율성을 얻기 위해서는 과학의 힘이 필요하다고 생각했다. 우리는 네루에 의해 크게 영향을 받았는데, 자유를 옹호하는 그의 웅변에는 항상 과학적 실천에 대한 내용이 포함되어 있었다.

본질적으로 바바는 자신의 약속을 지켰다. 타타 기초학문연구소는 원자에너지위원회Atomic Energy Commission라는 훨씬 큰 프로그램의 요람이 되었다. 원자로와 발전소가 건설되었다. 필요한 기술은 대부분 국내에서 발전되었다. 우라늄이 발굴되었고, 처리 기술이 개발되었고, 중수공장이 세워졌고, 핵연료를 처리하는 야금술이 개발되었고, 통제 시스템이 설계·제작되었고, 플루토늄이 추출되었다. 그리고 원시적인 수준이었던 관련 기술이 점차 발전했다. 여기서 중요한 것은 이러한 발전이 간단한 진공 기술도, 대형 압력 용기를 제조하거나 실험하는 수단도 가지지 못했던 배경 속에서 행해졌다는 점이다. 원자력 발전 프로그램은 초기에 성공을 거두었지만, 그 후 꿈꿨던 만큼 전력망의 양을 증가시키지는 못했다. 이것은 기술의 결점보다는 오히려 자본의 부족과 부분적으로는 변화하는 지정학적 기후 때문이었다.

놀랍게도 바바는 자유비행을 하는 기초적 연구조직이라는 타타 기초학문연구소의 정신이, 더 큰 원자에너지 프로그램 아래 숨겨지는 것을 원하지 않았다. 만약 뛰어난 사람이 함께 모였고, 그들이 목적의식을 가졌으며, 자유와 지지를 보장받고 있다면, 느릴지라도 좋은 일이 나타난다는 것을 그는 증명해냈다. 심지어 과학자들이 매점에서 하루의 반나절을 보낼 때조차도 그것은 서로의 생각을 비옥하게 하는 효과가 있었다. 나의 가장 좋은 기억 중 일부는 긴 휴식시간과 점심시간 동안 이 조직의 여러 집단과 함께 최근의 놀라운 뉴스를 교환하던 일과 관련 있다. 타타 기초학문연구소는 인도에서, 어쩌면 세상에서 1년에 70일의 휴가가 있었는데도 누구도 동료들과 일하러 가는 것을 제외하고는 하루의 휴가도 갖지 않았던 유일한 연구조직이었을 것이다. 우리는 가난한 나라로부터 거대한 기금을 받으면서 좋아하는 일을 하는 것에 죄의식을 느꼈다. 그리고 꼭 우리가 일했던 특정 집단 안에서는 아닐지라도 과학 분야에서 좋은 일이 많았기 때문에 행복했다. 나는 진실로 내가 일하는 조직이 세계에서 가장 좋은 장소라고 느꼈다. 과학을 공부하기 위해서도, 나라와 관련된 수많은 현안과 문제를 배우기 위해서도.

타타 기초학문연구소는 이미 50주년 행사를 마쳤다. 독립 후 50년 동안 이 조직은 수학, 고에너지 물리학, 우주선학, 천문학과 천체물리학, 분자생물학, 화학물리학 등에서 의미 있는 일을 해왔다. 또한 통신과학, 엔지니어링 그리고 컴퓨터 공학에서 행해진 다양한 노력에 참여했다. 과학과 기술 분야의 많은 지도자가 이 조직의 활기차지만 다소 힘든 여건 속에서 성장했다.

나와 매우 밀접하게 관련 있는 조직에 대해 많은 이야기를 했다. 그리고 이제 과학 분야에서 나타나는 편향적 성격에 대해서 고백하고자 한다. 이 고백은 드높은 의도와 상당한 재능이 있는데도 과학과 기술 분야가 발전하지 못했던 이유를 밝히기 위한 것이다. 타타 기초학문연구소는 단지 하나의 조직일 뿐이었다. 1947년부터 세워진 주요 연구소는 150개가 넘었는데, 대부분은 주州의 지원 속에 설립된 것이었다. 주요 연구소 중 민간 부문에 의해 만들어진 것은 거의 없었다. 공공 부문 산업일지라도 디자인 개발 분야의 재정은 빈약했다. 독립 전에는 단지 23개의 종합대학과 700개의 단과대학이 있었으나, 지금은 8000개의 단과대학을 제외하고도 거의 220개의 종합대학이 있다. 이들 종합대학에는 국가 차원에서 설립된 일류 대학과 주립대학 그리고 기술, 의학,

농업 조직이 포함되어 있다. 1947년 이후의 성장은 그전의 상황과 비교할 때 놀랄 만한 도약이었다. 그럼에도 9억 5000만 명의 인구를 가진 나라에서 이것은 충분한 규모가 아니다. 17~23세에 해당하는 젊은이 중 약 4퍼센트만이 겨우 대학 교육을 받고 있다. 훌륭한 교육기관은 과학과 기술 성장에 공헌해왔다. 하지만 이 기관들에 소속된 교수와 학생 수는 비율적으로 높지 않다. 그 이유는 대학의 연구기금이 상대적으로 열악하기 때문이다. 실제로 인도는 국가적이고 지역적인 연구조직을 세우는 것에만 너무 열중한다. 반대로 연구를 위한 대학의 기금은 빈약한 상태다. 대부분의 대학은 전기료 등의 부대비용은 물론 교수들의 월급조차 제대로 주지 못한다. 그런데도 지난 몇십 년 동안 인도에서 발생한 새로운 과학 지식 중 상당수가 대학 연구소에서 나왔다는 사실은 매우 놀랍다. 내 조사에 따르면, 1만 2000권의 박사 논문이 해마다 나왔고, 그중 약 40퍼센트가 과학과 기술에 관한 것이었다. 이들 중 많은 수가 크게 가치 있지는 않을지라도, 수준 높은 통찰력과 자료로 가득하다는 점에서 높게 평가받을 만했다. 그러나 이 가치는 결코 시장가격에 의해 발견될 수도, 평가될 수도 없는 것이다. 연구와 산업의 연결이 몇몇 분야를 제외하고는 아직도 저조한 상태이기 때문이다.

앞서 말했던 것처럼, 우리는 타타 기초학문연구소 같은 많은 국가 연구소와 훌륭한 조직의 설립과 관련해 과학 분야에서 큰 발전을 성취했다. 그러나 몇십 년 후면 이들 연구소나 조직은 젊은 과학자를 갈구하게 될 것이다. 다른 한편 대학은 재정 문제로 허덕일 것이다. 이제 우리의 관심을 대학으로 옮길 시간이다. 교육과 연구는 공존해야 한다. 우리는 또한 대학과 국가 연구소 사이의 모든 경계를 깰 필요가 있다. 이러한 방향으로 나아가기 위해서 수많은 대학을 연결하는 센터가 조직되고 있다. 그중 하나가 원자에너지국Department of Atomic Energy, 우주국Department of Space, 쉼라Shimla의 선진연구조직Institute of Advanced Studies의 합동 작업이다. 이들과 다양한 대학 간 센터는 역동적인 철도 승강장에 비유할 수 있다. 이런 기관은 여러 대학 사람들과 국가 실험실 연구원이 공동 작업 또는 상호 자극 속에서 함께 일하도록 돕는다. 다른 여러 분야에서도 이러한 협력이 더 많이 행해져야 할 필요가 있다. 이것은 획일적인 정육면체 형태로 만들어진 구조물에 새로운 부품을 장착함으로써 그 모습을 수정하는 방법이다.

높은 수준의 이해와 다소 어려운 도전을 필요로 하는 분야에서 우리는 매우 특별한 상황에 놓여 있다. 야금술 분야에서 우리의 이론적 수준은 상당히 높다. 그럼에도 이 기술은 경쟁적인 산업 분야에서 아직 사용되고 있지 않다. 우리는 티타늄 기술을 이해하고, 실제로 다양한 티타늄 합금을 위한 작은 발전소를 세웠지만, 산업에 이 기술을 응용하는 데 필요한 후원과 자본을 이끌어내는 데는 실패했다. 우리는 촉매 분야에서도 기술이 좋다. 실제로 우리는 석유와 여러 화학기술 분야에서 그 기술을 사용하고 있다. 그러나 그러한 전문 기술을 최대한으로 이용하고 있지는 못하다. 지난 30년 또는 40년 동안 화학기술을 산업에 응용하는 경향이 늘고 있다. 이러한 경향은 곧 절정에 이를 것이다. 이미 화학기술산업은 약 8퍼센트의 성장을 보여주고 있다. 세계에서 가장 큰 화학비료 제조사 중 하나가 인도에 있다. 우리는 인도의 특허법이 제품의 특허가 아닌 과정의 특허만을 인식하고 있었을 때부터 많은 수의 약품과 제조약을 위한 전문 기술을 발전시켜왔다. 이러한 결과로 인도에서 생산된 구급약은 서구에서 생산되는 것보다 5~10배 정도 더 많다. 그러나 지적재산권이 전 세계적으로 시행되는 지금, 상황은 나쁜 쪽으로 변화하기 시작했다.

지금 우리는 대부분의 소비재를 만들고 있다. 이 가운데 일부는 우리 스스로 제조 방법을 터득한 것이다. 다른 많은 것은 제조 방법을 외국에서 배웠다. 시장에서 얻을 수 있는 소비재의 질과 종류는 최근까지 매우 정체된 상태였다. 그러나 지난 5년간 높아진 경쟁 때문에 상품의 질이 향상되고 그 종류도 증가하고 있다. 아마도 사업의 민간 부문과 공적 부문 모두에서 지금까지 했던 것보다 디자인과 개발에 더 많은 자원을 투입하게 될 것이다. 그러나 단기간에 많은 기업가가 해외 협력자를 위한 조립 기술자나 중개인의 역할을 하는 것만으로도 만족할 것이다.

이제 우리는 인도의 많은 구석진 곳 그리고 좁은 장소에서 창조된 다양한 능력을 모아서 비옥한 혼합물을 만들어야 한다. 만약 우리가 이런 식으로 계속 간다면, 창조성의 홍수 속에서 튀어나오기를 단지 기다리던 거대한 능력을 마침내 만날 수 있을 것이다. 장벽이 무너지고 다양한 배경의 젊은이가 목적의식을 갖고 도전한다면 우리는 칭찬할 만한 결과를 성취할 수 있다. 만약 사회적·환경적 요구 없이 위성 탐사 프로그램을 해외로 훈련을 보낸 사람들의 힘으로만 시작하고 진행했다면, 이 프로그램은 그다지 성공적이지 않았을 것이다. 인도는 현재 국민 모두에게 안전한 식수를 제공하고 있지 못하고, 성인의 반이 결코 학교에 가본 적이 없으며, 집 안에 배관이 존재하지 않거나 열악하고 전기가 공급되지 않는 곳이 많으며, 고속도로가 전체적으로 부족하고, 차량 분출물로 인한 유독가스로 가득하며, 강은 하수구가 되고 있고, 수백 만 명이 일자리가 없으며, 그들 중 많은 수가 굶고 있다. 이런 나라에서 현대 과학과 기술이라는 새롭고도 어려운 분야에서 탁월한 능력을 보여 줘야 한다.

때때로 현 단계에서는 '쉬운' 것이 불가능할 수도 있고 어려운 것이 쉬울 수도 있다. 우리는 여러 선진국과 통신위성Intelsat 조직에 서비스를 제공하는, 커뮤니케이션과 원격조정을 위한 일등급 위성을 설계하거나 만들 수 있다(그리고 그것들 중 일부는 발사할 수 있다). 우리는 수많은 시골의 전자 환전소를 설계하고 만들었다. 그것은 매우 성공적이었다. 미국에서 슈퍼컴퓨터 수입이 좌절된 후에 우리는 적어도 그와 유사한 성능의 컴퓨터를 만들어냈다. 그리고 분자가속기, 고출력 레이저, 토커맥Tokamaks 같은 실험용 융합장치를 만들고 있다. 또한 우리는 고안된 백신을 가지고 있다. 심장 밸브와 여러 생명의학 장치도 설계하고 제조하고 있다. 사회적 필요에 따라 강하게 움직일 때, 아서 클라크Arthur C. Clarke가 역사상 가장 큰 커뮤니케이션 실험이라고 불렀던 위성교육 텔레비전 실험처럼 선구적인 사회-기술적 프로그램을 성공시킬 수 있다. 우리는 세상에서 가장 큰 전파망원경을 지금 사용하고 있다. 이것은 은하수의 형성 시기를 연구하기 위해 고빈드 스와루쁘Govind Swarup의 놀라운 설계를 기초로 하여 만든 것이다. 해외의 유명한 상품명을 갖고 있는 것들을 선호하고 국내의 기술을 간과하는 것이 가능함에도 불구하고, 첸나이와 여러 곳에 설립된 인도과학기술조직Indian Institute of Technology에서는 최근 원격통신 영역에서 다소 놀라운 발전을 이루었다.

지금까지 불충분한 환경 속에서도 과학자들이 수많은 성취를 이루어냈음을 살펴보았다. 우리 능력은 영향을 미칠 수 없는 사람들에 의해 과대평가되고, 영향을 미칠 수 있는 사람들에 의해 과소평가되고 있다고 생각한다. 아마도 우리는 오직 영적인 인도인이라는 전형적인 특징을 벗어날 수는 없을 것이다. 여기서 우리는 인도의 산업가, 관료 그리고 의사 결정자를 의미한다. 다음 대답이 더 명료하다. '우리의 능력은 매우 잠재적이고, 우리는 아직 여러 분야에서 우리가 발전시킨 전문 지식과 개별 과학기술을 이용하는 방법을 배우지 못했다. 게다가 우리는

먼 거리 슈퍼마켓에 진열되어 있는 완제품에 너무 매혹되어 있다.'

나는 네루가 국가물리학연구소National Physical Laboratory 준공식에 참석했던 때를 기억한다. 당시 나는 라호르 출신 학생으로서 1947년의 과학회의Science Congress에 참석 중이었다. 또한 1950년 네루가 국가화학연구소National Chemical Laboratory를 개관할 때도 그 자리에 있었다. 이때 나는 타타 기초학문연구소 연구생이었다. 이때 나는 몇 년 안에 인도가 선도적 과학국가가 될 것이라는 생각에 약간 들떠 있었다. 과학만이 아니라, 생산품과 서비스 부문에서도 발전이 있을 것이라고 믿었다. 이런 일이 실제로 일어날 거라는 확신은 과학 분야에서 우리가 이뤄냈던 것을 알게 되면서 더욱 강화되었다. 당신이 만약 어떤 연구 과제에 착수하기 전에, 그것이 전에 결코 행해진 적 없었다는 사실에 정당한 이유를 제공하지 않는 스승을 갖는다면, 또는 스스로 '그래서 뭐? 이것은 벽돌공장에서 생산된 공산품 벽돌을 피하는 방법이야'라고 질문할 수 있다면 당신은 충분히 행운아다.

시간이 가면서 이런 확신은 허물어지기 시작했다. 왜냐하면 인도의 산업이 마지못해 또는 오직 외국으로부터 발전소나 산업을 수입할 수 없을 때만 우리가 창안한 것을 선택했기 때문이다. 우리는 기술 이전과 함께 수입을 하는 전략을 만들었다. 많은 사람이 거래할 때 이런 조건을 주장하는 것은 매우 현명하다고 생각했다. 그러나 나는 이 전략이 재앙이었다고 느낀다. 왜냐하면 그것 때문에 계속 대가를 지불하고 있기 때문이다. 이 경우 우리가 했던 것은 긴 '육상경기 기록표'를 요구하는 것뿐이었다. 기술 이전 조항은 같은 기술을 그대로 옮기게 함으로써 미래의 기술 창조에 그림자를 드리운다. 또한 기술 이전은 매우 새로운 방향에서 나온 아이디어를 모두 질식시켜버린다. 우리는 육상경기 기록표를 갖고 있지 않은 최신식 기술을 가짐으로써 더 좋은 일을 할 수 있을 것이다. 우리는 홀로 또는 공동 작업으로 우리 자신의 탐험을 시작해야 할 것이다. 이때 필요하다면 외국 장비를 사용할 수는 있다.

내가 말하는 것은 개발계획 시대에 대한 사후 분석가들의 주장과는 매우 다르다. 개발계획 그 자체를 비난하려는 것은 절대 아니다. 네루식 개발 모델을 비방하는 것도 절대 아니다. 나는 오히려 네루식 모델이 당시 상황에 적합했던 것이며, 현재도 이 모델의 많은 부분이 지속될 필요가 있다고 생각한다. 만약 인도의 시장을 지배하는 많은 국제적 상품명을 기준으로 하여 개발을 정의하기 시작한다면, 그땐 분명히 개발계획은 역할을 가지지도, 기능하지도 못할 것이다. 만약 국민 중 극소수가 부유한 국가의 사람들처럼 사는 상태를 발전이라고 생각한다면, 그때 우리는 그것이 무엇이든 개발계획을 필요로 하지 않을 것이다. 그것은 자유시장의 마술에 의해 저절로 발생할 것이다. 다시 말해, 만약 사회 전체가 독립 이전처럼 침략당하지만 않는다면, 그것은 자연스럽게 일어날 것이다. 다시 나의 관심으로 돌아가고자 한다. 나의 꿈은 우리가 우리 자신의 재능에 의해서, 우리 자신의 발명에 의해서, 우리 자신의 혁신에 의해서 발전하는 것이다. 나는 그것이 힘들지라도 불가능하지 않다고 생각한다. 인도처럼 큰 국가는 만약 바깥으로부터 많은 자본과 산업을 제공받고 또한 인도인이 최고의 무역업자나 은행가가 된다면, 일시적인 번영을 성취할 수 있을 것이다. 그런데 만약 이런 일이 실제로 일어난다면, 그때 인도는 어떤 다른 사람의 개념을 갖게 될 것이고, 그러면 나는 매우 슬플 것이다. 우리가 빌려온 틀 속에서 주조된다면 무척 슬플 것이다. 이 경우에 나는 인도가 우리 자신의 것으로 만들어지지 않았다는 사실에, 살 날이 많이 남지 않은 나이인데도 항상 화가 나 있을 것이다.

화제를 바꿔보자. 우리 과학자들이 나라를 위해서 한 일이 많지 않았다는 평가가 오늘날 점점 넓게 퍼지고 있다. 이러한 평가가 점점 더 강해지고 있다. 나는 요즘 많은 사람을 만난다. 인도의 곳곳을, 작은 소도시부터 대도시까지, 시골 마을과 농장까지, 학교, 대학 그리고 종합대학까지 여행하고 있다. 또한 노동자, 사회과학자, 정치가와도 이야기를 나눈다. 위성 발사, 미사일 발사 그리고 현재의 제2차(1998) 뽀크란 핵실험까지 국가가 대대적으로 선전하는 것을 제외하면, 우리 국민은 인도식 상품명을 가지는 제품을 좀처럼 보기 힘들다. 심지어 바보 같은 콜라도 '코카' 또는 '펩시' 같은 안정적인 접두사를 달고 있고, 치약 시장이 이미 외국 이름으로 도배된 것처럼 비누나 세정제, 샴푸, 면도기, 크림 같은 '고도의 과학기술' 품목도 외국 상품명을 갖고 있다. 지금은 우리말처럼 들리는 제품명을 찾기 힘든 시대다. 인도 감자로 만들고 인도 기름으로 튀겼는데도 알루미늄 봉지로 포장해 외국 상품명을 붙이면 감자튀김은 세 배의 가격으로 팔린다. 아물Amul을 제외하면(꾸리엔Kurien과 그의 독특한 사회기술적 모험 덕분에), 초콜릿과 아이스크림에도 외국 이름을 붙인다. 라디오, 텔레비전, 비디오플레이어, 디스크플레이어, 음악 장비, 휴대전화, 진공청소기, 세탁기 그리고 냉장고도 그렇다. 계속 더 읊을 수도 있다.

인도인이라면 다음의 사실을 잘 알고 있다. 석유화학 제품을 포함한 우리 화학산업에서 사용되는 촉매제의 일부가 인도인 화학자에 의해 발명되었다는 것, 우리 과학자에 의해 야기된 농업과학의 발전, 우리 산업이 생명과학 기술과 전기제품 등의 발전에 기여한 본질적 역할(그것의 어떤 것도 외국 상품명을 갖거나 섹시한 광고로 홍보되고 있지 않음) 등등. 그러나 그것들을 직접 볼 수는 없다. 그래서 때때로 나는 매우 버릇없는 질문을 받는다. "우리나라를 위해서 과학이 한 일이 무엇인가? 당신은 좋은 면도기, 샴푸 그리고 비누나 탈취제도 만들 수 없다." 나는 심지어 이런 비슷한 내용의 편지를 받기도 한다. 한 기자가 이젠 과학자의 월급과 그들의 가치 없는 실험에 돈을 그만 낭비해야 한다고 말하는 것도 들었다. 평범한 사람뿐만이 아니다. 심지어 존경받는 정치지도자도 라만, 보스 그리고 사하 이후 인도 과학이 이루어낸 성과가 무엇인지에 대해서, 그리고 기금이 낭비되는 것은 아닌지에 대해서 질문을 던진다. 이렇게 말하는 사람도 대부분 인도를 과학 부국으로 만드는 것에는 반대하지 않는다. 그들은 단지 과학 부국이 새로운 과학기술을 가져오는 것으로 성취될 수 있다고 착각할 뿐이다. 진실로, 그들 대부분은 **창조한** 기술과 **수입한** 기술 사이의 차이를 알지 못한다. 이른바 진보적인 산업가는 자신들이 새로운 기술을 수입했던 것은 매우 현명한 행동이었다고 말한다. 그들은 새 기술 도입을 주장하고, 이는 항상 받아들여진다. 산업도 새로운 무엇인가를 시도하는 것, 즉 전에 어떤 곳에서도 행해진 적이 없었던 것을 실행할 의무를 갖지 않는다. 때때로 과학자나 엔지니어조차 이것을 자신들의 의무로 생각하는지 혹은 아닌지에 대해서 확신이 서지 않기도 한다.

다행스럽게도, 가르침-익힘의 전통은 인도 사회에 아직 많이 남아 있다. 우리 문화에서 우리가 정말로 자랑스러워하는 것은 대체로 이런 교습 전통에 기초하여 형성되었다. 우리 예술가와 장인, 도예공과 직조공, 직물 도안가와 보석 세공사, 음악가와 춤꾼, 민속예술가와 신화 작가 등등 이들은 모두 바로 이런 전통 속에서 성장했다. 또한 기계공과 목수는 물론이고 시계 제작자, 석공, 다이아몬드 세공사 등도 그렇다. 우리에게 필요한 것은 비공식적 학습 활동으로 통하는 쌍방향 통로를 갖는 건축물의 형태로 우리의 공식적 시스템을 설계하는 것이다. 모든 학습의 세계적 부문과 보편적 부문 그리고 지역적 부문과 일상적 부문을 연결해 통합할 필요가 있다.

지난 25년 동안 이른바 민중과학운동People's Science Movements이 출현했고, 이는 교육과 과학의 분위기를 바꾸기 시작했다. 이 새로운 운동은 과학의 대중화에 관심을 갖는 과학자로부터 시작되었다. 그들 중 일부는 자신의 실험실과 대학을 떠났다. 그들은 사회학, 제약constraints 그리고 전통적 학습방법에 대해 더 깊이 이해하고 있었다. 그들은 무식한 촌놈으로 간주되던 이들의 지식을 존중했다. 과학의 대중화를 이끄는 이들은 사회활동가가 되었고, 기계처럼 움직이는 행정 체계를 넘어서는 프로그램을 여러 차례 시도했다. 읽고 쓰는 능력, 건강, 환경, 과학 교육을 위한 프로그램 연구 작업과 실제 응용하는 작업에 수천 명이 참여했다. 그들은 시골 도서관을 세웠고, 시골에서 과학 모임을 조직했으며, 주민들이 자녀 교육과 자신들의 땅 관리에 나타나는 문제를 직접 해결할 수 있도록 도왔다. 그들은 신문을 보급했고, 교과 과정을 개발하고, 책을 썼다. 학생과 선생은 그들의 작업에서 기본적인 구성 요소였다. 내 관점에서 이들 프로그램 중에는 주로 삶과 환경이 조화롭게 공존할 수 있는 새로운 절차를 발전시키는 데 관심을 갖는 것이 많았다. 그들에 의해 개발된 자료와 일련의 교육 과정은 강제적인 추천물이 아니라 본보기로 받아들일 만한 것이다. 느리게, 그러나 분명하게 그들은 교육부를 포함한 여러 제도적 조직에 점점 더 많은 영향력을 행사하게 되었다. 수천만 명이 열정적으로 새로운 인도를 창조하고자 노력했다. 나는 그들로부터 상당히 많은 것을 배운다. 인도가 현 상황을 극복할 수 있으며, 인도만의 고유한 현대성을 가질 수 있다는 것을 그들의 존재를 통해 확신하게 되었다.

내가 얘기하고자 하는 본래의 주제로 돌아가자. 그 주제는 과학과 자유정신이다. 내가 이해시키기를 시도했던 것은 대부분 서로 관련되어 있다. 그리고 그 밖에도 관련 있는 더, 더 많은 것이 있다. 그러나 나는 하나에만 집중하고자 한다. 나는 간디가 이 세상에 너무 빨리 태어났다고 생각한다. 그가 한 세기 정도 늦게 태어났다면 좋았을 것이다. 만약 그가 그때 나타나지 않았다면, 우리는 정치적 자유를 얻는 데 더 오랜 시간이 걸렸을 것이다. 그렇다 하더라도 독립은 결국 왔을 것이다. 간디는 독립 이외에도 매우 많은 것을 이루기 위해 일했다. 간디는 세계의 첫 번째 환경운동가라고 평가될 수 있다. 그는 매우 분명하게 중앙집권화가 약자를 소외시킨다는 것을 알았다. 그는 대량생산품이 아닌 대량생산에 대해서 이야기했다. 그는 그람 스와라즈gram swaraj(마을 자치—옮긴이) 개념을 계속 강조했다. 간디는 진정한 교육은 학생을 그들이 살고 있는 사회에 직접 연결해주는 것이라고 생각했다. 또한 일상생활과 분리된 교육은 배제해야 한다고 주장했다. 이런 주장의 바탕에 깔려 있는 것은 사람과 교육이 함께 가야 하며, 손으로 일하는 동안 많은 것을 학습할 수 있고, 일상적으로 얻은 지식은 교육적 온실에서 얻은 지식과 수직적 관계가 아닌 수평적 관계에 있다는 지혜였다. 이 지혜들 중 많은 부분이 현재 세계에서 잊히고 있다. 간디의 열성적 지지자는 이제 교육과 일상생활의 영역에서 그의 사상을 추구하지 않는다. 간디 주의자는 간디를 그의 시대 속에 얼려버렸고, 그의 통찰력 있는 사상을 화석화해버렸다.

오늘날의 인도와 세계를 주의 깊게 살펴본다면, 우리의 주요 문제는 일상적인 것과 우주적인 것의 갈등 그리고 특수성과 보편성의 갈등으로 연결되어 있다는 것을 깨닫게 될 것이다. 일상적인 것은 우리를 인간으로 만들어준다. 민족 집단이나 인종 집단이 갖는 친족의 감정에 덧붙여 문화, 종교, 음악, 춤, 언어, 웃긴 얘기, 관습, 의례, 식습관, 복장, 인간관계 등 이 모든 것은 일상적 접촉의 산물이다. 이것들은 강하게 공격받을 수 있는 성격의 것이 아니며, 우리는 이것들 없이 살 수 없다.

이는 보통 사람이 갖는 과거의 결과물이다. 지리학적으로 경사진 이 세계의 발전, 산업혁명, 식민지화는 강한 영향력을 가지며, 이 세상의 커다란 부분에 충격을 준다. 그러나 이것은 정복이 소유권과 종주권이라는 법적 권리로서 인정될 때의 이야기다. 20세기가 반쯤 지났을 때 이 세상의 모든 부분에서 성장한 세계적 의식이 이러한 상황을 변화시켰고, 더 이상 정복자가 멋대로 소유하고 착취할 법적 권리를 가질 수 없게 되었다. 이것이 20세기의 가장 큰 업적이다. 적어도 원칙적으로는 몇몇 나라가 진을 치고 앉아서 세계의 나머지를 법적으로 나눠가질 수 없게 되었다.

우리는 지금 세계적인 상호작용, 사상의 교환, 급증하는 국제무역, 문화적 공격이 급류를 타는 새로운 시대에 들어섰다. 경제적 지배와 문화적 지배는 함께 작용했다. 이로 인해 계몽주의 시대의 세상은 갈등으로 가득 차게 되었다. 그럼에도 20세기 말에 인구가 폭발하고, 지역이 나라의 국민과 정부의 구속으로부터 벗어나겠다고 선언하며, 다양한 형태의 대량학살이 나타날 거라고는 예측하지 못했다. 이런 문제들이 미래에 다시 나타나지 않을 거라는 확신을 우리는 가질 수 없다. 나는 인간의 윤택한 삶에 결정적인 영향을 줄 수 있는 다른 문제들을 알지 못한다. 문제의 핵심은 오직 하나 또는 소수의 집단을 중심으로 이 세상이 돌아가는 것이 불가능하다는 것이다.

간디는 이것을 예측했다. 그러나 그람 스와라즈는 그의 시대에 적합한 제안이 아니었다. 새로운 정보기술 덕분에 그람 스와라즈는 지금 성취될 수 있다. 즉 간디의 꿈은 오늘날 구체적인 모양을 얻을 수 있다. 우리는 중심이라는 개념을 버릴 수 있다. 인도와 세계는 지금 수평관계에 있을 수 있다. 모든 소비자는 또한 창조자가 될 수 있다. 생각과 제품의 다양성은 몇 배로 증가할 수 있다. 모두가 주변이 되지 않고 자신이 중심에 있다고 느낄 권리를 가질 것이다.

　과학자와 기술자를 포함한 모든 종류의 사상가들 앞에 놓인 도전은, 이 같은 세상이 가능하도록 만들어주는 새로운 시스템을 구축하는 것이다. 즉 조화로운 세상, 모든 사람의 창조성이 북돋아지는 세상, 다양한 종류의 인류가 그려진 아름다운 양탄자가 남아 있는 세상. 이 같은 일이 일어나지 않는다면, 20세기에 우리가 자신에게 주었던 상처보다 더 심한 상처 없이 21세기를 건너갈 수는 없을 것이다.

우리의 문화적 유산과 정체성

까삘라 바드샤얀
Kapila Vatsyayan

미국, 유럽, 오스트레일리아의 대학들에서 강의를 했다. 현재는 인도국제센터의 회장이며 인디라 간디 예술 센터의 학술 감독, 러시아 과학 아카데미의 회원이며, 아시아 협회로부터 여러 번 수상을 했다.

이 글은 《인도, 100년을 돌아보다》에 실린 열여섯 번째 논문이다. 라가바 메논Raghava Menon 의장은 이 책의 논문들에서 흥미로운 점을 발견한다. 그것은 글의 초점이 20세기의 인도라는 주제에서 문화 관련 주제로 바뀌고 있다는 점이다. 이것은 문화라는 주제가 매우 크고 중요해서 그것 없이는 이 나라에 대해서 이야기할 수 없다는 것을 증명하는 것이라고 메논은 말한다. 한편 메논은 인도의 5000년 역사와 문화유산을 보존하고 이해하는 데 바뜨사얀 박사가 지대한 공헌을 했음을 강조한다.

16

　　이 글은《인도, 100년을 돌아보다》에 실린 열여섯 번째 논문이다.[1] 라가바 메논Raghava Menon 의장은 이 책의 논문들에서 흥미로운 점을 발견한다. 그것은 글의 초점이 20세기의 인도라는 주제에서 문화 관련 주제로 바뀌고 있다는 점이다. 이것은 문화라는 주제가 매우 크고 중요해서 그것 없이는 이 나라에 대해서 이야기할 수 없다는 것을 증명하는 것이라고 메논은 말한다. 한편 메논은 인도의 5000년 역사와 문화유산을 보존하고 이해하는 데 바뜨샤얀 박사가 지대한 공헌을 했음을 강조한다. 메논에 따르면, 바뜨샤얀은 현재 문화를 연구하는 학자지만 젊었을 때는 널리 이름을 떨쳤던 춤꾼이었고, 이러한 경험은 지식을 통해서 간단히 얻을 수 없는, 경험을 통해서만 얻을 수 있는 특별한 통찰력을 그녀에게 주었다고 평가한다. 이것은 오늘날 지도자의 위치에 있는 사람들에게서 거의 볼 수 없는 희귀한 조합이다. 어떤 것을 경험을 통해 표현할 때 언어는 변한다. 즉 전체적 어법이 변화한다. 이런 맥락에서, 메논은 바뜨샤얀을 전문 지식과 예술적 기능을 모두 갖춘 지도자로 높이 평가한다. 인디라 간디 국립예술센터Indira Gandhi National Centre for the Arts 같은 조직을 설립하고 발전시키는 데 그녀가 쏟아 부었던 노력

역시 과소평가될 수 없다. 수집된 학술 자료, 즉 긴 설명이 필요 없을 만큼 명백하게 중요한 자료는 모두 이 센터에 수집되며, 자료의 범위는 국제적인 것까지 아우른다. 이것이 그녀의 가장 큰 업적이라고 평가된다.

까삘라 바뜨샤얀 박사 : 나는 어디서 어떻게 시작해야 할지 정말 모르겠다. 첫째, 가족에게 연설을 하는 것은 너무 어렵기 때문이다. 어떻게 가족에게 연설을 하겠는가? 오랫동안 알아왔고 함께 살았던 **인도국제센터 IIC의 사람들 앞에서**, 즉 나의 가족들에게 지금 내가 연설을 하고 있다. 어떻게 내가 그들에게 연설을 할 수 있는가? 가족들 앞에서 연설하는 것은 나를 정말 긴장시킨다. 나는 델리에서 처음으로 무용 공연을 할 때도 이렇게 긴장하지 않았다. 그때는 무용 공연이 점잖지 않은 행동으로 여겨지던 때였다.

사뱌사찌 바따쨔랴 교수는 나의 연설에 매우 아름다운 제목, 즉 '뮤즈들Muses과 **자유**'를 붙이도록 제안했다. 이 제목은 나에게 태양 아래서 어떤 것이든 말할 수 있는 자유를 주는 것 같았다. 그러나 나는 영문학으로 시작을 했고, 내 안에 유럽인의 자아가 부분적으로 있기 때문에 이 '뮤즈'라는 단어에 문맥상의 부담을 느꼈다. 그것에 대해 곰곰이 따져보면서, 내가 창조성과 자유를 표현하기 위해 어떤 영어 단어를 사용할 수 있을지 생각해보았다. 결국 나는 이 강연의 제목을 '문화적 유산과 정체성'으로 수정하기로 결정했다. '문화'라는 단어는 인도국제센터의 **조언에** 따라 넣은 것이다. 또한 인도국제센터는 후에 '우리'라는 단어를 덧붙였다.

무엇보다도 우선, 이 제목은 정의와 인식에서 문제가 있음을 밝히고자 한다. 먼젓번의 제목에는 한 묶음의 문제들이 있었으며, 지금의 제목**에도** 또 다른 묶음의 문제들이 있다. 그래서 나는 혼합물을 만들고자 한다. 이 혼합물에는 우리가 무엇을 문화적 유산과 정체성이라고 **간주하는가에** 대한 질문이 포함되어 있다. 그다음으로 나는 우리의 문화적 창조성과 다양성의 보존을 위해 독립 후 인도에 세워졌던 조직에 대해 이야기하고자 한다.

'통치의 혼란Crisis of Governance'이 유엔 개발 프로그램UNDP의 보고서 제목이었다. 반면 '창조적 다양성'은 유네스코UNESCO (유엔 교육과학문화기구)의 가장 **최근** 기록물 이름이다. 이것을 통해 여러분은 현재의 이 강연 제목이 어떻게 결정되었는지 눈치챌 수 있을 것이다. 나는 이 강연의 마지막 부분에서 '체험'이라는 주제를 꺼낼 것이다. 사람들은 가족과 함께 대화를 갖고, 논쟁을 하며, **그들에게 격렬한** 반대도 표현하듯이 이 강연에서도 그러한 과정이 반드시 나타나기를 희망한다.

'돌아보다'라는 표현에 문제를 제기하는 것으로부터 시작하고자 한다. 어디를 뒤돌아본다는 것인가? 그리고 시간적으로는 언제를? 이 책의 논문들은 그 제목에서 **직선성linearity, 즉 순차적 배열**을 보여준다. 어느 시점에서 돌아보기를 시작해야 하는가? 현재에서? 우리는 이 특별한 현재가 자신의 돌아보기에 정보를 제공하고 결정력을 행사하는 모든 복잡성을 내포하고 있다는 사실에 입각해서 이러한 현재를 고정된 범주로 생각할 수 있는가?

돌아보기는 진실로 '객관적'일 수 없다. **내가 볼 수 있다**는 사실, 나의 눈이 보고 있는 것 그리고 내가 뭔가를 보고 있는 때 등등에 의해 시각이 제한되고 만들어진다. 이야기 속 바로 이 순간은 가치의 개입 없이 묘사할 수 없다. 이것은 어떤 시각, 견해, 창구 또는 여러분이 사용하길 원하는 은유가 무엇이든 그것으로부터 온 해석이다.

돌아보기는 다른 측면에서 생각할 수도 있다. 객관적인 돌아보기란 자신을 멀리 떨어진, 심지어 무관심한 관찰자로 간주하는 사람들에 의해 시도된다. 이런 관찰자는 자신이 돌아보는 대상에 관련되어 있지 않다고 믿으며, 또한 자신은 단지 분석을 위해 그것을 살펴볼 수 있는 권한을 부여받았을 뿐이라고 생각한다. 여기 있는 우리 중 누군가 이런 것을 할 수 있는가? 정확하게 말해, 우리는 자신의 과거만큼이나 자신의 현재에 영향을 받으며 돌아보기를 할 수밖에 없지 않은가? 외부자-내부자의 갈등은 학문 분야에서 오래된 주제다. 그런데 또 다른 면, 즉 내부자-외부자의 문제도 있다. 여기 있는 우리 모두는 내부자-외부자다. 우리가 자신의 문화의 '내부자'에서 '외부자'가 되었던 방법은 아마도 하나의 실마리를 제공할 것이며. 이것이 바로 내가 여기서 끄집어내고자 시도하는 것이다.

완벽하게 외부자가 되는 것은 불가능할 것이다. 왜냐하면 우리는 여기서 태어났기 때문이다. 자신을 외부자로 간주한다는 것은, 죽은 개구리를 해부하는 것과 같은 방법으로 어떤 현상이 분석될 수 있다는 믿음 속에서 하나의 현상을 분석하기 위해 자신의 주관을 멀리 떼어놓기로 결정했다는 것을 의미한다. 그러나 문화는 살아 있고 계속 재창조되는 것이다. 나 또한 그렇다. '돌아보다'라는 단어에는 하나의 암묵적 전제가 포함되어 있다. **이 단어는** 메논 교수와 바따쨔랴 교수에 의해 윤곽이 잡힌 것이다. 논문들의 전체적인 흐름은 바따쨔랴 교수가 구성했다. **20세기의 직선적 시간에서, 즉 1947년부터**(정치적 독립의 순간) **현재에 이르기까지 우리는 '문화유산'과 '문화적 정체성'이라는 말을 어떻게 정의해왔는가?** 이 말들은 범주의 정의와 진화에 대해서 문제를 제기한다. 이것은 기본적이며 중요한 현안이다. 그러나 지금은 공존하며 겹쳐진 시간과 공간의 다양한 순간을 캡슐로 싸버리는 현재의 현상에 대해 이야기해보자. 이 층들은 우리의 현재적 삶 속에서, 개인적으로 또는 집단적으로 충돌하고 있다. 때때로 우리는 그들을 **힘겹게 틀 속에 가두고**, 때때로 우리는 그들을 부수며, 때때로 우리는 거품을 다루는 것처럼 그들을 다룬다.

우리는 인도 문화에 대한 상투적 표현이 있음을 알고 있다. 이들 상투어는 광고판, 우마차, 제트기, 위성 등 곳곳에서 발견된다. 이들 상투어는 큰 의미와 중요성을 갖는다. 사람들은 그것들이 공존하는 방법에 대해서 궁금해하는가? 그런데 그것들이 공존하는 것이 맞는가? 이런 질문은 우마차로부터 자동차, 자전거, 제트기, 위성까지 직선적 발전에 대한 의문인가, 아니면 그들이 공존하고 있다고 '보는' 우리의 사고방식을 지적하는 것인가? 이것은 일종의 자기-의지, 즉 사물을 직선적 모양으로 배열하는 과학기술의 선택에 대한 문제인가? 여기서 과학기술은 우리가 자기 자신을 위해 선택하거나 '채택'한, 문자 그대로의 과학기술일 뿐만 아니라 사고와 정신에서의 '기술'도 의미한다.

성장에 대한 단선적 도표는 모양이 변할 수 있으며, 또한 이 도표는 문화적 정체성으로서 특징지어진 복합성 또는 다층성을 반영하지 못한다. 도표는 경제 분야에서 주로 그리는데, 문화 분야에서도 그릴 수 있을까? 나는 여러분을 위해 많은 도표를 만들 수 있으며 이것들은 매우 유용할 수 있다. 그러나 그것들이 우리 안에서 고동치는 삶을 여전히 말해줄 수 있을까? 고동치는 삶이 도표로 요약될 수 있을까? 현재의 이 순간은 알파에서 오메가로 변화해가는 순차적 과정의 한 단계인가?

문화적 정체성은 내적 정화에 의해 자신을 부수거나, 파괴하거나, 쇠퇴하거나, 또는 자신을 주장하고 드러내고 갱신하는 각각의 순간 속에서 그 자체로 잠재력을 갖는다. 때때로 자신이 지하에 숨겨져 있을 때, 즉 알려지지 않았을 때, 또는 우리가 그것을 부수었을 때, 그때 우리는 그것의 재건을 시도할 수 있다. 정체성의 재건을 위해 다양한 운동이

20세기에 행해졌다. 즉 정치적 위기가 주어졌을 때마다 문화적 정체성을 회복하기 위한 운동이 행해졌다. 더 이상 살아 있지 않은 정체성을 부활시키기도 했다. 재건된 것은 유기적으로 존재했다. 그러나 때때로 본래의 유기체가 더 이상 거기에 있지 않고 오직 구조만 지속되는 경우도 있었다. 그러나 여기서, 문화의 성질 변화 또는 변형은 (우리가 이 문화에 의해 이해하는 것이 무엇이든) 옛것이 새것이 되고 새것이 옛것이 되는 곳에서 발생한다. 산스크리트어에는 우샤usha(새벽), 라뜨리ratri(밤) 또는 자아에서의 변형을 일컫는 단어, 즉 찌라 누딴chira nutan 그리고 찌라 뿌라딴chira puratan이 있다. 모든 창조적 순간은 지금 여기서 일어난다. 하나의 유산을 창조하는 순간은 과거가 아니다.

여러분은 고대 인도, 중세 인도, 식민지 인도 또는 독립 인도라는 단어에 관해서 생각할 수는 있다. 그러나 이들 항목이 우리가 문화유산이라는 단어로 표현하는 것의 역동성을 정말로 성취하고 그것에 반응할 수 있는가? 각 순간은 이전의 순간을 포함한다. 한순간은 표층화된 것이다. 그리고 이것은 시대 구분에 대한 질문도, 역사의 영역에서 발생하는 논쟁에 대한 질문도 아니다. 예술의 문맥에서 재건설이나 복구는 (그것이 유형 유산이든 무형 무산이든) 그것에 새 형상, 즉 현재에 맞는 새로운 모습을 준 결과로 나타나는 일종의 '다시 살기'다. 적어도 여러 해 계속되는 삶의 부활, 즉 시간 초월을 목적으로 하는 하나의 시도다. 반대로, 고동치는 아뜨만atman의 상실이나 숨의 상실 후에 우리는 옛 형태에 집착하게 된다. 다시 말해 우리는 구조에 집착한다(구조 그 자체는 매우 엄격하게 축조되어 있어서 그 결과로 그것들을 물려주는 것이 가능하다). 그러나 우리는 구조에 새 의미를 줄 수는 없다.

이 둘은 동시에 일어난다. 두 과정은 인도 문화의 오랜 역사에 걸쳐 분명하게 존재했다. 연속-변화 그리고 재생-재건설의 역동성이 발생하지 않았다면, 죽은 과거로부터 살아 있는 현재로의 단선적이고 일차원적 움직임만이 존재했을 것이다. 우리가 이 단어, 즉 '진행되는 찰나적 순간'이라고 표현하는 것에서부터 우리는 우리 자신과 우리의 삶에 접근한다. 나는 다른 은유를 사용한다. 그 은유가 우리의 토론에 쓸모가 있기 때문에 그중 몇몇을 언급할 것이다. 그러나 자세히 다루지는 않을 것이다.

나는 인도 사상의 얼어 있는 표면 또는 인도 정신의 얼어 있는 표면에 대해서 이야기하고자 한다. 그 얼어 있는 표면은 경계가 뚜렷하지는 않지만 분명 거기에 근본적으로 존재한다. 이것은 측정되기도 하고 측정 범위를 넘어서기도 한다. 그 얼어 있는 표면으로부터 항상 다양한 지류가 흘러나온다. 강은 다양한 지류로 갈라지고 다양한 숲이 생성된다. 이 다각적인 지류는 흘러갈 뿐 결코 멈추지 않는다. 지류들은 커다란 연못, 즉 산스크리트어로 쁘라야가prayaga(신성한 장소―옮긴이)를 만들었다. 쁘라야가는 특정 시간과 공간 속에 있다. 즉 그것은 시간과 공간에 의해 결정된다(같은 장소라고 할지라도 시기에 따라 신성성이 증가하거나 줄어들 수 있다―옮긴이). 이 강은 흐르는 성질, 즉 역동성을 갖는다. 우리는 댐을 건설하여 강으로부터 합류의 가능성을 제거하고 그것이 한 방향으로 흐르게 만들었다. 이것은 일정 기간 동안 우리에게 부를 가져다주었지만, 동시에 오랜 기간 동안 강의 부패로 고통받게 했다.

내가 자주 사용하는 또 하나의 은유가 있다. 사회학자들은 이것을 인정하지 않을 것이라고 확신한다. 그럼에도 나는 이 은유를 사용할 것이다. 많은 물고기, 바다에 엄청나게 많은 물고기, 매우 많은 층의 삶을 가진 바다의 엄청 많은 물고기에 대한 은유다. 꼭대기에 살고 있는 물고기가 있고, 거기에는 암초가 있고 지하수도 있다. 이 모든 것은 계속된다. 만약 여러분이 파도를 본다면, 조류를 본다면 여러분은 오직 바다의 표면 운동만을 알게 될 것이다.

우리는 또한 하천 체계와 얼어 있는 표면의 역동성에 대해 생각해볼 수 있다. 많은 불연속에도 그것은 흐르기를 계속할 것이다. 강은 각각 내부 정화 시스템, 즉 생물학적 용어로 미생물을 갖고 있다. 이전에는 많지 않았을지라도 강에는 항상 오물이 있었고, 동시에 내부 정화 시스템이 작동하고 있었다. 우리는 이 정화 시스템을 우리의 인간 정체성 안에도 갖고 있는가? 끊임없이 인간 정체성에 재생력을 제공하는 정화 시스템을 갖고 있는가?

우리가 얼어 있는 표면, 수풀과 강 시스템의 역동성을 이해하기 위해서 은유를 이용한다면, 그때 우리는 고정되거나 동결된 항목에 구속될 필요가 없다. 인도는 역동성을 품고 있는 항목이다. 시간과 장소 안의 모든 항목은 항상 역전될 수 있는 지배-복종의 역할을 갖는다. 우리 '힌두교도'에게 가장 보편적이고 분명한 예는 '뜨리무르띠Trimurti', 즉 브라마, 쉬바, 비슈누다. 이 신들은 위계적 관계에 있지 않다. 이들은 어떤 순간에 서로 대체하거나 대체될 수 있다. 어느 하나가 우위에 서는 순간이 각기 다르고, 그들은 끊임없이 상호작용하고, 서로 위치를 바꾼다. 지배와 복종의 역할은 오직 일시적이거나 특정 상황에 한정되어 있다. 로께슈 짠드라Lokesh Chandra 박사는 불교 도상圖像을 통해 그와 같은 역동적 관계를 설명한다.

이 책의 논문 중 하나에서 매우 중요한 안건이 제시되었다. 그 안건은 관련성relevance에 대한 질문이다. 이것은 지식 체계 및 그것의 저장소와 관련이 있다. 과학과 자유정신에 대한 야슈 빨 교수의 논문과 윌리엄 존스에 대한 논문은 이러한 논의를 시작하기에 좋은 자료다. 과학과 자유정신에 관한 강연에서 야슈 빨 박사는 과학과 과학기술의 기초를 이루는 것이 각각 창조성과 혁신성임을 강조했으며, 또한 수공예,

수공업, 소규모 산업, 시골의 기술이라는 폭넓고 흔한 분야의 주변화 또는 권리 박탈이라는 문제점을 지적했다.

윌리엄 존스에 대한 강연은 우리의 관심을 공무원의 역할에 대한 동양학자들의 토론과 독립 이전의 인도에서 공공 행정체계로 이끌었다. 강연자는 윌리엄 존스를 분석하는 과정에서 자료의 정통성을, 즉 1차 자료인지 아니면 2차 자료인지, 문자 자료인지 아니면 구두 자료인지를 확인할 필요가 있음을 강조하였다. 자료의 신빙성 그리고 1차적 자료와 그것을 해석할 수 있는 학자들에 접근 가능성이라는 문제는 바로 동시대의 관련성relevance과 관계 있다. 윌리엄 존스는 '1차적 자료'를 갖고 있었으나 그는 그것들을 판독하기 위해 빤디뜨에게 의존했다. 우리는 이 나라의 위대한 학자들이 오늘날에도 계속 그들의 뒤뜰에서 빤디뜨와 잦은 만남을 갖는다는 사실을 알고 있다. 그들은 누구인가? 그것들은 무엇인가? 원고를 보는 이 사람들, 즉 1차 자료를 가져와 그것들을 번역해서 설명해주는 사람들은 누구인가? 우리는 그들의 글을 읽고 가설을 세운다. 이 일은 매우 오래전에도 있었고, 심지어 바르나시 같은 중심부에선 오늘날에도 계속 행해지고 있다. 그런데 우리는 그들의 도움을 받는 동시에, 그들을 주변으로 밀어버리는 것은 아닐까?

동양학자들의 토론은 유명한 왕립아시아협회Royal Asiatic Society를 만드는 문제에만 한정되지 않는다. 영국 성공회 신자들과 동양학자들 사이에 벌이진 토론은 산스크리트어 교습을 위한 조직의 설립 그리고 산스크리트어 교습 조직이 독립적 정체성을 가졌고 현대 교육 조직에서 분리되어 있다는 사실 등에 관한 것이었다. 우리는 끊임없이 흐르는 강을 고립시키는 데 성공했고, 강은 지금 좁은 지류가 되었다. 그 결과 철학, 사회학, 심지어 문학 연구에서 매우 다른 경향이 나타났다. 인용과 토론의 틀이 변화했다. 그런데 우리는 문화유산 및 문화적 정체성의 개념과 관련하여 이러한 변화의 부산물로 무엇이 발생하고 있는지에 대해서 정말로 숙고해왔는가? 우리는 여전히 우리의 문화유산에서 열매를 거둬들이면서, 한편 잃어버린 것들의 파편을 찾고 있다.

의심할 여지 없이 폐허 속에 널려 있던 기념비와 유물에 대한 고고학적 작업을 통해, 또한 커닝엄Sir Alexander Cunningham이나 마셜Sir John Hubert Marshall의 연구 활동을 통해 많은 것이 기록되었다. 유형의 유산은 발견되었고 또한 보존되었다. 그러나 우리는 자신에게 그것들이 발견되던 순간에 왜 어지럽게 흩어져 있었는지 물어본 적이 있는가? 사회적·경제적·정치적 상황의 변화와, 유적과 인간이 맺고 있던 관계의 변질 속에서 그것들은 가치를 잃었고, 그래서 폐허가 되었고, 신성이 모독된 문명의 유적으로서 보존되고 있는 것이 아닌가?

이야기해야 할 또 다른 현안이 있다. 어쩌면 여러분은 내가 너무 멀리 있는 문제들을 끄집어내고 있다고 느낄지도 모르겠다. 그러나 왜 제국주의자들이 유적을 탐색하고 그것의 정체성을 밝혀내고자 했는지에 대해 살펴볼 필요가 있다. 우리는 이 같은 탐색이 전유나 수집뿐만 아니라 산업혁명 직후 유럽인의 정체성 상실 속에서 발생했음을 매우 잘 알고 있다. 대대적인 탐색 작업은 지역 문화와 민속 문화를 억눌렀고, 이와 함께 균질화 작업이 행해졌다. 그 결과 모든 민속 문화와 구전 전통이 모습을 감추게 되었다. 이때는 권력을 잡은 자들이 정체성을 상실하던 때였다. 이 시기에 정체성에 대한 탐색이 행해졌던 또 하나의 분야가 있다.

이 탐색은 언어 분야에서 시작되었다. 우리는 산스크리트어에 쏟아졌던 관심과 그 진행 과정을 안다. 그들은 처음에 '어머니 언어'(여러 언어의 뿌리가 되는 언어─옮긴이), '아버지 언어'라는 표현을 사용하기 시작하더니, 그다음에는 "아니, 아니, 이것은 그것일 수 없어. (······) 이것은 가능하지 않고, 우리는 그것을 인도-아리안 어족에 연결할 수 있어"라고 말하는 지점에 도달했다. 우리는 아브라함 로저의 《비기독교인에게 열려 있는 문An Open Door to Heathendom》을, 특히 언어의 뿌리에 대한 그의 주장을 거듭 반복해서 읽어야 했다. 그러고 나서 우리는 존스와 막스 뮐러의 시대에 이르렀다. 그 전체 역사를 여기서 기술하지는 않을 것이다. 원형적 어머니 언어, 즉 인도-유럽어, 인도-아리안어에 대한 탐색은 유럽 언어의 역사를 이해하기 위한 시도이기도 했다. 일단 산스크리트어가 원형적 인도-유럽 어족의 아리안 어군이라고 합의되자, 토론은 다른 주제로 옮겨갔다. 이것은 인도와 산스크리트어라는 정체성을 수용했던 사람들에게 영향을 주었다.

기념물의 경우에도 같은 현상이 일어났다. 기념물의 경우, 그것의 평가 기준은 그리스 문명이었다. 발견된 건축물과 기둥을 그리스의 선조들에게 연결하려 했던 시도는 매우 유명하다. 여기서는 이것에 관해서도 이야기하지 않을 것이다. 하여튼 그들은 4세기 이후나 중세의 인도 기념물같이 그리스로 연결할 수 없는 유물을 만나게 되자 그것들이 가진 복잡성 때문에 매우 당황했고, 결국 그 유물들을 독립된 항목으로 분류하기 시작했다. 우리가 역사책과 예술사에 관한 책, 특히 빈센트 스미스Vincent Smith(20세기 초반까지 활동했던 역사학자로서 인도에 관한 다수의 책을 썼음—옮긴이)의 책들에서 배웠던 인도 문화유산의 전성기는 처음의 산찌Sanchi, 그다음의 마투라Mathura의 순서로 도표화된다. 마지못해 굽따 시대 예술의 탁월함을 시인했으나, 다른 것들은 아직도 제대로 평가되고 있지 않다. 장기적인 쇠퇴 과정이 수 세기에 걸쳐 계속되었다고 평가되었다. 그리고 인도의 중세를 중세 암흑기라는 단어로 언급해왔다. 이 표현의 적합성에 대한 논쟁은 역사학 쪽에서 계속 제기되었지만, 문화적 유산의 경우에는 그렇지 못했다. 중세에도 놀라운 문화적 발전이 있었다고 확신하기 시작한 것은 그리 오래되지 않는다. 우리는 대략 10세기 후반에 중세가 시작되었다고 추정한다.

이런 경향은 심지어 오늘날까지 계속되고 있다. 우리 역사를 평가하기에는 아직 이르다. 다만 나는 독립된 인도에서 카주라호Khajuraho(이 지역에는 10~11세기에 만들어진 다량의 유적이 있다—옮긴이)를 보호하기 위해 내가 탄원했던 때를 기억할 뿐이다. 그때 나는 이 유적이 최고로 퇴폐적인 예술이라고 평가되는 것을 들었다.

이런 인식은 오랜 역사를 갖는다. 한때 넓게 퍼져 있었을 뿐 아니라 오늘날에도 사라지지 않고 있는 견해 중에는 인도가 경제적으로 박탈되어 있었으며 사회적으로 낙후되어 있었다는 생각도 있다. 사실 여전히 혜택받지 못하는 가난한 사람이 있으며, 우리는 지금 사다리의 가장 낮은 부분에 놓여 있다. 그러나 경제적으로 낙후한 것이 문화적으로 혜택받지 못하고 가난하다는 것을 의미하는가? 경제적 빈곤과 창조성 사이에 직접적 관계가 있는가? 또는 잉여 자금을 필요로 하는 기념물을 제외하면, 창조성은 정확히 경제적으로 박탈된 사람의 재능이었다고 말할 수 있을까? 정말로 기념물은 잉여적 돈, 특별한 자금, 많은 노동자 등을 필요로 한다. 그러나 누가 이들 기념물을 만들었는가? 무명의 장인, 숙련된 건축가, 솜씨 좋은 디자이너, 상아 세공사 그리고 석공, 이들은 모두 경제적으로 혜택을 입지 못했으나 창조성만큼은 부자였다.

사회적으로 우리는 어디에 있었는가? 사회적으로 다양한 결집체가 있었고, 우리는 그것들을 부족사회로 인식한다. 오늘날 우리는 그것을 유네스코의 세계적 단어, 즉 토착민이라고 부른다. 그렇다면 여기에 있는 우리 모두는 토착민이 아니라는 말인가? 나는 지금 창조적 다양성에 관해서 쓴 한 편의 보고서를 가지고 있다. 이 보고서에서는 인도 토착민의 이름을 볼 수 있다. 우리는 토착민이라는 단어를 사용하면서, 동시에 그들을 원주민, 지정카스트SCs, 지정부족SBs, 여타후진계급OBCs 등으로 번역한다. 나는 후에 이것에 대해 다시 이야기할 것이다. 붉은 인디언Red Indians(아메리칸인디언―옮긴이) 또는 호피족Hopis이라고 불리는 이들이 있었다. 나바호족Navahos이라고 불리는 사람들도 있었다. 사실 그들은 붉은 인디언이나 호피족이 아니었다. 그들은 우리였다. 그리고 여러분이 예술사조라 부르는 것이 무엇이든지, 창조성이라 부르는 것이 무엇이든지, 그것들에 이 집단들은 지난 150년 동안 끊임없이 영향을 주고 있다. 이런 집단들은 완충지로서 유지되었고, 우리는 나갈란드Nagaland와 북동부 세븐시스터스Seven Sisters(인도 동북부 국경지역에 위치한 일곱 개의 주―옮긴이)의 전체 역사를 안다. 그들의 생활방식은 간섭받지 않았다. 그 덕분에 그 안에서 문화적 힘은 역동적으로 기능할 수 있었다.

그리고 인도에는 흔히 시골 인도 또는 마을 조직이라고 언급되는 거대한 망 구조가 있었다. 마을 조직은 적응력이 있었고, 자신만의 시간 감각과 공간 감각, 사회적 상호작용 그리고 대화 창구를 가지고 있었다. 물론 말할 필요도 없이 이 조직들 속에는 억압도 있었다. 어쨌든 각 마을은 독자적 우주를 가졌다. 내 유명한 동료인 사라스와띠B. N. Saraswati에 대해 얘기하고자 한다. 그는 30년 전에 N. K. 보스와 함께 놀라운 연구를 했다. 그는 지금도 시골 마을을 방문하고 있으며, 이들 마을에 대한 보고서를 제출하고 있다. 그의 보고서에 따르면, 각각의 시골 마을은 직조공의 마을이든, 장인의 마을이든 또는 구전 전승가의 마을이든 상관없이 모두 뚜렷한 문화적 정체성을 가지고 있다.

나는 내가 께랄라에 대해 많은 것을 알고 있다고 생각했다. 지금까지 나는 여섯 번이나 까냐꾸마리Kanyakumari에서 빨갓Palghat까지 걸어서 여행했다. 나는 내가 모든 것을 알고 있다고 생각했다. 나는 까타깔리Kathakali(께랄라의 전통 연극―옮긴이)에 대해 알고 있으며, 지난주에는 같은 마을 출신인 열 명의 까타깔리 대가들을 면담했다. 이어서 다른 경우를 보면, 마니뿌르Manipur 주에도 마니뿌리란 전통춤이 있다. 그러나 마니뿌르에서 그것은 마니뿌리가 아니라 우리뽁Uripok(마니뿌르 주 안의 작은 마을―옮긴이)의 춤으로 여겨진다. 사라이깔라Saraikala나 마유르반즈Mayurbhanj의 경우도 마찬가지다. 대도시에서 공연되는 이런 문화를 생산한 것은 시골 마을 조직이었다. 이들 시골 마을 조직은 독립적으로 운영된다. 그들은 틀림없이 경제적으로 혜택을 받지 못하지만, 재화와 용역 면에서는 역동성을 갖는 관계망을 갖고 있다. 이것은 돈에 기초한다기보다는 후원에 기초한 관계망이다. 우리는 라자스탄에 자즈마니jajmani 체계(일종의 마을 분업 체계―옮긴이)가 있다는 것을 알고 있다. 이것은 일종의 총체적 단골 관계라고 표현할 수 있다. 이 체계는 인도가 정치적으로 독립한 이후에 붕괴되었다.

작은 마을은 함께 모여 지역 정체성을 갖는 준準도시적 센터를 조직했다. 이런 조직은 시골 마을의 협회와 도시를 연결해주는 통로이며 대화의 도구가 되었다. 한편 우리의 도시도 마을의 집합체라 할 수 있다. 한 명의 인도인을 파헤치다 보면 하나의 마을이 나타날 것이다. 먼저 한 지역이 나올 것이고, 다음으로 하나의 시골 마을이 나올 것이다. 우리 모두 코스모폴리탄이란 정체성을 가질 경우에도 여전히 우리 안에서 마을의 모습을 발견할 수 있을 것이다. 우리가 사람을 만나서 그와 이야기 나누는 모습을 생각해보자. 아마도 5분 안에 그 대화 속에서 마을의 언어나, 사회적 또는 문화적 표현을 만날 수 있을 것이다. 도시 안의 집단, 마을 그리고 협회 등은 서로 수평적이든 수직적이든 상호작용을 계속하고 있다.

도시의 모든 인도인은 부족과 시골 마을 공동체로부터 1차적 정체성을 얻는다. 도시 인구에는 우리가 토착민 또는 지정카스트와 지정부족이라고 부르는 이들이(8~15퍼센트) 포함되어 있다. 그들 중 많은 수가 소통의 순환망을 구축하고 있다. 인구학적 조사는 산딸족이 비하르, 벵골, 오리싸, 심지어 마디아쁘라데슈 등에 흩어져 살고 있음을 보여준다. 이를 통해 우리는 문화적 공동체가 있었으며, 그것이 정치적으로 구획된 지역 범주를 넘어서 흩어져 있었다는 것을 알 수 있다. 이 문화적 공동체는 과거에도 그랬고, 지금도 그렇다. 그럼에도 자의적으로 구획된 정치적 경계에 기초해서 정체성을 고정하려 한다면, 갈등과 긴장은 점점 더 커질 것이다.

보통의 의사소통은 일련의 순환망을 통해서 이루어졌다. 순환망은 다양한 수준에서 존재했다. 마을 안의 소통 순환망, 카스트 사이의 순환망, 계급 사이의 순환망, 카스트와 계급 사이의 순환망. 카스트 사이의 순환망을 통해서 수드라와 브라만은 서로 접촉했다. 이것을 순환적 이동이라고 부를 수 있다. 즉 지역뿐 아니라 마을 안에서도 순환적 이동이 있었다. 이 순환적 이동을 통해 아래에 있는 것이 위로 올라왔고 위에 있던 것은 아래로 내려갔다. 한편 마을과 지역을 가로지르는 수평적 이동도 있었다. 이것은 직업 또는 사회경제적 지위에 의한 이동이었다. 한 지역의 브라만은 다른 지역의 브라만과 상호작용했고, 크샤트리아 또한 다른 지역의 크샤트리아와 상호작용을 가졌다. 이러한 상호작용은 구자라뜨에서 오리싸까지 또는 더 먼 거리 사이에서도 발생했다. 그리고 또 하나의 광대한 소통의 순환망이 있었다. 이러한 소통 순환망의 한 예로 오늘날의 순례를 살펴볼 수 있다. 순례자들이 이용하는 길 중 많은 수는 과거에 무역을 위해 사용되었던 길이다. 무역로에서는 상호작용이 활발하게 일어났다. 그러므로 나는 오리싸 전통춤의 기원을 찾기 위해서 오리싸가 아닌 구자라뜨를 방문해야 한다. 나는 오리싸어를 연구하기 위한 최고의 자료를 13~14세기 구자라뜨의 소형 그림에서 찾기도 한다.

께랄라를 이해하기 위해서도 나는 오리싸에 가야만 한다. 왜냐하면 깃 고빈다Geet Govinda[2]가 오리싸에서 께랄라로 전해졌기 때문이다. 나는 이런 종류의 예를 수백 가지는 제시할 수 있다. 이들 순환망은 지역적 축軸과 혁신적인 궤도 모두를 갖는다. 이 궤도 속에는 시골 장날, 축제, 순례 그리고 생활 주기 등이 여기저기 끼워져 있다. 우리는 강고뜨리Gangotri까지 가는 까바리아Kawarias(매해 여름이면 쉬바에게 바칠 신성한 물을 얻기 위해 걸어서 강가 강까지 가는 순례자—옮긴이), 께랄라(인도 최남단에 위치한 주—옮긴이)로부터 바드리나트(인도 최북단의 힌두교 성지—옮긴이)까지 이동하는 사람들, 께랄라로부터 빠슈빠띠나트Pashupatinath까지 가는 사람들, 아즈메르Ajmer에 위치한 다르가dargah(수피 무슬림의 사원을 뜻하는 페르시아어—옮긴이)까지 가는 사람들, 고아Goa에 위치한 기독교 명소들을 방문하는 사람들에 대해 알고 있다. 우리는 이러한 이동 속에서 여전히 존재하는 순환망의 일부를 발견할 수 있다. 이런 순환망은 불연속성을 가질지라도 분명하게 존재한다. 순환망은 관광사업으로 육성되기도 하고, 주정부의 개입으로 방해가 되기도 한다. 주정부의 과세 정책, 탄압, 강압 등에 의해 이러한 이동이 방해받았던 때가 있었지만, 그럼에도 전-인도적 소통 순환망은 완전히 사라지지 않았다.

우리는 인도의 직조공에게 발생했던 일을 알고 있다. 또한 우리는 도예공과 그들의 전통이 계속되고 있다는 사실도 알고 있다. 쪽 관련 노동자와 직조공의 여러 정치적·사회적 이동은 모두 사회경제적 역동성과 관련되어 서술된다. 그들의 문화적 정체성과 문화유산 모두에서 대체 무슨 일이 일어났는지 재고해볼 필요가 있다고 생각한다. 문화유산의 정체성은 소통의 순환망과 매우 밀접하게 관련되어 있었다. 이 순환망은 상호작용을 위한 공간을 마련해주었다. 정체성은 의심할 여지 없이 1차적 수준에서뿐만 아니라 카스트, 지역, 지위의 경계를 넘나드는 3차적 수준에서도 다층적 구조를 가졌다. 두 경우 모두에서 정체성은 집단과 공동체를 바탕으로 생성되기도 했지만, 창조성을 토대로 발생하는 경우도 있었다. 창조성은 삶의 주기성과 일상생활에서 빠질 수 없는 요소였다.

그것이 밀 재배든, 옥수수 재배든, 벼 재배든, 대나무 재배든 또는 코코넛 재배든 상관없이, 농산물과 씨앗을 유통하는 하루, 한 달 또는 1년 단위의 사업은 경계를 가질 뿐 아니라 경계를 가로지르기도 한다. 인도 전체는 씨뿌리기와 경작하는 방식을 표현하는 멋스러운 단어들로 아름답게 나눌 수 있다. 그러나 이 멋스러움은 오직 그것의 상층부, 즉 상층부의 크림일 뿐이었다. 장식된 크림 층은 매우 아름답다. 그러나 우유는 어디에 있는가? 우유를 휘젓는 작업은 어디에 있는가? 버터는 어디에 있는가?

무형문화는 일상생활, 삶의 주기, 창조성에 내재한다. 문화적 표현은 하나의 독립적 항목이 아니었다. 이것은 오직 인도에서만 일어나는 것도 아니다. 산업혁명이 일상생활과 예술을 분리했기 때문에 유럽에서는 통일된 문화적 표현이 발생했다. 유럽에서 사람들은 동질화되었고, 그 순간 사람들의 정체성도 변화했다. 이것이 야기했던 파멸은 엄청났다. 단지 낭만주의 운동과 셸리의 시에 등장하는 참파 꽃이나 콜리지Samuel Taylor Coleridge의 시집《까블라이 칸Kablai Khan》에 대해서 이야기하고 있는 것이 아니다. 나는 당시 인격적 분리에 대항하여 목소리를 높였던 사람들에 대해서 이야기하는 것이다. 우리는 다소 논쟁적인 블레이크William Blake의 작품을 다시 읽어야 한다. 특히 작업의 신성한 전통에 대해 이야기하고, 일과 삶 그리고 아름다움에 대하여 열변했던 에릭 길Eric Gill(수작업 방식을 옹호했던 판화가―옮긴이)은 재평가되어야 한다. 당시 유럽은 키츠John Keats와 그의 추종자에 의한 아름다움과 진실에 대한 탐구 과정에 빠져 있었다. 그리고 꾸마라스와미A. K. Coomaraswamy, 버드우드Birdwood 그리고 오로빈도Aurobindo 사이에서 논쟁이 발생했는데, 이는 오늘날 우리가 경험하는 상황과도 관련이 있다.

창조성이 일상생활과 생활 주기에 내재되어 있다는 주제에서 벗어나서 전문가, 즉 장인으로 알려진 집단에 대해 살펴보고자 한다. 이들 장인은 어떤 때는 사회조직 안에 위치했고 어떤 때는 사회조직 밖에 위치했다. 께랄라의 경우 짜까야르족Chakayars은 사회조직 밖에 있었다. 그들은 남부다리Namboodari 남자와 나이르Nair 여자 사이에서 간통으로 태어난 사람들이었다. 그들은 사원 안에서 공연을 할 수 있는 가장 높은 의례적 지위를 갖고 있었다. 그 덕분에 우리는 꾸띠야땀Kutiyattam[3]이라는 전통을 가질 수 있었다. 1947년부터 오늘날까지 짜까야르족의 여덟 가족이 겪었던 일은 사회적 전통의 상실 탓에 발생했던 것이다. 이것은 나의 예술가 친구들 모두가 알고 있는 역사다. 현재 이들 중 한 가족만이 계속 전통을 계승하고 있다. 더 정확히 말해서 한 가족의 구성원 중 반만이 (……) 우리는 이들 장인 집단의 정체성을 확인하기 위해 다음과 같은 질문을 했다. "당신은 브라만인가, 아닌가?" 바와이야족Bhawaiyas은 카스트를 가지지 않았는데도 그들에게 다음과 같은 질문을 했다. "당신은 바이샤인가, 아닌가?" 가장 아름다운 힌두 노래를 불렀던 랑가족Langas과 망가나야족Manganayas에게는 다음과 같은 질문을 건넸다. "당신들은 무슬림인가, 아니면 힌두인가?" 이들은 인도의 전통적 '모빌'이었다. 그들은 사회조직 안으로 걸어 들어왔다가, 사회조직 밖으로 걸어 나갔다. 그리고 이들은 인도의 춤과 음악의 원천이었다. 강구바이 한갈스Gangubai Hangals, 시떼스와리 바이스Siddheswari Bais, 발라사라스와띠스Balasaraswatis. 우리 사회는 마드라스 법률Madras Act 또는 오리싸 법률Orissa Act을 실행하기로 결정했다. 이러한 시도는 옳은 것이 아니라고 평가되었다. 맞는 말이다. 사제들이 가혹했기 때문에 이러한 시도는 많은 문제를 야기했다. 그러나 우리가 문화적으로 했던 것에는 더 큰 잘못이 있었다. 비나 다남Veena Dhanam 가족은 1950년대에 '숨을 헐떡거릴' 정도였는데, 그때까지 8세대의 전송 체계는 억눌려 있었다.

내가 처음으로 여기에 발라사라스와띠스를 데리고 왔을 때, 나는 집집마다 다니면서 5루피짜리 입장권을 팔았다. 이것은 우리가 어떤 무리의 다양한 정체성을 그들의 사회적 지위를 기준으로 통일해버렸던 때의 이야기다. 우리는 특정한 순간에 이들이 위계적으로 매우 높은 지위를 가졌다는 사실을 인지하지 못했다. 께랄라의 떼얌Teyyam 춤꾼도 마찬가지였다. 평상시에는 수드라였으나 베샤크Vaishakh(벵골 달력에서 첫 번째 오는 달—옮긴이)의 축제에서 브라만이 되었던 춤꾼 집단, 즉 사라이깔라 쯔하우Saraikala Chhau도 역시 같은 경우였다. 우리는 그들의 정체성을 하나의 사회적·경제적 용어로 고정해버렸고, 그 용어로 그들을 불렀다.

이것은 여기서 다루기에 너무 넓은 영역이다. 내가 말할 수 있는 것은 단지 지난 50년 동안의 정치적 독립이 사회적·문화적 역동성 측면에서 너무 광범위한 변화를 가져왔다는 사실이다. 그리고 이것은 예술적 표현에 영향을 주었으며, 다양한 수준의(지역의, 지방의, 시골의, 부족의, 도시의, 카스트의, 높은 지위의, 낮은 지위의, 언어의, 종교의 등) 문화적 정체성에 중요한 변화를 야기했다. 앞서 언급했듯이, 인도에서 흐르고 있던 것들을 얼려버렸기 때문에 이런 변화가 발생했다. 복합적 정체성을 갖던 것을 하나의 정체성으로 포장해버렸기 때문이다. 국가나 문화가 다층적 정체성을 가짐에도 그것을 하나의 정체성으로 정의하고자 시도했다. 바로 이것이 문화적 정체성과 하나의 살아 있는 유기체인 문화유산을 다룰 때 고려해야 할 매우 중요한 문제라고 생각한다. 문화유산은 죽은 기념물이 아니다. 오히려 문화유산은 가장 심오한 수준의 문화다. 그리고 정체성은 1차원적이지도 고정되어 있지도 않다. 그럼에도 오늘날 우리의 지각 속에서 변화가 일어나고 있다. 유산은 기념물을 뜻하고 정체성은 사회·경제적 계급을 의미한다고 생각하게 되었다. 이러한 사고는 우리를 허약하게 만든다.

복합적 정체성이 아름답게 모여 있고 조화롭게 균형 잡혀 있는 사례는 수없이 많다. 여러분에게 매우 위대한 음악가와 관련된 한 가지 예를 더 말하고자 한다. 만약 그 음악가에게 정체성을 묻는다면, 그는 자신의 종교적 정체성에 대해서 대답할 것이다. 나는 그가 델리에 올 수 있도록 도왔다. 그는 곳곳을 다녔다. 그는 하즈Haj(무슬림의 순례를 뜻하는 아랍어—옮긴이)를 원했고, 실제로 그것을 했다. 그의 가족, 즉 여러 아들과 손자들은 정착해서 잘 살고 있었고, 그는 명성을 얻었다. 나는 그에게 물었다. "남아 있는 소원이 있습니까?" 그는 다음과 같이 대답했다. "소원이 있습니다. 만약 태평소를 불어서 쉬바 신을 깨우지 않는다면, 어떻게 천국에 갈 수 있겠습니까ishwanath ko agar shehnai se jagan nahim loonga to janat kaise janunga?" 나는 이것을 가능하게 만들기 위해 전력을 다했으나 결국 실패했다. 왜냐하면 지방 징세관이 소동이 발생할 수도 있다고 염려했기 때문이다(힌두 사원 중 일부는 힌두교가 아닌 사람의 입장을 허가하지 않는다—옮긴이). 태평소가 연주되지 않으면 브라디슈와라Brhadeeshwara 사원에 안치된 신이 잠에서 깨어나지 않았던 때가 있었다는 것을 당신은 알고 있는가? 쁘라까람prakarams(힌두 사원에서 신성한 장소를 둘러싼 바깥 부분—옮긴이)에서의 태평소 연주와 가르바 그리하garbha griha(힌두 신을 안치한 사원의 성스러운 장소—옮긴이)에서의 경전 암송은 신을 깨우기 위해 조화롭게 울려 퍼졌다. 이처럼 차별화를 포함하고 다양한 정체성의 공생 관계를 증가시키는 순환망이 존재했었다. 모든 정체성이 융합될 수도 있었고 그 반대의 현상이 발생할 수도 있었던 그 시기에, 문화는 사회체계의 안전장치로 기능했다.

예를 들어보자. 성별 정체성의 반전이 발생하는 브린다반Vrindavan의 라트마라 홀리Lathmara Holi가 있다. 또한 까르나따까Karnataka 주의 시리Siri 축제와 시리 의례에서도 성별 정체성의 반전이 발생한다. 우리는 모두 학식 있는 인도인이다, 그렇지 않은가? 그리고 이 축제에 대한 많은 읽을거리, 즉 수준 높은 사회학적 연구가 있다. 그럼에도 직접 참여하기 전에는 거기서 진짜로 일어나는 것을 알기 힘들 것이다. 나는 공책으로 무장하고 시리 축제에 간 적이 있다. 그러나 그곳에서 공책은 거추장스러운 물건이 되었다. 여자는 남자, 즉 남편, 사위 등과 함께 이 축제에 참가한다. 그리고 그녀들은 문자 그대로 머리털을 아래로 내려뜨리고 트레머리도 하지 않는다. 그리고 북소리가 들리기 시작하면 그녀들은 어떤 상태 속에 빠진다. 이것을 '부족의적인, 나쁜, 비문명적인'이라고 표현할 것인가? 오히려 나는 이것이 정화의 기능을 갖는다고 생각한다. 북소리는 최고조까지 올라가고 밤새도록 그치지 않는다. 그때 그녀들은 시어머니의 이름을 부르고, 남편을 때리고, 자신들이 원하는 것을 한다. 나는 이런 풍경 속에 두 번이나 있었다. 한번은 발리의 께짝Kechak 춤에서, 다른 한번은 인도에서 그것을 경험했다. 만약 내 안의 이성적이고 교육받은 자아가 나에게 너는 훌륭한 관찰자이며 결코 자신을 망각하지 않을 것이라고 계속 속삭이지 않았더라면, 나는 그녀들의 일부가 되었을 것이다.

축제는 밤새도록 계속된다. 물론 이 축제에는 나그만달nagmandal 등 모든 것이 있다. 아침에, 새벽에 신선한 코코넛이 준비되고, 바이라 비Bhairavi(힌두교의 여신―옮긴이)의 아름다운 음악이 연주되면, 그녀들은 돌아다니기 시작한다. 아내에게 맞았던 남편과 이름이 불렸던 시어머 니는 아내와 며느리를 위해 사리sari(여성의 전통 의상―옮긴이)를 가져오고, 머리를 빗겨주고, 머리에 꽃 장식을 해준다. 그러고 나서 그들은 아무 일도 없었던 것처럼 걸어서 그곳을 떠난다. 나는 이 나라에서 발생하는 이 같은 예를 수백 가지도 더 말해줄 수 있다. 이 축제는 사회조직을 회 복시키는 정화의 순간을 제공한다. 어떤 면에서 이것은 사람들이 사회 조직을 견딜 수 있게 해준다.

교육적인 면에서 인도는 글을 읽고 쓸 줄 아는 식자층이 얇다. 즉 인 도는 여전히 높은 문맹률을 가지고 있다. 그리고 우리는 이것을 슬퍼한 다. 그러나 지난 10년 동안 구전과 원문을 동등하게 존중해왔던 우리 의 전통은 주목받지 못했다. 지식을 매우 섬세한 수준에서 구두로 전달 할 때 지식 체계가 발음 강세에 의해 정교해진다는 사실에 대해서도 우 리는 인지하지 못하고 있었다. 힌두 경전은 수천 년 동안 정확함을 잃 지 않고 구두로 전달되었다. 지금 이것이 텍사스 오스틴 대학교의 정교 한 컴퓨터에 의해 실험되고 있다. 그러나 우리는 쓰여 있는 단어만을 인정했고, 그러므로 문자를 가진 언어만 가지고 우리의 언어 지도를 만 들었다. 이 지도에서 인도의 언어는 지역 언어와 방언으로 구별되는데, 여러분도 알다시피 이 분류 틀은 그리어슨Sir George Abraham Grierson 이 만든 것이다. 결국 우리는 '지정된 여덟 개의 언어Schedule Eight'를 갖게 되었는데, 이 분류는 만족스럽지 않았다. 그래서 사히탸 아카데 미Sahitya Academi는 몇 개의 언어를 더 첨가했다. 그때 우리는 말했다.

"좋아, 우리는 라자스탄어를 인정할 거야." 그 후 우리는 또 말했다. "마이틸리어Maithili도 있어. 우리는 마이틸리어에서 창조성을 발견했고 그것을 중요한 언어로 인정할 거야." 그러나 여기서 문제는 얼어 있는 항목과 흐르고 있는 항목으로 다시 돌아간다. 언어 지도에 대해서, 그리고 우리의 복합적 언어 능력, 즉 우리 각자의 재능에 대한 깨달음에 대해서 좀 더 이야기해보자. 우리가 복합적 문화를 가졌으므로 너는 영어를 말하고 나는 힌디어를 말한다는 뜻이 아니다. 우리 각자는 여러 언어를 또는 여러 수준의 언어를 말해왔는데도, 그러한 사실을 인식하고 있지 못했다. 그리고 창조성은 우리의 진정한 어머니 말 속에 있었으며, 그것은 우리의 교육 체계에 크게 영향을 주었다.

대학자 하자리 드위베디 Hazari Prasad Dwivedi는 샨티니께딴Shantiniketan 지역에서 학생들을 가르쳤다. 그는 여러 상황 속에서 그리고 다양한 사람과 함께 산스크리트어, 힌디어, 보즈뿌리어 그리고 물론 영어로 이야기를 나눌 수 있는 학자였으며 또한 가장 위대한 힌디어 학자였다. 드위베디를 만난 적이 있는데, 그는 아난타무르티Ananthamurthy가 다른 곳에서 주장했던 것처럼 '안마당' 언어(문자를 가지지 않는 보즈뿌리 지역의 말) 또는 주방 언어 그리고 '바깥마당'의 언어를 사용했다. 안마당 언어는 공식적 성격을 잃었고, 그러므로 그것들은 관념적 단어를 거의 갖고 있지 않다. 나는 이것을 우리 자신의 토속적 어머니 말이라고 부른다. 우리의 감정적 삶은 그런 언어, 즉 보즈뿌리어, 뻔잡어 또는 벵골어에 있었다. 누군가를 사랑하거나 싫어할 때 여러분은 방갈라Bangala 말을 사용할 것이다. 그러나 생각할 때는 영국인이 된다. 우리 모두 이렇게 하고 있다. 우리가 듣고, 말하고, 쓰는 언어는 자아 인식과 정체성 표출을 위한 가장 강력한 도구다. 문화에 대한 언어의 영향력은 논의되어야 할 필요가 있는 매우 중요한 문제다.

우리는 이 나라를 단일 국가로 재조직했다. 이것은 우리가 국토, 즉 땅desh을 갖게 되었고, 국가rashtra가 되었다는 것을 의미한다. 이것은 매우 중요한 변화였다. 그리고 단일 국가란 개념은 어떤 다른 사람이 우리에게 준 개념이라는 말을 들었다. 단일 국가란 개념은 언어 체계에 기초하여 (환경이나 하천 체계가 아닌) 정치 영역에 침투했다. 우리 사이에서 '단지 하나'의 언어가 '단 하나'의 언어로 이해되고 있다. 좀 더 정교한 분석이 필요할 것이다. 앞에서 이미 말했듯이 인도는 복합적 언어 체계를 가졌으며, 그뿐 아니라 개인과 사회도 복합적 언어를 구사했고 복합적 능력을 가지고 있었다. 드위베디뿐 아니라 우리도 그런 능력을 가지고 있었다. 또한 이것은 부족의 경우도 마찬가지였다. 우리의 복합적 정체성은 우리의 복합적 언어 능력에 반영되어 있다. 만약 우리가 가졌던 이런 능력이 오그라든다면 그때 우리의 정체성도 획일화될 것이다.

단일 국가로서의 재조직화는 개인이 단 하나의 통일된 정체성을 드러내도록 밀어붙였다. 그래서 우리는 각기 뗄레구어로 말하는 사람, 깐나다어로 말하는 사람, 오리싸어로 말하는 사람 또는 벵골어로 말하는 사람으로 인식되기 시작했다. 그러나 우리는 이런저런 형태로 이들 언어를 모두 함께 사용하며, 거기에는 겹치는 부분이 많았다. 하나의 언어 집단이 정치적 성격이 다른 새로운 지역에 정착할 때 정치적 긴장이 발생했을지라도 그들은 자신들의 언어를 사용할 수 있었다. 실제로 따밀나두의 문화 중 많은 부분이 뗄레구어(안드라쁘라데슈 지역의 언어)의 선물이었다. 술망갈람Soolmangalam은 따밀나두에 위치하는데도, 전체가 뗄레구어 사용권에 속한다. 한편 티아가라즈Thyagaraj처럼 따밀나두에서 뗄루구어를 사용하는 사람도 있었다. 나는 터무니없어 보이는 예들까지 알고 있다. 빨갓Palghat(께랄라의 도시)의 아이야르스Aiyyars에게 발생했던 것은 무엇이었는가? 그들은 말라얄리Malayali(께랄라의 공용어인 말라알람어를 사용하는 사람들 — 옮긴이)였는가? 아니다, 그들은 따밀인이었다.

이것은 문화적 정체성에 대한 문제다. 이런 문제는 지역 구획과 얽어 있는 범주에 의해 야기되었다. 언어는 분명한 표현과 교육을 위해 사용되는 매우 영향력 있는 도구다. 그리고 처음에는 정치권력자의 폭력에 의해서, 그리고 그다음에는 그들의 새로운 정책에 의해서 특정 언어의 사용이 강제되었다. 영어는 영국의 교육정책과 맞물려 널리 사용되었다. 언어는 하나의 도구다. 우리는 유명한 매콜리의 법률안이 학식 있는 인도인을 소외시키려 했다는 것을 잘 알고 있다. 그러나 이 정책이 야기한 더 큰 문제점은 식자층 인도인을 영어로 생각하게 만들었다는 것이다. 그러나 깊고, 감성적이고, 정신적인 경험은 관념적 언어로 표현될 수 없다. 관념적 언어는 단지 거리 두기를 위한 도구일 뿐이다. 우리의 경험은 객관화되고, 살균되고 있다. 최악의 경우 우리의 경험은 진짜가 아니라 꾸며진 것처럼 느껴질 때도 있다. 아직 토양에 뿌리를 두고 있으며 경계를 가로지를 수 있는(간디와 그의 추종자들이 말했던 것처럼) 창조성이 경시되고 있다. 앞서 내가 인도는 복합적 언어 지도를 가졌으며, 복합적 창조성을 가진 문자 지도를 계속 가질 것이라고 말했다면 용서해주길……. 우리가 갖고 있는 지도는 인도라는 단일화된 모델을 다양한 언어로 번역한 것일 뿐이다. 이후 이러한 지도는 중요한 결과를 초래했다.

언어와 문학 그리고 복합적 언어 능력 외에 교육적 조직과 기관에 대해서도 이야기해보자. 우리의 교육 체계는 매콜리의 법안으로 알려진 정책에 의해 축소되었다. 우리는 우드Wood와 헌터Hunter의 보고서에 대해서 알지 못한다. 여러분은 일부 사람, 아마도 교육자들만이 오직 이 위대한 법안이 "마드라사, 아슈람, 빠트샬라스Pathshalas 그리고 전통적 스승–학생Guru-sishya 집단인 빠람빠라parampara 등에 합법성과 후원을 주지 않는다면, 이런 토착적인 체계는 축소될 것이고 결국 쇠락해서 저절로 사라져버릴 것이다"라고 말한 것을 기억하고 있을 것이다. 그런데 우리가 더 이상 인도를 다스릴 수 없을 때 우리 대표가 되어 인도를 다스릴 사람을 교육해야만 한다. 이들에게 어떤 교육을 제공할 것인가?

교육 체계에서 이러한 변형은 전조적이고 마력적이지만, 다행스럽게도 아직 완성되지는 않았다. 우리가 비조직적 부문이라고 부르는 분야가 여전히 인도 곳곳에 남아 있다. 그런데 이 체계에서 이중 이혼double divorce이 발생하고 있다. 먼저 내용과 교육 과정, 교육과 문화적 정체성에서, 그다음에 문화적 정체성과 교육 체계에서 분리가 발생하고 있다. 영어 교육 조직들은 서구 지향적으로 보였고 동양풍의 학교는, 즉 제도화한 동양풍의 학교는 동양 지향적으로 보였다. 그러나 그들 모두는 서구인의 시각으로 볼 때 동양적인 것이다.

이 세기 전반에 걸쳐서, 인도의 교육 센터들은 서구적 동양주의에 영향을 받은 교과 과정과 교육 방법을 내면화했다. 그들 대부분은 기록된 것과 입으로 전해지는 것 사이에 틈을 창조했다. 철학은 우선순위가 매겨졌고, 교육 과정과 지식 전달의 전통 방법은 가치가 하락하거나 포기되었다. 이 과정에서 인도학은 전체가 아닌 부분만 다루는 파편화된 학문이 되었다. 결국 잘 구조화된 동시에 유동적 범주를 갖는 총체적 학문은 독립된 단위로 분열되었다. 교육의 서구적 모델로부터 우리가 동양적이라고 이야기되는 교육 모델을 분리하는 일은 우리의 지식 체계뿐 아니라 유동적 범주와도 반목한다. 독립 이후 인도는 이분법을 매우 아름답게 유지해왔다. 한쪽에서는 얼어 있는 과거를 후원하며 보존했고, 다른 쪽에서는 우리가 맹목적으로 권장하고 따라왔던 '보편적' 범주에 대해 진보적이고 비판적인 토론을 계속해왔다. 이 두 경향은 독립적으로 계속 진행되어왔다. 이 둘을 합치려는 시도는 어느 한쪽이 다른 쪽을 축소할 수도 있다는 잘못된 믿음 때문에 실패했다. 그래서 주고받는 과정이 이루어지지 않았다.

우리는 문화로부터 교육을, 환경으로부터 문화를, 정체성으로부터 종교를, 그리고 언어로부터 정체성을 분리해온 역사를 가졌다. 지금 우리는 무엇을 가지고 있는가? 우리는 1차 자료의 저장고를 갖고 있다. 즉 윌리엄 존스도 어떤 다른 인도 학자도 본 적이 없으며, 과학과 과학 기술에 대한 훌륭한 자료를 담은 수천만 권 문서들의 저장고. 게다가 우리가 현재 인지하지 못할지라도 해외의 저장고들에 흩어져 있는 파편화된 유산도 있다. 인도 문화에 대한 우리의 평가는 윌리엄 존스와 그의 세 빤디뜨가 발견해서 아시아 협회, 봄베이 아시아 협회 또는 뜨리반드룸Trivandrum의 국립동양문서도서관에 보관했던 자료들에 여전히 기반하고 있다. 이들 자료 중 대부분은 여전히 목록화도 되어 있지 않다. 우리가 그것들에 대해 알고 있는 것은 무엇인가?

이른바 비조직적 부분에서 몇몇 훌륭한, 그러나 잘 알려지지 않은 인간 저장고들이 있다. 즉 문구를 읽고 해석하는 방법을 가르칠 수 있는 또는 가르치고 있는 빤디뜨와 마울비스maulvis. 그들은 문구를 해석하는 다양한 방법을 우리에게 알려줄 수 있다. 문구는 문법의 수준에서, 언어학적 수준에서, 철학적 수준에서, 형이상학적 수준에서, 아유르베다 수준에서 다양하게 해석될 수 있다. 현대의 학자들이 그들을 찾아내고 있지만, 그들은 빠르게 줄고 있다.

오늘날엔 전통 학자들의 지식이 미세한 철학으로 축소되는 경향이 있다. 이런 상황에서 전망도, 비판적 토론도 나타나지 않고 있다. 그러나 아직 토론과 비판적 평가라는 전통적 지식이 남아 있다. 이들이 완전히 소멸한 것은 아니다. 비록 오그라들었을지라도 아직 거기에 존재하고 있다. 리그베다의 샤카shakha 수는 1947년에 62개였으나 오늘날에는 여섯 개로 줄어들었다. 께랄라에서 끄리샤나주르베드Krishanajurved의 전통은 여전히 계속되고 있다. 사마베다Samaveda 전통은 몇 명의 빤디뜨에게 남아 있다. 나는 께랄라에 살고 있는 빤디뜨를 알고 있다. 한 명은 우체국장이고 다른 한 명은 의사다. 야그나yagna(힌두교도가 불을 피워놓고 행하는 의식—옮긴이)를 복원하기 위해서 그들을 떠나보냈지만, 부족의 문화유산을 전시해야 할 때 우리는 그들을 다시 찾았다. 한편에서 우리는 이 사람들을 비정통적이라 평가하고, 다른 한편에서는 그들을 전시하고 보여준다.

지금, 우리는 평등과 공정함을 위해서 사회경제적 문제를 다뤄야만 한다. 께랄라에 대해 알고 있는 것이 많지 않기 때문에 나는 다시 께랄라로 간다. 우리가 경제개혁을 성취했을 때, 교육 체계를 성장시키고 후원해주었으며 다양한 기술을 전해주었던 것은 사원과 데바스타나마스devasthanamas 시스템이었다는 사실에 대해서는 이야기하지 않았다. 경제적 지원의 부재 속에서 이 시스템은 사라지고 있다. 한편 우리는 수준 높은 문화유산 그리고 수준 낮은 문화유산이라는 개념을 갖고 있다. 지난해 께랄라로 가는 여행에서 나는 이것을 다시 확인했다. 보조금을 얻기 위해서는 마술에 의존하는 딴뜨라Tantra를 가르치면 안 된다는, 고전적 인도를 표현하는 리그베다만을 암송해야 한다는 말을 들었다. 그러나 딴뜨라는 자신의 이론과 실행을 갖는 매우 정교화한 사고 시스템이다. 한 비달라야vidyalaya(대학을 뜻하는 힌디어—옮긴이)는 어떤 사람에게서 한 통의 편지를 받았다. 그 편지는 이 대학의 이름을 딴뜨라 비달라아에서 베딕 비달라야로 바꾸도록 요청하는 내용이었다. 아마도 이런 요구는 보조금을 받기 위해서 수용되었을 것이다.

이것들은 실제로 일어났던 일이다. 결코 내가 지어낸 이야기가 아니다. 한편 인도에는 토론의 전통적 지식을 담고 있는 언어로 이야기하는 대가들이 있다. 락스만 샤스뜨리 조쉬Laxman Shastri Joshi나 바드리나트Badrinath 같은 남자가 그들이다. 이들 중 일부는 우리와 같은 시대를 살아가고 있다. 그들은 복합적 언어로 사고하고 이야기한다. 다른 예도 있다. 내 선생님인 마니뿌르 출신의 아모비 싱Amobi Singh에 대한 이야기다. 인구통계학적 언어에서, 통계학적 언어에서 볼 때 그는 반쯤 문맹자다. 그러나 문화적 용어에서 그는 가장 위대한 구루이며, 우데이 샨까르Uday Shankar의 스승이기도 했다. 그는 빠드마슈리Padmashri 상을 받기 위해 델리에 왔고, 그동안 우리 집에 머물렀다. 그는 나에게 시상식 공연에서 가장 아름다웠던 춤을 재연해서 보여주었다. 내가 물었다.

"스승님, 어떤 일이 있었나요?"

그러자 그는 그때의 공연을 아름답게 흉내 냈다. 잠시 후 그가 다치는 일이 벌어졌다. 그러나 그는 말했다.

"아니, 이것이 나에게는 사다나sadhana(일종의 정신을 단련하는 수행―옮긴이)이기 때문에 나는 춤 공연을 계속해야만 해. 사라스와띠 여신에 대한 나의 수행에 어떤 결점이 있었기 때문에 고통을 받는 거야."

이것이 그의 가치 체계였다. 그러나 너무 아팠기 때문에 공연은 멈춰야만 했다. 그는 말했다.

"좋아, 까삘라. 요그바쉬슈트Yogvashishth 좀 읽어줘."

내 안에 있는 거만한 지식인이 속삭였다.

'좋아, 나는 이 남자에게 여러 해 동안 마니뿌리어를 배웠어. 지금 그에게 이 책을 읽어줄 거야. 문제없지?'

한순간, 그는 고함치며 나에게 벵골어로 말했다. 그래서 내가 이렇게 물었다.

"스승님, 뭐가 문제지요?"

그가 잘못된 부분을 지적했다. 나는 속으로 다음과 같이 생각했다.

'이 반쯤 문맹인 남자는 그의 춤에 대해서는 잘 알고, 그 밖에도 바이스나바Vaisnava, 박띠Bhakti, 짜이따냐Chaitanya에 대해서도 잘 알지만, 나는 산스크리트어를 위대한 바수다 아까르왈Vasuda Sharan Aggarwal로부터 배운 사람이야.'

그러나 그는 계속 잘못되었다고 주장했다. 나는 호기심이 생겼고 그 남자에 대한 믿음도 있었기에, 도서관들을 찾아다니면서 편찬된 내용을 살펴봤다. 그리고 마침내 원전을 얻을 수 있었고 그가 옳았다는 것을 확인했다. 그는 통계학적 용어에 대해서는 거의 반쯤 문맹이었던 반면, 나는 그것들을 잘 교육받았는데도 그런 용어들을 완전히 틀리고 말았다. 이것은 나에게 하나의 안목을 준 경험이었다. 벌써 시간이 많이 흘렀다. 이제 여기서 강연을 멈추고자 한다.

이 공책에는 또 다른 논문도 있다. 이 논문은 다른 수준의 내용이다. 여기에는 문화와 환경, 문화와 과학, 문화와 교육, 문화와 문화 개발, 종교와 문화 개발, 문화와 형이상학 그리고 토착적 과학기술과 심지어 고도의 과학기술 사이의 접점, 즉 서로 영향을 미치는 부분에 대한 내용이 포함되어 있다. 우리가 사회경제학적 개발 용어로 이해하는 것은 이런 접점 중 하나다. 이것을 나의 친애하는 친구 아쇼끄 코슬라Ashok Khosla는 '교류하는 발전 체계'라고 부른다. 그런데 무엇의 발전? 인류의? 어떤 범주의 인간으로 발전? 그리고 다시 묻는다. 발전이 창조적 다양성에 대한 유네스코 보고서와 어떤 관계를 갖는가? 어떻게 그것이 오늘날 우리가 인식하고 있는 분리와 얼마나 일치하는가 또는 얼마나 다른가? 어떻게 그것이 이 분리의 결과인가? 어떻게 그것이 이 분리를 생산하는가? 관리의 위기와 시대착오적 규칙, 규제, 특히 종속적 입법

활동 등에 대해서 다루는 유엔 개발 프로그램 보고서에서, 우리는 적어도 그것이 사용되는 것에는 수긍한다. 그런데 시스템의 장기적 작동 기제로서 그것이 창조성을 주거나, 바다나 강에 살고 있는 물고기의 관계망에 유연성을 주는가? 또는 줄 수 있는가? 분명히 아니다. 분리에는 수없이 많은 예가 있다. 우리의 성취는 인상적이지만, 문화유산과 문화적 정체성을 지탱해주는 창조성에 대한 도전 또한 엄청나다.

하나의 질문에 뒤따른 대답

라가바 메논 교수 : 까뻴라 님은 최근에 가장 문제시되고 있는 이야기 중 하나에 대해 강연을 했다. 폭넓은 범위의 예들로 구성된 훌륭한 강연이었음에도, 전반에 걸쳐 깔려 있는 어떤 미세한 절망이 있다. 나는 강연을 들으면서 몇 가지를 기록했다. 다소 경고적인 단어들을 가지고 이 전체 연설을 요약해본다. 강연자는 외부에서 공부한 그리고 다른 어떤 곳에 속하는 '문화의 내부자이며 외부자인 사람'이라는 말로 시작을 했다. 그러고 나서 순간을 살았다가 사라지는, 인도의 즉흥 연주인 라가ragas 같은 전통문화의 순간적인 성질을 이야기했다. 우리 시대의 커다란 비극은 기록하는 산업이 출현했으며, 갑자기 라가의 순수함이 어떤 의미에서 위협받았을 때 시작되었다. 우리가 그것을 반복해서 들을 수 있다는 사실은 우리가 그것이 죽었다고 말하는 것을 막았다는 뜻이다. 그때 얼어 있는 표면에서 새로운 의미가 생겨났다. 이 동결된 표면은 아주 아주 중요하다. 이것은 현재의 삶에서 기초가 된다. 새로운 땅, 새로운 모양, 바다에 의해 만들어진 새로운 지역 등이 형성되고 있고, 이것은 인도 유산의 일부다. 왜냐하면 우리는 항상 시간을 지역의 역사

와 관련하여 다루었기 때문이다. 아마도 인도는 과거에 이것을 했던 유일한 나라일 것이다.

하천 체계와 관련된 표현도 있었다. 바다 밑을 뜻하는 '아래쪽 삶 Underlife'은 아름다운 단어다. 삶의 다양한 수준이 있음을 의미한다. 태양에 가까이 가는 물고기는 바닥 깊숙이 머무는 다른 물고기들보다 어부의 그물망에 잡힐 가능성이 크다. 그것이 차이다.

뜨리무르띠 은유를 보자. 뜨리무르띠는 같은 크기의 얼굴을 갖지만 모두 다른 방향을 바라보고 있다. 힌두 경전을 읊는 소리 속에도 과학기술이 들어 있다. 인도의 전체 유산은 기억되고 들려지던 것이지, 결코 쓰여 있던 단어가 아니다. 당신에게 전달되는 것은 하나의 관념 그 이상이다. 그것이 당신 속에 있는 삶에 대한 희망이며, 느낌에 대한 열망이다. 그것은 한 선생이 전달해줄 수 있는 것과는 매우 다른 것이다.

그리고 잘못 방향 짓게 된 기초적이고 묵인된 학문이 있다. 이 학문은 통제를 벗어나고 사실을 갈구하며 체험을 완전히 배제하고 태도의 변화를 두려워한다. '비교도에게 열린 하나의 문.' 이것은 매우 사랑스러운 문구다. 이 문구는 놀라울 만큼 야외의 느낌, 즉 사회조직으로부터 벗어나서 삶의 열린 영역으로 들어가는 느낌을 준다.

우리에게 익숙한 또 하나의 문구는 '독특한 우주'다. 우리는 하나의 우주 안에(우리가 살고 있는 커다란 유전되는 체계) 또 하나의 우주를 만든다는 사실에 대해서 이야기했다. 음악가, 라가 즉흥 연주자, 여러분은 자신의 판단으로 무언가를 만든다. 여러분은 자신들의 우주를 만든다. 그 우주에서 라가는 결코 끝나지 않는다. 그것은 죽고 태어나기를 반복하는 영역이다. 이런 독특한 우주는 지식의 뒤에 숨어 있을지라도 인도 체계의 모든 곳에 존재한다.

또 다른 매우 흥미로운 구절은 '혁명적 궤도'다. 자신만의 법칙을 가지는 하나의 궤도, 그것은 주변 환경으로부터 에너지를 얻고 새로운 길을 갖는다. 우리는 살펴보고, 연구하고, 생각하면서 새로운 길을 만들고 옛길로부터 영원히 떠나간다.

'숨을 쉬는 순환망'이라는 문구도 있다. 이것은 순간 속에 죽어가고 살아가는 모든 것을 의미한다. 나는 라자스탄 음악가들의 공연을 보는 동안 매우 특별한 경험을 했다. 꾸마르 간다르바Kumar Gandharva는 그때 살아 있었다. 그때 우리는 민속 문화로부터 나왔던 라가에 대해서 이야기하고 있었다. 여자는 모두 연못에 갔고, 물을 길었고, 노래를 했으며, 그것이 후에 라가가 되었다고 대답했다. 이것은 놀랍다.

사뱌사찌 바따짜랴 박사 : 우선, 나는 이 강연이 매우 복잡한 짜임새를 가진 발표였다고 말하고 싶다. 그리고 바뜨샤얀 박사님, 당신과 야슈 빨 교수의 의견에 반대하는 질문에 대해서 답변을 부탁한다. 야슈 빨 교수는 '자유정신과 과학'에 대해서 강연을 했다. 그리고 당신의 강연 제목은 '자유와 뮤즈'가 되었을 수도 있었다. 그런데 뮤즈들이(분명히 이것은 창조성을 옹호하는 은유다) 어떤 면에서 자유를 잃어버리고 있다는 당신의 지적은 매우 충격적이었다. 당신은 이것을 비판적 방법으로 제기했다. 즉 도시의 학식 있는 계급들이 '유동성'의 동결에 대한 큰 책임이 있다는 주장이다. 그리고 뮤즈라는 은유를 사용하는 것은 (나의 추측이지만) 아마도 어떤 종류의 헤게모니를 구축하는, 즉 인도 문화의 주요 해설자가 있다는 주장을 확립하는 것이라는 비판. 그런 식으로 그들은 자신들에게 맞지 않는 자리에 스스로 들어가 서 있었다고 주장했다. 지금 나는 정확하게 이 지점에서 야기된 또 하나의 질문을 가진다. 우선, 당신이 선호한 '유산'이란 단어를 포함하는 제목은 어떤 흥미로운 점을 보여준다. 이것은 은유적으로 대대로 내려오는 권리, 특히 특정한 소유자의 권리에 대한 현안을 야기한다. 왜냐하면 유산이란 당신이 점유한 것이기 때문이다. 나는 당신이 이것에 대해 다시 생각해보길 희망한다. 그리고 우리에게 이 점유에 대한 당신의 생각을 밝혀주길 바란다. 둘째, 매콜리의 유해한 도표가 헤게모니를 생산했다는 당신의 의견에 완전히 동의하지만, 이 사과를 베어 먹기 전에 존재했던 문화란, 즉 이 지식이 주어지기 전에 존재했던 문화란 헤게모니로부터 자유로웠는가? 식민지 이전과 현대 이전의 문화에서 반전의 순간이 있었을지라도, 즉 사회적 기준에서 낮은 위치에 있던 사람들이 어떤 기능을 수행하거나 높은 지위를 행사하는 것이 허락되는 순간들이 있었을 것이다. 그런데 이런 사회의 문화를 다룰 때 당신은 어떤 종류의 산스끄리뜨-브라만의 헤게모니를 갖고 있었는가, 아니면 그렇지 않았는가? 나는 이것에 대해서도 당신이 다시 생각해볼 것을 원한다. 이것은 당신의 주장에서 매우 기본적인 문제다. 그래서 나는 당신의 강의에서 자아 비평적 부분은 아마도 더 이른 시기의 헤게모니를 다룰 때도 적용될 수 있는 것임을 지적하고자 한다.

　다른 질문은 당신과 같은 계급에 속하는 사람들이 자신들의 역할이라 생각하는 것들을 사실은 할 수 없다는 것은 당신의 의견에 근거한다. 당신이 여러 차례 반복했던 것처럼, 언어학을 철학에서 분리한 탓에, 즉 인도의 과거에 대한 연구를 서구적 방법으로 전환했던 19세기 초반 벵골에서 만들어졌던 시도의 결함 탓에 당신이 그 철학적 전통의 계승자들에게 당신의 경험을 얘기해야 한다면, 그다음에 우리가 바라봐야 하는 곳은 어디인가? 사람들은 누구를 바라봐야 하는가? 그리고 이것이 내가 메논 교수의 관점이 매우 타당하다고 생각하는 지점이다. 만약 도시의 교육받은 계급 또는 지식인이 법안을 준비하지 않는다면, 절망으로 가득 찬 위원회만 남을 것이다. 그리고 다른 한편에서, 당신이 전통적 지식이라고 불렸던 사람들에게서, 만약 그 집단에서 당신이 어떤 확신이나 낙관적인 전망을 발견하지 못한다면, 당신이 묘사한 다소 우울한 상황에서 벗어나기 위해서는 무엇을 해야 하는가?

바뜨샤얀 박사 : 바따짜랴 교수님, 본질적인 질문을 해주어서 매우 고맙다. 내 발표는 문화유산에 대한 것이며, 헤게모니 문제는 여기서 중요한 주제가 아니었다. 당신의 주장에 대해서 생각해본다. 더 앞선 시기의 시스템은 다른 역사적 자료를 필요로 하기 때문에 여기서는 그것에 대해 다루지 않을 것이다. 의심할 여지 없이 어떤 종류의 헤게모니가 있었으나 철저하다고 표현할 만큼은 아니었을 것이다. 최근의 비판적 연구들에서 다루어진 것처럼 철저하게 헤게모니에 의해 사로잡혀 있지는 않았을 것이다. 이것은 우리에게 좀 더 기초적인 어떤 것을 말해준다. 이것은 진지하게 다뤄져야 한다고 생각한다. 이 토론에서 우리는 브라만의 헤게모니에 대해서 이야기했다. 브라만의 헤게모니가 부정될 수는 없지만, 그것이 전부는 아니었다. 1차 자료를 살펴본다면 우리가 만들었던 연역적 내용에 의심스러운 부분이 있음을 알게 될 것이다. 어떻게 내가 이것을 당신에게 설명해야 할까? 발미끼Valmiki의 예를 살펴보자. 발미끼는 누구였는가? 그의 창조적 업적 때문에 당신은 더 이상 그의 카스트에 대해서 질문하지 않는다. 그렇지 않은가? 까비르Kabir는 누구였는가? 알와르족Alwars과 나나야르족Nanayars 사이의 이들은 누구였는가? 사회조직에 대한 그들의 창조성과 그들의 세력 덕분에 사람들은 더 이상 그들이 어떤 카스트 출신인지 상관하지 않는다.

그렇다면 잘못된 곳은 어디인가? 나는 베네라Benera 출신의 빤디뜨와 이야기를 나눈 적이 있다. 나는 그에게 질문했다.

"꾸르미족Kurmis은 어떤 면에서든 당신과 관계가 있나요?"

그는 대답했다.

"예, 우리는 그들과 관련 있어요."

나는 다시 질문했다.

"그들은 다시 높은 브라만이 될 수 있나요?"

대답은 '그렇다'였다. 그들은 수행을 통해서 또는 결혼을 통해서 브라만이 될 수 있다는 것이다. 또 다른 문맥에서 나는 질문했다.

"브라만은 모두 사제인가요?"

대답은 다음과 같았다.

"부인, 그렇지 않아요. 왜냐하면 깔리Kali가 숭배되는 우리 지역에서 빤디뜨는 모두 짜마르Chamar(카스트 위계에서 맨 밑바닥에 위치한 집단―옮긴이)입니다. 빤디뜨는 결코 브라만이 아니에요."

이것에 대한 연구는 충분히 행해지지 않았다. 의심의 여지 없이, 우리가 사무관과 장관의 관료정치를 가지고 있는 것처럼, 과거에도 권력의 중심에 모든 것이 있었다. 물론 거기에는 중심에서 떨어뜨려놓는 교정적인 사회체계도 있었다. 이것은 상대적인 이야기다. 우리는 더 자세한 분석을 통해 이것을 밝혀내야 할 것이다. 이것에 대한 나의 보충 설명은 붕괴되는 것이 없다면 발생하는 것도 없다는 것이다. 나는 거대한 것을 말하는 것이 아니다. 즉 식민주의자가 인도에 왔고, 이 모든 것이 일어나게 만들었다고 말하는 것이 아니다.

우리는 무엇을 해야 하는가? 이제 이 두 번째 질문에 대답해야 한다. 우리는 1차 자료를 알지 못할 수도 있고, 자료를 갖고 있어도 그것에 대해 토론하지 않을 수도 있다. 특히 나처럼 조직에 속한 사람들의 의견은 크게 제약을 받는다. 그럼 우리는 어디를 보아야 하는가? 우리는 그들이 존재한 곳으로 찾아가야 한다. 나는 그런 자료가 있는 곳을 찾아다닌다. 그들은 우리가 산스크리트어 교습소라고 부르는 기관들 속에 있지 않다. 그들은 대학 같은 조직 속에도 없다. 아마도 그들은 함께 모여 앉아 있는 네 명이나 다섯 명의 사람이다. 또는 베딕 산소단 협회Vedic Sansodhan Mandal를 세웠으며, 혼자서 다르마 사스뜨라Dharma Sastra에 대해 공부했던 락스만 조쉬 같은 남자다. 조쉬는 매우 세련된 지적 전통으로 다르마 사스뜨라를 재해석했고 그것을 20권의 책으로 편찬했다. 우리는 이들 자료를 찾아서 가야 한다. 그리고 다시 께랄라를 살펴보자. 나는 나라얀 레띠Narayan Reddy, 다모다란 남부드리Damodaran Namboodri 그리고 다른 여러 사람과 함께 앉아 있었다. 그들 중 한 명은 90세였고 다른 한 명은 86세였다. 그들이 벌이는 철학적 토론의 정교함은 나를 매우 부끄럽게 만들었다. 그들의 토론은 말라얄람어로 진행되었다. 나는 말라얄람어를 이해하지만 말하지는 못한다. 우리 모두는 언어를 배우는 데 잠재력을 가지고 있다. 우리는 벵골어, 힌디어, 따밀어 또는 말라얄람어를 배우기 위해 좀 더 노력해야 한다. 그러나 인도에서는 영어로 말하는 것이 편리하기 때문에 대개 그런 노력을 하지 않는다. 내가 해야 하는 것의 하나는 사람들이 서술한 내용을 토대로 일종의 목록을 만드는 것이다. 그들은 조직되지 않은 사람들이므로 보조금을 얻지 못한다. 그리고 그들은 보조금을 얻기 위해 자신들을 변화시키지도 않는다. 즉 딴뜨라를 베딕으로 바꾸는 것 같은 일을 하지 않는다. 명쾌하게 건축적 물질에 대해서 나에게 설명해줄 수 있었던 스무 살 먹은 남자를 찾아낸 적도 있었다. 그는 바스뚜Vastu를 배우는 학생이었다. 그는 또한 영어, 말라얄람어, 산스크리트어로 된 딴뜨라의 내용을 공부했다. 그는 나에게 카슈미르에서 께랄라까지의 스리비댜Srividya의 이동에 대해서 이야기해주었다. 그의 마음은 넓게 열려 있었다.

나는 자신을 한 명의 사람이 아니라 하나의 유형으로 간주한다. 나는 한 명의 죄인이다. 나는 숲에 가고, 아름다운 난초를 본다. 나는 본능적으로 그것을 델리로 가져온다. 그것을 화분에 심고, 그것을 전시한다. 그러고 나서 나는 파티를 열고, 당신들 모두 거기에 참석한다. 이런 과정을 통해 나는 그것의 삶을 축소해왔다. 나는 그의 지식과 예술뿐만 아니라 그, 즉 사람도 포장해 왔다. 우리 모두가 이들 숲에서 했던 것에 대해서 훨씬 더 절망스러운 예를 제시할 수도 있다. 이런 상황은 정확하게 환경이 겪고 있는 상황과도 같다. 나의 환경 전문가 친구들 중 하나가 말했다. "까뻴라 님, 당신은 문화에 대해서 이야기하고 있어요. 야생생물에 대해서도 이야기를 해줘요." 나는 그에게 '야생'이란 단어를 야생생물을 위해서 사용하는 사람이 있는지에 대해서 물었다. 우리는 이 범주를 창조했고 그것을 가지고 대화했다. 이 나라의 자연환경은 생물 다양성을 가지고 있다. 내가 만약 절망감을 느낀다면 일하지 않을 것이다. 만약 내가 그것의 가치를 알지 못한다면, 내가 할 수 있는 것을 알지 못한다면, 숲이 고통받고 있다는 것을 알지 못한다면 나는 그것을 위해 일할 수 없을 것이다. 숲에 대해 알고, 알리고, 무엇인가 하는 것이 우리의 역할이다.

바따쨔랴 교수님, 고맙다. 당신은 내가 분명하게 언급하지 않았던 것들에 대해서 보충해주었다. 그렇다. 카스트 체계, 헤게모니, 이 모든 것은 거기에 있다. 그러나 나는 당신이 잠깐 동안 본래의 카스트 체계가 매우 잘못 해석되어왔다는 것에 대해서 생각해보길 바란다. 그것에는 상당한 왜곡이 있었다. 그러나 뿌루슈 수뜨라Purush Sutra의 원전을 생각해보라. 누군가 뿌루슈 수뜨라를 읽은 적 있는가? 그것은 브라만을 머리로, 크샤트리아를 팔로, 바이샤를 복부로, 수드라를 발로 비유해 이야기한다. 우리는 우리의 배 없이 살 수 있는가? 또한 한 사회가 그것의 발 없이 움직일 수 있는가? 이것은 상호 관계의 패러다임, 상호 연결의 패러다임이다. 머리의 힘이 가장 크기 때문에 어떤 위계가 나타난다. 우리 모두 이 위계를 안다. 성직자의 힘이 매우 크다! 머리의 힘은 가장 큰 힘이고 그것은 착취를 위한 가장 큰 능력을 가졌다.

이번엔 몸, 마음, 영혼의 관계에 대해 생각해보자. 까타 우파니샤드 Katha Upanishad에서 존재는 무엇이라 이야기되는가? 말은 인드리야스 indriyas이고, 고삐는 당신의 마음이고, 마부는 당신의 부띠buddhi이고, 방향은 당신의 비벡vivek이다. 한 논평은 다음과 같이 말한다. "당신은 말 없이 움직이는 마차를 가지고 있는가? 말은 고삐 없이 조종할 수 있는가? 고삐는 마부 없이 움직일 수 있는가? 비벡도 선택의 자유도 갖지 않는 마부는 그의 마차가 어디로 가고 있는지 알 수 있는가?" 만약 이들이 상호 관계의 가장 위대한 패러다임이 아니라면, 다른 또 무엇이 있는가? 다섯 손가락은 동등한가? 손가락을 모두 함께 붙여놓는다면, 손가락들의 정교한 움직임도 사라질 것이다. 우리가 카스트 체계를 가지고 했던 것이 바로 이런 일이다. 그리고 지정카스트와 지정부족도 마찬가지였다. 분명 처음에 카스트를 공포하고 고시한 것은 식민지 관료였다. 그러나 오늘날 우리는 다시 지정카스트, 지정부족 등의 고정된 범주를 만들고 있다.

이것의 가장 현란한 예는 범죄적 부족이라고 불리는 항목이다. 왜 우리는 이 같은 항목을 계속 받아들이는가? 당신이 태어날 때부터 범죄인일 수 있는가? 태어나면서부터 범죄적인 부족이 있을 수 있는가? 우리는 이런 고정된 범주를 창조했다. 마하슈웨따 데비Mahashweta Devi는 이것을 비판하기 위해 자신의 창조적이고 천재적인 재능을 사용했다. 우리는 마하슈웨따 데비가 범죄적 부족의 항목에 대해서 비판할 때 비로소 깨어났다.

이것은 다수 집단과 소수 집단을 열거하는 우리의 목록에 대해 근본적인 질문을 제기한다. 뿌루슈 수뜨라에서는 소수 집단에 대한 문제를 볼 수 없다. 단지 내 눈이 두 개이고 내 손가락이 다섯 개이기 때문에 내 눈은 소수 집단이 되고 내 손은 다수 집단이 되는가? 그것에 대해서 생각해보라.

맺는말

이 글은 구두로 발표된 강연 원고(오직 최소한도로 편집한)다. 편집자들이 앞에서 언급했듯이, 나는 이 글이 '대화 형식 속에서 주장을 전개하는 방식'의 형태로 편집되는 것을 허락했다. 왜냐하면 이런 방식이 강연의 내용을 더 잘 전해줄 것이라고 느꼈기 때문이다.

초기의 주장은 이 글의 핵심 내용, 즉 말로 행해지는 전통적 토론 방식과 기록된 문장의 고정성을 강조하기 위한 것이었다. 이 강연은 몇몇 현안에 대한 관심을 끌기 위해 시도되었고, 그것은 다음처럼 요약할 수 있다.

글의 제목 : 처음 제안되었던 제목 '뮤즈들과 자유'는 나에게 기억과 상상력의 개념들과는 관계 있지만, 유산과 점유란 의미를 포함하는 '문화유산'이라는 개념과는 거리가 있어 보였다.

토론의 형식 : 토론의 형식은 연대기적, 직선적 또는 진보적이어야 하는가? 아니면 그 형식이 시간과 공간의 다층적 성격을 고려해야만 하는가?

참여 관찰 : 특히 오래전에 만들어진 흔적이 아니라 현재 진행되는 '체험'을 통해 그 역사를 연구하는 경우에 '관찰자'의 자기 통제와 자아

인식에 대한 논의가 있어야 한다.

문화유산의 소멸과 재생을 반복하는 능력 : 인도의 전통에서 문화유산이란 개념은 과거와 현재 사이의 긴장을 야기하지 않는다. 오히려 연속적인 재생과 다시 젊어지는 능력을 보여준다.

변화를 품고 있는 범주들 : '문화유산'과 '정체성'은 둘 다 고정되어 있고 얼어 있는 범주가 아니다. 그것들은 변화와 변형이 가능한 유동적 범주다. 움직임과 유동성을 통제하는 고정된/동결된 범주를 인정하는 것은 개념적 차원에서 오해를 야기할 것이고, 경험적 차원에서 갈등을 야기할 것이다.

복합적 정체성 : 정체성은 여러 수준과 차원을 갖는 복잡하고 다층적인 실체다. 인도는 다층적이고 복수적인 문화를 품고 있으며, 인도인은 다양한 정체성을 갖고 있다. 이 정체성이 갖고 있는 창조성은 과거 인도 사회가 갖고 있던 역동성의 결과다. 예술은 정체성의 이러한 성격을 잘 보여준다. 불행하게도 인도는 독립 후에도 인도를 고정된 하나의 정체성으로 범주화하는 것을 멈추지 않고 있다. 특히 정치경제 영역에서 더욱 그렇다. 이로 인해 상호작용, 즉 '역전' 또는 전환을 위한 공간이 사라지게 되었다.

복합적 언어 사용 : 복합적 정체성을 잘 드러내주는 것은 언어 분야다. 인도는 다양한 언어를 가지고 있으며, 대부분의 인도인은 두세 개의 언어를 구사할 수 있다. 또한 하나의 주에서도 여러 언어를 사용한다. 어떤 하나의 언어에 합법성과 우선권을 주는 것은 사회정치적 긴장을 고조한다. 이 글은 또한 지정된 여덟 개의 언어Schedule Ⅷ란 목록에 문제점이 있음을 지적한다. 인도는 언어 분야에서 매우 풍부한 창조성과 천재성을 갖고 있다. 인도에는 사고와 토론의 다양한 지류를 허용하는 전통이 있었다. 이 전통이 지금 오그라들고 있다.

교육체계 : '동양적 교습'을 위한 조직을 현대의 교육 조직으로부터 분리하려는 시도는 두 지류 모두에서 반감을 산다. 이러한 시도 탓에 불건전한 격리가 발생했다. 동양적 교습 조직은 1차 자료를 연구하면서, 때때로 19~20세기 유럽의 동양학자들의 언어학적 접근을 따른다. 한편 현대의 교육조직은 비판적 토론을 갖지만, 그것에 사용되는 것은 주로 2차, 3차 자료다. 특히 인문학과 예술학의 분야에서 그렇다. 현재 우리가 비조직적 부문이라고 부르는 영역 속에 풍부한 자료와 매우 정교한 지적 토론의 체계가 남아 있으며, 위대한 학자와 인간의 보고가 존재한다. 이런 부문이 빠르게 축소되고 있으므로 그것을 지키고 배우기 위한 노력이 필요하다.

카스트 : 독립 이전의 식민 정부는 인도의 인구를 오로지 카스트에만 기초해서 이해했다. 그리고 오늘날 우리는 지정카스트, 지정부족, 여타 후진계급이라는 고정된 항목을 만들어냈다. 이런 범주에 속한 사람들의 작품은 전국적 대회나 세계적 대회에서 전시되고 있는데도, 인도의 예술적 전통을 회복하고 지속하려는 노력에서 이들의 창조성은 인식조차 되고 있지 않다. 위계와 압제가 있을지라도 카스트 체계에는 사회적 호혜성과 심지어 역할의 전환까지 있었다. 그러나 오늘날 이 같은 상호작용의 공간은 축소되고 있으며, 카스트를 하나의 정체성 안에 고정하려는 경향이 나타나고 있다.

소통의 순환망 : 인도의 지역은 고립되거나 캡슐화되어 있지 않았다. 인도에는 다양한 수준에서 체계화된 소통의 순환망이 있었다. 특히 무역과 순례는 이러한 순환망에 크게 기여했다. 그러나 오늘날 순환망은 정치적, 언어적 통합화에 의해 단절을 경험하고 있다.

통합적 문화유산 : 축제의 보존과 확산이 놀랍도록 빠르게 진행되고 있다. 인도에서 예술은 대체로 구체적 배경 속에서 실천되었고, 농촌

마을 조직에 관련되어 있었으며, 일상생활에 통합되어 있었다. 그러나 오늘날엔 예술을 배경, 일상생활, 과정에서 분리하고, 그 생산품의 재현이나 전시만을 강조하는 경향이 나타나고 있다. 이처럼 문화유산을 인위적으로 조작하는 경향이 있다.

아마도 이 요약은 매우 유동적이고 복잡한 상황에 대한 부적절한 연역화일 수도 있다. 그러나 이렇게 함으로써 독자들이 인도를 '뒤돌아보고', 자기 자신을 살펴보는 데 도움이 되리라 믿는다. 인도가 현재 맞닥뜨린 어려운 현안을 곰곰이 생각해보는 데 도움이 될 것이다. 개인적으로든 또는 집단적으로든 우리는 문화유산의 단위들이며, 유동적이고 복합적인 정체성의 살아 있는 실체들이다.

|주|

서문

1   Jacques Le Goff, *History and Memory* (New York, 1992). 이 책에서 자크 르 고프는 기억이 어떻게 원고, 문건, 컴퓨터 자료 등과 같은 외부 물체에 정보를 기록하는 기술의 발전에 따라 점차 권위를 상실해갔는지에 대해 서술하면서 앙드레 르루아-구르앙Andre Leroi-Gourhan의 설명을 따른다. 물론 그러한 기술의 적용은 역사가의 재간 외부의 요소들에 의존했다. 르루아-구르앙이 또 다른 맥락에서 '어떤 기술도 다소간 그 수준에 맞는 환경 속에서 발전되거나 채택될 수 있다' 그래서 이것은 자동적인 기술 결정주의의 문제가 아니다 (Andre Leroi-Gourhan, 'Basic components of technical evolution', in Sabyasachi Bhattacharya and Pietro Redondi(eds.), Techniques to Technology (Delhi, Orient Longman, 1990), p.163.

2   J. N. Mohanty, *Reason and Tradition in Indian Thought: an essay on the nature of Indian philosophical thinking* (New York: Oxford Univ. Press, 1992) pp.241~243. 마띨랄B. K. Matilal은 자이나 쁘라마나 이론은 '기억을 또 하나의 비인식 지식의 원천으로 간주했다'고 지적한다.(B. K. Matilal, *Logic, Language and Reality: Indian philosophy and contemporary issues* (Delhi: Banarasida, 1990), pp.262~268.)

3   Eric Hobsbawm, *Age of Extremes: The short twentieth century, 1914~1991* (London: Michael Joshep, 1914: reprint, 1995). p.3.

4   Gordon Wright, 'Contemporary history in the contemporary age' in C. Delzell(ed.), *The Future of History* (Vanderbilt Univ. Press, 1977), p.219.

5   Geoffrey Barraclough, *An Introduction to Contemporary History* (London, 1964), pp.13~14.

6   앞의 책, p.20.

7   Eric Hobsbawm, 앞의 책, pp.3~5.

8   Jacques Le Goff, *History and Memory* (New York, 1992).

9   J. Huizinga, *The Waning of the Middle Age* (London, 1924).

10   Terence Ranger and E. Hobsbawm, *The Invention of Tradition* (Cambridge, 1983). 다음 절에서 하는 얘기는 Peter Burke, 'People's History and Total History', in

Raphael Samuel(ed.), *People's History and Socialist Theory* (London, 1981), p.4 참조.

11 나는 특히 Radha Kumud Mukherjee, *The Fundamental Unity of India* (London, 1914)에 주목하기를 원한다.

12 물론 이러한 입장을 가장 잘 보여주는 것은 Partha Chatterjee, *The Nation and its Fragments* (Delhi, 1994)다. 또한 S. Kaviraj, 'The imaginary institutions of India', Subaltern Studies, vol.7, pp.20~33 참조. 나는 단지 민족국가 정체의 복수성, 그 정치와 비판에 대한 문헌들에 대한 최근의 통찰력 있는 개관만을 언급할 것이다. Bishnu N. Mohapatra, 'Democracy and the Claims of Diversity: Interrogating the Indian experience' (mimeo. Conference on Dialogue on Democracy and Pluralism in South Asia, at India International Centre, New Delhi, March 2001).

13 역사가들은 점점 두 그룹, 즉 역사 편찬이 일종의 포스트모던의 공백과 역사 지식에 대한 새로운 인식론적 회의주의로 달려가는 것을 두려워하면서 걱정하는 사람들과 환호하며 기대하는 사람들로 나뉘어가는 경향이 있다. 놀랍게도 이 책의 저자들 중에서는 아무도 이에 동참하는 사람을 볼 수 없다. 이는 그 소동이 지엽적이어서 더 넓은 지적 영향을 미치지 못하기 때문인지, 포스트모던 경향을 비판하는 최근의 작업들이 여전히 역사 저작물을 읽는 소수를 설득했기 때문인지는 추측하기 어렵다. 나는 그들이 공격 목표로 하는 저작들과 똑같이 읽을 수 없다는 점에서는 마찬가지인 비판에 대해서는 신경을 쓰지 않는다. 다만 일반 독자가 접근하기 더 쉬운, 예컨대 다음과 같은 저작물을 소개한다. Richard Evans, In Defence of History (London: Granta, 1997) 또는 Keith Windschuttle, *The Killing of History* (San Francisco: Encounter, 2000).

14 Jurgen Habermas, *The Structural Transformation of the Public Sphere: An enquiry into a categry of bourgeois society* (London, 1989). 버거T. Burger와 로렌스F. Lawrence는 '친밀한 영역'이라는 개념을 다른 맥락에서 흥미 있는 평행선으로 사용한다. 나는 야슈 빨이. 만약 내가 그렇게 말할 수 있다면, '친밀한 것'이라는 그의 혁신적인 개념의 잠재력에 정의로운 일을 하지 않았다고 느낀다.

15 Granville Austin, *The Indian Constitution: cornerstone of a nation* (Delhi, OUP, 1999), p.38; 헌법 제40조와 헌법초안위원회에서의 라우B. N. Rau 경과 그 외 사람들의 빤짜야뜨에 대한 반대에 대한 오스틴의 평가에 대해서는 같은 책 pp.32~37 참조.

16 S. Bhattacharya, 'Notes on the role of the intelligentsia in colonial India: India from the mid-nineteenth century', *Studies in History*, vol. I, 1979, pp.89~104.

17 Antonio Gramsci, *Selections from Prison Notebooks* (London, 1971); Jurgen Habermas, 앞의 책, p.122.

18 Rabindranath Tagore, 'Shok-sabha', in the journal *Sadhana* (1894), reprinted in *Rabindranath Rachanavale*, vol.5, pp.613~617 (Calcutta, 1987).

1   Bipan Chandra, *Indian National Movement: The long-term dynamics* (Delhi, 1988), p.52, 각주 82.

2   Max Beloff, *Imperial Sunset* (London, 1969), 제1권, p.5.

3   'Hind Swaraj', *Collected Works of Mahatma Gandhindi*, 제10권, p.42.

4   P. Mason, *A Matter of Honour* (London, 1974), p.463·466.

5   P. S. Gupta, *Radio and the Raj 1921~1947* (Calcutta, 1995).

6   1930년 10월 말 해리 해이그Harry Haig 경과 어윈Irwin 경 사이의 개인적인 서한은 이를 보고한다(런던 인도사무소의 헬리팩스 보고서, 뉴델리의 국가문서보관소와 네루 기념도서관에서 볼 수 있는 마이크로필름).

7   D. E. U. Baker, *Changing Political Leadership in An Indian Province: The C. P. & Berar 1919~1939* (Delhi, 1979).

8   D. Page, *Prelude to Partition and the Imperial System of Control 1920~1932* (Delhi, 1982), pp.74~84.

9   영국 내각 문서에서 인용. 굽따P. S. Gupta의 논문 〈제국주의 지배수단으로서의 연방주의와 주정부 자치〉, Aparna Basu, ed., Imperialism, *Nationalism and Regionalism in Canadian and Modern Indian History* (New Delhi, 1989), p.51.

10   A. Guha, *Planter-Raj to Swaraj: Freedom struggle and electoral politics in Assam 1826~1847* (New Delhi, 1977), p.27f; 인도국가문서보관소, Home-Public-1972, Prag A127-28 파일 참조.

11   뻬리야르Periyar의 계획에 대해서는 P. N. S. Mansergh & P. Moon, ed., *Transfer of Power* (London, 1970), 문서 번호 446, p.555 참조.

12   Ian Copland, *The Princes in India in the End-game of Empire, 1917~1947* (Cambridge, 1997), p.65 이하.

13   D. A. Low, ed., *Congress and the Raj* (London, 1977), pp.1~31.

14   Amit K. Gupta, *The North West Frontier Province, Legislature and Freedom Struggle* (New Delhi, 1976).

15   G. Pandey, *The Ascendancy of the Congress in Uttar Pradesh* (Delhi, 1978); Vanita Damodaran, *Broken Promises* (Delhi, 1992).

16   Shila Sen, *Muslim Politics in Bengal 1937~1947* (New Delhi, 1976), pp.89~93; Choudhuri Khaliquzzaman, *Pathway to Pakistan* (Lahore, 1961).

17   D. Baker, 앞의 책; Rani D. Shankardas, *The First Congress Raj* (Delhi, 1982), 제1·2장.

18   Ian Copland, 앞의 책, p.181·279 이하.

19   Bipan Chandra, *Communalism in Modern India*, 제4장.

20   S. A. I. Tirmizi, ed., *The Paradoxed of Partition* (New Delhi, 1998), 제1권, pp.727~720, 722~724, p.727.

21 1940년 2월 2일 내각회의에서. R. J. Moore, *Churchill, Cripps and India, 1939~1945* (Oxford, 1979), p.28.

22 앞의 책, p.36.

07 방글라데시의 탄생 : 역사적 뿌리

1 Rehman Sobhan, *'Economic basis of Bengali nationalism, in Sirajul Islam, History of Bangladesh, 1704~ 1971* (Dhaka, 1992), vol.2, p.706.

2 Table 1.1 and 1.2, Report of the Panel of Economists on the Ⅳ five Year Plan of Pakistan (Government of Pakistan).

3 Government of Pakistan, The Second Five Year Plan, 1960~1965 cited in Rehman Sobhan, op. cit., p.730.

4 앞의 책, p.708. 공동체와 정치경제적 독립체 간의 상호 관계에 대한 담론은 1971년 이전의 뉴스미디어어가 좀 더 초점을 맞추고 있다.

5 1960년대 말에 동파키스탄의 비非벵골인 기업가들은 산업자산의 47퍼센트를 소유하고 있었다. 그리고 무역 부문 소유주들의 93퍼센트는 비벵골인이었다. Muzzaffar Ahmed and R. R. Sobhan, Public Enterprise in an intermediate Regime (Dhaka, 1980) and H. Papanek, *Entrepreneurs in East Pakistan* (Michigan State University, Asian Studies Series, 1969).

6 불행하게도 바드루띤 우마르의 *Purba Banglar Bbasha Andolano Tatkalin Rajniti*는 영어 번역본이 없다.

7 알리 진나의 연설(Quaid-i-zam Mohammad Ali Jinnah' Speeches as Governor-General p.89)은 S. Islam, *History of Ben glades by 1704~ 1971* (Dhaka, 1992) vol.I, pp.436~437에 수록된 바드루띤 우마르의 '언어운동'에서 인용했다.

8 동파키스탄에서 힌두 인구의 점진적인 감소는 공식 인구 통계 보고에서 보인다. M. A. *Rahim, An Appraisal of Census Population of East Pakistan from 1901 to 1961* (Dhaka, 1969), p.25, cited in M. Atahrul Islam Population Growth, in S. Islam, ed., op. cit., vol. Ⅱ, chapter 17.

9 Suniti Kumar Chatterjee, Origin and Development of the Bengali Language (Calcutta, 1926), vol.I, pp.201~223.

10 The Journal Basana, Ⅱ. 1 1316 B. S. (1909 AD)에서 하미드 알리Hamid Ali는 이 용어를 사용했다. 내가 발견한 이 용어의 최초 사용자는 B. S.(Bangia Sal)이고, 현재 이 용어는 벵골 저널에서 거의 보편적으로 사용된다.

11 예를 들면 '우르도스끄리따Urdoskrita(즉 우르두–산스끄리뜨)[i. e. Urdu-Sanskrit]는 쁘라짜리니 사브pracharini Sabh는 사니바레르 치티Sanibarer Cbithi, 1339 B. S. (1932 AD)에 있다.

12 M. Akram Khan, *Bangiya Musalman Sabitya Patnka*, I, Ⅳ, 1325 B. S. (1918 AD) and M. N. Islam, *Samayik Patre Jiban o Janamat, collection, 1908~ 1930* (Dhaka,

1977)에서 온 것이다.

13　Islam Darshan, Ⅱ, 8, 1328 B. S. (1921 AD).

14　Editorial, Soltan, Ⅷ, 9, July 1923.

15　Roshban Hedayat, Ⅱ, 9, 1333 B. S. (1926 AD); Soltan Ⅷ 1923.

16　Sirajee in Soltan, Ⅷ, 13, August 1923.

17　M. Shahidullah, Muazzin, Ⅱ, 1336 B. S. (1929 AD)

18　AL Islam, I, 10, 1322 B. S.

19　Islam Darshan, Ⅱ, 9, 1326 B. S.

20　Wajid Ali, Masik Muhammadi, I, 7, 1335 B. S.

21　Rabindranath Tagore, 'Sahitya Sammelan,' 1333 B. S (1926 AD), Sahityer Pathe, Ravindra Rachanavah, Vol. Ⅻ, p.506.

22　Deshbandhu Chitta Ranjan: Brief Survey of Life and Work, Provincial Conference Speeches (Calcutta, 1931), Subsidiary Table Ⅲ, p.85; paras 97~100, pp.74~79.

23　A. E. Porter, Census of Bengal 1931 (Calcutta, 1931), Subsidiary Table Ⅲ, p.85; paras 97~100, pp.74~79.

24　Abul Hashim, Amar Jiban o bibhag-purva Bangladesher rajniti (Dhaka, 1978; reprint Calcutta, 1988) pp.1~35.

25　Government of India, Report of the Central Committee (Chairman Sir Sankaran Nair, Calcutta, 1929).

26　Muzaffar Ahmed, 'Urdu bhasha o Bangiya Musalman', in Al Islam, Ⅲ, 4, 1324 B. S. (1917 AD).

27　Tasadduk Ahmad, Shikha, I, 1933; Abdul Majid, 'Bangla Bhasha o Musalman, Muazzin,' Ⅱ, 9~10, 1337 B. S. (1930 AD).

28　M. Wajed Ali in Hanyiya Musalman Sahitya Patnfza, I, 4, 1325 B. S. (1918 AD).

29　M. Akram Khan, Presicdential Address, 3rd Bengal Muslim Literary Conference, Bangiya Musalman Sahitya Patnkay, I, 4, 1325 B. S. (1918 AD).

11 남아시아의 여성운동 : 일상적 도전

1　이 글은 내가 참여했던 여성운동과 참여하지 못했던 여성운동의 자료 그리고 지난 20년간 내가 읽었던 문헌 자료를 토대로 작성했다. 내가 특정 학자의 연구에서 여성운동 관련 내용을 인용한 경우에만 참고문헌으로 명시했다.

2　나는 3년간 파키스탄 라호르 여성연구원에서 객원 연구원으로 근무했다. 이곳은 여성운동에 대한 공식, 비공식의 다양한 담론이 활발한 곳이었다. 이곳에서 1998년 2월 공식적으로 후두드 법령에 대한 소극이 올려졌다.

3　본 논의는 다음 저서들의 내용을 토대로 한 것이다. Vimla Bahugana, 'The Chipko

Movement', Govind Kelkar and Chetna Gala, 'The Bodh Gaya Land Struggles,' in Ina Sen (ed.), *A space within the struggle* (Delhi, Kali for Women, 1990). Gopa Joshi and Sunderlal Bahugana, 'Protecting the Sources of Community Life,' and Manimala, 'Zamin Kenkar? Jote Onkar', Madhu Kishwar and Ruth Vanita, eds., *In Search of Answers* (London: Zed Books, 1984).

4   Govind Kelkar and Ghetna Gala, 'The Bodh Gaya Land Struggle,' 앞의 책 p.100.

5   이는 루쁘 깐와르Roop Kanwar의 사띠 논쟁 시, 아쉬슈 난디Ashish Nandi가 신문에서 페미니스트를 공격한 것에 대한 내용을 기초로 한 것이다.

6   이는 다음 발표에서 발견한 내용을 토대로 작성된 것이다. Arti Sawaney and Kiran Dubey on the sathin movement at seminars on the Indian women's movement(s) in Patna in 1995 and Miranda House, Delhi in 1999.

7   Kumkum Sangari and Uma Chakravariti, 'Introduction,' *in From Myths to Markets: Essays on Gender* (Shimla: Indian Institute of Advanced Study, 1999).

12 언론 : 진화, 역할 그리고 책임

1   Subir Ghosh, *Mass Media Today: In the Indian context* (Calcutta, 1991), p.137.

2   앞의 책, p.109.

3   Mohit Moitra, A history of Indian Journalism (Calcutta, 1993), p.54.

4   Sugata Bose & Ayesha Jalal, Modern Asia : History, culture, political economy (Delhi, 1998), p.84에서 인용.

5   Moitra, 앞의 책, p.30.

6   앞의 책에서 인용, p.131.

7   비빤 짠드라Bipan Chandra의 논문 〈언론 자유를 위한 투쟁〉, Bipan Chandra & Mridula Mukherjee & Aditya Mukherjee & K. N. Panikkar & Sucheta Mahajan, *India's Struggle for Independence*, 1989, pp.102~103.

8   S. Natarajan, *A History of the Press in India*, 1962, p.180.

9   이 분리는 1905년에 실행되었다. 그러나 분리를 위한 제안이 세상에 알려지기 시작했던 1903년부터 분리에 대항하는 운동이 있었다.

10   Bipan Chandra, 앞의 책, p.106에서 인용.

11   앞의 책.

12   S. Natarajan, 앞의 책, p.182.

13   Aditya Mukherjee의 논문 〈인도의 근로 계급과 국가적 운동〉, Bipan Chandra & Mridula Mukherjee & Aditya Mukherjee & K. N. Panikkar & Sucheta Mahajan, 앞의 책, 17장, p.211.

14   앞의 책.

15 S. Natarajan, 앞의 책, p.296.

16 인도신문기록원은 첫 번째 출판심의회의 추천에 따라서 조직되었고, 인도의 모든 신문에 대한 이용도와 발행 부수를 확인한 후에 그것들을 등록했다. 인도신문기록원에 등록된 신문의 이름은 다른 신문사가 사용할 수 없었다. 인도신문기록원에 등록된 신문은 우편특전postal concession에 신청할 수 있는 권리를 가졌다. 한편 인도신문기록원은 1967년에 제정된 서적출판등록조항Press and Registration of Books Act에 따라 신문이 발행되도록 감독했다.

17 뉴델리에 위치한 인도 정부의 제43차 인도신문기록원 보고서.

18 전국적 조직인 인도신문협회는 1939년에 인도동부신문협회IENS로 창립되었다. 이것이 인도신문협회라는 현재의 이름을 갖게 된 것은 1988년이다.

19 인도신문협회의 대표이며 사무총장인 라히리P. K. Lahiri가 출판한 《INS 보도편람*INS Press Handbook*》(1999~2000).

20 앞의 책, p.1107. 이 수치는 각 센터의 수치를 모은 총합을 뜻한다(이 책의 작가가 계산한 수다).

21 앞의 책, pp.320~322. 이 수치는 각 센터의 수치를 모은 총합을 뜻한다(이 책의 작가가 계산한 수다).

22 S. Natarajan, 앞의 책, p.254.

23 앞의 책.

24 Subir Ghosh, 앞의 책, p.37.

25 Sevanti Ninan, *Through the Magic Window: Television and change in India* (1995), p.2.

26 인도 정부 정보통신부의 《연보 1999~2000》, p.21.

27 앞의 책, p.25.

28 앞의 책, p.31.

29 앞의 책, p.25.

30 Subir Ghosh, 앞의 책, pp.155~156.

31 인도 정부 정보통신부의 《연보 1999~2000》, p.24.

32 〈개척자〉 뉴스 서비스 발행, 〈개척자〉 델리판의 2000년 6월 4일 자 기사, "DD-1은 가장 시청률이 높은 채널이다".

33 Sevanti Ninan, 앞의 책, pp.156~157.

34 앞의 책, p.158.

35 델리에 위치한 인도 정부 정보통신부의 《연보 1999~2000》, p.3.

36 델리에 위치한 인도 정부 정보통신부의 《연보 1996~1997》, p.27.

37 〈개척자〉 뉴스 서비스, 앞의 책.

38 니킬 짜끄라바르띠가 쓴 〈힌두〉의 1997년 8월 15일 자 기사, '신문: 감시견의 변화한 얼굴'.

39 1997년 2월 25일 의회에 제출된 인도 정부의 재정경제부 간행물 《경제 조사*The Economic Survey 1996~1997*》는 1997년 2월 26일 자 〈힌두〉 델리판에 실렸다.

40　재정경제부의 경제 분과Economic Division의 간행물《경제 조사 1999~2000》, p.1.

41　T. N. 띠난과 짠데르 우데이 싱이 작성한 정부 보고서 '소비자 붐Consumer Boom'은 1984년 2월 15일 자 〈인디아 투데이〉에 실렸다.

42　《INS 보도 편람 1992~2000》, p.ciii.

43　T. N. 띠난과 짠데르 우데이 싱, 앞의 보고서.

44　시마 바씨Seema Bassi가 쓴 〈타임스 오브 인디아〉의 1997년 1월 28일 자 기사 '광고와 판매 전략: 좋은 한 해의 운영'.

45　1997년 12월 16~31일 자 〈A&M〉의 기사 'A&M 기관 보고서: 총수입에서 상위 100위', p.48.

46　지비타 크라스따Jivitha Crasta가 쓴 〈비즈니스 스탠다드〉(델리판)의 1999년 1월 19일 자 기사 'A&M 기관 보고서: 총수입에서 상위 100위'.

47　Erich Fromm, *To Have or To Be?*, 1980, p.36.

48　현 인도출판심의회는 1978년의 출판심의회조항Press Council Act에 의해 만들어졌다. 그 이전에 또 다른 출판심의회가 있었다. 이것은 1965년에 제정되어 1966년에 시행되었지만, 유연성을 갖지 못하여 1976년 비상사태 당시 상처를 입었다.

49　대법원Supreme Court의 검사관 타까르에 의해 지휘되던 조사위원회Commission of Inquiry는 1984년 10월 31일 인디라 간디의 암살이라는 상황 속에서 조사를 위해 1984년 11월에 조직되었다. 위원회의 조사 내용에 놀란 정부는 이것이 국가 안전 및 수상의 안전과 관련 있다는 이유로 이 위원회의 보고서를 비밀로 붙이기를 원했다. 그리고 그것을 위한 법률을 1986년 5월에 제정했다.

50　Neil Postman, Amusing *Ourselves to Death: Public discourse in the age of show business* (1986), p.87.

51　G. S. Bhargava, ed., *Government Media: Autonomy and after* (1991), pp.96~98.

52　Subir Ghosh, 앞의 책, pp.142~143.

53　Sevanti Ninan, 앞의 책, pp.100~101.

54　Alvin W. Gouldner, The Dialectic of Ideology and Technology: The origin, grammar and future of ideology (New York: Oxford University Press, 1982).

55　Neil Postman, 앞의 책, p.86.

13 스포츠와 민족주의

1　*Past and Present*, November 1998 참조.

15 자유정신과 과학

1　이 글의 일부는 '정신을 갖는 과학Science with Spirit'이라는 제목으로 〈타임스 교육 부록

Times Education Supplement〉에 실렸던 기사를 토대로 한다.

16 우리의 문화적 유산과 정체성

1   이 책 안의 다른 논문들과 달리, 이 장에서는 바뜨샤얀 박사의 대화식 문체를 접할 수 있다. 이 글에는 청중의 질문과 이것에 대한 작가의 대답이 포함되어 있다. — 엮은이

2   오리싸 출신 대학자에 의해 쓰인 서사시.

3   힌두 사원 안에서 전통 방식으로 공연되는 산스크리트어 연극.